Stoombemaling Van Polders En Boezems - Primary Source Edition

Adriaan Huët

STOOMBEMALING

VAN

POLDERS EN BOEZEMS,

DOOR

A. HUET,

CIVIEL-INGENIEUR.

MET EEN ATLAS VAN 25 PLATEN.

'S-GRAVENHAGE,
DE GEBROEDERS VAN CLEEF.
1885.

Que si, à l'ordre purement logique, on vient substituer l'ordre historique, tout se classe et s'éclaire; l'élève comprend alors les efforts successifs de l'esprit humain, et voit, au milieu des tentatives avortées, naître les germes heureux que doit féconder l'avenir. En étudiant successivement les systèmes qui se sont écroulés les uns sur les autres, il comprend la raison de certaines traces que ces systèmes ont laissées dans la science et dont le sens lui avait d'abord échappé. En suivant les controverses anciennes, il voit l'intérêt qui s'attache à certains faits qu'on continue à lui exposer bien que la portée spéciale en soit devenue fort restreinte. La science perd ainsi ce qu'elle avait de froid, de terne, d'impersonnel; elle devient vivante, animée, elle prend couleur humaine.

Les sciences au XVIII siècle. La physique
de VOLTAIRE, par EMILE SAIGEY.

VOORREDE.

STEVEN HOOGENDIJK (*), de stichter van het Bataafsch Genootschap der proefondervindelijke wijsbegeerte te Rotterdam , behoort
in de eerste plaats genoemd te worden in eene studie over de
stoombemaling van onze lage landen. In den loop van dit werk
zal er meer dan eenmaal aanleiding zijn melding te maken van
hetgeen door hem gedaan is, zoowel tot verbetering van de in
zijn tijd reeds bestaande werktuigen, de schepraderen, tot invoering van nieuwe werktuigen, de zuigpompen en bovenal, tot toepassing op de bemaling van de nieuwe beweegkracht, die in zijn
leeftijd hare intrede in de wereld gemaakt had, met de vuurmachine
van NEWCOMEN en de stoommachine van WATT.

In deze voorrede wordt echter meer bepaald de aandacht gevestigd op het genootschap door HOOGENDIJK in het leven geroepen,
dat getrouw aan de bedoeling van den stichter een deel van zijn
krachten gewijd heeft aan de bevordering der studie van de voor
ons land zoo onmisbare bemalingswerktuigen Om de bedoeling
van den stichter juist te waardeeren, is een korte terugblik noodig
op de ontwikkeling der wetenschappen, waaraan het genootschap,
door hem in het leven geroepen, meer in het bijzonder zijn aandacht wijdt.

De hoofdzetels van de beoefening der wetenschap waren uit
den aard der zaak in vroegeren tijd de universiteiten en de opgave
van de stichtingsjaren van eenigen dezer instellingen levert een
belangwekkend overzicht van de uitbreiding, die de beoefening

---

(*) Geboren 1 April 1698, overleden 3 Juli 1788. Verhandelingen van het
Bataafsch Genootschap der proefondervindelijke Wijsbegeerte te Rotterdam. Negende
deel. 1790. Bijzonderheden betrekkelijk den Stichter.

der wetenschap in Europa in den loop der tijden verkregen heeft. Bij het inzien van die opgave valt het dadelijk in het oog, dat een aantal der thans nog bestaande universiteiten reeds gesticht werden in de middeleeuwen, en deze bijzonderheid is zeker zeer geschikt om eenig denkbeeld te geven omtrent de verstandelijke ontwikkeling gedurende die eeuwen, welke somtijds worden beschouwd als een tijd van stilstand, terwijl zij in waarheid de voorbereiding hebben gegeven voor de ont- wikkeling, waarvan de nieuwe geschiedenis het tafereel aanbiedt. Toch mag niet vergeten worden, dat de wetenschap der middel- eeuwen zich niet had losgemaakt van het gezag der overlevering.

Met Copernicus werd het tijdperk geopend, waarin het recht van zelfstandig onderzoek de grondslag zoude worden van eene geheel nieuwe ontwikkeling der wetenschap en de hervorming door hem begonnen heeft rijke vruchten gedragen, toen zijn arbeid werd voortgezet door zijne opvolgers Kepler, Galilei, Huygens en Newton, die als de stichters der nieuwere wetenschap moeten worden beschouwd. Door haren oorsprong nauw verwant aan de astronomie, had die nieuwe wetenschap tot hoofdkenmerk, dat zij de *waarneming* der natuur tot uitgangspunt koos, terwijl de wiskunde in de eerste plaats beoefend werd met het oog op de verklaring der verschijnselen, die zich aan den hemel voordoen. Uit den aard der zaak was proefneming op dit gebied uitgesloten, behalve waar het aardsche verschijnselen betrof zooals de beweging van vallende lichamen, waarvan de wetten door Galilei langs den weg van proefneming werden ontdekt.

De verdienste van naast de waarneming, de *proefneming* op den voorgrond gesteld te hebben, wordt doorgaans toegekend aan Baco van Verulam, en het is bekend welke uitgebreide toe- passing deze methode van onderzoek gaandeweg gekregen heeft. De namen van Mariotte, Gay-Lussac, Boyle, Black, Volta, Galvani, Lavoisier, Berselius en zoovele anderen zijn voldoende om in herinnering te brengen, wat de natuurkunde en de scheikunde aan deze methode van onderzoek te danken hebben, die gewoonlijk met den naam van proefondervindelijke wijs- begeerte wordt aangewezen en met welker beoefening een geheel nieuw tijdperk van ontwikkeling der wetenschap geopend werd. Kenmerkend voor dit nieuwe tijdperk is de oprichting van wetenschappelijke lichamen, die niet zoo als de universiteiten het onderwijs, maar enkel de beoefening van de wetenschap ten doel hadden en de jaarcijfers van stichting van enkelen dezer genootschappen geven een duidelijk overzicht van de toenemende beoefening der wetenschap in de verschillende landen.

Ook in ons vaderland zijn zulke genootschappen opgericht, die meest allen nog bestaan, en daaronder neemt het Bataafsch Genootschap, door HOOGENDIJK gesticht, eene eigenaardige plaats in. Het doel met de stichting daarvan beoogd, was uitsluitend de beoefening van proefondervindelijke wijsbegeerte, maar hoe nuttig ook de oprichting van een dergelijk genootschap mocht geacht worden, toch vond dit tegenstand van een destijds reeds bestaand genootschap, de Hollandsche Maatschappij der Wetenschappen te Haarlem. Die tegenstand werd echter overwonnen en de tegenwoordige leden van beide stichtingen verheugen zich ongetwijfeld dat deze strijd in het verleden ligt. Doch het is geoorloofd ook nu nog hulde te brengen aan den stichter voor zijne juiste inzichten, omdat het genootschap door hem in 1769 in het leven geroepen, (*) door de richting daaraan gegeven, op zeer bijzondere wijze in de gelegenheid is geweest nuttig werkzaam te zijn voor ons Vaderland.

De erkenning dat de wetenschap niet alleen om haar zelve beoefend mag worden, maar geroepen is vruchten te dragen voor het volksleven, heeft weinige jaren later, in 1777, de Oeconomische Tak der Hollandsche maatschappij van wetenschappen in het leven geroepen, die nog altijd voortleeft in de bloeiende Nederlandsche maatschappij ter bevordering van Nijverheid. Het streven van het Bataafsch genootschap en niet het minst van zijn stichter, heeft zich van den aanvang af gericht op de beoefening der wetenschap ten dienste van algemeen maatschappelijke belangen en het is vooral de bemaling van onze lage landen, die daarbij op den voorgrond heeft gestaan. Op dit gebied heeft

---

(*) Verhandelingen van het Bataafsch Genootschap. Eerste deel. 1774. De oprigting en handelingen van het Bataafsch Genootschap. Octroy van 7 Julij 1770.

het Bataafsch genootschap door het uitschrijven van verschillende prijsvragen hoogst nuttig gewerkt, terwijl het invoeren van nieuwe waterwerktuigen en de toepassing van stoom op de bemaling aan dit genootschap en zijn stichter te danken is.

De oprichting van deze wetenschappelijke genootschappen, heeft krachtig medegewerkt om de beoefening der natuurwetenschap in verschillende kringen der maatschappij meer en meer te doen doordringen, terwijl zij menigmaal de leemten hebben aangevuld, welke de universiteiten op wetenschappelijk gebied gelaten hadden. Om hier echter met onpartijdigheid te spreken, moet men niet uit het oog verliezen, dat het hoofddoel der universiteiten in de eerste plaats was het geven van onderwijs, en dus het mededeelen van de op wetenschappelijk gebied als geldig verkregen uitkomsten. Daarbij komt, dat de universiteiten in den loop der tijden meer en meer uitsluitend bezocht werden door de meergegoede standen der maatschappij, en het kan dus niet bevreemden, dat de toepassing der wetenschap op de uitoefening van bedrijf of ambacht veelal bij dit onderwijs op den achtergrond bleef. En al had de universiteit die kunnen aanbieden, dan nog was het algemeen gebruik van de latijnsche taal een slagboom, waardoor de toegang tot dat onderwijs voor talloos velen was afgesloten.

De steeds toenemende behoeften op maatschappelijk gebied noodzaakten evenwel de bouw- en werktuigkundigen om zich de wetenschappelijke kennis te verschaffen, die voor de goede uitvoering hunner werken onmisbaar was en aangezien de universiteit hun die niet aanbood, zijn zij verplicht geweest die zelf langs verschillende wegen te verzamelen. Hoe uitgebreid en degelijk die zelfverworven technische kennis was, welke buiten de universiteit verzameld werd, blijkt wel het best uit de tallooze groote werken, die in vorige eeuwen zijn tot stand gebracht, en te meer verwondering wekken als men bedenkt, dat voor hunne stichters de vereischte opleiding aan de toenmalige inrichtingen van onderwijs niet te verkrijgen was. Meestal werd die technische kennis mondeling overgeleverd en wel in den vorm van regels, waarvan het geheim bewaard bleef onder de leden van het gild en die dus geen gemeengoed voor allen konden worden.

Dit gemis van aansluiting der universiteits-wetenschap aan technische toepassingen is de hoofdaanleiding geweest tot de zoo menigmaal voorkomende tegenstelling van theorie, waarmede gewoonlijk de eerste en practijk, waardoor de laatste wordt aangeduid. De eigenaardige waarde van het werk der Encyclopedisten in het laatst der vorige eeuw is dan ook vooral hierin gelegen, dat in het groote werk door hen ondernomen voor het eerst op groote schaal eene plaats aan de technische kennis werd aangewezen op het ruime gebied der wetenschap. Niet langen tijd na den aanvang van dit groote werk had in 1794 in Frankrijk de stichting plaats van de Ecole Polytechnique als gemeenschappelijke grondslag voor de thans daaraan aansluitende maar overigens zelfstandige scholen voor militaire en civiele genie, voor mijnbouw en metaal-industrie. Met de oprichting van deze school begint weder een nieuw tijdperk in de beoefening der wetenschap en de opgave van de stichtingsjaren van een tal van dergelijke inrichtingen in verschillende landen geeft ook hier weder op de meeste korte en duidelijke wijze een overzicht van de ontwikkeling, die in dit tijdperk heeft plaats gehad.

Uit den aard der zaak moest het personeel van deze nieuwe soort van scholen van verschillenden oorsprong zijn. De universiteiten konden een deel der leerkrachten verschaffen voor de wis- en natuurkundige vakken, maar voor een ander niet minder belangrijk deel was de medewerking van technisch gevormde personen vereischt en de onderlinge samenwerking van dezen, wel niet zonder strijd, maar toch tot een gemeenschappelijk doel, heeft voor de wetenschap in tweeërlei richting nieuwe vruchten opgeleverd.

Eenerzijds is door eene uitbreiding der mechanica, zooals GALILEI, HUIJGENS en NEWTON die geschapen hadden, een geheel nieuwe tak van wetenschap gevormd, de zoogenaamde „Mécanique appliquée", die haar ontstaan grootendeels te danken heeft aan de leerlingen der Ecole Polytechnique waaronder de namen van PONCELET, NAVIER, MORIN, BOUR zich vanzelf aan de herinnering opdoen en wier arbeid door Dr. G. ZEUNER, Dr. F. GRASHOF en anderen wordt voortgezet. In dezen tak van wetenschap staat de wiskundige behandeling op den voorgrond, maar de onderwerpen zijn allen aan de techniek ontleend en het doel door haar beoogd is voor zoover bereikbaar een wetenschappelijken leiddraad te geven bij de oplossing van technische vraagstukken.

Anderzijds hebben beoefenaars der techniek de uitkomsten van de ervaring die bij de stichting van verschillende werken en de uitoefening van bedrijven verkregen was, nedergelegd in boeken en plaatwerken, waardoor die kennis voor een ieder toegankelijk werd en het bewaren van vakgeheimen althans voor een deel werd beperkt. Meestal waren deze werken van beschrijvenden aard en dikwijls hadden zij den vorm van encyclopedieën, waarin het geheele gebied van bouw- en werktuigkunde behandeld werd. De inzage van enkele werken van dezen aard is voldoende om zich een denkbeeld te maken van deze soort van geschriften, die voor de geschiedenis van hooge waarde zijn en waarvan een der oudste uit ons vaderland afkomstig is. (*) Sedert eenige jaren bestaat er een uitmuntend handboek van Dr. M. Rühlmann, dat de groote verdienste heeft een historisch overzicht te geven van de ontwikkeling der werktuigkunde en van de vorderingen op dit gebied in den loop der tijden gemaakt.

De studie der werktuigkunde als zuiver beschrijvende wetenschap is thans aan de meeste polytechnische scholen een afzonderlijk leervak en is in onze taal bekend onder den naam van *kennis van werktuigen*. Deze studie in hare historisch encyclopedische opvatting en de beoefening van de „Mécanique appliquée" in hare toepassing op werktuigen ten onzent bekend als de *werktuigleer*, laten echter nog eene zeer ruime plaats over voor een vak, dat door den arbeid van F. Redtenbacher (†) eene zelfstandige

---

(*) Theatrum Instrumentorum et Machinarum Jacobi Bessoni Delphinatis Mathematici ingeniossimi. Cum Franc. Beroaldi Figurarum declaratione demonstratina. Lugduni. Apud Barth. Vincentium Cum privilegio Regis. MDLXXVIII.

(†) Redtenbacher's Wirken zur wissenschaftlichen Ausbildung des Maschinenbaues. Fest-Rede zür Enthüllings-Feier des Denkmals Ferdinand Redtenbacher's am 2. Juni 1866 gehalten von Dr. F. Grashof. Heidelberg 1866.

Geistige Bedeutung der Mechanik und geschichtliche Skizze der Entdeckung ihrer Principien. Vortrag gehalten im Herbst 1859 von Ferdinand Redtenbacher

plaats in het onderwijs aan de Polytechnische scholen heeft weten te verwerven en onder den naam van *werktuigbouwkunde* de kennis aanwijst, die vereischt wordt om een werktuig in zijn geheel en in zijne onderdeelen te ontwerpen.

Ook op dit gebied zijn in ons vaderland reeds lang geleden zeer belangrijke werken uitgegeven, want de bekende molenboeken zijn voor de vroeger gebruikelijke houtconstructie hetzelfde wat de nieuwere werken over werktuigbouwkunde zijn voor de constructie van werktuigen in gegoten en gesmeed ijzer of staal. De groote waarde dezer molenboeken ligt niet in de beschrijving van de inrichting der verschillende samenstellingen, want deze is dikwijls zeer beknopt, ook niet in de wis- of natuurkundige verklaring van hare werking, want die ontbreekt meestal geheel, maar in het groote aantal platen, waarin elk onderdeel der constructie nauwkeurig is aangegeven op zoodanige schaal, dat zij de vereischte gegevens leveren voor hen die dergelijke werktuigen moeten ontwerpen. En al heeft de molenbouw in hout haar tijd gehad, deze hollandsche molenboeken zullen altijd waarde behouden, omdat het de eerste werken zijn geweest, waarin de constructie op den voorgrond en als hoofddoel bij de bewerking was gesteld. Door de fraaie uitvoering der platen hebben deze oorspronkelijke hollandsche uitgaven eene bijzondere waarde, welke in het oog valt, wanneer men die vergelijkt met soortgelijke werken uit den vreemde, die den bouw van molens door water gedreven behandelen.

Op het gebied van ijzerconstructiën konden onze molenmakers den weg niet wijzen en de eerste werken die daarover handelen, zijn uit den aard der zaak uit Engeland afkomstig, maar spoedig door fransche en duitsche gevolgd, en reeds betrekkelijk vroeg ook door een nederlandsch werk van Dr. G. J VERDAM, (*) dat ongetwijfeld in zijn tijd een van de beste geweest is en uit een geschiedkundig oogpunt blijvende waarde heeft. De ontzaglijke

Biographische Skizze und Festbericht. Erinnerungsschrift zur ziebenzigjährigen Geburtstagfeier F. Redtenbacher's, herausgegeben von Rudolf Redtenbacher. München 1879.

(*) Geboren 2 December 1802, overleden 29 October 1866. Levensbeschrijving Nederlandsche Spectator 1866.

uitbreiding, die de werktuigbouwkunde in den lateren tijd gekregen heeft, voornamelijk sedert de uitvinding der stoommachine,
heeft splitsing en onderverdeeling noodig gemaakt en de beste
werken op dit gebied behandelen dan ook enkel een der hoofd-
afdeelingen, zooals locomotieven, scheepsstoomwerktuigen, statio-
naire en transportabele stoomwerktuigen, enz. Enkele werken van
dezen aard zijn ook in ons vaderland voortgebracht, al moet ook
erkend worden, dat door den grooten omvang der buitenlandsche
nijverheid de beste werken op dit gebied van buitenlandschen
oorsprong zijn. Bij de studie levert dit geen bezwaar op, doordien het aanleeren van drie vreemde talen aan de studie op de
Polytechnische school hier te lande voorafgaat.

Er is echter in de werktuigbouwkunde een onderwerp, waarover
men in buitenlandsche werken weinig inlichting kan verkrijgen,
namelijk de bemalingswerktuigen voor lage landen In de molenboeken wordt dit onderwerp behandeld voor zoover de windmolens
aangaat en afzonderlijke voorbeelden van stoombemaling hier te
lande zijn in verschillende geschriften behandeld, maar een algemeen overzicht van hetgeen op dit gebied verkregen is, werd tot
nog toe gemist.

Eene eerste poging om hierin te voorzien, werd gedaan door
een overzicht te geven van de hier te lande gebruikelijke bemalingswerktuigen, dat in het koninklijk Instituut van Ingenieurs
werd medegedeeld (*), terwijl reeds vroeger als bijlage tot een ander
geschrift (†) eene opgave van de litteratuur over dit onderwerp was
verschenen. In de behoefte van een eenigszins volledig werk was
echter nog niet voorzien en het voldoen aan deze behoefte was
ook niet gemakkelijk wegens het groot aantal platen, dat daarbij
onmisbaar is en waardoor de kosten van uitgave vrij aanzienlijk
worden. Eerst onlangs mocht schrijver er in slagen een uitgever te
vinden bereid dit werk te ondernemen en een woord van erkentelijkheid jegens de firma van Cleef is hier dus zeker op zijne plaats.

(*) Koninklijk Instituut van Ingenieurs. Notulen der Vergadering van 13 November 1877, bladz. 27. Bijlage 7, bladz. 38.

(†) Het Stuwrad. 's Gravenhage, bij Gebr. J. en H. van Langenhuysen, 1877.
Bijlage III.

Daarbij mag ook niet vergeten worden den naam te vermelden van den heer H. VAN BRUGGEN, wien het bewerken der platen naar de oorspronkelijke teekeningen der stoomgemalen door den schrijver is toevertrouwd.

Die teekeningen zijn voor het meerendeel ontleend aan eene ver- zameling werkteekeningen, die ten dienste van het onderwijs in de werktuigbouwkunde aan de Polytechnische school sedert hare oprichting in 1864 is gevormd, dank aan de medewerking van enkele belangstellenden, wier hulp bij dezen met erkentelijkheid wordt herdacht. De tekst van dit werk was in hoofdzaak gereed toen eene zeer belangrijke studie over de bemalingswerktuigen in ons vaderland in de italiaansche taal werd uitgegeven door den Ingenieur Dr. G. CUPPARI (*), waarvan eene vertaling in onze taal is aangekondigd, die zal worden opgenomen in de werken van het koninklijk Instituut van Ingenieurs.

De strekking van dit zaakrijke geschrift is eenigszins ver- schillend van die van het werk, waaraan deze voorrede voorafgaat. De heer CUPPARI komt tot de slotsom: ,,dat in den regel verschillende invloeden, die aan het opvoeringsvermogen van het waterwerktuig vreemd zijn, meer invloed op de keuze daarvan uitoefenen, dan dit vermogen zelf, dat, bij eene oordeelkundige toepassing, voor verschillende stelsels niet zooveel verschilt als men zou kunnen verwachten.,, Als eene samenvatting van hetgeen werkelijk plaats heeft, is deze slotsom ongetwijfeld juist, doch alleen met dit voorbehoud, dat gehechtheid aan bekende in- richtingen en de bijzondere voorkeur van de verschillende ont- werpers voor het eene of andere werktuig, daarbij ook dikwijls belangrijken invloed hebben.

De vraag of deze toestand blijvend zal wezen, staat echter nog ter beantwoording open, en het was juist met het oog op die vraag, dat dit werk werd opgesteld. Daarom is in de blad- zijden die volgen een zooveel mogelijk geschiedkundig overzicht

(*) Sai risultati practici di varie Macchine Idrofore applicate in Olanda. Ap- punti dell' Ingegnere Giovanni Cuppari Torino Tip. E. Lit. Camilla E. Bertolero. 1883. (Estratto dal periodico l'Ingegneria Civile e le Arti Industriali. Torino 1883. Anno IX.)

van de stoombemaling hier te lande gegeven, opdat daaruit zou kunnen blijken, wat de ervaring geleerd heeft en wat blijkens die ervaring in de toekomst als waarschijnlijk mag worden verwacht.

De uitkomst van dit onderzoek mag daarom merkwaardig genoemd worden, omdat zij duidelijk spreekt ten gunste van twee werktuigen, beiden van nederlandschen oorsprong, namelijk de zuigpomp van A. LIPKENS (*) voor het geval van groote en nagenoeg constante opvoerhoogten en de perspomp van den oud-hoofd-inspecteur van den Waterstaat H. F. FIJNJE VAN SALVERDA (†) voor veranderlijke opvoerhoogten. Wanneer deze werktuigen worden gewijzigd, in overeenstemming met den vooruitgang, die op het gebied der werktuigkunde sedert hare uitvinding en eerste toepassing heeft plaats gehad, dan kunnen zij geacht worden in alle gevallen van stoombemaling op de meest voordeelige wijze te kunnen voorzien. Daardoor wordt tevens de gunstige verwachting bevestigd, die STEVEN HOOGENDIJK had omtrent de voordeelen van pompen voor polderbemaling boven de in zijn tijd gebruikelijke werktuigen, die door windmolens gedreven werden en onder die omstandigheden geschikt waren.

Doch daarbij mag niet vergeten worden, dat het gebruik van pompen, hetzij dan die van LIPKENS of die van FIJNJE in gewijzigden vorm, alleen dan gunstige uitkomsten oplevert, wanneer het stoomwerktuig waardoor zij gedreven worden en de verbinding met de pompen zoo is ingericht, dat de geregelde werking verzekerd is, ook bij het gebruik van hoogdrukstoom met groote uitzetting, zooals die het eerst in de Haarlemmermeermachines met goed gevolg is verwezenlijkt geworden. Het welslagen van deze werktuigen is bereikt doordien reeds in 1843 daarbij werd toegepast de wijze van werking van den stoom, die thans in de algemeen bekende compound-machine in gebruik is. Deze eerste toepassing op groote schaal van hoogdrukstoom met groote uit-

---

(*) Geboren 1782. Overleden December 1847. Notice biographique sur Ant. Lipkens. La Haye, 1848. Levensschets van Antoine Lipkens met portret. Delftsche Studenten-Almanak 1851.

(†) Koninklijk Instituut van Ingenieurs. Notulen der Vergadering van 9 Juni 1870, bladz. 178--185.

zetting bij de machines van den Haarlemmermeer is de meest belangrijke stap geweest op het gebied der stoombemaling sedert de eerste invoering van stoom bij de polderbemaling door den stichter van het Bataafsch genootschap, met wiens naam deze voorrede geopend werd.

Laat zij daarom besloten worden met den naam van den stichter der Haarlemmermeermachines, Dr. G. SIMONS. (*)

AANTEEKENINGEN.

Stichtingsjaren van Universiteiten.

1075 Salerno.	1502 Wittenberg.
1206 Parijs.	1504 Valencia.
1221 Padua.	1505 Breslau.
1228 Toulouse en Salamanca.	1506 Frankfort a/O.
1249 Oxford.	1527 Marburg.
1252 Sorbonne.	1531 Granada.
1289 Montpellier.	1538 Straatsburg.
1301 Rome.	1542 Genève.
1302 Cambridge.	1544 Koningsberg.
1338 Pisa.	1548 Jena.
1365 Weenen en Pavia.	1565 Milaan.
1386 Heidelberg.	1575 Leiden.
1388 Keulen.	1581 Edinburg.
1403 Würzburg.	1585 Athenaeum Franeker.
1405 Turin.	1591 Dublin.
1409 Leipzig.	1607 Giessen.
1411 St. Andrew.	1614 Groningen.
1419 Rostock.	1632 Athenaeum Amsterdam.
1424 Leuven.	1632 Dorpat.
1451 Glascow.	1636 Utrecht.
1454 Trier en Greifswald.	1665 Kiel.
1456 Freiburg.	1694 Halle.
1460 Bazel.	1737 Göttingen.
1472 Ingolstad en Saragossa.	1743 Erlangen.
1474 Platonische Akademie Florence.	1749 Philadelphia.
1477 Tubingen, Mainz en Upsala.	1809 Berlijn.

(*) Geboren 22 Januari 1802. Overleden 17 November 1868. Koninklijk Instituut van Ingenieurs. Notulen der Vergadering van 8 Februari 1870. Dr. G. Simons, door Dr. A. Vrolik.

1816 Gent.	1827 Buenos-Ayres.
1817 Leuven hersteld.	1833 Zürich.
1818 Bonn.	1834 Bern.
1819 Petersburg.	1877 Amsterdam.

Stichtingsjaren van wetenschappelijke genootschappen.

1663 Royal Society.
1666 Académie des Sciences.
1700 Akademie te Berlijn.
1725 Akademie te Petersburg.
1752 Hollandsche Maatschappij der Wetenschappen te Haarlem.
1769 Bataafsch Genootschap.
1808 Koninklijk Instituut van wetenschappen, letteren en schoone kunsten.
1852 Koninklijke Akademie van Wetenschappen.

Stichtingsjaren van Polytechnische scholen.

1794 Ecole Polytechnique.
1806 Polytechnische School te Praag.
1815 Polytechnisch Instituut te Weenen.
1821 Gewerbe-Instituut te Berlijn.
1825 Polytechnische School te Carlsruhe.
1827 Höhere technische Schule te München.
1828 Technische Bildungs-Anstalt te Dresden.
1829 Ecole des Arts et Métiers te Parijs.
1829 Höhere technische Schule te Neurenberg.
1831 Höhere technische Gewerbeschule te Hannover.
1833 Höhere technische Gewerbeschule te Angsburg.
1835 Hoogere technische scholen te Luik en te Gent.
1840 Polytechnische School te Stuttgart.
1842 Koninklijke Akademie ter opleiding van Burgerlijke Ingenieurs te Delft.
1847 Polytechnische School te Hannover.
1851 Polytechnische School te Dresden.
1851 Overname van de Ecole des Arts et Metiers door de Regeering.
1855 Polytechnische School te Zurich.
1864 Polytechnische School te Delft.
1870 Polytechnische School te Aken.

INLEIDING.

De geschiedenis van de uitvinding der stoommachine is daarom zoo uiterst belangrijk, omdat die uitvinding heeft plaats gehad na de invoering der boekdrukkunst. Daardoor zijn de verschillende vorderingen in den loop van den tijd gemaakt voor vergetelheid bewaard gebleven, hetgeen met tal van andere uitvindingen en daaronder de boekdrukkunst zelve niet het geval geweest is (*).

Hoewel er in die geschiedenis nog leemten zijn, die men gaarne zou zien aangevuld, kan bijna stap voor stap worden nagegaan hoe het eene uit het andere is voortgekomen. Groote diensten hebben daarbij bewezen de registers der patenten, brevetten en octrooien. Eenerzijds hebben deze verzekerd dat de verschillende uitvinders hun werk niet geheim hielden en aangezien die patenten van regeeringswege werden verleend, zoo waren de beschrijvingen staatspapieren wier behoud als zoodanig verzekerd was ook in tijden, waarin de technische inhoud dezer stukken wellicht niet de vereischte belangstelling vond om haar behoud te waarborgen.

Het doel van dit werk eischt niet deze geschiedenis, die trouwens in hare hoofdtrekken algemeen bekend is, te herhalen. Alleen zooveel moet daaraan ontleend worden als in verband staat met de invoering van de stoombemaling hier te lande en hare eerste toepassingen. Voor een volledig overzicht van de uitvinding der stoommachine kan men de werken van J. FAREY, R. STUART en

---

(*) Gutenberg: Was he the inventor of printing? An historical investigation embodying a criticism on Dr. van der Linde's „Gutenberg" by I. Hessels, London. Bernard Quaritch, 15 Piccadilly. 1882. pag. 9: „To cut the matter short, in the case of Gutenberg — that is to say of Gutenberg as inventor of printing — far more forgeries have been perpetrated than in that of the Harlem inventor."

2

R. L. GALLOWAY raadplegen, waarvan vooral het laatste het voordeel heeft zeer beknopt te zijn, omdat daarin enkel behandeld worden die uitvindingen, welke in dadelijk verband staan met de inrichting, die de stoommachine blijvend behouden heeft, namelijk de rechte cylinder met den heen- en weergaanden zuiger.

Wat in die geschiedenis bijzondere opmerking verdient, is het nauwe verband tusschen de groote uitvindingen op dit gebied van den nieuweren tijd met de ontdekkingen, die reeds voor den aanvang onzer jaartelling door de Grieken gedaan waren. De handschriften waarin deze vermeld waren, zijn gelukkig bewaard gebleven en werden bij de herlevende beoefening van de grieksche letteren in Europa in het latijn en in verschillende europeesche talen overgebracht (*). Men vindt daarin talrijke toepassingen van den hevel, van de perspomp, zoowel in hare toepassing op de water-orgels als tot het maken van fonteinen. De uitvinding van de brandspuit kan men stap voor stap nagaan van af het grieksche geschrift dat de dubbelwerkende perspomp beschrijft tot op de welbekende uitvinding der slangbrandspuiten door JAN VAN DER HEIJDEN.

Doch wat tevens de aandacht trekt bij het doorbladeren van deze oude geschriften is dat de kennis, die de Grieken bezaten, betrekkelijk zoo onvruchtbaar is gebleven. De toepassingen van die kennis bepaalden zich tot het in beweging brengen op onzichtbare wijze van altaarbeeldjes of van tempeldeurtjes en blijkbaar hebben sommigen van deze toestellen gediend als tooverkunst, die met den uitwendigen eeredienst in verband werd gebracht. Terwijl de geschriften der Grieksche wijsgeeren en dichters, de kunstwerken van hunne beeldhouwers en bouwmeesters zoo hoog staan,

---

(*) Van een nog onuitgegeven geschrift van Hero van Alexandrie, handelende over de verplaatsing van zware lasten, bestaat eene arabische vertaling, waarvan het geheel eenig handschrift te Leiden berust.

Catalogus Codicum Orientalium Bibl. Acad. Lugd. Bat. Tom. III, pag. 46. No. DCCCCLXXXIII. „Heronis Alexandrini *Barulci*, sive *de oneribus* trahendis Libri III, Arabice redditi a Kosta' ben Lúká al Báalbakí, qui exeunte 3tio aut ineunte 4to Arabum saeculo obiit."

De uitgave en vertaling van dit geschrift zal ongetwijfeld met groote belangstelling worden ontvangen.

dat zij nog altijd als maatstaf van het waarlijk schoone worden geëerbiedigd, zien wij daarnaast gebruik maken van werktuigkundig speelgoed op eene wijze, die onwillekeurig herinnert, dat *le sublime touche au ridicule.* Het moet erkend worden, dat zich hierin eene zijde van het volksleven in de oudheid afspiegelt, die een donkeren achtergrond vormt voor al het schoone, dat de Grieken ons hebben nagelaten. Doch het is maar al te waar, dat de eerste bladzijden uit de geschiedenis der meeste wetenschappen en kunsten iets soortgelijks vertoonen. De astrologie is voorafgegaan aan de wetenschappelijke astronomie, de alchymie heeft den weg gebaand voor de scheikunde en de werktuigkunde heeft bij hare eerste stappen op de levensbaan dienst gedaan als goochelkunst om later zelfs misbruikt te worden tot foltering.

In die eerste toestellen welke door HERO omstreeks 120 jaar voor onze jaartelling beschreven zijn, waren intusschen beginselen verscholen, die later tot rijper ontwikkeling gekomen den grondslag vormen voor thans nog gebruikte werktuigen. Om dit voor eene enkele doorloopende reeks van werktuigen duidelijk te maken is op het titelblad van den atlas bij dit werk behoorende een overzicht gegeven van de trapsgewijze ontwikkeling van een toestel, dat thans als pulsometer algemeen bekend is, tot opvoer van water in talrijke gevallen dienst doet en waarvan de afkomst langs directen weg uit het geschrift van HERO is afteleiden. De eerste figuur geeft eene voorstelling van een der altaarwerktuigjes door HERO beschreven, waarbinnen een gesloten bak aanwezig is die wijn bevatte. De hitte van het altaarvuur doet de lucht in dien bak uitzetten en den wijn verdampen. De drukking daardoor veroorzaakt doet de vloeistof door buizen omhoog stijgen en door tusschenkomst van een tweede stel gesloten bakjes met buizen voorzien, wordt de wijn uit deze laatste door de handen der beeldjes op het offervuur geplengd, terwijl een deel der samengeperste lucht door den kop van een draak ontwijkt en daarbij een fluit aanblaast.

Opvoer van vloeistoffen door drukking van samengepersten damp is hier volkomen verwezenlijkt. De geschriften waarin deze of soortgelijke afbeeldingen voorkwamen waren, zoo als boven gezegd werd tijdens de Renaissance door vertaling algemeen bekend geworden en de fontein van DE CAUS eveneens op het titelblad voorgesteld, was eene toepassing omstreeks 1615 van hetzelfde beginsel in anderen vorm. MUSSCHENBROEK te Leiden beschreef zulk eene fontein door hem vervaardigd die 40 tot 50 voet hoog het water opvoerde (*). Op groote schaal en tot het opvoeren van water in eenigszins beteekenende hoeveelheid is deze inrichting het eerst toegepast door den markies van WORCESTER, van wiens werktuig wel is waar geen authentieke teekeningen aanwezig zijn, maar dat toch in het jaar 1667 ongetwijfeld bestaan en gewerkt heeft.

Toen de machine van den markies in vergetelheid was geraakt, is hetzelfde denkbeeld, in den geheel nieuwen en beteren vorm dien het titelblad teruggeeft, uitgevoerd door SAVERY in 1698. Dit werktuig werd toegepast tot het opvoeren van water uit mijnen, een ander maal tot het opvoeren van water voor Cambden-House en ook tot het droogleggen van eene moeras, welk laatste echter niet geslaagd is. De opvoer van vloeistoffen door den onmiddellijken druk van stoom op de vloeistof, het hoofdbeginsel in het werktuig van SAVERY, heeft eene blijvende toepassing gevonden in de „monte-jus", die onder anderen in de suikerfabrieken gebruikt wordt, maar is overigens op zijde gedrongen door de uitvinding van NEWCOMEN, die er in geslaagd is pompen door een vuurmachine te drijven, hetgeen veel grooter gemak in het gebruik opleverde.

De machine van SAVERY is echter het uitgangspunt geweest voor een tal van werktuigen van gelijke soort maar van min of meer gewijzigde inrichting en daartoe behoort ook de machine van BLAKEY, waarvoor in 1776 in ons land octrooi werd verleend en die op het titelblad is voorgesteld. De machine van SAVERY was niet zelfwerkend en vereischte dus de voortdurende aanwezigheid en werkzaamheid van een arbeider tot het openen en sluiten der kranen. Tal van bekwame uitvinders en daaronder

---

(*) Beginselen der Natuurkunde beschreven ten dienste der landgenooten, door Petrus van Musschenbroek. Te Leyden, bij Samuel Luchtmans 1736, bladz. 893.

ook BLAKEY zijn toen werkzaam geweest om dit werktuig zelfwerkend te maken, maar de inrichtingen waren te samengesteld
en bleken niet voor voortdurend gebruik geschikt te zijn. Toen
nu dientengevolge het werktuig van SAVERY korten tijd na de
uitvinding in onbruik was geraakt, werd bijna twee honderd jaar
later in 1871 in Amerika door HALL eene allervernuftigste vinding
gedaan, namelijk van eene zelfwerkende balklep, die beurtelings
elk der beide reservoirs door stoom of door water doet vullen en
daardoor werd eindelijk een werktuig verkregen, dat voor uitgebreide toepassing geschikt is en thans ook in talrijke gevallen
wordt toegepast.

Zoo is dan de machine van SAVERY na bijna twee eeuwen te
hebben gerust, eindelijk in den vorm van den pulsometer in
algemeen gebruik gekomen, op stoomschepen, in fabrieken en bij
het ontledigen van fundeeringputten. En ongeveer honderd jaar
na eene niet geslaagde poging van BLAKEY te Amsterdam tot
toepassing van zijn werktuig voor de verversching van de stads-
grachten, is te Nijmegen een pulsometer van groote afmeting in
gebruik gesteld tot afvoer van het water uit de benedenstad,
wanneer hooge rivierstanden. de natuurlijke loozing in de Waal
beletten. Wel was er dus levensvatbaarheid in het gronddenkbeeld
van het door HERO beschreven altaarwerktuig, waarvan de pulsometer in rechte lijn afstamt, zij het dan ook na tweeduizend jaar.
De hoofdreden van deze levensvatbaarheid lag in den grooten
eenvoud der inrichting. In de fontein van DE CAUS was die zelfs
nog grooter, aangezien de bol die als stoomketel diende, tegelijk
het waterreservoir was dat de fontein voedde, terwijl er in het
werktuig van HERO nog tusschen liggende reservoirs aanwezig waren.

De scheiding nu van den stoomketel van de overige deelen van
het werktuig was een zeer belangrijke stap vooruit, die het eerst
door WORCESTER schijnt gedaan te zijn en zij kenmerkt ook het
werktuig van SAVERY, waarin bovendien drie zaken voorkwamen.
die meerendeels nieuw waren. Deze toestel had twee waterruimten,
die afwisselend gevuld en geledigd werden en alzoo was de eerste
dubbelwerkende machine door stoom gedreven in het leven geroepen.
Elk reservoir werd na door stoom te zijn leeggeperst van buiten

afgekoeld door koud water, en dit is de eerst bekende toepassing van condensatie van stoom tot het vormen van een luchtledig. Eindelijk was er behalve de eigenlijke stoomketel nog een kleinere ketel, die alleen diende om den hoofdketel met heet water aantevullen, wanneer het water in dezen verdampt was en daardoor werd eene geregelde werking zonder oponthoud verzekerd.

Van waar nu dat een werktuig, dat blijkbaar in beginsel juist en daarbij goed uitgevoerd was, zelfs gedurende het leven van den uitvinder weinig toepassing gevonden heeft. De reden lag, zooals reeds boven is opgemerkt, gedeeltelijk in het gemis van zelfwerkend te zijn. Maar het grootste bezwaar tegen de machine van SAVERY was de onmiddellijke werking van den stoom op het water, want dit noodzaakte tot het gebruik van stoom van hooge drukking om in de toenmaals bestaande behoefte aan opvoer van water, uit de mijnen te voorzien, waarbij groote hoogte van opvoer onvermijdelijk was. Daarmede was gevaar verbonden, dat door de toepassing der veiligheidsklep van PAPIN wel verminderd maar niet opgeheven werd. Sterke ketels waren daartoe een vereischte, maar de fabrikatie van plaatijzer bestond toen nog niet, terwijl de ijzergieterij in hare kindsheid was en eerst later tot ontwikkeling komen zoude door de behoefte aan groote cylinders voor de atmosferische machines van NEWCOMEN.

Doch eene niet minder groote belemmering in de toepassing was gelegen in het gemis van werkzame belangstelling van de zijde der wetenschappelijke personen in Engeland. De machine van den markies van WORCESTER werd bezocht door twee vreemdelingen, DE CORBIÈRE en COSMO DE MEDICIS, die er beiden in hunne dagboeken melding van maakten, maar dr. HOOKE, lid van de Royal Society, die de machine bezocht in 1667, zeide: „as far as I was able to see it, it seemed one of the perpetual motion fallacies". De mogelijkheid om door warmte arbeid voort te brengen was nog niet opgenomen in de academische wetenschap dier dagen en alleen door het verleenen van een patent door Karel II aan den markies van WORCESTER en door de geschriften van den markies zelf, is deze machine in de herinnering bewaard gebleven.

Savery is in dit opzicht gelukkiger geweest. In 1698 werd hij in de gelegenheid gesteld een model van zijn werktuig te vertoonen aan Koning Willem III, die er groot belang in stelde, den uitvinder vergunde de eerste gedrukte beschrijving aan hem op te dragen en hem den 25° Juli 1698 een patent daarvoor verleende. Den 14° Juni 1699 vertoonde hij een model aan de Royal Society en blijkens de minuten van dat genootschap werd de goede werking daarvan erkend, terwijl eene teekening met beschrijving in de werken van het genootschap werd opgenomen. Daarbij is het echter gebleven en de eerstvolgende belangrijke stap in de ontwikkeling der stoommachine is te danken aan Newcomen, een smid en Calley, een glazenmaker, die zich omstreeks 1710 met Savery vereenigden om onder bescherming van zijn patent hunne machine met cylinder en zuiger in te voeren.

Dit is ongetwijfeld een vreemde loop van zaken geweest, vooral als men bedenkt, dat Engeland destijds in het bezit was van tal van wetenschappelijke mannen waaronder Newton, die algemeen erkend is als de grondlegger van de mechanica. Men moet daaruit wel opmaken, dat de diepe beteekenis van deze eerste proef in de Royal Society tot het omzetten van warmte in arbeid aan de geleerden ontsnapt is, want het heeft, zooals nader zal blijken, nog jaren geduurd eer in Engeland de wordende stoommachine de blijvende aandacht van wetenschappelijke mannen tot zich trok. Dit voorbeeld, dat zeker niet alleen staat, is uiterst geschikt om een duidelijk denkbeeld te geven van den afstand, die destijds bestond tusschen de academische wetenschap en de uitvindingen op technisch gebied, een afstand die nog niet geheel verdwenen is en waarvan de aanwezigheid zoowel aan de wetenschap als aan de techniek groote schade doet.

De geschiedenis van het eerste stoomwerktuig van Savery, is ook nog uit een ander oogpunt hoogst belangrijk. De eenvoud der inrichting, die het met het altaarwerktuig van de Grieken gemeen had, verleent het groote voordeelen, die ook aan den daaruit afgeleiden pulsometer eigen zijn en dit werktuig bijzonder geschikt maken voor tal van gevallen, waarin andere stoomwerktuigen geen toepassing kunnen vinden. Oppervlakkig beschouwd, zoude men nu ook verwachten, dat de werking onbelemmerd door wrijving van zuigers, stangen, assen of raderen, zeer voordeelig zoude moeten zijn uit het oogpunt van brandstofverbruik en dit was ook de bewering van BLAKEY, toen hij eene halve eeuw na SAVERY dit werktuig trachtte te verbeteren en het hier te lande wilde invoeren ten dienste der bemaling. De ervaring heeft het echter anders geleerd; de later gevolgde machine van NEWCOMEN met cylinder en zuiger gebruikte de helft der brandstof, die in het werktuig van SAVERY voor eene gegeven wateropbrengst en hoogte van opvoer werd gevorderd en dit bezwaar van groot brandstofverbruik is aan de werktuigen, die op gelijke wijze als dat van SAVERY werken, bijgebleven.

Zelfs in zijn nieuwsten vorm, den pulsometer, is dit bezwaar niet opgeheven en het is deze omstandigheid die zijne algemeene toepassing op polder- of boezembemaling in den weg staat, waarvoor het werktuig door zijn grooten eenvoud anders zoo uitstekend geschikt zoude zijn. Dit gebrek hangt met het beginsel van het werktuig onafscheidelijk samen omdat stoom en optevoeren water achtereenvolgens dezelfde ruimten vullen, waardoor herhaalde verhitting en afkoeling onvermijdelijk is. BLAKEY heeft getracht daarin te voorzien door twee reservoirs boven elkander te stellen, waarvan het bovenste gevuld was met olie, die dus den toegelaten stoom van het optevoeren water scheidde. PAPIN heeft getracht dit door een zuiger van niet geleidende stof te verkrijgen, maar al deze hulpmiddelen waren onvoldoende en wat alleen eenig voordeel geeft is eene luchtlaag, waarvan de aanwezigheid dan ook bij den pulsometer door zelfwerkende luchtklepjes verzekerd wordt.

Afdoende verbetering kon alleen verkregen worden door stoom- en waterwerktuig geheel van elkander te scheiden. Die scheiding is in practischen vorm verwezenlijkt in de eerste vuurmachine van NEWCOMEN die in 1712 bij Dudley Castle werd gesteld en deze nieuwe inrichting heeft spoedig de machine van SAVERY geheel op zijde doen zetten. Het was ongetwijfeld eene dwaling van BLAKEY hierop terug te willen komen en naar verbetering in de onderdeelen van een werktuig te streven, waarvan de onvolkomenheid lag in het grondbeginsel waarop het berustte. De scheiding van stoom- en waterwerktuig is dan ook een hoofdbeginsel, waarvan sedert niet weder is afgeweken en dat terug wordt gevonden in elk der inrichtingen tot stoombemaling die in dit werk verder behandeld zullen worden. Om een volledig overzicht te verkrijgen, was echter als inleiding eene korte vermelding noodig van de werktuigen, waarin dit beginsel niet is toegepast, omdat een van dezen, zij het dan ook te vergeefs, in ons vaderland is gebruikt, maar vooral omdat zij uit een geschiedkundig oogpunt de voorbereiders zijn geweest, voor die welke thans in gebruik zijn.

AANTEEKENINGEN.

Geschriften vau Grieksche werktuigkundigen.

Heronis Alexandrini Spiritalium Liber. A. Federico Commandino Urbinate ex Graeco nuper in Latinum Conversus. Parisiis. Apud Aegidium Gorbinum, sub insigni Spei, e regione collegii Cameracensis. MDLXXXIII.

Di Herone Alessandrino de Gli Automati, ouero Machine se moventi, libri due, Tradotti dal Greco da Bernardino Baldi Abbate di Guastalla. Con privilegio. In Venetia, Appresso Girolamo Porro, 1589.

Heronis Ctesibii. Belopoeca hoc est Felifactiva Bernardinus Baldo: Urbinate Guastallae Abbate. Illustratore et interprete item Heronis Vita codem Auctore Auguste Vindelicorum, Typis Davidius Franci. MDCXVI.

Veterum Mathematicorum Athenaei, Apollodori, Philonis, Bitonis, Heronis et Aliorum Opera, Graece et Latine. Pleraque nunc prima edita. Ex manuscriptis Codicibus Bibliotheca Regiae. Parisiis, Ex Typographia Regia. MDCXCIII.

Geschriften over de geschiedenis der Stoommachine.

A descriptive History of the steam engine by Robert Stuart, Esq. Civil Engineer. Illustrated by Engravings of forty-seven engines. Second edition. London John Knight and Henry Lacey, 1824.

A treatise on the steam engine, historical, practical and descriptive, by John Farey, Engineer Illustrated by numerous engravings and diagrams. London. Printed for Longman, Rees, Orme, Brown and Green. 1827.

Historical Statement of the improvements made in the duty performed by the steam engines in Cornwall from the commencement of the publication of the Monthly Reports. By Thomas Lean and Brothers, Registrars and Reporters of the duty of steam engines. London Simpkin, Marshall & Co. 1839.

A treatise on the steam engine from the seventh Edition of the Encyclopedia Britannica. By John Scott Russell, M. A., F. R. S. E. New edition. Revised and corrected. With 250 Illustrations on wood and steel. Edinburgh. Adam and Charles Black. 1851.

Lives of Boulton and Watt. Principally from the original Soho M.S.S. comprising also a history of the invention and introduction of the steam engine. By Samuel Smiles. London. John Murray, 1865.

The life, times and scientific labours of the second Marquis of Worcester. To which is added, a reprint of his century of inventions, 1663, with a commentary thereon, by Henry Dircks, Esq. Civil Engineer. London. Bernard Quaritch. 1865.

Life of Richard Trevithick with an account of his inventions. By Francis Trevithick. C. E. Illustrated with engravings on wood by W. J. Welch. London. E. & F. N. Spon. 1872.

The steam engine and its inventors. A historical sketch, by Robert L. Galloway, Mining Engineer. London. Macmillan & C°. 1881.

The pratical Steam Engineer's Guide by Emory Edwards. Illustrated by one hundred and nineteen engravings. Philadelphia. Henry Carey Baird & C°. 1882. (*)

Geschriften betreffende de machine van SAVERY *en hare wijziging.*

A descriptive history of the steam engine by Robert Stuart. 1824.

Machine van Savery	1699.	pag.	29—45.	fig.	10, 11, 12.
" " Papin	1707.	"	50	"	14.
" " Desaguliers en 's Gravesande	1716.	"	75	"	20.
" " Gensanne	1744.	"	84	"	24.
" " Blakey.	1756.	"	88	"	25.
" " Francois	1791.	"	153	"	34.
" " Nuncarrow	1799.	"	161	"	39.
" " Boaz	1805.	"	173	"	42.
A treatise on the Steam Engine by John Farey 1827.					
Machine van Genjembre	1820.	"	121.	
" " Josuah Rigley		"	122.	

(*) Dit werk bevat eene teekening en beschrijving van de hoogdruk-machine van Oliver Evans uit het jaar 1800.

Zeitschrift des Oesterreichischen Ingenieur- und Architecten-Vereins. XXII. Jahrgang 1870. VII Heft. Seite 134. Wasserhebung mit unmittelbaren Dampfdruck. Von Fr. Resca, Ingenieur bei Danek u. Comp. in Prag. (Mit Zeichnungen auf Blatt N° 16).

Zeitschrift des Vereines deutscher Ingenieure. Band XV. 1871. Heft 6. Seite 353. Wasserhebung durch unmittelbaren Dampfdruck. Von Professor R. R. Werner M. H.

Koninklijk Instituut van Ingenieurs. Tijdschrift 1878—1879. Vertalingen, bladz. 21. Beschrijving van eene pomp met op- en nedergaande waterkolom onder de onmiddelijke aanwending von stoom, door den heer Bretonnière, conducteur der bruggen en wegen. Philippeville (Algiers).

Geschriften betreffende de machine van BLAKEY.

Verslag en beschrijving van eene verbeterde stoommachine, waardoor men met die van Savery, Papin, Desaguliers enz. de langzame verbeterde vindingen dezer werktuigen zal ontwaren. Rotterdam 1776. Bennet en Hake. Vertaald en met eene voorrede voorzien door J. D. H. van Liender volgens: „An account of an improved Steam Eugine, which will, with the same quantity of fire and equal space of time raise above double the quantity of water than any Lever-Eugine of the same dimensions. N. D. FALCK Med. Dr."

Observations sur les Pompes à feu avec Balancier et sur la nouvelle machine à feu, suivies de remarques sur la situation de la Hollande, sur les moyens dont on se sert pour la rendre habitable, sur ceux qu'on peut employer pour vuider les eaux puantes des Canaux et des Marais et les remplir de nouvelles eaux, afin de rendre l'air plus sain. Par M. Blakey, Inventeur des pompes à feu sans Balancier, pour lesquelles les Etats des sept Provinces Unies, lui ont accordé un Privilege exclusif. 1777.
In het exemplaar der Bibl. van de Polyt. School is daarbij ingebonden: Brief aan den Heer Mauduit, Lector en Professor in de wiskunde etc. etc. door W. Blakey, 26 Junij 1778.

Vaderlandsche letteroefeningen. Mengelwerk, eerste stuk. 1777. Vertaaling van de opmerkingen aangaande de vuurpomp, met eene hefbalk werkende, door William Blakey.

Nieuwe verhandelingen van het Bataafsch Genootschap te Rotterdam. Eerste Deel 1800. Historie der Vuur-machines of stoom-werktuigen. bladz. 17—20.

A treatise on the steam eugine historical, practical and descriptive, by John Farey, Engineer. London 1827. pag. 121.

A descriptive History of the Steam Eugine by Rober Stuart Esq. Civil Engineer. Second edition. London 1834. pag. 86—92.

Geschriften betreffende den Pulsometer.

Polytechnisches Journal von Dr. E. M. Dingler, Jahrg. 1873. Fünfte Reihe. Zehnter Band. Seite 101. H. Hall's Dampfpumpe oder Pulsometer.

Jahrbuch über die Erfindungen und Fortschritte auf dem Gebiete der Machinen techniek, u. s. w. von F. Neumann. 2e Jahrg. 1874. Seite 186. Hall's Pulsometer.

The Pulsometer (Hall's Patents). Sole Manufacturers Hodgkin, Neuhaus & Cº. Julij 1876. London E. C.

The Engineer. 21 Julij 1876. pag. 39—40.

Engineering. 21 Julij 1876. pag. 54—56.

Iron. 26 Augustus 1876. pag. 260—261.

Polytechnic Review. 23 September 1876. pag. 93. Aquometer. Dampfpumpe.

Iron. 29 September 1877. pag. 392. The Hydrotrophe.

Koninklijk Instituut van Ingenieurs. Notulen der vergadering van 13 Februarij 1877. bladz. 56—72. Tijdschrift. 1876—1877. Verscheidenheden, bladz. 282. Nuttig effect van den Pulsometer door het lid Th. Bleckmann.

C. Schaltenbrand. Der Pulsometer oder die Dampf-vacuum Pumpe. Berlin 1877.

„Direct wirkender" Pulsometer, system Ulrich. Gebr. Körting. Hannover. Fabrik von Strahl-Apparaten, Pulsometern und Gasmotoren. Hannover. Gebr. Jänecke.

DE VUURMACHINE TE ROTTERDAM.

PLAAT I EN II.

Het werktuig van BLAKEY, dat in het vorige hoofdstuk vermeld werd, is hier te lande opgesteld en in werking vertoond aan de leden van de Staten van Holland te 's-Gravenhage en daarna werd aan den uitvinder den 10 October 1776 een octrooi verleend voor vijftien jaren. Eene machine volgens dit stelsel werd gesticht te Krooswijk bij Rotterdam en eene andere werd opgesteld te Amsterdam, maar beiden hebben evenmin aan de verwachting voldaan als die, welke SAVERY voor het droogleggen van eene moeras in Engeland had opgesteld.

's-GRAVESANDE had reeds in 1716 met DESAGULIERS te Londen beproefd de machine van SAVERY te verbeteren, maar de enkelwerkende machine door hen gemaakt, was in hoofdzaak dezelfde als die door SAVERY te Cambdenhouse was gesteld. Alleen in een opzicht was door hen iets nieuws geleverd, daar zij de condensatie door injectie hadden toegepast, die men ook later in de machine van BLAKEY vindt.

De eigenlijke verdienste van DESAGULIERS ligt dan ook niet in de werktuigen, waaronder een voor CZAR PETER, die door hem naar het stelsel van SAVERY werden opgericht, en die ten onrechte naar zijn naam werden genoemd, maar hierin, dat hij de beschrijving van deze werktuigen en ook van de latere van NEWCOMEN in zijn handboek over de proefondervindelijke wijsbegeerte heeft opgenomen. Daardoor werd aan deze werktuigen algemeene bekendheid verzekerd en zoo kwam ook de machine van NEWCOMEN onder de aandacht van STEVEN HOOGENDIJK, die het eerst getracht heeft de nieuwe beweegkracht, die dit werktuig verschafte in ons vaderland intevoeren.

In 1757 werd op zijn voorstel door de regeering der Stad Rotterdam de opzichter der stads-droogmakerijen MAARTEN WALT-MAN naar Engeland gezonden, om een onderzoek te doen naar de uitkomsten verkregen met de vuurmachines toenmaals in Engeland algemeen in gebruik, en meer bepaald met die in Yorkbuildings te Londen in dienst tot het opvoeren van drinkwater. De uitslag van dit onderzoek is afkeurend geweest, omdat daarbij enkel gelet werd op de hoeveelheid water, die deze machines opvoerden zonder de hoogte van opvoer in acht te nemen. Daardoor werd het vermogen van de gebruikte beweegkracht veel te laag geschat en alzoo ten onrechte als veel te gering beschouwd om onze watermolens te kunnen vervangen. HOOGENDIJK liet zich daardoor niet afschrikken, zocht echter geen verderen steun bij de regeeringscolleges, richtte in 1769 het Bataafsch Genootschap op, verzekerde zich den steun van de Directeuren van dit genootschap en besloot om op eigen kosten de eerste vuurmachine hier te lande te stichten. Het eerste wat daartoe gedaan werd, was het uitzoeken van eene geschikte plaats en daarvoor werd gekozen de voormalige stads kruittoren, gelegen aan de Stads-Binnenvest, naast de toen kort geleden aangelegde hooge-boezemsluis.

Het doel waartoe deze machine zou dienen, was het opvoeren van water uit de binnenstad, die veeltijds last had van hoogen waterstand door het polderwater, dat door de molens langs de Rotte gelegen, in deze vaart en alzoo in de binnenstad werd opgemalen. De machine zou het water opvoeren in den hoogenboezem, die door de straks genoemde sluis in de Maas loost en zou daarbij moeten werken met eene opvoerhoogte die van 1 duim tot 5 voet Rijnlandsche maat kon uiteenloopen. Het hoofddenkbeeld was de inrichting zoo te maken, dat met het gegeven vermogen der vuurmachine eene hoeveelheid water zou worden opgevoerd, die in omgekeerde reden stond tot de tijdelijke opvoerhoogte en die dus bij kleine opvoerhoogten zeer aanzienlijk zou kunnen wezen. Om dit doel te bereiken, had men het werktuig zoo ontworpen dat ééne vuurmachine in verbinding werd gebracht met acht pompen van verschillende grootte en van onderscheiden slaglengte. Bij toenemende opvoerhoogte konden dan een of meer pompen worden afgezet en door verschillende combinatie van de afzonderlijke pompen, zoude het mogelijk zijn voor elke verschillende opvoerhoogte de hoeveelheid opgevoerd water zoo te regelen, dat de vuurmachine steeds denzelfden arbeid te verrichten had.

Het liet zich aanzien, dat een dergelijk werktuig nuttig zoude kunnen wezen voor het voorgestelde doel en de Directeuren van het Bataafsch Genootschap wendden zich dus den 30 December 1771, tot de regeering der stad Rotterdam, met verzoek op de aangewezen plaats tot de stichting te mogen overgaan, aan welk verzoek de voorwaarde werd verbonden, dat als de machine goed voldeed zij tegen vergoeding der kosten door de stad zou worden overgenomen. Op dit verzoek werd den 28 December 1772 afwijzend beschikt; HOOGENDIJK besloot op verdere requesten zijn naam niet meer te vermelden en deze werden onderteekend met J. D. H. v. L., de voorletters van den heer HUICHELBOS VAN LIENDER, die HOOGENDIJK bij de stichting der machine meer in het bijzonder heeft bijgestaan en uit wiens aanteekeningen de Historie der Vuurmachines is opgesteld, welke in de werken van het Bataafsch Genootschap voorkomt en waaraan de inhoud van dit hoofdstuk is ontleend.

In 1774 werd toen een nieuw request aangeboden, waarbij alleen beschikking over de aangewezen plaats en vrijdom van accijns voor de brandstoffen werd gevraagd, dat den 6 Juni 1774 werd toegestaan. Een verzoek van 26 Mei 1774 aan Hoogheemraden van Schieland, om de machine te mogen plaatsen, werd den 25 Juni 1774 ingewilligd, en op een ander verzoek aan H.H. Gecommitteerde Raden ter Admiraliteit op de Maas, om het zwaar smidswerk op de Admiraliteitswerf te laten aanmaken tegen vergoeding van kosten, werd den 13 September 1774 evenzeer gunstig beschikt.

Intusschen was van andere zijde tegenwerking ontstaan. Dr. L. BICKER had in 1772 ter bevordering van het doel, dat HOOGENDIJK beoogde, een geschrift opgesteld en uitgegeven, waarin de voordeelen van de nieuwe vuurmachines boven de watermolens werden aangewezen en dit lokte eene bestrijding uit van P. STEENSTRA, leeraar in de wiskunde te Amsterdam. Eene wederlegging daarvan werd echter in 1774 gegeven door RHIJNSE LIEVE BROUWER, A. L. M.

en STEENSTRA heeft hierop niet verder geantwoord. BROUWER bewees later de juistheid van zijne beweringen, door eene vuurmachine te maken, die volkomen voldéed en waarvan nader melding zal worden gemaakt. HOOGENDIJK ging inmiddels met zijn arbeid voort, zoodat hij den 13 Juni 1774 het sloopen van de op het verkregen terrein bestaande gebouwen en het maken van de fundeering voor het nieuwe gebouw kon aanbesteden, hetgeen door drie werkbazen, MOENS, HARTHALS en VAN DE WERKEN werd aangenomen.

In Engeland werden een ketel, een cylinder en de noodige buizen besteld, die in Januari 1775 aangebracht werden, terwijl inmiddels het gebouw in gereedheid was gebracht. Voorts werd eene overeenkomst gesloten met een engelsch ingenieur JABES CARTER HORNBLOWER die in Juni 1775 overkwam om de machine te stellen en in werking te brengen. Dit laatste ondervond echter oponthoud, daar eerst in 1776 de kistdammen, die voor den aanleg van het gebouw noodig waren, konden worden opgeruimd. In Februari 1776 werd voor het eerst water in den ketel gepompt en deze gestookt en den 9 Maart werd voor het eerst de machine aan den gang gebracht, die in den namiddag verscheidene slagen achtereen maakte, zoodat men over hare werking tevreden was.

Den 12 Augustus 1776 werkte de machine voor de leden van het Bataafsch Genootschap, den 11 September voor de Regeering van de stad Rotterdam en eenige volgende dagen voor belangstellenden, waarbij echter sommige pompen onklaar raakten.

Den 31 October van hetzelfde jaar zouden de HH. ROYER, secretaris der stad, VAN DER WAL, BLASSIÈRE en VAN DE GRAAF als commissarissen van Hun Edel- Groot-Mogenden een „examen" van het werktuig bijwonen, dat echter door den lagen stand van het benedenwater ongunstig afliep. Eene hervatting hiervan in October 1777 mocht ten gevolge van gebreken aan de pompen mede niet gunstig uitvallen en gaf aanleiding tot een ongunstig verslag.

De ongevallen, die ondervonden werden en tot het ongunstig verslag aanleiding gaven, hadden haar hoofdoorzaak in de

werking der pompen, die reeds van den aanvang af bezwaar hadden
opgeleverd. HOOGENDIJK liet zich daardoor niet afschrikken,
en den 6 Juni 1778 werd eene prijsvraag over dit onderwerp
uitgeschreven. Daarop kwamen elf antwoorden in, waarvan drie
bekroond werden onder welke laatste ook een van den bovenge-
noemden Dr. R. L. BROUWER. Tevens werden nog twee projecten
uit Engeland ontvangen waarvan de stellers buiten mededinging
verlangden te blijven. Aan de voorstellen in deze antwoorden
gedaan is echter geen uitvoering gegeven.

HOOGENDIJK hoopte toen beter te zullen slagen door toepassing
der vuurmachine op ronddraaiende waterwerktuigen zooals bijv. het
trommelrad, en om dit te beslissen werden op zijn verlangen gedurende de jaren 1779—1785 proeven met modellen van ronddraaiende waterwerktuigen genomen, voornamelijk met het doel
het trommelrad te vergelijken met het hellend scheprad van
ECKHARDT en met pompen. De uitslag van deze proeven gaf de
overtuiging, dat de keus van het waterwerktuig alleen van de
omstandigheden moet afhangen, maar dat de toepassing der vuurmachine in elk geval groote voordeelen in het gebruik zoude
opleveren Dit is het einde geweest van de proefnemingen met
de vuurmachine te Rotterdam, die wat de beweegkracht aangaat
goed had voldaan en enkel mislukt was door de ongeschikte
inrichting der waterwerktuigen.

„Gelukkiger was intusschen geslaagd de Heer RHIJNSE LIEVE
BROUWER, welke van dat grooter vermogen der Stoom-Machines
overtuigd, gedurende de jaren 1780 en 81 alleen op zich ge-
noomen had om er voor rekening van den Heere JAN HOPE op
deszelfs Buitenplaats *Groenendaal* bij *Heemstede* eene opterichten,
welke dienen moest om, bij droog weder, water in die Plaats
optepompen, ter bevogtiging der dorre Zandgronden op dezelve;
tot welk einde de Heer HOPE eerst een Windmolen, een Vijzel
bewerkende, had doen maaken; doch die geheel onvoldoende was
bevonden op die tijden van het jaar, wanneer men deszelfs hulp
het meest noodig had. — De heer BROUWER volvoerde deze on-
derneeming met den allerbesten uitslag, en welverdienden lof.

Het Stoom-Werktuig, dat hij 'er oprichtte, schoon eene proeve

van eenen Hollandschen Werktuigkundigen, was een meesterstuk
in zijn soort, zoo zindelijk bewerkt als konstig samengesteld,
en volkomen voldoende. Aan dat oogmerk heeft deze stoommachine volkomen voldaan, en doet zulks nog, en, daar zij in
verscheiden opzichten merkwaardig is, verdient zij wel, dat ik
'er een bijzondere melding van maake. De Heer BROUWER heeft
in de zamenstelling de oude manier, of de grondbeginselen van
NEWCOMEN gevolgd, waar in de drukking van den dampkring in
den Stoom-Cylinder op den Stoom-Zuiger werkende, de werkende
macht is, die aan het geheel en alle deszelfs deelen de vereischte
beweeging geeft; trouwens de nieuwe wijze van werking der Stoom-
Machines was toen der tijd hier nog niet zeer bekend. —

De Stoom-Cylinder is te Amsterdam van Metaal gegooten, en
heeft een middellijn van 17 duimen. — De waterpomp is van
hout gemaakt, en heeft een' middellijn van 35¼ duimen (alles
Rhijnlandsche maat). — De hefbalk met ongelijke armen werkende, heeft een slag van 5¼ voeten lengte in de Pomp, en van
5 voeten in den Stoom-Cylinder. — De Waterkolom van 5 voeten
lengte en 35¼ duimen dikte, wordt 12 à 13 malen in iedere
minuut opgevoerd, en ten uiterste zuiver en volkomen uitgestort,
zonder eenige de minste horting of stooting. — Het gantsche
Werktuig heeft eene zeer geschikte beweging. — Het verhoogt
het water in één uur 3½ duimen door de meenigvuldige grachten
en kanaalen der plaats loopende. — De zuiger der waterpomp
bestaat uit 2 kleppen met ijzere scharnieren, wel vastgemaakt aan
eenen ijzeren middenbalk van 4 duimen breedte. — De ijzere
hengsels of kleppen zijn ¼ duim dik, en slaan van vooren in eene
sponning ter breedte van ½ duim, en van agteren tegen den
middenbalk in eene kantige sponning van ruim ⅛ duim breedte. —
Behalve de 2 kleppen in den middenbalk, bestaat de Zuiger uit
een dubbelde of 2 ijzeren ringen 2½ duimen breed, en ieder van
34¼ duimen middellijns. — Tusschen deze ijzere ringen worden
eene duffelsche en eene zeildoeksche kraag op loode cirkel-
stukken zeer stevig vastgeschroefd, door middel van ijzere
schroefbouten, welke door gaten gaan, die in de ringen zijn en
met elkander overeenkomen. — Deze kraagen, rondom buiten de

ringen uitsteekende, maaken dat de zuiger in de houte Pomp behoorlijk luchtdicht sluit, en tegen de gladde wanden derzelve
gemakkelijk op- en nederglijdt. — De houte Pomp is gemaakt
van eene behoorlijke dikte van hout, en met sterke ijzeren banden
verzekerd, en in de houte storvloer in eene stevige kraag vast-
gezet. — Voor het overige is alles, wat 'er aan is, zeer net en zindelijk bewerkt, en alleen en geheel in Holland gemaakt, en zoo
sterk en stevig, dat de Zuiger van het begin af behoorlijk heeft
gewerkt, en het zonder eenig gebrek, vier jaaren aan een, heeft
uitgehouden; zooals ook de houte Pomp veele jaaren aan een in
goede orde is gebleven. — Gelijk men derhalven uit dit stoomwerktuig van den Heere Brouwer leeren kan, dat het zeer mogelijk
is groote Pompen van hout sterk genoeg samentestellen om
de werking van eene Stoom-Machine te kunnen uithouden, zoo
strekt het ook tot eene volkomen wederlegging van alle de zwaarig-
heden die de heer Steenstra geopperd heeft tegen de mogelijkheid en voordeeligheid om Stoom-Machines in plaats van Wind-
Watermolens in ons land te gebruiken. — En daar dit Stoom-Tuig
van den Heere Brouwer het eerste van dit soort van Werktuigen is,
welke in ons Land tot volkomenheid gebragt is, hoewel het het
tweede is ten aanzien van den tijd van oprichtinge; daar het
aan het oogmerk volkomen heeft beantwoord, zoo kan men met
recht zeggen, dat het, schoon eene eerste proeve van eenen Hollandschen Werktuigkundigen, wezenlijk een meesterstuk in zijne
soort is, hetwelk zijnen maaker en zijnen landaard een allergrootste
eer aandoet. Jammer is het maar dat de afgelegenheid van de
plaats, alwaar en het bijzonder oogmerk, waar toe het opgericht
is oorzaak geweest zijn, dat het slechts aan zeer weinig menschen
is bekend, en dat men 'er deswegens niet dien lof aan gegeeven,
niet dien ophef van gemaakt heeft, welke het waarlijk verdiend heeft;
waardoor het ook niet zoodanig heeft medegewerkt, om de gemeene
vooroordeelen, die men tegen deze Werktuigen in ons Land heeft opgevat, uitteroeyen, als men wel had mogen wenschen en verwagten." (*)

_____

(*) Nieuwe verhandelingen van het Bataafsch Genootschap te Rotterdam. Eerste
Deel 1800. istorie der Vuur-Machines, bladz. 31.

Het is niet meer dan te vreemd, waarom zulk een verschillende uitslag is dat bij een van de wer... van Hoogendijk en aan de van Brouwer. De vuurmachine te Rotterdam moet met verschillende kleppen en ... werken, ... om door het verschil in ... hoogte ... verschillend ... en heftig kracht te bereiken. De ... inrichting werd daardoor zeer samengesteld, hetgeen niet het geval was met de machine van Brouwer, die ... en ... nu en zij nagenoeg standvastig ... werd.

Maar voornamelijk is het de oorzaak ... dat Hoogendijk, die van beroep ... was, ... genoegzaam bedacht is geweest op het onderscheid ... tusschen »instruments de precision en instruments de ... De pompen naar zijne denkbeelden ontworpen waren veel te zwaar en de overbrenging van beweging van eene ... op een verschillende pompen was blijkbaar gebrekkig. Brouwer heeft in zijn antwoord *) op de vragen ... ... met een ontwerp van pompen en zuigers gegeven waaruit ... blijkt dat hij een goed inzicht had in constructie-vragen en de werking van zijn werktuig is daarvan het afdoende bewijs. Daar ... geeft dit antwoord blijken, dat hij van de wetenschap ... daar ... een goed gebruik wist te maken voor de berekening van de hoofdafmetingen van zijn werktuig, hetgeen niet te verwonderen is, aangezien hij, zooals zijn titel ... zijne studiën aan de universiteit had gemaakt. Zijne machine levert een voorbeeld van de groote waarde, die de vereeniging van academische wetenschap met technische kennis heeft welke in die dagen maar al te zeldzaam werd aangetroffen.

Doch het daarnevens in het oog worden gehouden, dat Brouwer wel een goede vuurmachine heeft gemaakt, maar die niet had uitgevonden.

De atmosferische machine is in het leven geroepen in de eerste jaren der achttiende eeuw door Newcomen een smid en zijn

*) Nieuwe verhandelingen van het Bataafsch. Genootschap. Eerste deel. 1800 ... Doch antwoord door Reinz Lieuwe Brouwer. Maaker van de Stoom... te Haerlem.

compagnon CALLEY een glazenmaker, beiden uit Dartmouth in Devonshire. De eenige hulp van wetenschappelijken aard hun verleend, schijnt geweest te zijn eene opmerking van Dr. HOOKE, maar tusschen de aanwijzing, dat men volgens de methode van PAPIN een luchtledig moest zien te verkrijgen en het leveren van een werktuig dat zwaren arbeid verrichtte, geregeld doorliep en zijne werking zelf regelde, was een zeer groote afstand. Welke uitgebreide toepassing dit werktuig gevonden heeft, kan men het best daaruit opmaken, dat in het jaar 1769 toen WATT zijn patent nam voor de stoommachine, SMEATON eene lijst opmaakte van 100 atmosferische machines alleen in het New-Castle-on-Tyne district, terwijl volgens dit stelsel werktuigen werden gemaakt met cylinders tot 72 Eng. duimen in middellijn.

Toen BELIDOR de machines van NEWCOMEN had leeren kennen, besloot hij de beschrijving daarvan met deze woorden: „Il faut avouer que voilà les plus merveilleuses de toutes les machines, et qu'il n'y en a point dont le méchanisme ait plus de rapport avec celui des animaux. La chaleur est le principe de son mouvement; il se fait dans ses différents tuyaux une circulation, comme celle du sang dans les veines, ayant des valvules qui s'ouvrent et se ferment à propos; elle se nourrit, s'évacue d'elle-même, dans des temps réglés, et tire de son travail tout ce qu'il lui faut pour subsister."

Dr. ROBISON, de tijdgenoot en vriend van WATT, schreef daarover: „Such is the state in which Newcomen's steam engine had continued in use for sixty years, neglected by the philosophers although it is the most curious object which human understanding had yet offered to his contemplation, and abandoned to the efforts of unlettered artists."

Zijn eenmaal de vruchten van den arbeid dezer „unlettered artists" verkregen, dan wordt die arbeid allicht gering geschat en de waarde der methode van proefneming, die daarbij uitsluitend den weg wees, somtijds geheel voorbijgezien. Een merkwaardig voorbeeld hiervan levert de volgende zinsnede, waarbij echter de billijkheid eischt te vermelden, dat in de levensbeschrijving waaraan zij ontleend is, omtrent den steller wordt vermeld, dat hij zijne studiën in hoofdzaak tot het gebied der wiskunde had bepaald.

"Onberedeneerde proefnemingen, tasten in het duister, toeval kan belangrijke feiten aan het licht brengen; zoolang hun noodzakelijk verband niet blijkt en door gevolgtrekking uit bekende verschijnselen de verkregen werkingen niet te verklaren zijn, zoolang blijft de kennis van den ingenieur eene verzameling van voorschriften, regelen en recepten, van wetenschap evenzeer verwijderd als eene reeks chronologische opgaven van een geschiedverhaal. Zij kan dienstig zijn als juist datgene wordt verlangd, wat vroeger het toeval aan het licht bracht, maar laat hulpeloos bij elke verwikkeling" (*).

De geschiedenis der machine van Newcomen, die den weg gebaand heeft voor de stoommachine, laat op deze beschrijving der technische wetenschap een zeer eigenaardig licht vallen. Van het ontstaan dezer machine en van de regels die bij hare constructie in gebruik waren, werd eerst in 1827, toen de machine zelve buiten gebruik geraakt was, een uitgebreid overzicht gegeven door Farey in zijn werk "On the Steam-engine" en in dit werk wordt zelfs nog erkend, dat het niet mogelijk was eene juiste theorie van al de bijzonderheden harer werking te geven. Eene poging tot het geven dezer theorie werd nog later gedaan door de Pambour, maar eene volledige theorie van de atmosferische machine is nimmer gegeven en toch heeft zij in talrijke exemplaren gewerkt en aan tallooze behoeften voldaan.

De atmosferische machine is hier te lande spoedig geheel in vergetelheid geraakt. Een model van eene vuurmachine werd in de vergadering van het Bataafsch Genootschap van 10 Augustus 1772, door J. N. S. Allemand Ph. Dr. en Professor te Leiden, vertoond en verklaard met het oog op de vervanging der watermolens, maar is in het kabinet van het Genootschap niet aanwezig. Van de machine van Brouwer, die geheel hier te lande

(*) Levensbericht van Dr. L. Cohen Stuart door G. van Diesen. Overgedrukt uit het Jaarboek der Koninklijke Academie van Wetenschappen 1879, bladz. 15, openingsrede der Polytechnische School op 26 September 1864.

werd vervaardigd, is enkel het bovenvermelde bekend. Volgens eene opgave in het reeds vroeger genoemde werk van R. Stuart, zijn er in ons vaderland drie vuurmachines opgesteld, die allen in Engeland gemaakt werden, doch de plaats waar die gestaan hebben, wordt niet opgegeven. Mocht een der lezers van dit werk daaromtrent eenige inlichting weten te geven, de schrijver houdt zich daarvoor aanbevolen. De vuurmachine te Rotterdam is later afgebroken, maar wanneer dit plaats had, wordt in de Historie der vuurmachines, die in de werken van het Bataafsch Genootschap voorkomt, niet vermeld. De eenige teekening dezer machine, die in de werken van het Bataafsch Genootschap voorkomt, is de schetsmatige voorstelling, die op plaat II ter rechterzijde is overgenomen en indertijd tot toelichting gediend heeft bij natuurkundige voorlezingen, in dit genootschap door Dr. L. Bicker gehouden. Het eenige wat in het archief der gemeente Rotterdam aan de stichting van de vuurmachine herinnert, is eene teekening met de pen van het uitwendig aanzien der machine, die te danken is aan de hand van een kunstenaar en goed overeenkomt met de figuur ter linkerzijde op plaat II.

De afbeelding der machine op plaat I en II is eene getrouwe kopie van drie teekeningen door Dr. P. C. Burger op eene verkooping te Rotterdam gevonden en gekocht en daarna ten geschenke gegeven aan het Koninklijk Instituut van Ingenieurs. Toen op deze teekeningen in de vergadering van het Instituut van 14 April 1857 door den Ing. N. T. Michaelis de aandacht werd gevestigd, herinnerde Dr. J. P. Delprat aan de uitvoerige Historie der Vuurmachines in de werken van het Bataafsch Genootschap voorkomende en naar aanleiding daarvan werd in de vergadering van 10 November 1857, door den Ing. Michaëlis een kort bericht omtrent de Rotterdamsche Vuurmachine medegedeeld.

De naam van Hoogendijk is te Rotterdam nog altijd goed bekend als de stichter van het Bataafsch Genootschap, maar dat de eerste poging tot invoering van de nieuwe beweegkracht bij de bemaling van onzen geboortegrond aan hem te danken en op zijne kosten geschied is, dit schijnt niet zeer levendig in de herinnering te zijn.

Van de gelegenheid om HOOGENDIJK en zijne getrouwe mede-
werkers BICKER en VAN LIENDER te herdenken door hunne
namen tot sieraad te doen strekken van de gevels der drie stoomgemalen, die de gemeente Rotterdam thans in gebruik heeft, is
tot nog toe geen sprake geweest. Toch staat het werk van HOO-
GENDIJK door de geheel belangelooze strekking zeer hoog en
verdient het ongetwijfeld meer waardeering dan het tot nog toe
gevonden heeft.

AANTEEKENINGEN.

Geschriften betreffende de Vuurmachine te Rotterdam.

Verhandelingen van het Bataafsch Genootschap te Rotterdam. Eerste deel 1774
bladz. XXXVII—XXXX.

De groote voordeelen aangetoond welken ons land genieten zou, indien men
Vuurmachines in plaats van Watermolens gebruikte. (door L. Bicker) Te Rotterdam,
bij Reinier Arrenberg, 1772.

Heedendaagsche Letter-oeffeningen 1773. Eerste Deel N°. 3 bldz. 621. Ver-
klaaring der oorzaaken van de beurtwisselende beweginge in de Vuurmachines; en
aanmerkingen op de groote voordeelen, die er ons land door genieten zoude, als
ze in plaats van Watermolens gebruikt wierden. Door P. Steenstra, (Leeraar der
Wiskunde, Zeevaart en Sterrekunde aan het Atheneum te Amsterdam). Later
afzonderlijk gedrukt.

Wederlegging der aanmerkingen van den heer P. Steenstra over de Vuurmachines, door Rinse Lieuwe Brouwer, A. L. M. en Phil. Doctor. Te Amstel-
dam bij Jan Doll 1774.

Nieuwe verhandelingen van het Bataafsch Genootschap te Rotterdam. Eerste
Deel 1800.

Historie der Vuur-machines of Stoomwerktuigen hier te Lande te weeten van
de Oude en Nieuwe Rotterdamsche, en van de Mijdrechtsche Stoom machine, met
alle de stukken daartoe betrekkelijk door het Bataafsch Genootschap bladz. 1—83.
Plaat X.

Eerste andwoord op de vraag over de verbetering der Oude Rotterdamsche
Stoom-machine, door John Wright. bladz. 133.

Tweede andwoord op dezelfde vraag door William Chapman. bladz. 154.

Derde andwoord op dezelfde vraag door Rinse Lieuwe Brouwer. bladz. 179.

Eerste rapport over dezelfde stoommachine, door C. J. van de Graaf, P. Steenstra,
J. van der Wal en J. J. Blassière. bladz. 217.

A descriptive history of the steam engine by Robert Stuart, Esq. Civ.
Engineer. Illustrated by engravings of forty-seven engines. Second edition. London
John Knight & Henry Lacey, 1824. pag. 92.

A treatise on the steam Engine, historical, practical and descriptive by John Farey, Engineer. Illustrated by numerous engravings and diagrams. London, printed for Longman, Rees, Orme, Brown and Green. 1827. pag. 266. Application of the fire-engine to drain tracts of fen lands.

Koninklijk Instituut van Ingenieurs. Notulen der vergadering van 14 April 1857. pag. 117. Teekeningen der vuurmachine vertoond door het lid N. T. Michaelis.

Koninklijk Instituut van Ingenieurs. Notulen der Vergadering van 10 November 1857. bladz. 61 en 83. Bijlage 14. Plaat 5 fig. 4. De vuurmachine te Rotterdam, mededeeling door N. T. Michaelis.

Koninklijk Instituut van Ingenieurs. Supplement Catalogus der Bibliotheek, XXXII. Andere werktuigen. N°. 63. Afbeeldingen der Vuurmachine in 1776, buiten de Oostpoort te Rotterdam, in 4 bladen folio.

Archief der Gemeente Rotterdam. Historieprenten. N°. 1471. Vuurmachine.

Opgaven betreffende de Vuurmachine te Rotterdam.

Gebouwd aan de Stads-binnenvest bij de Oostpoort in 1776.

Middellijn ketel op den draagrand	18	Eng. vt.
„ „ beneden den draagrand	16	„ „
Hoogte „	11	„ „
Middellijn cylinder	52	„ dm.
Slaglengte „	6	„ vt.
Bedoeld aantal slagen per minuut	12	à 15.
Aantal pompen . . . . , ... , . .	8	
a. Vierkant elke zijde lang . ·	6	vt.
b. „ „ „ „	6	„
c. „ „ „ „	2¼	„
d. „ „ „ „	6	„
e. Rond	6	„
f. Vierkant elke zijde lang	6	„
g. Rond	6	„
h. „ . . . . . , ...	6	„

Berekening van het vermogen met acht pompen.

Oppervlak cylinderzuiger. . . . . 1964 vierk. dm.
Druk van den dampkring . . . . 29460 pdn.
Hiervan beschikbaar voor waterlast . . . . . . 19640 „

dat is 307 cub. vt. water tegen 64 pnd. den cub. vt.

Totaal oppervlak van de acht zuigers, herleid voor gelijke slaglengte van 6 vt. . . . . 195½ vrk. vt.

Grootste hoogte van opvoer mogelijk bij gelijktijdige werking der acht zuigers $\dfrac{307 \text{ cub. vt.}}{195\frac{1}{2} \text{ vrk. vt.}}$ . . . . . 19 dm.

Wateropbrengst der acht pompen bij 14 slagen per
minuut . . . . 3128 ton per minuut

Berekend vermogen, 3128 ton × 19 dm. 59432

Vermogen van een schepradmolen 13000

Berekend vermogen der vuurmachine . . . . . . 4½ schepradmolen.

Proefnemingen met een maatboezem.

Eerste proef 9 Maart 1776 met de pompen *b* en *f*. Verscheidene slagen gemaakt
van 6 vt.

Later alle acht pompen tegelijk beproefd met ongunstigen uitslag.

Daarna *d* en *h* afgezet, vervolgens *a*, *b* en *c* ook afgezet, en in den zomer van
1776 korten tijd gewerkt met *e*, *f* en *g*.

Ten laatste werd echter besloten alleen te werken met de twee ronde pompen
e en *g* bij een slaglengte van 5 vt. en hiermede zijn in October 1776 door de
Commissie genomen de volgende proeven:

	Duur.	Aantal slagen.
1° proef . . .	2¼ minuten.	14
2° „ . . .	3¼ „	28
3° „ . . .	2 „	13
4° „ . . .	2 „	15
5° „ . . .	2 „	15
6° „ . . .	5 „	34

Bij deze proeven werd de maatboezem gebruikt ter oppervlakte van 950 vrk. vt.

Uitslag der proefnemingen op 31 October 1776.

	Middelbare op-gebragte hoogte.	Opgebragte quan-titeit p. minuut.	Hoeveelheid van werking p. minuut.	Quantiteit water van elken slag.
	Duimen.	Tonnen.		Cub. voet.
1	40¼	109	4415	102
2	46¼	130	6045	85
3	42	159	6678	128
4	43¼	181	7874	126⅔
5	43¼	181	7874	126⅔
6	48¼	102½	4987½	79⅛
7	46¼	136	6824	109

Grootste werking bij deze proeven $\dfrac{7874}{13000}$ van een schepradmolen.

Proefnemingen zonder maatboezem.

1 November 1776 de Maatboezem geopend.

Proef 2 November 1776 met de pompen *e* en *g*. Duur
der proef . . . . , ... 58 minuten.

Aantal gemaakte slagen 580

Stangen gebroken bij opvoerhoogte van . . . . . . 3 vt.

Proef 27 October 1777. De vierkante pomp *f* was vervangen door een ronde, middellijn   6   ,,

Duur der proef enkel met deze pomp   78   min. 50 sec.

Aantal gemaakte slagen   740

Slaglengte   4   vt. 9 dm.

Oppervlakte pompzuiger . . . .   28½   vierk. vt.

Opbrengst met 10 slagen in de minuut 1345 cub. vt. of   256   ton per minuut.

Proef 28 October 1877. Opbrengst in de minuut met
10 slagen 860 cub. vt. of   164   ton per minuut.

Opvoerhoogte 4 vt. of   48   dm.

Werking 164 ton × 48 dm.   7872   ,,

dat is $\frac{7872}{13000}$ van een schepradmolen.

Langste tijd van werking . . . .   1½ uur.

Van het kolenverbruik is geen melding gemaakt.

De lengte afmetingen in deze opgaven zijn, behoudens de aangewezen uitzonderingen uitgedrukt in Rijnlaudsche maat. De Amsterdamsche waterton voor waterwerken wordt in het Jaarboekje van het K. I. v. I. opgegeven = 6 Rijnl. kub. vt.;
dit is de maat die door wijlen Prof. Lulofs gebruikt werd (*).

In de bovenstaande opgaven is de ton gerekend op 5¼ Rijnl. kub. vt. Dit is
de maat, die door nauwkeurige afmetiug en weging door Engelman, Bolstra en
Klinkenberg is bepaald (Rapport van de Vijzelmolens van Cbdam in 1763 pag 4) (†)
De Rijnl. cub. vt. water is in deze opgaven gerekend tegen 64 ponden.

Daar nu 1 Rijnl. cub. vt. = 0.080943 M³. zoo blijkt dat de hier bedoelde
ponden, waarvan de naam niet was opgegeven zijn $\frac{30.943}{64}$ = 0.483 KG. Het Amsterdamsch of Trooisch pond = 0.49409 KG. was vermoedelijk bedoeld.

(*) Deductie uit naam der Edele Groot Achtbare Heeren Burgemeesteren van
Leyden, overgegeven aan de Wel Edele Heeren Dijkgraaf en Hoogheemraden van
Rijnland, ter zake van den Vijzel-molen van Obdam A. 1756 pag. 19.

(†) Verzameling van stukken betrekkelijk de staand- en hellend-schepradmolens,
ter drukkerij van J. G. Bentinck in de lineer-fabryk te Amsterdam 1822. bladz. 5.

DE ROTTERDAMSCHE STOOMMACHINE.

De spoedige invoering en de uitgebreide toepassing van de atmosferische machine van NEWCOMEN was hoofdzakelijk daaraan te danken, dat zij hoegenaamd geen gevaar medebracht in het gebruik. De stoom in den ketel had geen overdruk van beteekenis boven den dampkring, de top van den ketel bestond dikwijls enkel uit looden platen door steen belast en van springen door hoogen stoomdruk was alzoo geen sprake. Daarbij was de machine betrekkelijk eenvoudig van inrichting, zoodat zij bij de uitvoering geen overwegende moeielijkheden opleverde. Het gieten en uitboren der cylinders was, naarmate deze grooter werden, het voornaamste bezwaar, maar de ijzer- en machine-fabricage heeft juist door de vraag naar deze stukken eene bijzondere ontwikkeling verkregen.

Het gronddenkbeeld van die machine, het gebruik van den druk der dampkringslucht, die overal beschikbaar is, was buitengewoon gelukkig. De drukking die daarbij verkregen werd, gelijkstaande met die van een waterkolom van ruim 10 Meter, is grooter dan voor de meeste waterraderen ter beschikking staat en die drukking gelijk aan 10 336 Kg. per M^2., overtreft verreweg die van hoogstens 30 Kg. per M^2., waarmede de wind op de zeilen van onze molens mag werken.

De mogelijkheid om een luchtledig te maken was aan de Grieken wel bekend, maar eerst door TORRICELLI werd de grootte van den druk, die daardoor verkregen kan worden, gemeten en de eerste, die op het denkbeeld kwam om daardoor een werktuig te drijven was OTTO GUERICKE, burgemeester van Maagdenburg, die in 1654 de luchtpomp uitvond. Het voortbrengen van dit luchtledig door een luchtpomp die zelf weder bewogen moet worden, leverde echter nog geen besparing in arbeid en de eerste die een middel aangaf om dit luchtledig in een cylinder met zuiger langs anderen weg te verkrijgen, was CHRISTIAAN HUYGENS, die daartoe in 1628 de ontploffing van buskruit gebruikte.

Ongeveer twee honderd vijftig jaar later is dit denkbeeld uitgevoerd door het gebruik van knalgas in de gasmachine van LANGE, een nieuw voorbeeld van den langen tijd, die somtijds vereischt wordt om een oorspronkelijk denkbeeld tot uitvoering te brengen. In den tijd van HUYGENS was knalgas nog onbekend, de buskruitmachine was voor toepassing op technisch gebied niet geschikt en de eerste die een bruikbaar middel om een lucht-ledig te verkrijgen beschreef en in een klein model uitvoerde, was PAPIN, die daartoe de afwisselende verwarming en afkoeling van water in een cylinder met beweegbaren zuiger gebruikte.

Omtrent de eerste proeven van NEWCOMEN is zoo weinig met zekerheid bekend, dat het niet is aantewijzen of NEWCOMEN met den toestel van PAPIN bekend was, (*) doch in ieder geval is NEWCOMEN de eerste geweest, die het denkbeeld van PAPIN voor toepassing in het groot heeft weten aantewenden. Daarbij is NEWCOMEN de eerste geweest, die scheiding gemaakt heeft tusschen het waterwerktuig en het stoomwerktuig die in de machine van SAVERY een geheel uitmaakten, en deze stap is voor de verdere ontwikkeling van de stoommachine van overwegende beteekenis geweest. De scheiding tusschen den stoomketel en de deelen van het werktuig, waarin de stoom zijne werking moet doen, reeds door SAVERY gemaakt, is door NEWCOMEN behouden, maar de cylinder, dien hij gebruikte, diende tegelijk voor condensor.

Het hoofddenkbeeld van de verbeteringen door JAMES WATT aangebracht, was de condensatie in een afzonderlijk vat te doen plaats hebben, om daardoor den cylinder voor afkoeling te bewaren. De drie onderscheidene deelen der machine, ketel, cylinder en condensor, verkregen daardoor elk een zelfstandig

(*) A treatise on the steam engine by JOHN FAREY 1827. pag. 127 : Even if they built upon PAPIN's foundation, the merit of realising the project, and overcoming all the difficulties of execution, is certainly due to Newcomen and Calley, for PAPIN merely gave a first idea of the principle; and Dr. HOOKE died in 1703, before Newcomen produced his engine.

bestaan. In 1769 werd het eerste patent door WATT aangevraagd voor deze nieuwe uitvinding met nog eenige andere verbeteringen, die allen ten doel hadden om de afkoeling van den cylinder zooveel mogelijk te voorkomen. Maar de weg tusschen deze denkbeelden en hare technische uitvoering was zeer lang en moeielijk en toen SMEATON het eerst met de uitvinding van WATT bekend werd, verklaarde hij die in beginsel zeer juist, maar in de toepassing onuitvoerbaar, omdat hij het onbereikbaar achtte kleppen of kranen te maken, voldoende sluitend om een luchtledigen condensor afwisselend in en buiten gemeenschap te stellen met den stoomcylinder.

Hoeveel moeite en zorg de oplossing van dit zuiver technische vraagstuk aan WATT gekost heeft, kan men in bijzonderheden in zijne levensbeschrijving vinden. Die oplossing is alleen mogelijk geworden toen de edele BOULTON zijn vermogen er aan waagde om de uitvinding van WATT op groote schaal tot uitvoering te brengen. Terecht zijn dan ook in de levensbeschrijving door SMILES de namen van BOULTON en WATT vereenigd, want zonder de krachtige hulp van den eersten zoude de laatste nimmer geslaagd zijn. Toen in 1800 JAMES WATT zich uit de zaken terugtrok en de compagnieschap met BOULTON werd ontbonden, was deze beladen met schulden door de groote onkosten bij de invoering der stoommachine gemaakt en de slechte betaling van hen die de machines in gebruik hadden. Maar de stoommachine dankte aan die opofferingen haar bestaan en zij had burgerrecht verkregen nog voor dat de negentiende eeuw was aangebroken.

Bij alle verbeteringen door WATT aangebracht, heeft hij echter altijd vastgehouden aan het gebruik van stoom van nagenoeg gelijken druk als de atmosfeer, en de afwezigheid van gevaar, die de machines van NEWCOMEN kenmerkte, was alzoo ook bij zijne werktuigen verzekerd. Zonder twijfel is de verdere ontwikkeling der stoommachine daardoor eenigszins vertraagd, maar hare spoedige toepassing op uitgebreide schaal werd daardoor verzekerd en de toepassing op stoombooten is daardoor ongetwijfeld eerder geschied dan anders het geval zou geweest zijn.

Merkwaardig is het dat aan denzelfden HOOGENDIJK, wiens

naam reeds herhaaldelijk in deze bladzijden werd genoemd, ook de invoering in ons Vaderland van de machine van WATT te danken is, hetgeen te meer waardeering verdient na den minder gelukkigen afloop van de vuurmachine. HUICHELBOS VAN LIENDER, die door herhaalde reizen naar Engeland met de stoommachine en met BOULTON en WATT kennis had gemaakt, wist HOOGENDIJK te overreden, niettegenstaande zijn hoogen ouderdom, deze zaak nogmaals ter hand te nemen.

Op verzoek van HOOGENDIJK legde VAN LIENDER hem den 19 Juli 1784 een concept voor dat luidde als volgt:

„Het plan het gene ik UE. voorstelle, bestaat hier in, dat UE. bij uiterste Wille een Capitaal van vijf-en-twintig duizend gulden zult bestemmen, voor het welke de Heeren Directeurs van het Bataafsch Genootschap, met mijne medewerking en overleg, na Uw overlijden, eene volleedige proeve van de werking der Stoom-Machine zullen nemen, en tot dat einde zullen trachten *permissie* te bekomen, om in een polder (op zich zelven en met weinig Molens bemaalen wordende, en zoo nabij deze Stad gelegen, als daartoe best geschikt kan gevonden worden) eene nieuwe Stoom-Machine oprichten, wiens Cylinder of Stoombuis geen grooter middelijn zal mogen hebben dan van 36 duimen Rhijnlandsch; en dat dit Werktuig voor het overige zoo zal zamengesteld worden, dat men daarmede eene beslissende, en voor de geheele waereld volkomen, proeve zal konnen neemen, om te weeten in hoedanige betrekking de Stoom-Machine staat met de gewoone Watermolens, en daar door in staat gesteld te worden, om eene volkomen vergelijking tusschen dezelve te kunnen maken." (*)

Naar aanleiding van dit en nog een nader concept in Augustus aan HOOGENDIJK overgelegd, werd eene *Dispositie* gemaakt, zoo als was voorgesteld, met die verandering dat de Directeuren van het Bataafsch Genootschap met den heer VAN LIENDER geautoriseerd werden om aanstonds een aanvang met deze onderneming te maken.

(*) Nieuwe verhandelingen van het Bataafsch Genootschap. Eerste deel. 1800 Historie der Vuurmachines, bladz. 38.

HOOGENDIJK die den 3 Juli 1788 overleden is, heeft het voorrecht gehad deze machine, die in den polder Blijdorp aan de Schiekade buiten de Delftsche poort te Rotterdam is gesticht nog gereed te zien komen, en heeft die twee malen bezocht; de eerste maal in Juli 1787, toen hij zijn 90ste jaar was ingegaan en de machine gesteld was en den 15 September van hetzelfde jaar, toen hij de machine tot zijn uiterste genoegen een geruimen tijd zag werken. Als men zich herinnert hoe de toestanden in ons Vaderland in 1787 waren, toen politieke twisten vóór alles de aandacht trokken en de Pruisen ons vaderland binnenrukten, dan is het eene treffende tegenstelling dat de negentigjarige grijsaard rustig in de machinekamer tegenwoordig was om de nieuwe beweegkracht aan het werk te zien en de verwezenlijking bij te wonen van het denkbeeld, waarvoor hij zoo veel had over gehad en waarvan hij de uitvoering met zoo groote volharding had nagestreefd.

Van deze machine, wier inrichting overeenkwam met die van de later gestichte machine te Mijdrecht (plaat III), is niets overgebleven dan de beschrijving door Dr. L. BICKER gegeven naar de aanteekeningen van VAN LIENDER, een model in het natuurkundig kabinet van het Bataafsch Genootschap dat waarschijnlijk naar deze machine is gemaakt en eene gedrukte plaat in het archief der gemeente Rotterdam, die het uitwendig aanzien van het gebouw voorstelt. Naar de oorspronkelijke teekeningen, die bij het landsbestuur door Directeuren van het Bataafsch Genootschap gedeponeerd zijn om op hun naam het door BOULTON en WATT verlangde octrooi te kunnen verkrijgen, dat in Januari 1786 voor den tijd van 15 jaren verleend werd, is door schrijver onderzoek gedaan, maar zij zijn in het Rijksarchief niet aanwezig en het Bataafsch Genootschap bezit die evenmin. In het bekende werk van FAREY, wordt van deze machine geen melding gemaakt, en wordt alleen gesproken over die te Mijdrecht, welke in een volgend hoofdstuk zal behandeld worden.

Dat de Rotterdamsche stoommachine goed voldaan heeft, kan het best blijken uit het volgende getuigschrift.

"Wij ondergeschreven Ambachtsbewaarders en Meester Molen-maaker van de Ambachte van Kool, Schoonderloo en Beukelsdijk verklaaren, ter liefde van de waarheid en ten nutte van alle, die 'er eenig belang in stellen, dat, wanneer op den 18 November des vorigen jaars, het Stoom-Werktuig, nu onlangs in de Polder van Blijdorp gesticht, het water in die polder tot $2\frac{1}{2}$ duimen beneden het zomerpeil hadde weggepompt en toen de Schuif des Kokers van *Communicatie*, tusschen de Ambachte van Kool, Schoonderloo en Beukelsdijk en de Blydorpsche Polder het eerst opengezet zijnde, de eerstgemelde Polders of Ambachte van Kool, Schoonderloo en Beukelsdijk, die, ter hoogte van zestien Rhijnlandsche duimen boven het Zomerpeil, met water bezwaard, en het grootste gedeelte derzelve overstroomd waren, sedert dien tijd, door het pompen van het gemelde Stoom-Werktuig, bij geschikte gelegenheden, en niettegenstaande het in dien tusschentijd verscheiden malen zeer sterk heeft geregend, en de Polder van Blijdorp behoorlijk is droog gehouden, van haar overtollig water zoodanig zijn ontlast geworden, dat, op Woensdag den 2 January daaraan volgende, het water in dezelve tot $2\frac{1}{2}$ duimen beneden het zomerpeil is gebragt geweest.

Actum Rotterdam den 11 Januari 1788, en is geteekend,
Cornelis Hoofd, Simon Bunniks, Jan van der Burgh, Phillippus Pel, Rokus Verboom, Cornelis van Schie, Maarten Nederdijk." (*)

Op verzoek van de oprichters benoemden Hun Edele Groot-Mogende Heeren de Staten van Holland, tot examinatie der machine D. KLINKENBERG en J. J. BLASSIÈRE, terwijl J. H. van SWINDEN en C. H. DAMEN door de directeuren van het Bataafsch Genootschap werden uitgenoodigd het onderzoek bij te wonen, dat den 14 en 15 April 1789 plaats had, en waarvan onder dagteekening van 23 Mei 1789 door de beide eersten rapport aan de Staten van Holland werd uitgebracht, terwijl de beide laatsten onder dagteekening van 24 Mei 1789 een afzonderlijk rapport indienen aan de Directeuren van het Bataafsch

(*) Nieuwe verhandelingen van het Bataafsch Genootschap. Eerste deel. 1800. Historie der Vuurmachines, bladz. 63.

Genootschap, dat even als het eerstgenoemde in alle opzichten gunstig was.

Den 16 Mei 1789 werkte de machine op verzoek van C. Brunings voor de gecommiteerden tot het droogmaken der Nieuwkoopsche plas, die zich wenschten te verzekeren, of het raadzaam zoude wezen, in die eventueele droogmaking gebruik van stoommachines te maken, waarvan echter niets gekomen is. Den 22 Juli werkte de machine op verzoek van J. de Cupere, aan wien het opzicht was toevertrouwd over de droogmakerij te Mijdrecht, en den 5 April 1790 voor de commissie tot de droogmakerij van Mijdrecht, welke beide proeven tot de stichting van eene stoommachine in deze droogmakerij geleid hebben. Den 6 Februari 1790 werd de machine geinspecteerd door de gecommiteerden van Hunne Edel Groot-Mogenden tot examinatie der nieuwe inventiën. Den 20 October 1790 ontving het werktuig een bezoek van Prins Willem V met zijn echtgenoote, zonen en gevolg, die allen te kennen gaven //zeer vergenoegd te zijn en alles met de uiterste verwondering en goedkeuring beschouwd te hebben.// Den 10 November 1790 werd de machine in werking vertoond voor de geheele regeering van Rotterdam en de leden van het Bataafsch Genootschap.

Nu alles dus volkomen geslaagd was, lag niets meer voor de hand dan te beproeven de zoo nuttige machine aan de Ingelanden van de drie polders Kool, Blijdorp en Kleinpolder voor een redelijken prijs over te doen. Verschillende conferentiën hadden daarover plaats, maar alles liep vruchteloos af, en men zeide openlijk: //het is een keezending, en dat moeten wij niet hebben." Zelfs de eigenaar van het stuk land waarop de machine stond, aan wien gevraagd was dit te verkoopen om dan de stoommachine voor het drijven van een fabriek te kunnen inrichten, verhinderde dit, door een zoo hoogen prijs te vragen, dat er niets van komen kon.

Dit heeft geduurd tot Februari 1791, toen de oprichters vernamen, dat door Hunne Edelmogende gecommiteerde Raden besloten was de machine ten koste van het Land te koopen, met het doel die te gebruiken voor de Nieuwkoopsche plassen, ten opzichte van welke een voorstel bestond om die voor twee vijfden met stoommachines en voor drie vijfden met watermolens droog te maken, doch daarvan is niets gekomen.

Den 23 Januari 1797 werd door Prof. J. Th. Rossyn aan de commissie uit het Provinciaal Bestuur van Utrecht tot de zaken der droogmakerij onder Mijdrecht voorgesteld de machine, die nog altijd aan de Schie buiten de Delftsche poort werkeloos stond , te verplaatsen naar Mijdrecht, om daar te dienen als eene tweede machine, tot oprichting waarvan reeds vroeger besloten was. Dit advies werd gevolgd en in het najaar van 1797 is de Rotterdamsche stoommachine uit elkander genomen en naar het Huis Ter Schelling ten dienste van den Mijdrechtschen polder vervoerd.

Het gebouw daarvoor werd aanbesteed met de bedoeling vóór het einde van 1798 de machine in het werk te kunnen hebben, maar den 6 Februari 1798 werd door eenige burgers van de voormalige Provincie van Utrecht aan de Constitueerende Vergadering Representeerende het Bataafsche volk een request ingeleverd, waarin zij verzochten: "Dat de gegeeven orders tot de bouwing eener tweede Stoom-Machine in de Mijdrechtsche Plas, als schadelijk en zeer kostbaar mogten worden gecontramandeerd; te meer, daar deze inrichting daarhenen strekt, om de Engelsche Producten in deze Republiek onontbeerlijk te maken, terwijl integendeel, wat het nut betreft de in Holland uitgevonden Schepradwater-molens immer beter bevonden worden dan de Stoom-Machines, waarvan die in hun District onder anderen, een bewijs oplevert." (*)

Dit request werd gesteld in handen van het Provisioneel Bestuur van het voormalig Gewest van Utrecht, om binnen acht dagen er op te berichten. Ter voldoening aan dit Decreet berichtte dat Bestuur: "dat het zijne verwondering niet ontveinzen kan over de positiven bij dit Request voorkomende, daar dezelve niets dan onwaarheden behelzen, en vol zijn van lasterlijke uitdrukkingen; dat haare verontwaardiging daarover te grooter is, daar zij niet dan op ingenomen advies van deskundigen last hebben gegeeven, om aldaar eene tweede Stoom-Machine te plaatsen. Dat zij

(*) Nieuwe verhandelingen van het Bataafsch Genootschap. Eerste Deel. 1800. Historie der Vuurmachines. bladz. 127.

daarenboven en ten einde nog meer elucidatie deswegens te bekomen, eene Commissie uit hun midden benoemd hebben, welke deswegens met Gecommiteerden uit deze vergadering hebben geconfereerd, en intusschen het werk gestaakt." Dit bericht werd gesteld in handen van eene personeele commissie uit de Constitueerende Vergadering, om te dienen van consideratie en advies. (*)

Zie hier het allerlaatste, wat van de Rotterdamsche stoommachine te berichten valt. Of zij nog ten dienste van de Mijdrechtsche droogmakerij is opgericht, en waar zij gebleven is, daaromtrent ontbreken de berichten, voor zoover zij den schrijver ten dienste stonden. Door bijzondere omstandigheden had hij gelegenheid na te gaan of er bij het tegenwoordig bestuur dier droogmakerij iets dienaangaande bekend is, maar de uitkomst was geheel onbevredigend.

Een bericht uit den laatsten tijd is hier echter zeker op zijn plaats.

"In de gemeente Overschie heeft gisteren de beproeving en indienststelling plaats gehad van het nieuwe hevel-centrifugaal-pomp-stoomgemaal voor den polder Blijdorp. Deze hevel-centrifugaalpomp, met direct daarop werkende machine levert eene hoeveelheid water, bij eene opvoerhoogte van polder-zomerpeil tot boezempeil, van ruim 45 M³. per minuut, terwijl bij contract hiervoor slechts 35 M³. was bepaald. Ook het kolenverbruik is aanzienlijk minder dan bij contract was overeengekomen. Het bleek dat deze inrichting waardoor aan eene lang gevoelde behoefte is voldaan, in allen deele aan hare bestemming beantwoordt." (†)

Uit de inlichtingen welwillend verstrekt door den heer G. Scholten te Rotterdam onder wiens leiding dit stoomgemaal is gebouwd blijkt, dat deze machine in de plaats van den watermolen is gekomen en op de plaats van den molen staat, zoodat van de fundeering der oude Rotterdamsche stoommachine, die ongetwijfeld nog aanwezig is, geen gebruik werd gemaakt. Op een paar jaar na is dit stoomgemaal gebouwd eene eeuw nadat Hoogendijk de proefneming met de door hem in dezen polder

---

(*) Nieuwe verhandelingen van het Bataafsch Genootschap. Eerste deel. 1800. Historie der Vuurmachines. bladz. 128.

(†) *Nieuws van den Dag* van 2 November 1883.

gestichte machine bijwoonde. Zeker zal niemand beweren, dat de ingelanden van dezen polder zich met het invoeren van stoom bij hunne bemaling hebben overhaast.

AANTEEKENINGEN.

Geschriften betreffende de Rotterdamsche stoommachine.

Verhandelingen van het Bataafsch Genootschap. Negende Deel 1790. bladz. IX.

Nieuwe verhandelingen van het Bataafsch Genootschap. Eerste deel 1800. Historie der vuurmachines. bladz. 33—76 en 118—127.

Tweede rapport. Over de Rotterdamsche Stoom-Machine, door D. Klinkenberg en J. J. Blassière, bladz. 249.

Derde rapport. Over dezelfde Stoom-Machine, door J. H. van Swinden en C. H. Damen, bladz. 272.

Natuurkundige lezingen Achtste lezing bladz. 443. Tiende lezing bladz. 485—526.

Nieuwe verhandelingen van het Bataafsch Genootschap te Rotterdam. Negende deel, Eerste stuk. 1849. Verhandeling over de stoombemaling van polders en droogmakerijen door G. Simons en A. Greve, bladz. 148.

Archief der Gemeente Rotterdam. Historieprenten, N°. 1468. Stoommachine aan de Schiekade.

Opgaven betreffende de Rotterdamsche stoommachine.

Gebouwd aan de Schiekade, buiten de Delftsche poort te Rotterdam, in den polder Blijdorp, tusschen de polders Kool en Kleindorp. . . . . 1786—1787.

Grootte van den polder Blijdorp . . . . 355½ morgen.

bemalen door een schepradmolen lozende in de Schie met opvoerhoogte . . . . 5 vt. 6 dm.

Ontwerper van het gebouw Dirk Smits, landmeter van Schieland.

Fondeering, lang 52 vt. en breed 33 vt. aanbesteed aan
Kornelis Krouwel . . . . 18 Maart 1786.
opgeleverd . . . . 15 Junij "
Metselwerk aangenomen door M. S. van Waasdijk . . 7 Junij "
Timmerwerk aangenomen door Thomas van Oudheusden. 14 Julij "
Eerste steen gelegd. . . . . 17 " "
Pompbak en waterloop gereed . . . . 2 December "
Machine naar gebouw gebracht. . . . . Februarij 1787.
Ketel in 15 stukken naar gebouw gebracht. . . . . Maart 1787.
Ketel en cylinder gesteld door Macolin Logan . . . Mei "
Het geheel gereed . . . . Julij "

Enkel werkende balansmachine van Boulton en Watt.
Cylinder, middellijn . . . . 34 Eng. dm.
Oppervlakte 857 vierk. dm. of 6 vierk. vt. . . . . 908 vierk. Eng. dm.

Druk van den atmosfeer per vierk. vt. . . . . 2070 ponden.

Stoomdruk op den zuiger. . . . . 16560 „

Slaglengte. . . . . 6 vt.

Bedoeld aantal slagen per minuut. 15

Zuigersnelheid per seconde . . . . 8 vt.

Hefbalk of balans lang . . . . 22 vt.

Zwaarte der balken. . . . . 17 bij 21 dm.

Zuigpomp middellijn 55 Eng. dm. . . . . 53½ dm.

Slaglengte. . . . . 6 vt.

Berekende opbrengst per slag . . . . 90 cub. vt.

Dus met 15 slagen per minuut, 1895 cub. vt. . . . 265 ton.

Opvoerhoogte. . . . . 5 vt. 6 dm.

Proefnemingen.

Eerste proef . . . . 8 September 1787.

Beproeving in tegenwoordigheid van Hoogendijk . . . 15 „ „

Beproeving door eene commissie . . . . 14 en 15 April 1789.

Opvoerhoogte. . . . . 5 vt. 6½ dm.

14 April, aantal slagen per minuut . . . . 14¼ — 15¼.

Opbrengst per slag. . . . . 64 cub. vt.

Wegens onnauwkeurige meting verbeterd . . . . . 72⅔ cub. vt.

15 April, grootste aantal slagen per minuut . . . . 16 — 17.

Gemiddeld aantal slagen 15

Opbrengst per slag. . . . . 75 cub. vt.

Na het vernieuwen der pompzuiger-pakking . . . . 80 „ „

Spilling in vergelijking met de berekende opbrengst . ⅑

Opbrengst in 1 minuut met 15 slagen . . . . . . 1200 cub vt.

Opbrengst Blijdorpsche molen per minuut, geraamd. . 340—540 cub. vt.

Vermogen der machine ongeveer . . . . 3 schepradmolens.

Aantal maaldagen van een windmolen 36

Aantal werkdagen van de stoommachine na aftrek van

149 dagen voor gebrek aan sluisgang 216

Kolenverbruik.

Wateropbrengst bij 80 cub. vt. per slag en 15 slagen. 1200 cub. vt, p. minuut.

dat is . . . . 72000 „ „ per uur.

Hoogte van opvoer, ... 5 vt.

Kolenverbruik per uur bij 15 slagen in de minuut

180 pond. . . . . 64 KG.

Hoeveelheid van opvoer tot de hoogte van 1 M., per 1 KG.

kolen . . . . 56 M³.

Kolenverbruik per uur en per paardenkracht in opge-

voerd water . . . . 5 KG.

Voor de aanwijzing der in deze opgaven gebruikte maat-eenheden, zie men de
aanteekening op bladz. 48.

DE STOOMMACHINE TE MIJDRECHT.

PLAAT III.

In het vorige hoofdstuk werd reeds met een enkel woord van
de stichting dezer machine gesproken, die vooral belangrijk
is omdat zij de eerste was, die gedurende eenige jaren werkelijk
tot polderbemaling is gebruikt. Van deze machine bestaat eene teekening die in dit werk nauwkeurig is teruggegeven. Daarentegen
zijn omtrent de werking dezer machine niet zoovele opgaven bewaard gebleven als van die te Blijdorp.

Omstreeks 1791 en dus reeds zeer spoedig na de welgelukte
stichting der Rotterdamsche stoommachine door HOOGENDIJK,
is door de Staten van de Provincie Utrecht besloten tot de
stichting eener stoommachine om den Mijdrechtschen Poel groot
elfhonderd morgen droog te maken en vervolgens droog te houden.
Om dien toekomstigen polder tot beneden het zomerpeil leeg
te kunnen pompen heeft men de fondeering van de pompput op
eene diepte van zesentwintig rijnlandsche voeten beneden Amstelpeil moeten leggen, wat met goed gevolg geschied is.

In het begin van September 1792 is de eerste steen gelegd en in
het begin van November waren de metselwerken tot een voet beneden Amstelpeil opgetrokken. In April 1793 is daarmede voort-
gegaan, zoodat in Juli het gebouw, de pompput, de ketel-stelling
en de voorwaterloop geheel opgemetseld waren. Daarna werden
de balans en de zuigbuis van de pomp gesteld en de ketel ingemetseld, het fundament voor den stoomcylinder opgetrokken
en de koudwaterbak gesteld. In het midden van October kwam
JAMES SMALLMAN namens BOULTON en WATT om de machine
ineen te zetten, die binnen vier maanden na zijn aankomst

gereed was, zoodat zij den 10 Februari 1794 het eerst beproefd kon worden.

„Nadat vervolgens het Werktuig volkomen rad, en in alle zijne deelen behoorlijk was geadjusteerd is hetzelve in trein gebragt, om bij aanhoudendheid, zoowel bij nagt als bij dag, te blijven doorwerken. Op dat tijdstip was het water in den Poel tot zesentwintig duimen beneden het peil gebragt, door de twee Watermolens, die bij den aanvang der droogmaaking op den Poel stonden, welke, ten tijde dat de Ringdijk gelegd wierd, van gewoone Schepradmolens waren veranderd geworden in Vijzel-molens, met oogmerk om, geduurende den tijd dat de Stoom-Machine zou worden gestigt, ware het mogelijk, $2\frac{1}{2}$ à 3 voeten water van de Plas af te maalen. De Ringdijk, in den zomer van 1791, geslooten zijnde geworden, hebben de Molens, van dien tijd af, beginnen te malen, en zulks bij elke gelegentheden doorgezet, en hadden, in het begin van Maart dezes jaars (1794) het water in den Poel (zooals boven gemeld is) tot 26 duimen beneden het Plaspeil gereduceerd. De Machine vervolgens gestadig aan den gang zijnde gehouden, was den 23 Maart, het water in den Poel $4\frac{1}{8}$ duimen vermindert, of op $30\frac{1}{8}$ duimen beneden Peil gebracht.

Volgens het laatst ontvangen berigt, in dato 27 April, was het water in den Poel tot 39 duimen beneden peil gereduceerd: en hadde men, om alle *cavillatiën*, ten opzigte van het maalen der Molens, uit den weg te ruimen, geresolveerd, eene proeve van veertien dagen te neemen, geduurende welke de Molens zijn stil, en de Machine aan den gang is gehouden: wanneer bevonden is, dat dezelve, geduurende die 14 dagen, vijf en een halve duimen water van den Poel heeft afgepompt.

Uit het dus verre medegedeelde, is voor een ieder blijkbaar, hoe voordeelig de aanhoudende werking van zoodaanig veelver-mogend Werktuig wezen moet, niet alleen voor Droogmakerijen, maar ook voor zoodaanige Polders, die met overtollig water zijn belaaden, en welke gegronde hoope 'er is, dat dit uitmuntend werktuig den Meidrechtsen Poel zeker, en in een zeer korten tijd (in vergelijking van die, welke, wanneer zulks door Windmoolens moet geschieden, anders daar toe noodig zoude geweest zijn) zal kunnen droogmaaken." (*)

Die hoop is niet verwezenlijkt. In den winter van 1794—95 heeft het werktuig meest stil gestaan, voornamelijk door gebrek aan steenkolen en door strengen vorst. In het laatst van April 1795 weder aan het werk gezet, brak door slechte behandeling de balans en het bovendeel van de stang van den pompzuiger; de herstelling daarvan duurde tot 19 Juni en inmiddels was het peil van den plas 30 duim gerezen.

Daarna heeft de machine van de maand Juli af weder goed gewerkt. Den 2 Augustus was het peil reeds weder op 70, den 4 September op 81½ en den 6 October op 87½ duimen gebracht. Door den onvoldoenden toestand van de tochten en toevoerslooten werkte toen de machine met een verval van 2 voeten beneden het oppervlak van het water in den plas, zoodat van tijd tot tijd moest worden stil gehouden en de machine dus onder ongunstige omstandigheden verkeerde.

Intusschen zijn proeven met deze machine genomen om de wateropbrengst te bepalen. Daartoe diende de voorwaterloop der machine ter lengte van 14 rijnlandsche voeten, waardoor het water in den Amstel werd gestort en die door een schut van dezen kon worden afgesloten. De eerste proef had plaats in tegenwoordigheid van van Liender op den 2 September 1794 en andere proeven werden later door Prof. J. Th. Rossyn genomen op 19 en 22 Februari 1796.

Het blijkt echter dat de werking der machine bezwaren opleverde, want den 20 November 1796 werd door het Collegie van de Droogmakerij van Mijdrecht aan de Commissie uit het Provinciaal bestuur 's Lands van Utrecht tot de zaken van gemelde droogmaking voorgesteld, een bekwaam werkman uit Engeland te laten overkomen om de machine in orde te brengen en tevens twee ondermolens met vijzels aan te leggen, die tot verdere ontlediging van den plas zouden kunnen dienen als de machine stilstond.

(*) Nieuwe verhandeliñgen van het Bataafsche Genootschap. Eerste Deel. 1800. Historie der Vuurmachines. bladz. 79—81.

Dit laatste voorstel had niet de strekking om de machine gering te schatten, maar berustte hoofdzakelijk op den hoogen prijs van de steenkolen en op de groote kosten van te herstellen onderdeelen der machine waaronder een nieuwe ketel, die alleen op *f* 12 000 gerekend werd. Over dit voorstel is toen den 23 Januari 1797 uitgebracht het zeer belangrijk Advies (*) van Prof. J. TH. ROSSIJN dat te lang is om hier medegedeeld te worden, maar dat in hoofdzaak neêrkwam op het voorstel reeds in het vorige hoofdstuk vermeld om de Rotterdamsche stoommachine, die in den polder Blijdorp stond als tweede machine in den Mijdrechtschen polder op te stellen. Wat daarmede gebeurde werd, voor zoover het bekend is reeds in het vorige hoofdstuk medegedeeld.

Van de Mijdrechtsche machine zelve kan nog het volgende worden bericht. In den zomer van 1808 brandde het stoomwerktuig af, toen het water verlaagd was tot 4.5 M. onder A.P. terwijl het peil 5.5 M. onder A.P. behoorde te wezen. Er verliep een jaar eer het nieuwe stoomwerktuig gereed was, dat in Juli 1809 in werking werd gesteld. Gedurende dit jaar was het water in den polder ruim 0.60 M. gerezen niettegenstaande de molens in werking waren gebleven. Dit nieuwe stoomwerktuig was in alles aan het vorige gelijk. Het bleef met goed gevolg aan den gang tot November 1812, maar veroorzaakte groote kosten, zoowel door de ongunstige gesteldheid der droogmakerij, als door de duurte der steenkolen in die dagen. Hierom werd het buiten werking gesteld, later gesloopt en de droogmakerij werd toen verlaten, aangezien de molens niet konden verhinderen dat de polder, die nagenoeg op peil was, achtereenvolgens 3 M. onderliep. Al had ook door tal van windmolens de polder toen kunnen zijn drooggemaakt, de wellen zouden toch steeds eene goede droochouding belet hebben, tenzij men stoomwerktuigen aanschafte om het door de wellen aangevoerde water op den vereischten tijd af te voeren, zooals men later werkelijk ook gedaan heeft.

(*) Nieuwe verhandelingen van het Bataafsch Genootschap. Eerste deel. 1800. Historie der Vuurmachines. bladz. 99—126.

Bevredigend is de uitkomst van de Mijdrechtsche stoommachine niet geweest en toch was zij een zeer krachtig pleidooi voor de toepassing der stoommachine, want zoolang zij gebruikt werd ging alles behoorlijk vooruit. De staatkundige gebeurtenissen in de jaren 1791—1812 waren echter zoo ongunstig mogelijk, eerst door voortdurende veranderingen in het binnenlandsch bestuur, daarna door de oorlogen met Engeland, het continentaal-stelsel en de voortdurende oorlogen van Napoleon.

Men moet zich verwonderen, dat juist in dezen sterk beroerden tijd de proefnemingen tot toepassing der stoommachine op de polderbemaling zoo volhardend zijn doorgezet en met erkentelijkheid de mannen gedenken, die onder veel tegenwerking en moeielijkheden zulke krachtige pogingen hebben gedaan om de gebrekkige bemaling onzer lage landen door de toepassing van stoom te verbeteren. Het stoomgemaal te Mijdrecht heeft dan ook niet vruchteloos bestaan, want het is de voorlooper geweest van de machines voor het Haarlemmermeer, waarin op groote schaal en met volkomen welslagen is verwezenlijkt, wat met die van Mijdrecht was beoogd maar niet is verkregen.

AANTEEKENINGEN.

Geschriften betreffende de stoommachine te Mijdrecht.

Nieuwe Verhandelingen van het Bataafsch Genootschap. Eerste deel 1800.
   Historie der Vuurmachines bladz. 70, 76—132 en Plaat XI.
   Natuurkundige lezingen. Achtste lezing, bladz. 443 en 445. Tiende lezing,
   bladz. 485—526.
NieuweVerhandelingen van het Bataafsch Genootschap. Negende deel. Eerste stuk. 1849.
   Verhandeling over de stoombemaling van polders en droogmakerijen, door
   G. Simons en A. Greve, bladz. 129—131.
Verhandelingen der Eerste klasse van het Koninklijk Instituut van wetenschappen,
   letterkunde en schoone kunsten. Derde reeks, Eersten deels, eerste stuk.
   1848. Over de stoomtuigen voor de droogmaking van het Haarlemmer
   Meer, door G. Simons, bladz. 2.
A Treatise on the Steam Engine, by John Farey, Engineer. London 1827.
   blz. 268.

Opgaven betreffende de stoommachine te Mijdrecht.

Gebouwd bij het Huis Ter Schelling . . . .   1792—1794.
Grootte der Mijdrechtsche Poel 1100 morgen. . . .   900 H.A.

Oorspronkelijk polderpeil beneden Amstelpeil . . . . 3¼ vt.
Beoogd zomerpeil der droogmakerij . . . . 5.5 M — A.P.

Enkel werkende balansmachine van Boulton en Watt.
Machinist, Willem Krijgsman, vroeger geplaatst bij de Rotterdamsche Stoommachine.
Cylinder, middellijn . . . . 48 Eng. dm.
Zuigpomp   „   . . . . 60 Eng. dm.
Slaglengte . . . . 8 Eng. vt.
Aantal slagen in de minuut . . . . 13.

Proefnemingen.

Berekende opbrengst per slag, 157 cub. Eng. vt. . . 144 cub. vt.
Eerste proef, 2 September 1794, opbrengst per slag . 127 cub. vt.
Opvoerhoogte . . . . 9¼ vt.
Proef 19 Februarij 1796, opbrengst per slag . . . . 122 cub. vt.
Opvoerhoogte . . . . 11 vt.
Proef 22 Februarij 1796, opbrengst per slag . . . . 117½ cub. vt.
Opvoerhoogte. . . . . 11 vt.
Gemiddelde opvoer per slag . . . . 120 cub. vt.
Spilling in vergelijking met berekende opbrengst . . . $^1/_6$
Daar de slaglengte dikwijls slechts geweest was . . 7 vt. 6 dm.
daalde de berekende opbrengst dan tot . . . . . 138½ cub. vt.
en de spelling tot $\frac{1}{15}$ waarvoor werd aangenomen . . $^1/_8$
Toen het peil verlaagd was werd een kleinere pomp
gesteld, middellijn . . . . 4 Eng. vt.
Aantal slagen met deze pomp per minuut . . . . . 14—14¼.
Kolenverbruik niet vermeld.
Voor de aanwijzing der bij deze opgaven gebruikte maateenheden, zie men de aan-
teekening op bladz. 43.

De Stoommachine aan het Katwijksche Kanaal.

„Intusschen had men ook het additioneele kanaal gegraven en de noodige bruggen
gebouwd, terwijl er eene stoommachine was opgerigt, die bestemd was, om den
waterstand tusschen de sluizen naar willekeur te kunnen verhoogen en daardoor de
voor- of buitenhaven kunstmatig te kunnen spuijen (*)."

Het stoomwerktuig hier ter wille der volledigheid vermeld en vóór 1807 gesticht
bestaat sedert lang niet meer. Het spuijen van de buitenhaven geschiedt door bij
vloed door de buitensluis zeewater in te laten, dat wordt opgehouden, tot dat bij
eb de waterstand in zee genoegzaam is gedaald.

(*) Verspreide bijdragen van F. W. Conrad. 's Gravenhage 1849. bladz. 52.

DE STOOMMACHINE
IN DEN KRIMPENER-WAARD.

Toepassing van stoom tot het wegnemen van den waterlast onzer lage landen was alzoo tot tweemaal toe met gedeeltelijk welslagen beproefd, de eerste maal in den polder Blijdorp tot drooghouding, de tweede maal in den polder Mijdrecht tot droogmaking en latere drooghouding. Dat die werktuigen niet in gebruik zijn gebleven lag aan nevenomstandigheden, maar in beide gevallen was de bereikbaarheid bewezen van het doel door Hoogendijk beoogd en met zooveel volharding en belangeloosheid nagestreefd. De goede werking van deze beide machines, is zeker voor een groot deel daaraan toe te schrijven, dat zij elk slechts één pomp behoefden te drijven waardoor het hoofdbezwaar vermeden werd waaraan het mislukken der Rotterdamsche vuurmachine voornamelijk te wijten was. De machine van Blijdorp had bovendien het voordeel van eene nagenoeg onveranderlijke opvoerhoogte, terwijl bij die te Mijdrecht de opvoerhoogte wel toenam gedurende de droogmaking, maar niet onderworpen was aan de dagelijksche veranderingen door vloed en eb, die bij de Rotterdamsche vuurmachine zooveel moeielijkheden hadden veroorzaakt.

Merkwaardig is daarom eene andere stoommachine in het begin dezer eeuw hier te lande gesticht en bestemd om te werken bij veranderlijke boven- en benedenwaterstanden. Deze machine is in de jaren 1803 en 1804 gebouwd, aan den IJseldijk bij den Berkenwoudschen boezem onder Ouderkerk aan den IJsel, ten dienste van de toen geoctrooijeerde verveening in den Krimpener-waard Tot het bemalen van deze verveening was aanvankelijk voorgesteld de stichting van vier nieuwe achtkante watermolens met twee bovenmolens, welke het water der vier eersten

in een hoogen boezem zouden storten die in den IJsel zoude
loozen. Daarenboven zouden aan een bepaald punt van den Berkenwoudschen boezem nog een boven en een beneden steenen watermolen geplaatst worden.

Ter vermijding van de groote kosten aan de stichting dezer
acht molens verbonden, is toen door de Commissie van benificieering
dezer droogmakerij in eene vergadering van 17 September 1802
aan de Commissie uit de geinteresseerden voorgesteld, niet over
te gaan tot de stichting der genoemde acht molens, maar de
bestaande beneden molens in den polder te verbeteren en eene
stoommachine te stichten, die uit den Berkenwoudschen boezem
dadelijk op den IJsel zoude uitslaan. In deze Commissie hadden
zitting C. BRUNINGS, president, C. R. T. KRAYENHOFF, J.
D. HUICHELBOS VAN LIENDER en F. W. CONRAD met C. B. KOOP-
MAN als amanuensis.

Men ziet dat ook hier weder VAN LIENDER werkzaam was bij
de invoering van stoomwerktuigen, waarbij hij reeds HOOGENDIJK
had bijgestaan. Ook blijkt er uit hoezeer de belangstelling in
dit onderwerp toenam, daar de beroemde BRUNINGS, CONRAD en
KRAYENHOFF hier gezamenlijk voor de toepassing van stoom
werkzaam waren, die aan A. BLANKEN JANSZ. als Directeur der
verveening was toevertrouwd.

Den 13 December 1802 legde BLANKEN eene memorie over
met missives van BOULTON en WATT, waarna besloten werd aan
den Berkenwoudschen boezem een stoomwerktuig met één pomp
te stellen, waardoor het water zou worden opgevoerd in een
gemetselden stortbak, die door eene overwelfde sluis met vloeddeuren
in den IJsel zoude loozen. De machine zou een gegoten ijzeren
balans hebben, waaraan de stoom- en de waterzuiger niet door
kettingen maar door parallelwerk zouden verbonden worden. Bij
het opstellen zou de hulp ingeroepen worden van den brandspuit-
maker en smid J. J. DUISTER te Rotterdam, die reeds bij de
Mijdrechtsche machine werkzaam was geweest.

Den 26 Maart 1803 werden de teekeningen van het geheel
overgelegd en in Mei werd met het heien van de fondeering
voor de pompput begonnen. Door ongunstig weder werd het op-

metselen vertraagd, maar de sluis werd voltooid, zoodat den 22 October 1803 de buitendam doorgestoken en het water voor de buitendeuren toegelaten kon worden. In 1804 kwam het geheele gebouw gereed en werd de machine door DUISTER gesteld, zoodat in November de eerste proeven konden genomen worden.

Den 13 December werd het werktuig beproefd in tegenwoordigheid van KRAYENHOFF, VAN LIENDER, CONRAD en van I. FOCK als commissaris uit de geïnteresseerden, doch deze proef gaf nog geen voldoende uitkomst. Den 18 Maart 1805 had de tweede proefneming plaats, waarvan verslag werd gegeven in de *Amsterdamsche*, *Rotterdamsche* en *Haarlemsche Couranten* van 2 en 4 April en dezen was voor de opgevoerde hoeveelheid bevredigend, doch de hoogte van opvoer bedroeg slechts de helft van die waarvoor het werktuig bestemd was. Bij eene derde proef den 13 Mei 1805 werd ballast aangebracht aan het balanseinde bij den pompzuiger om dezen spoediger te doen dalen en bij gemis aan genoegzaam ijzer daarvoor werden eenige manschappen op dit einde van de balans geplaatst, maar de proef was nog niet beslissend.

Eene vierde proef werd genomen den 29 Juni en eene vijfde den 2 Juli 1805, waarbij volkomen bevredigende uitkomsten werden verkregen. Daar echter sommige Ingelanden de genomen proeven nog niet als voldoend bewijs van de waarde van het werktuig beschouwden, werd in October eene proef genomen waartoe men den boezem liet afloopen in den polder, zoodat de machine van het polderpeil af onmiddellijk in den IJsel zou opvoeren. Dit geschiedde den 4 en 5 October en ook daarbij bleek dat de machine aan de gestelde eischen voldeed.

Door onderlinge vergelijking dezer laatste proeven kwam echter duidelijk aan den dag hoezeer de weersgesteldheid invloed uitoefent op de schijnbare hoeveelheid, die in een gegeven tijd wordt afgemalen; want bij de proef van 2 Juli toen het aanhoudend droog weder was geweest, waardoor ook het land zelf geheel droog was bleek, dat de machine in den tijd van een etmaal het water twee duim in den polder kon verlagen en bij de proeven in October, toen er te voren vele en zware regens waren gevallen waardoor de gronden doorweekt waren, kon dezelfde machine het peil slechts een duim per etmaal verlagen, blijkbaar ten gevolge van het bijzakken van het water uit de gronden naar de slooten gedurende de werking van het gemaal. Voorts werd nog eene belangrijke zaak waargenomen, dat namelijk de neerslag bij de machine zeer gering was geweest en even zoo vele lijnen had bedragen als zij bij de molens gewoonlijk duimen bedroeg, zoodat ook in dit opzicht op het gebied der polderbemaling een belangrijke stap vooruit was gedaan.

Wat wel het meest voor het nut der machine pleitte was, dat er tijdens hare werking in het geheel geen wind was geweest, zoodat de beste molens, indien men die gehad had, buiten werk zouden gebleven zijn. En al ware er wind geweest zouden de molens toch niet langer hebben kunnen werken dan bij een bepaalden waterstand in den IJsel en dus stil hebben moeten staan terwijl de machine kon doorwerken. Daaruit bleek dus ten duidelijkste, dat de stoommachine een uiterst geschikt hulpmiddel was tot het ontlasten van polderwater op plaatsen waar men op rivieren moet uitloozen, die aan afwisselende waterstanden hetzij door vloed en eb, hetzij door hoog bovenwater onderworpen zijn.

Doch hoewel hier bereikt was wat HOOGENDIJK bij zijne vuurmachine niet had kunnen verkrijgen, zoo is toch ook de goede uitkomst met deze machine verkregen niet blijvend geweest. De laatste berichten dienaangaande luiden als volgt.

„De verveening, waarbij het stoomtuig werd opgericht, door vele kosten gedrukt, heeft niet die voordeelen opgeleverd, welke de ondernemers zich daarvan beloofden. Het gevolg is geweest dat het stoomtuig in het begin van 1813, buiten werking is gesteld, na omstreeks negen jaren te hebben gediend, zoo sommigen meenen met te weinig vermogen om geheel te voldoen aan het doel waartoe het gesticht was. Sedert 1813 is het vervallen en eindelijk in 1832 geheel gesloopt, nadat het in den slechtsten staat was geraakt." (*)

Van waar deze herhaalde teleurstelling na aanvankelijk welslagen? Vele redenen kunnen daarvoor worden opgegeven. Eerstens

(*) Nieuwe verhandelingen van het Bataafsch Genootschap. Negende deel. Eerste stuk. 1849. Verhandeling van G. Simons en A. Greve. bladz. 131.

was, zooals boven reeds werd aangewezen het gemaal te klein, ten tweede ontving het zijn watertoevoer van de beneden windmolens en was dus de werking van het stoomgemaal afhankelijk van den wind. Eindelijk is het zeer waarschijnlijk, dat de pomp op den duur bezwaren heeft opgeleverd, want eene goede zuigpomp voor polderbemaling is eerst vele jaren later door A. LIPKENS ontworpen en uitgevoerd voor de Haarlemmermeermachines.

De machine in den Krimpenerwaard is echter eene zeer belangrijke proefneming geweest, want het gold de oplossing van het vraagstuk om stoom op polderbemaling toetepassen bij zeer veranderlijken bovenwaterstand en deze machine is later het uitgangspunt geworden voor de bemaling met perspompen, waarvan de invoering aan den heer H. F. FIJNJE VAN SALVERDA te danken is.

<hr/>

AANTEEKENINGEN.

Geschriften betreffende de stoommachine in den Krimpener-waard.

Nieuwe verhandelingen van het Bataafsch Genootschap. Vijfde deel. 1810. bladz. 6. Verslag van de aanleiding tot het dadelijk bouwen van een nieuwe Stoommachine, ten dienste van de Geoctroyeerde verveening in den Krimpenerwaard, aan den IJsseldijk voor den Berkenwoudschen Boezem, onder Ouderkerk aan den IJssel, in den jaare 1803 en 1804 opgeregt. Met twee platen.

Nieuwe verhandelingen van het Bataafsch Genootschap. Negende deel. 1849. Verhandeling over de stoombemaling van polders en droogmakerijen, door G. Simons en A. Greve. bladz. 131.

Opgaven betreffende de Stoommachine in den Krimpener-waard.

Gebouwd aan den Berkenwoudschen boezem onder Ouderkerk aan den IJssel . . . .   1803—1804.
Ontworpen en uitgevoerd door A. Blanken Jansz.
Grootte van den polder Berkenwoude . . . . . . 616 morgen.
Kosten der machine . . . . ƒ 11.200.
    „ van het gebouw met het ontlastsluisje. . . . . „ 18.800.

Enkel werkende balansmachine van Boulton en Watt gesteld door J. J. Duyster.

Stoomketel lang	7¼ Eng. vt.
" wijd	4 " "
" inhoud	133—134 " cub. vt.
Cylinder middellijn	31½ " dm.
" slaglengte	2½ " vt.
Zuigpomp middellijn	48 Eng. dm.
" slaglengte	2½ " vt.
Aantal slagen per minuut	20.
Bovenrand pomp boven polder-zomerpeil	30 " dm.
Onderrand pomp beneden " "	31 " dm.
Vloer pompput beneden " "	5 " vt.
" " onderrand pomp	29 " dm.

Veranderlijke hoogte van opvoer, tusschen 2½ en 7 Eng. vt. boven den stortvloer.

Proefnemingen.

Berekende opbrengst per minuut met 20 slagen, 575
cub. Eng. vt. . . . . 525 cub. vt.

Eerste proef . . . . , . . .	13 December 1804.
Hoogte van opvoer	38 dm.
Slaglengte van den pompzuiger	28 dm.
Aantal slagen per minuut	16.
Berekende opbrengst per minuut met 16 slagen . .	468¼ cub. vt.

Tweede proef	18 Maart 1805.
Duur der proef	66 minuten.
Gemiddelde hoogte van opvoer	18$\frac{61}{112}$ dm.
Gemiddeld aantal slagen per minuut	18$\frac{11}{12}$.
Opbrengst per minuut	553½ cub. vt.

zijnde 2 cub. vt. meer, dan de berekening had aangegeven, door de onzekerheid.
der slaglengte.

Derde proef	13 Mei 1805.
Het pompeinde der balans belast met 4½ cub. vt. ijzer	

en toen verkregen:

Aantal slagen per minuut	21—22.
Opvoerhoogte	4—5 dm.
Daarna de belasting vermeerderd;	
Aantal slagen per minuut	23—24.
Slaglengte	28 dm.
Hoogte van opvoer	3 vt.

Vierde proef . . . . 29 Juni 1805.

Duur der proef . . . . 2 uur.

Aantal slagen per minuut . . . . 22.

Hoogte van opvoer . . . . , . . 25 dm.

Vijfde proef . . . . 2 Juli 1805.

Duur der proef . . . . : . . 3 uur.

Aantal slagen per minuut . . . . 18.

Hoogte van opvoer . . . . 88½ dm.

Kolenverbruik voor het opmaken van stoom . . . . 3 Schepel.

        „   gedurende de 3 uren der proef . . . . 2 „

waarvan volgens Dordtsche maat 32 op 1 hoed.

Proef van . . . . , ... 4 October 1805.

Gemiddeld aantal slagen per minuut . . . . 24.

Slaglengte . . . . 28 dm.

Hoogte van opvoer . . . . 36 dm.

De laatste proef genomen . . . . 5 October 1805.

Berekening van het kolenverbruik bij de vijfde proef.

Pompzuiger midd. 48 Eng. dm. . . . . 1,22 M.

      „   oppervlak . . . . 1,170 M².

Slaglengte 28 Eng. dm. (ondersteld.) . . . . . . 0.7 M.

Opbrengst per slag . . . . 0.819 M³.

Opvoerhoogte 88½ Eng. dm. . . . . 2.24 M.

Arbeid per slag . , ... 1834 K.m.

      „   in de minuut met 18 slagen . . . . . . 33012 K.m.

      „   per secunde . . . . 550 Km.

      „   in paardenkrachten opgevoerd water ruim . . 7 P.K.

Kolenverbruik per uur in schepel, Dordtsche maat. 2/3

Volgens Jaarb. K. I. v. I., 1 Dordtsch last = 96 schepel. 3003.91 d.M³.

Kolenverbruik per uur . . . . 21 d.M³.

     „   „   „ . . . . 15 K.G.

     „   „   „   en per P.K. . . . . . 2$\frac{1}{7}$ K.G

     „   „   „   „   „   „ met inbegrip van

3 schepel voor het opmaken van stoom . . . . . . 5$\frac{5}{7}$ K.G.

Voor de aanwijzing van de maateenheden in deze opgaven gebruikt, zie men de aanteekening bladz. 48.

Geschriften betreffende de Stoommachines te Hellevoetsluis en het Nieuwe Diep.
(Zie het volgende hoofdstuk.)

Lettre au Redacteur du Konst- en Letterbode (Courier littéraire). Concernant la nouvelle machine à Feu à Hellevoetsluis, avec une planche, traduite du Hollandais, à Harlem chez A. Loosjes. 1803. (Kon. Bibl. II G. 1203.)

Catalogus van het kaarten-archief der afdeeling waterstaat van het Departement van Binnenlandsche Zaken, bewerkt door P. L. Putters, Adjunct-Commies 1868.

Hellevoetsluis, bladz. 92. No 972, 973, 977, 851 en 852.

Nieuwe Diep: bladz. 159. No. 2688, bladz. 160. No. 850, 849, 1487, 851 en 852.

Opgaven betreffende de stoommachine te Hellevoetsluis

Gebouwd voor de dokwerken te Hellevoetsluis door J. Blanken Jz. . . . . 1802.

Dubbelwerkende balansmachine van Boulton en Watt.

Stoomdruk, absoluut . . . . $1\frac{1}{4}$ Atmospheer.

Cylinder middellijn 80 Eng. dm. . . . . 29 dm.

     „   slaglengte . . . . 5 vt. 9 dm. — 5 vt. 10 dm.

Aantal slagen per minuut . . . . 16 à 17.

Pompen, aantal . . . . 9.

verdeeld in drie rijen elk van drie gelijke pompen,

de middelste rij, middellijn . . . . 30 dm.

de beide buitenste rijen, middellijn . . . . 21 dm.

Grootste hoogte van opvoer . . . . 18 – 19 voet.

Proefneming . . . . 13 Maart 1802.

Opbrengst met de middenrij van drie pompen per minuut. 186 tonnen.

Proefnemingen door C. Brunings voorzitter, Glavimans, Krayenhoff, Huichelbos van Liender, Blanken en Conrad, secretaris . . . . 6 April 1802.

Aantal slagen per minuut . . . . 17.

Slaglengte . . . . 5 vt. 9 dm.

Hoogte van opvoer . . . . 17 vt.

Luchtledig . . . . 28 à 29 Eng. dm.

Vermogen der machine volgens deze proefnemingen:

met de drie middelste pompen per minuut . . . . 180 ton.

bij opvoerhoogte van . . . . 20 vt.

met de negen pompen per minuut . . . . 390 – 400 ton.

bij opvoerhoogte van . . . . 6 — 7 vt.

Voor de aanwijzing der bij deze opgaven gebruikte maateenheden, zie men de aanteekening bladz. 43.

HET STOOMGEMAAL
AAN DEN ARKELSCHEN DAM.

De stoomwerktuigen tot hiertoe besproken, waren allen van enkele werking en het gebruik van de zuigpomp, dat ook een enkel werkend werktuig is, was daarbij als van zelf aangewezen. Bij den dalenden slag van den stoomzuiger werd de pompzuiger opgetrokken en het water omhoog gevoerd, terwijl de teruggaande slag waarbij geen arbeid verricht werd, geschiedde door het overwicht van den pompzuiger boven den stoomzuiger.

Zooals bekend is werd de dubbelwerkende stoommachine door JAMES WATT uitgevonden en het eerst in toepassing gebracht. Het hoofddoel daarbij beoogd was de stoommachine geschikt te maken om ronddraaiende beweging te geven aan een krukas, waardoor zij voor talrijke toepassingen in fabrieken geschikt werd. Door de stoommachine dubbelwerkend te maken, werd tevens het groote voordeel bereikt, dat voor een gegeven arbeid het volumen van den cylinder de helft kleiner werd als bij de enkelwerkende stoommachine, of dat men met een cylinder van gegeven grootte de dubbele hoeveelheid arbeid kon verrichten.

Wanneer de eerste dubbelwerkende stoommachine is ingevoerd in ons vaderland, is niet met zekerheid bekend, doch een van de eerste zal zeker wel geweest zijn, die welke »de Burger LEENDERT BOON uit Engeland heeft laten komen, om in zijne branderij alhier op het Nieuwe Werk staande, zijn graan te malen." (1) De eerste waarvan een nauwkeurig bericht met teekening is overgebleven was de nieuwe stoommachine met negen pompen gebouwd te Hellevoetsluis in 1802 onder directie van J. BLANKEN JANSZ.

(1) Nieuwe verhandelingen van het Bataafsch Genootschap. Eerste deel 1800. Historie der Vuurmachines, bladz. 529.

ten dienste van de aldaar aangelegde nieuwe dokwerken. Eene gelijksoortige machine werd ook aan het Nieuwe Diep voor gelijk doel opgesteld en verschillende teekeningen van beide werktuigen zijn nog aanwezig in het kaarten-archief van het Departement van Waterstaat, Handel en Nijverheid.

De machine te Hellevoetsluis was van dubbele werking; hare balans was aan het eene einde door parallelwerk met den stoom-zuiger en aan het andere einde met twee der pompzuigers ver-bonden, terwijl door middel van andere balansen de beweging op de overige zeven pompen werd overgebracht. De verbinding van eenigen dezer balansen met de stoommachine was verkregen door kettingen over schijven loopende en zoo ingericht dat, zoowel bij den op- als bij den neergaanden slag der stoommachine, een gedeelte van de negen zuigpompen den werkenden slag maakten. Door nu een grooter of kleiner aantal van de pompen, die verschillende afmetingen hadden, tegelijk aan het werk te zetten, kon men het geheel zoo regelen, dat de hoeveelheid opgevoerd water in omgekeerde reden stond tot de veranderlijke opvoer-hoogte bij vloed en eb, zoodat de stoommachine steeds gelijken arbeid te verrichten had.

Aangezien deze machine niet voor polderbemaling bestemd was, is daarvan in dit werk geene teekening opgenomen, doch de kennisname van de oorspronkelijke teekening (*) is zeer aan te be-velen, omdat zij een duidelijk inzicht geeft in de moeielijkheden die bij de eerste toepassingen der stoommachine moesten worden overwonnen. Ook kan men daaruit zien, dat het vraagstuk, waarvan in 1776 door HOOGENDIJK te vergeefs de oplossing be-proefd werd, niet vergeten was, maar integendeel anderen had aangespoord om eene goede oplossing te zoeken.

De machine te Hellevoetsluis heeft blijkens de beschrijving behoorlijk voldaan, maar men mag toch wel aannemen, dat zij bij de werking bezwaren heeft opgeleverd, die de navolging op ander gebied hebben tegengehouden. Van toepassingen der dubbel-werkende stoommachine op de beweging van pompen ten dienste

(*) Zie de aanteekening, bladz. 68.

van boezem- of polderbemaling, is uit de eerste jaren van deze eeuw niets bekend, en de oplossing van het vraagstuk om stoom op bemaling toe te passen, is na de stichting van de machine in den Krimpener-waard, op geheel andere wijze beproefd.

Men herinnert zich dat HOOGENDIJK na de mislukking der vuurmachine gezocht heeft of de nieuwe beweegkracht niet met voordeel ware toe te passen op ronddraaiende waterwerktuigen, waarbij hij meer bepaald het trommelrad op het oog had, en dat toen eenige proefnemingen in die richting gedaan zijn, die echter geen dadelijk gevolg hebben gehad. De eerste toepassing in deze richting is in Noord-Holland na den watervloed van 1825 gemaakt (*) om tijdelijk hulp te verleenen bij de uitmaling der overstroomde landen, maar nadere opgaven dienaangaande ontbreken. De eerste blijvende toepassing heeft plaats gehad in het stoomgemaal aan den Arkelschen dam, dat in 1826 in het werk kwam en nog altijd dienst bewijst.

Ziehier in het kort eenige bijzonderheden omtrent het doel dezer stichting. Een deel van de polders behoorende tot de Vijf-Heerenlanden lozen het water door 23 windmolens in de Zederik, eene vliet, die van Vianen loopt naar Meerkerk waar hij zich in twee takken verdeelt, een van welke naar den Arkelschen dam gaat en aldaar het water door eene suatiesluis in de Linge loost. Die uitloozing was sedert lang onvoldoende en daarom waren er op den anderen tak, die naar Ameide loopt 13 schepradmolens gesticht om de Zederik op de Lek af te malen, maar dit middel was niet voldoende gebleken. Men heeft toen getracht de water-standen op de Linge te verlagen, door een beteren afvoer van deze in de Merwede te verzekeren, waartoe een kanaal van Gorkum naar Steenenhoek, dat lager aan de Merwede gelegen is, zoude dienen. Tot aanleg daarvan werd in 1817 besloten, doch ook dit middel heeft niet ten volle aan de verwachting beantwoord en daarom werd toen besloten de Zederik door windmolens in de Linge af

---

(*) Nieuwe Verhandelingen van het Bataafsch Genootschap. Negende deel 1849. Eerste stuk, 1844. Verhandeling over de stoombemaling van G. Simons en A. Greve. bladz. 181.

te malen, maar dit plan werd gewijzigd in dien zin, dat men tot de oprichting van stoomwerktuigen besloot.

Den 2 Maart 1824 bracht de inspecteur-generaal J. BLANKEN Jz. eene memorie uit over de stichting dezer stoomwerktuigen. Den 6 April 1824 werd eene conferentie gehouden door den minister van binnenlandsche zaken, den inspecteur-generaal A. F. GOUDRIAAN, den hoogleeraar G. MOLL, G. M. ROENTGEN, den hoofdingenieur J. B VIFQUAIN en DONKER CURTIUS.. Den 13 April 1824 werden MOLL en VIFQUAIN in commissie benoemd, die 20 Juni 1824 verslag uitbrachten; daarna werd met de firma COCKERILL te Seraing bij Luik een contract gesloten voor de stoommachines, dat den 23 December 1824 werd goedgekeurd. Den 9 Mei 1826 rapporteerde BLANKEN dat het gebouw voltooid was, den' 6 Juni 1826 werd de eerste proefbemaling gehouden in bijzijn der commissie en van den ingenieur M. MERENS en den 7 September werd het personeel bij de machine aangesteld. De bouw van het stoomgemaal was uitgevoerd onder het onmiddellijk toezicht van den inspecteur-generaal J. BLANKEN, door den ingenieur F. W. CONRAD zoon van den bouwmeester der Katwijksche sluizen en den aspirant-ingenieur W. BADON GHYBEN.

De inrichting van dit stoomgemaal was als volgt. Er waren drie schepraderen, elk gedreven door eene afzonderlijke laagdruk balansmachine van 30 paardenkrachten, met ronddraaiende beweging welke van de werkas door een rondsel werd overgebracht op een kamwiel, dat op de as van het scheprad was bevestigd. De schepraderen hadden eene zeer groote tasting van bijna twee meters en waren van gegoten ijzer met eikenhouten spruiten en borden. Volledige teekeningen van de werktuigen zijn niet aanwezig, maar de hoofdafmetingen vindt men in de aanteekeningen aan het slot van dit hoofdstuk. Teekeningen van de gebouwen bevinden zich in het kaartenarchief van het ministerie van waterstaat, handel en nijverheid en het voornemen was daaruit eene volledige teekening voor dit werk samen te stellen, doch het bepaalde aantal platen liet niet toe hieraan uitvoering te geven.

Deze drie machines zijn zeker de oudste stoommachines die in ons land bestaan; zij hebben thans ongeveer zestig jaar gewerkt en het feit, dat zij nog in dienst zijn kan tot bewijs strekken van de deugdzaamheid van het werk door de fabriek te Seraing geleverd. In drieërlei opzicht waren deze werktuigen zeer belangrijk. Zij waren de eerste dubbelwerkende ronddraaiende stoomwerktuigen die in ons land blijvend op bemaling zijn toegepast. Voorts heeft men bij dit stoomgemaal geheel afgezien van het gebruik van pompen en werd alzoo een weg ingeslagen geheel verschillend van die, welke men bij de eerste invoering van stoommachines voor bemaling had gevolgd. Eindelijk heeft men bij hare stichting voor de eerste maal geene hulp van engelsche fabrikanten ingeroepen en zijn zij het eerste voorbeeld geweest van inlandsche machine-fabricage. Ons vaderland was toen nog met België vereenigd en de fabriek te Seraing heeft hare oprichting te danken aan de krachtige hulp van koning Willem I, die reeds als erfprins de werking der Blijdorpsche pompmachine had bijgewoond en thans als Koning der Nederlanden deze nieuwe toepassing van stoomkracht gelast had.

Wat de geregelde werking en de verlangde wateropbrengst aangaat is deze proefneming in nieuwe richting geslaagd. De werktuigen hebben in beide opzichten goed voldaan en de uitkomsten daarmede bereikt hebben voor ons vaderland ook verder nuttige gevolgen gehad, blijkens het groot aantal stoomschepradgemalen in lateren tijd gesticht, waarvan enkelen in den loop van dit werk zullen worden vermeld.

Wat echter het brandstofverbruik aangaat viel over deze werktuigen niet te roemen. In de bekende verhandeling van SIMONS en GREVE werd berekend, dat blijkens de vroeger genomen proeven het brandstofverbruik 10.4 tot 17 KG. per uur en uitgeoefende paardenkracht in opgevoerd water had bedragen, wat inderdaad buitensporig hoog is. Dit valt te meer in het oog door vergelijking met de uitkomsten van de proeven met de Rotterdamsche stoommachine in den polder Blijdorp genomen, waarbij het brandstofverbruik niet meer was geweest dan 5 KG. Beter pleidooi ten gunste van pompen kon voorzeker moeielijk gevoerd worden.

Des te meer opvallend is het daarom, dat het schepradgemaal aan den Arkelschen dam in gebruik is gebleven, terwijl van de vroe-

gere pompwerktuigen in Blijdorp, Mijdrecht en de Krimpener-
waard niets over is. De verklaring kan geen andere wezen, dan
dat de pompen, die men toen had, op den duur niet voldeden en
het heeft vrij lang geduurd eer iemand op het denkbeeld kwam
of zich in staat gevoelde om hierin verbetering te brengen, aangezien dit eerst in 1841 door Lipkens voor de zuigpompen en
in 1844 door Fijnje voor de perspompen is gedaan.

Ongeveer twintig jaar na de stichting van het gemaal aan den
Arkelschen dam werden de hoofdtrekken van die inrichting, namelijk
groote tasting en gebruik van laagdruk stoomwerktuigen, onver-
anderd gevolgd bij een stoomschepradgemaal, dat in 1847 door den
straks genoemden ingenieur F. W. Conrad gesticht werd ter
vervanging van de twee windwatermolens van de polders Cool,
Schoonderloo en Beukelsdijk, wier windrecht belemmerd werd door
de stichting van het stationsgebouw van den Hollandschen IJzeren
Spoorweg te Rotterdam. Het brandstofverbruik van dit gemaal wordt
opgegeven 4.83 KG. per uur en per paardenkracht te hebben bedragen (*) en dus nagenoeg evenveel als de machine te Blijdorp,
die reeds in 1787 tijdelijk de waterontlasting van deze polders
verzekerd had. (†)

AANTEEKENINGEN.

Geschriften betreffende het stoomgemaal aan den Arkelschen dam.

Memorie over het gebruik van stoom tot droogmaking en drooghouding, door
F. W. Conrad, 1828. Bladz. 58 en volgende (Handschrift. Bibl. der Polyt.
school).
Register IV. Peilschalen en hakkelbouten enz. langs de Merwede, Oude en Nieuwe
Maas. 1839, bladz. 105.

(*) Verslag van het Stoomwerktuig in den polder van Wamel, Dreumel en Alphen,
door H. F. Fijnje. Nijmegen. 1849, bladz. 28.
(†) Zie hier boven, bladz. 49.

Nieuwe verhandelingen van het Bataafsch Genootschap. 1849. Verhandeling over de stoombemaling van polders en droogmakerijen, door G. Simons en A. Greve, bladz. 183—142.

Catalogus van het kaarten-archief der afdeeling Waterstaat van het Departement van Binnenlandsche Zaken, bewerkt door P. L. Putters, Adjunct-Commies. 1868.

Arkelschen dam. Project omheining der steenkolen bergplaats voor den stoomwatermolen aan den —	N°. 2188.
Plan opstaud- en frontteekeningen van een gebouw voor den stoomwatermolen aan den —	„ 1566.
met deszelfs voorhaven en door- of afsnijding door de Galgenwaard in 1824, en de plaatsing van een daarnevens te stichten stoomwatermolengebouw met de graving en bemuringen van de binnen- en buitenwaterleidingen uit het Zederikkanaal tot in de rivier de Linge	„ 271. „ 278.
Zederik. Machines à vapeur pour le Canal de —	N°. 930.
Plan des machines	„ 928.
Profils des machines	„ 929.
Coupe du bâtiment pour les machines	„ 931.
Roues à palettes (schepraden) mises en mouvement par des machines à vapeur pour le canal de —	„ 293.

Verslagen aan den Koning over de Openbare werken sedert 1850.

Opgaven betreffende het stoomgemaal aan den Arkelschen dam.

Boezemgemaal van de Zederik uitslaande op de Linge.
Gebouwd onder directie van J. Blanken Jansz. . . . .   1825—1826

Drie dubbelwerkende balansmachines met rondgaande beweging door Cockerill te Seraing.

Kosten van het gebouw		ƒ 73 551.70
Buitengewone werken tot 1 Januari 1826.		„ 48 234.47
Tot 1 Mei 1826		„ 2 721.90
Werktuigen	ƒ 80 967.80	
Buitengewone werken.	„ 10 131.00	
		„ 91 098.80
Uitwaterende sluis.		„ 47 445.00
		ƒ 263 051.87
Den 6 Juni 1826 nog uit te voeren werken		„ 8 238.49
Jaarlijksch onderhoud en bemaling		„ 21 860.—

Aantal ketels . . . . 4.

Lang . . . . 8.5 M.

Wijd . . . . 2 „

Hoog . . . . 2.1 „

Stoomdruk (absoluut) per cM². . . . . 1.25 KG.

Cylinder, middellijn 29 Eng. dm . . . . 0.75 M.

     „   slaglengte 5 Eng. vt . . . . 1.51 „

Aantal slagen per minuut . . . . 22.

Jagtwiel middellijn . . . . 5.32 M.

     „   gewicht . . . . 3783 KG.

Kamwiel op de werkas middellijn . . . . 1.5 M.

     „   aantal tanden . . . . 47.

     „   op de schepradas middellijn . . . . 5.4 M.

     „   „   „   „   aantal tanden . . . . . 176.

Scheprad middellijn . . . . 7.52 M.

     „   breedte der schoepen . . . . ˙. 0.52 „

Hoogte hartlijn as boven Zederik peil . . . . . . 1.8 „

Tasting beneden Zederik peil . . . . 1.96 „

     „   bij laagsten waterstand . . . . 0.55 „

Proefnemingen.

Eerste proef, duur . . . . 8.75 minuten.

Aantal gemaakte slagen . . . . 228.

Gemiddeld „   „   per minuut . . . . 26.

Tasting . . . . 1.56 M.

Hoogte van opvoer . . . . 0.74 „

Berekende opbrengst 7/8 der waterkrul per omwenteling 801 M².

Werkelijk gemeten opbrengst . . . . 792 „

Uitgeoefend vermogen in M². hoog 1 M. per minuut . 66,9 „

    „   „   „ paardekrachten opgevoerd water 14 8 P.K.

Tweede proef, duur . . . . 9.3 min.

Aantal gemaakte slagen . . . . 240.

Gemiddeld „   „   per minuut . . . . . . 26.

Tasting . . . . 1.46 M.

Berekende opbrengst per omwenteling, 7/8 der waterkrul 811 M².

Werkelijk gemeten opbrengst . . . . 803 „

Uitgeoefend vermogen in M²., hoog 1 M. per minuut. 64.5 „

    „   „   in opgevoerd water . . . . . 14.3 P.K.

Uitkomsten van latere waarnemingen van 10 Maart 1830 tot 20 Maart 1840. Grootste vermogen der drie machines in opgevoerd water. 52.9 P.K.

Kleinste vermogen der drie machines in opgevoerd water 8.7 K.G.

Gemiddelde   *n*   *n*   *n*   *n*   *n*   *n*   30.9   *n*

Nominaal vermogen der drie werktuigen . . . . . 90.0   *n*

Gemiddelde uitwerking in M². hoog 1 M. per 1 KG.

kolen . . . . (*a*)   15.82 M².

Grootste uitwerking   *n*   *n*   *n*   (*b*)   25.89   *n*

Kolenverbruik per uur per P.K. in opgevoerd water (*a*)   17 KG.

   n   *n*   *n*   *n*   *n*   *n*   *n*   (*b*)   10.4   *n*

Geschriften betreffende het Stoomgemaal voor de polders Cool, Schoonderloo en Beukelsdijk.

Verhandelingen van het Koninklijk Instituut van Ingenieurs. 1848—1849. Eerste stuk, bladz. 37. Stoomwerktuig voor de bemaling van de polders Cool, Schoonderloo en Beukelsdijk, opgericht door de Hollandsche IJzeren Spoorwegmaatschappij aan het station Rotterdam. Medegedeeld door F. W. Conrad.

Koninklijk Instituut van Ingenieurs. Notulen der vergadering van 9 April 1850. bladz. 194 en Bijlage XXII, bladz. 203. Aanteekeningen bij de bemaling der polders Cool, Schoonderloo en Beukelsdijk, door het stoomwerktuig van de Hollandsche Spoorwegmaatschappij aan het station Rotterdam van den 23 Februari tot den 14 Maart 1850, door M. C. J. Piepers.

Koninklijk Instituut van Ingenieurs. Notulen der vergadering van 10 September 1850, Bladz. 5 en Bijlage No. VIII, bladz. 20. Korte aanmerkingen op de mededeeling aangaande de bemaling van de polders Cool, Schoonderloo en Beukelsdijk van den 25 Februari tot den 14 Maart 1850, opgenomen in de Notulen van het K. I. v. I. dd. 9 April ll. als bijlage XXII, door P. Scholten.

Bladz. 6 en Bijlage IX bladz, 24. Nota van D. J. Storm Bruijsing over hetzelfde onderwerp.

Bijlage XVIII. bladz. 66. Nota ter beantwoording der korte bemerkingen op de mededeeling aangaande de bemaling der polders Cool, c. a. enz. voorgedragen door den heer P. Scholten in de vergadering van den 10 September 1850, door M. C. J. Piepers.

Opgaven betreffende het stoomgemaal voor de polders Cool, Schoonderloo en Beukelsdijk.

Gesticht door de Hollandsche IJzeren Spoorweg-Maatschappij aan het station Rotterdam, ter vervanging van twee watermolens.

Ontworpen en uitgevoerd door F. W. Conrad. . . . . 1847.

Grootte der drie polders nagenoeg . . . . 409 H.A.

Zomerpeil der polders beneden Schiepeil . . . . . 1.727 M.

Dubbelwerkende laagdruk balansmachine van de Butterly Company. Nominaal vermogen. . . . . 30 P.K.

Stoomketels, aantal niet vermeld, lengte. . . . . . . 7.40 M.

     „   cylindervormig, middellijn . . . . 1.932 ,

     „   binnenrookgang middellijn . . . . 0.71. „

     „   waterruimte . . . . 9.994 M².

     „   stoomruimte . . . . 7.503 „

     „   rooster lang . . . . 1.565 M.

     „   „   breed . . . . 1.52 „

     „   stoomdruk, overdruk per c.M². . . . . 0,35 K.G.

Cylinder middellijn . . . . 0.8 M.

     „   slaglengte. . . . . 1.235 M.

Uitzetting na 2/3 van den zuigerslag.

Aantal slagen per minuut . . . . 26—27.

Jagtwiel middellijn. . . . . 6.12 M.

Kamwiel op de werkas, middellijn steekcirkel. . . . 0.935 „

     „   tanden, aantal niet opgegeven, lang 0.20 M. hoog 0.045 „ dik 0.034 M.

Kamrad op de schepradas, aantal tanden . . . . . 200.

Scheprad middellijn . . . . 8.55 „

     „   schoepen breed . . . . 0.53 „

     „   „   aantal . . . . 40.

     „   tasting grootste . . . . (a) 1.70 M.

     „   gemiddelde . . . . , . (b) 1.90 „

     „   kleinste . . . . (c) 1.50 „

     „   opbrengst per omwenteling, berekend door

aftrek van 1 M³. van den waterkrul . . . . . (a) 20.038 M³.

Idem, ... (b) 18.389 „

Idem, ... (c) 16.608 „

Proefnemingen.

Uitkomsten van waarnemingen, van 16 Juli 1847 tot 18 December 1847.

Stoomdruk, overdruk per c.M². . . . . 0.33 K.G.

Stoommachine, aantal omwentelingen. . . . . 26—27.

Scheprad aantal omwentelingen . . . . 4½—6.

Opvoerhoogte . . . . 1.460 M. — 1.987 M.

Uitgeoefend vermogen . . . . 32 P.K. — 41 P K.

Opbrengst per minuut . . . . 82.562 M³.–107.844 M³.

Uitwerking, gemiddeld uit alle waarnemingen, in M³.

hoog 1 M. per 1 K.G. kolen. . . . . 52.50 M³.

Kolenverbruik, gemiddeld uit alle waarnemingen, per uur,

per P.K. in opgevoerd water . . . . 4.83 K.G.

Deze proefnemingen hebben aanleiding gegeven tot verschil van meening, zoo als uit de hierboven genoemde geschriften blijkt. De stoommachine is in 1864 verkocht na den aanleg van het water-project voor de gemeente Rotterdam in 1860, door W. N. Rose.

———————

HET HULPSTOOMGEMAAL
VAN DEN ZUIDPLASPOLDER

PLAAT XI.

Bij de windbemaling werden, zooals bekend is, behoudens zeer enkele uitzonderingen geen andere waterwerktuigen gebruikt dan schepraderen of vijzels. Toen nu de toepassing van de stoommachine op de beweging van schepraderen aan den Arkelschen dam goed geslaagd was, werd in 1829 het eerste stoomgemaal met een vijzel ingericht voor een polder groot 680 hectaren bij het landgoed Mariënwaard in de gemeente Beest in de Betuwe.

Dit gemaal was blijkens hetgeen in de verhandeling van Simons en Greve bericht werd in 1843 nog in werking; de stoommachine was een van die, welke na den watervloed van 1825 tijdelijk in Noord-Holland in dienst waren gesteld. Het was eene dubbelwerkende laagdruk machine uit de fabriek te Seraing, waarvan echter slechts weinige bijzonderheden zijn bewaard gebleven. Deze inrichting was eene toepassing van stoom op zeer kleine schaal, die hier enkel om de volledigheid vermeld wordt.

Eene tweede toepassing van stoombemaling met behulp van vijzels was die bij de droogmaking van den Zuidplas, welke voornamelijk van belang is, omdat dit het eerste geval is geweest, waarbij stoom blijvend tot droogmaking en drooghouding van een polder in toepassing is gebracht.

De geschiedenis van deze droogmaking biedt dezelfde hoofdtrekken aan als andere soortgelijke ondernemingen. Aanvankelijk door verveening ontstaan, had de Zuidplas zich later uitgebreid tot schade van de omliggende landen en werden verschillende plannen tot droogmaking ontworpen, waarvan het eerste reeds in 1697 door het ambacht Zevenhuizen voorgesteld werd. Vijf opvolgende plannen zijn toen in den loop der jaren gemaakt, waarvan het laatste in 1816 op last van den minister van waterstaat en publieke werken is opgemaakt door den hoofd-ingenieur van 's rijks waterstaat A. BLANKEN Jz. Intusschen werden beteugelingswerken ondernomen en werd door windmolens het water van den plas zooveel mogelijk op peil gehouden, totdat eindelijk in 1825 de droogmaking voor Rijks rekening werd ondernomen evenals later de Haarlemmermeer en de Alexanderpolder. Eene commissie van beheer werd ingesteld, waarin van wege het Rijk zitting hadden H. EWIJK, D. MENTZ inspecteur van den waterstaat en daarnevens, als technische leden met het oppertoezicht over de uitvoering belast, de hoofd-ingenieurs van den waterstaat in algemeenen dienst J. W. DE THOMÈZE en van de provincie Zuidholland D. J. THOMKINS. Daarbij werd later „voor den stoom" nog tot lid benoemd de inspecteur van den waterstaat F. R. VIFQUAIN, die zitting behield tot aan de omwenteling van 1830. In 1834 zijn THOMÈZE en TOMKINS vervangen door den hoofd-ingenieur in Zuid-Holland M. G. BEIJERINCK, die sedert met de hoofddirectie van de uitvoering is belast gebleven. Het doen der voorbereidende veld-operatiën, het opmaken der partieële ontwerpen en de uitvoering der werken werd aan den ingenieur J. A. BEIJERINCK opgedragen met de opzichters A. A. QUANJER, P. SCHOLTEN en N. EXALTO.

Het zomerpeil van den drooggemaakten plas werd in verband met de peilingen van A. BLANKEN vastgesteld op 5.61 M. onder A. P. terwijl de hoogte van den middelbaren vloed, in den IJssel waarop geloosd moest worden 1.03 M. boven A.P. bedroeg, zoodat de geheele hoogte van opvoer 6.64 M. werd en dus zeer aanzienlijk was. Aanvankelijk was bij het ontwerp voor de bemaling niet op hulp van stoom gerekend en zou de inrichting zijn als volgt. Door elf vijzelmolens zou het water worden opgemalen uit den polder in een beneden boezem, waaruit door elf andere vijzelmolens het water zou worden opgebracht in de ringvaart, die langs de droogmakerij werd aangelegd met een peil van 1.53 M. onder A. P. Van deze boven vijzelmolens werden echter bij de uitvoering slechts tien gebouwd en toen later tot de aanwending van stoom was besloten, werd het aantal beneden vijzelmolens tot acht beperkt.

Uit de ringvaart zoude dan door zeven beneden-scheprad-molens waaronder drie reeds bestaande, het water worden opge-voerd in een lagen boezem, waaruit het weder door vijf boven-schepradmolens zou worden opgevoerd in een hoogen boezem die in den IJsel loosde. Onder de beneden-schepradmolens was een molen met hellend scheprad reeds in 1816 als beteugelingsmolen gesticht, vier anderen werden volgens het vereenvoudigde stelsel van J. BLANKEN Jz. met drie schepraderen ingericht en de twee overigen waren gewone schepradmolens. Van de boven-scheprad-molens werd er een ingericht met een hellend scheprad, twee volgens het stelsel van J. BLANKEN en twee op de gewone wijze. De twee molens volgens het stelsel van BLANKEN zijn later weder gewijzigd volgens het stelsel van J. A. SCHOLTEN met twee schepraderen.

Het aantal molens bedroeg alzoo dertig en de geheele inrichting der windbemaling, waarvan de figuur op plaat XI een overzicht geeft, is zeer geschikt om een denkbeeld te geven van de om-slachtige inrichting, waartoe men ingeval van bemaling bij hoogen opvoer genoodzaakt was, zoolang men nog enkel de hulp van wind gebruikte. De windbemaling heeft bij de droogmaking van den Zuidplas verreweg de hoofdrol vervuld en het verslag over deze onderneming in 1851 door J. A. BEIJERINCK uitgebracht, vermeldt: „dat het gebleken was, dat de Zuidplas met de achttien vijzelmolens naar behooren kon worden drooggehouden en slechts bij zeer enkele buitengewone omstandigheden de hulp van het stoomgemaal behoeft."

Dat de stoom bij deze droogmakerij op zulk eene beperkte schaal is toegepast, zal zijn hoofdoorzaak wel hierin hebben dat het stoom-gemaal aan den Arkelschen dam destijds het eenige was, dat op eenigszins groote schaal blijvend goede uitkomsten had gegeven. Men heeft bij de droogmaking van den Zuidplas de volledige toepassing blijkbaar niet willen wagen en zich bepaald tot het stichten van een betrekkelijk klein hulpstoomvermogen, dat geheel afgescheiden werkte van de boezems, waarop de windmolens uit-sloegen.

Eene voorstelling van de algemeene inrichting der stoombemaling is gegeven op plaat XI, waaruit men ziet, dat deze bestond uit een beneden- en een bovengemaal elk met één vijzel werkende. De benedenvijzel gedreven door een stoomwerktuig van 30 paardekrachten voerde het water op uit den polder over eene hoogte van 3.13 M. in een tusschenboezem, waaruit het door den bovenvijzel, ook door eene machine van 30 paardekrachten gedreven, over eene hoogte van 3.60 M. werd opgevoerd in den hoogen boezem, die in den IJsel loost. De tusschenboezem liep met behulp van een duiker onder de ringvaart door, waardoor de afscheiding van wind- en stoombemaling duidelijk in het oog valt.

Het gebouw van den boven-stoomvijzelmolen werd aanbesteed den 26 November 1835 en in November 1836 opgeleverd; de duiker was in October 1836 gereed; het gebouw voor het beneden-stoomgemaal werd aanbesteed in 1837 en in den voorzomer van 1838 voltooid.

Voor de machines werd een contract gesloten met de Nederlandsche Stoombootmaatschappij, wier fabriek te Fijenoord destijds onder het bestuur was van den heer G. M. ROENTGEN en deze werktuigen zijn alzoo de eerste machines voor polderbemaling, die in een noord-nederlandsche fabriek zijn vervaardigd. De keus van de machines werd bepaald door een werktuig in die fabriek aanwezig maar aanvankelijk voor een ander doel bestemd. Het was eene horizontale dubbelwerkende machine met expansie en condensatie, waarvoor de stoom geleverd werd door twee ketels die door een stoomkast waren verbonden en in eene gezamenlijke zeer ruime vuurplaats werden gestookt, welke inrichting was gekomen met het oog op het gebruik van lange turf. Afbeeldingen van deze machines bevinden zich niet onder de teekeningen aangaande de droogmaking van den Zuidplas, die voorkomen in het kaarten-archief van het Departement van waterstaat, handel en nijverheid. De hoofdafmetingen van deze werktuigen zijn evenals van die, welke in vorige hoofdstukken werden besproken, in de aanteekeningen vermeld.

Het boven-stoomgemaal werd het eerst beproefd in December en werd den 11 Maart 1837 voor bemaling in dienst gesteld.

De beproeving van het beneden-stoomgemaal geschiedde den 27 Juni 1838 en den 14 Juli van dat jaar werkten voor het eerst de beide machines gezamenlijk. Deze werktuigen bestaan echter niet meer; zij werden in 1869 zoowel in het boven- als in het beneden-stoomgemaal vervangen door nieuwe horizontale machines elk van 60 paardekrachten, die schepraderen in beweging brengen en een deel van het werk der windmolens hebben overgenomen. De toen nog in gebruik gebleven windmolens zijn in 1876 vervangen door een beneden- en bovengemaal met centrifugaalpompen.

Met het oog op de geschiedkundige ontwikkeling van de toepassing van stoom op polderbemaling was de stoombemaling van den Zuidplas, die in 1837 tot stand kwam, belangrijk in de volgende opzichten. Eerstens wegens de toepassing op vijzels, verder door het vervangen van de vroeger gebruikte balansmachine door de horizontale met directe overbrenging van de beweging van den zuiger op de kruk, dan wegens de eerste toepassing van ronde ketels in plaats der wagonvormige, tot dien tijd in gebruik, en eindelijk door den eenigszins hoogeren stoomdruk en de toepassing van expansie. Deze laatste was echter zeer onvolledig, omdat zij verkregen werd door een klep in de stoompijp, zoodat de expansie niet enkel in den cylinder, maar ook in een deel van de stoompijp en de stoomschuifkast plaats had.

Het brandstofverbruik van deze machines was dan ook weinig minder dan bij die van den Arkelschen dam. Het wordt in de verhandeling van SIMONS en GREVE op grond der genomen proeven berekend op 9.7 KG. per paardekracht opgevoerd water en men kan dus wel begrijpen dat de toepassing van stoom in den Zuidplas de volledige oplossing van het vraagstuk der stoombemaling niet vooruit gebracht heeft.

Doch wat wel het meest treft bij deze werktuigen is, dat de bemaling werd ingericht met verdeelde opvoerhoogte. Bij de keuze van vijzels was deze opmaling twee hoog onvermijdelijk, omdat de vijzelassen bij opvoer in eens over de volle hoogte van 6.64 M. overmatig lang zouden geworden zijn en dit voorbeeld is zeer geschikt om te doen zien, welken grooten invloed de keus van het waterwerktuig op de geheele inrichting eener bemaling uitoefent.

Had men in plaats van vijzels pompen gebruikt, de geheele
aanleg zoude eenvoudiger zijn geweest; maar de pompen waren
destijds in slechten roep, door de moeielijkheden bij de toepassing
daarvan ondervonden en het zoude nog jaren duren, alvorens het
maken van eene goede pomp voor polderbemaling als een opgelost
vraagstuk mocht beschouwd worden.

Toch was de bemaling in verdeelde opvoerhoogte van den Zuidplas een stap achterwaarts in de toepassing van stoom en deze
omstandigheid, vereenigd met het beperkte vermogen en de on-
volledige inrichting der werktuigen, verklaart volkomen, dat de
toepassing van stoom bij den Zuidplas uit een geschiedkundig oogpunt belangrijk, echter niet geschikt is geweest om de groote waarde
van stoom tegenover wind als beweegkracht bij polderbemaling
te doen uitkomen. De eerste stoommachine te Blijdorp door Hoo-
GENDIJK op eigen kosten gesticht, kan de vergelijking met de vijftig
aar later gemaakte toepassing aan den Zuidplas glansrijk doorstaan
en die vergelijking pleit duidelijk ten voordeele van de pomp boven
den vijzel, zoowel wegens de mogelijkheid van opvoer in ééne hoogte
als door het lager brandstofverbruik te Blijdorp, dat nagenoeg de
helft bedroeg van hetgeen voor de werktuigen van den Zuidplas
vereischt werd.

AANTEEKENINGEN.

Opgaven betreffende het eerste vijzelgemaal.

Nieuwe Verhandelingen van het Bataafsch Genootschap. Negende Deel. 1849.
Eerste stuk. Verhandeling over de stoombemaling van polders en droogmakerijen
door G. Simons en A. Greve, bladz. 132.

Gebouwd bij het landgoed van den Graaf van Bijland van Mariënwaard in de gemeente Beest in de Betuwe in. . . . . 1829.

Grootte van den polder . . . . 680 H.A.

bemalen door een schepradmolen, die in gewone gevallen voldoende was.

Dubbelwerkende laagdruk stoommachine van Cockerill te Seraing.

Ketel wagonvormig lang . . . . 4.14 M.

  „ wijd . . . . 1.59 „

  „ hoog. . . . . 1.73 „

Cylinder, middellijn	0.5 M.
„ slaglengte	0.655 „
Aantal slagen per minuut	20—22.
Jagtwiel middellijn	3.8 M.
„ gewicht	1510 KG.
Vijzel middellijn	1.8 M.
„ lengte	4.8 „
Hoogte van opvoer	1.8 „
Kolenverbruik per uur en per paardenkracht	5 KG.,

deze opgave is echter onzeker. Het werktuig diende enkel in buitengewone gevallen als hulpgemaal.

Geschriften betreffende de droogmaking van den Zuidplaspolder.

Nieuwe Verhandelingen van het Bataafsch Genootschap. Negende Deel. 1849. Eerste stuk. Verhandeling over de stoombemaling van polders en droogmakerijen, door G. Simons en A. Greve, bladz. 142—148.

Verhandelingen van het Koninklijk Instituut van Ingenieurs 1851—1852, bladz. 6. Geschied- en waterbouwkundige beschrijving der droogmaking van den Zuidplaspolder in Schieland, door J. A. Beyerinck, Ingenieur der 1e klasse van den Waterstaat.

Catalogus van het Kaarten-archief der afdeeling Waterstaat van het Departement van Binnenlandsche zaken; bewerkt door P. L. Putters, 1868, bladz. 263—265. (Teekeningen van de machines worden daar niet genoemd.)

De openbare werken in Nederland, geschetst door L. C. van Kerkwijk, lid van de Nederlandsche Hoofdcommissie der internationale tentoonstelling van voortbrengselen van nijverheid, kunst, enz. te Philadelphia in 1876. (Niet in den handel.) Haarlem, Johannes Enschedé en Zonen, 1876, bladz. 173. De Zuidplas.

Verslagen aan den Koning over de openbare werken sedert 1850.

Bestek voor de stoomtuigen van den Zuidplaspolder in Schieland. Aanbesteding 8 December 1869. Druk van I. van Bentum en Zoon, te Gouda. (a)
Verslag over de bemaling van den Zuidplaspolder in het jaar 1871. Gedrukt bij I. van Bentum en Zoon, te Gouda. (b)
Idem over het jaar 1872. (c)
    Deze drie stukken (a, b en c) hebben betrekking op de boven- en benedenschepradgemalen, die gesteld zijn in de plaats van de vijzelgemalen van 1837.

Rapport van den 21 October 1875 aan de vergadering van ingelanden, uitgebracht ten opzichte van eene geheele stoombemaling van den Zuidplaspolder. Gedrukt bij I. van Bentum en Zoon, te Gouda.
    Dit rapport heeft geleid tot de stichting van de boven- en beneden-centrifugaalgemalen ter vervanging van het overgebleven deel der windbemaling.

In bijlage G van dit rapport is een zeer belangrijke opgave
van de kosten, met inbegrip van de molenaars-tractementen,
der dertig windmolens over 1859—1864, die gemiddeld
jaarlijks bedragen hebben . . . . *f* 21306.—
of *f* 110.30 per molen.

De uitgaven voor het schepradgemaal zonder de rente en
aflossing der geldleeningen bedroegen van 1871—1874 gemiddeld jaarlijks . . . . „ 14237.23⁵

te zamen . . . *f* 35543.23⁵

of per belastbare hectare *f* 8.61.

De jaarlijksche uitgaven voor de volledige stoombemaling
werden geraamd op . . . . *f* 28500.—
daarbij de rente en aflossing voor de vereischte leening . . „ 13900.—

te zamen . . . *f* 42400.—

of per belastbare hectare ongeveer *f* 10.30.

Opgaven betrefbende de wind- en stoombemaling van den Zuidplaspolder in 1837.

Oppervlakte Zuidplaspolder . . . . 4420 H.A.
Drooggelegde oppervlakte na aftrek van den ringdijk . . . 4148.31 H.A.
Kosten van droogmaking . . . . *f* 3.100.000
Opbrengst . . . . „ 762.115
Zomerpeil onder Zuidplaspeil voor het lagere deel van den polder 4.28 M.
„ „ „ hoogere „ „ „ 4.08 „
Zuidplaspeil tevens zomerpeil onder gewoon hoog water
in den IJsel, tevens peil van den hoogen boezem . . . . 2.56 „
Totale hoogte van opvoer . . . . 6.84 M. en 6.64 M.

Windbemaling.

Beneden windschepradmolens aantal 8
Boven „ „ „ „ 10
Hoogte van opvoer uit den polder in de ringvaart . . 4.28 M. en 4.08 M.
Beneden windschepradmolens aantal 7
Boven „ „ „ „ 5
Hoogte van opvoer uit de ringvaart in den IJsel . . . 2.56 M.

Stoombemaling.

Een beneden- en een boven-schepradgemaal, ontworpen en
uitgevoerd door J. A. Beijerinck . . . . 1835—1838.
Beneden-stoomschepradgemaal hoogte van opvoer . . . . 3.20 M.
Boven „ „ „ „ . . . . . . 3.64 „

te zamen . . . 6.84 „

Direct–dubbelwerkende stoomwerktuigen elk nominaal . .   80 P.K.

Ketels, aantal voor elke machine   2

    "   cylindervormig middellijn . . . .   1.52 M.

         "   lengte . . . .   7.85 "

    " stoomdruk absoluut per cM² . . . .   2.1 K.G,

Cylinder middellijn . . . .   0.51 M.

    "   slaglengte . . . .   2.114 "

Uitzetting na 2/3 der slaglengte.

Aantal slagen per minuut   20

Jagtwiel middellijn . . . .   6.26 M.

    "   gewigt velling . . . .   4400 K.G.

Kamrad op werkas middellijn . . . .   8.54 M.

    "   vijzelas   "   . . . .   1.475 "

Verhouding der beide kamraderen . . . .   12 : 5

Vijzel, helling van de as . . . .   30°

    "   middellijn . . . .   1.78 M.

    "   spoed . . . . : . . .   1.55 "

    "   dikte der as . . . .   0.52 "

    "   dikte der schoepen . . . .   0.04 "

Proefnemingen.

Aantal proeven   14

Duur der   "   . . . . $15\frac{1}{2}$—$19\frac{5}{12}$ uur.

Aantal omwentelingen per minuut der machine . . . .   18.26—21.46

    "   "   "   " der vijzels . . . . .   43.8—50.4

Stoomspanning absoluut per c.M² . . . .   1.94—2.17 K.G.

Hoogte van opvoer . . . . , ...   1.88 M.—2.11 M.

Opbrengst voor een omwenteling van den vijzel . . . .   1.175 M³.—1.265 M.²

Uitgeoefend vermogen in opgevoerd water . . . . . .   22.8 P.K.—29.8 P.K.

Gemiddeld   "   "   "   " . . . .   24.6 P.K.

Kolenverbruik.

Uitwerking in M²., hoog 1 M. per KG. kolen bij enkele waarnm.   24—25 M².

    "   "   "   "   "   " andere   "   34—35 "

Gemiddelde uit al de proefnemingen. . . . .   28 "

Kolenverbruik per uur en per P.K. in opgevoerd water . .   9.7 KG.

DE STOOMBEMALING
VAN HET HAARLEMMERMEER.

De droogmaking van het Haarlemmermeer is de eerste geweest waarbij stoom uitsluitend en blijvend is toegepast tot droogmaking en drooghouding en het welslagen van deze onderneming sluit het tijdperk van proefneming, dat door HOOGENDIJK was geopend. Voor een goed overzicht van het onderwerp is het noodig enkele bijzonderheden betreffende deze onderneming in de herinnering terug te roepen.

Na twee aanvragen om octrooi tot droogmaking, in 1617 door A. VAN DER HOOG en in 1631 door GERARD MEERMAN, werd het eerste volledige ontwerp gegeven in 1643 door LEEGHWATER in zijn bekend Haarlemmermeerboek, terwijl bijna gelijktijdig een ander ontwerp door BARTELSZOON DE VEERIS werd gegeven. Daarna volgden tal van ontwerpen, in 1742 van CRUQUIUS, NOPPEN en BOLSTRA; in 1743 van ZUMBACH DE KOESFELDT; in 1750 van NOPPEN, BOLSTRA en WALTMAN; in 1767 van ENGELMAN, BRUNINGS, BOLSTRA EN HANIA, waarbij echter de droogmaking werd ontraden; in 1769 van KLINKENBERG en GOUDRIAAN; in 1808 van A. BLANKEN JZ.; in 1820 van J. ENGELMAN; in 1821 van F. G. Baron VAN LYNDEN VAN HEMMEN; in 1823 van J. BLANKEN JZ.; in 1829 van DE STAPPER en mede in dat jaar van D. MENTZ.

Bij het grooter deel van deze ontwerpen kon uit den aard der zaak alleen op bemaling door wind worden gerekend. In twee der laatsten, namelijk dat van VAN LYNDEN in 1821 en dat van D. MENTZ in 1829, was echter op de hulp van stoom gerekend. VAN LYNDEN stelde voor de droogmaking geheel met

stoom te verrichten en daarvoor machines van 30 paardekrachten te gebruiken, die hellende schepraderen zouden drijven en daarnevens zouden voorzien zijn van tonmolens als hulpwaterwerktuigen om bij de beschikbare beweegkracht, zoolang de opvoerhoogte klein was, de hoeveelheid opgevoerd water te kunnen vergrooten. De machines zouden worden opgesteld in zes gangen ieder van drie machines, die elkander het water toevoerden, zoodat dus de geheele opvoerhoogte in drieën verdeeld werd.

Deze achttien stoommachines te zamen van 540 paardekrachten zouden worden opgesteld in de nabijheid van de sluizen te Halfweg; de benedenste rij zoude het water opvoeren in eene ringvaart, die echter ook ten dienste kon worden gesteld van de tweede rij stoomwerktuigen, indien dit meer gewenscht bleek en de bovenste rij zoude het water loozen in eene kom, die afgesloten van Rijnlandsboezem door de sluizen te Halfweg zou loozen. De inrichting was zoo bedoeld, dat ook Rijnland door deze kom direct zou kunnen loozen door de sluizen te Halfweg en dat de bovenste zes stoommachines ook tot ontlasting van Rijnlands-boezem konden werken. De voorgestelde afgesloten boezem was gekozen om te voorkomen, dat Rijnlands boezem met het water uit het Haarlemmermeer belast werd. Het geheel, waarvan echter geen teekening werd gegeven was zeer samengesteld, want de ontwerper had opvoer in drie hoogten gekozen, omdat hij bezwaar zag in het gebruik van pompen de eenige werktuigen, die opvoer in eens kunnen verrichten.

In het ontwerp van D. MENTZ werd over stoom ook voor de droogmaking wel in het algemeen gesproken, maar in dat ontwerp werd op de hulp van stoom voornamelijk gerekend tot ontlasting van Rijnlands-boezem door middel van een stoomgemaal van 200 paardekrachten, in navolging van het boezemgemaal aan den Arkelschen dam. Indien door zulk een stoomgemaal de boezem van Rijnland, ook bij hooge waterstanden in het IJ ontlast kon worden, was er geen bezwaar om het water uit het meer dadelijk op Rijnlands-boezem te loozen en dit denkbeeld is later tot uitvoering gekomen.

Wanneer men in het bekende werk van Jhr. Mr. D. T. GEVERS VAN ENDEGEEST de geschiedenis leest van de droogmaking van het Haarlemmermeer, ontvangt men onwillekeurig den indruk, dat de toepassing van'.stoom ook op het leegpompen van den plas geleidelijk heeft plaats gehad en dat alleen bij de uitvoering grootere en kleinere bezwaren zijn ondervonden. Er is echter een zeer hevige strijd geweest over het al of niet toepassen van wind op deze droogmaking en tot het uitsluitend gebruik van stoom en tot de keus van pompen als bemalingswerktuigen is niet dan na grooten tegenstand besloten. Dit kan het best blijken door in het kort te herinneren hetgeen feitelijk gebeurd is.

Den 7 Augustus 1837 werd door Koning Willem I eene staats-commissie benoemd, om de verschillende reeds bestaande ontwerpen te onderzoeken en vóór November 1837 een bepaald eindontwerp met eene begrooting overteleggen. Deze commissie, waarin als ingenieurs zitting hadden M. G. BELJERINCK, P. F. GRINWIS en D. MENTZ, diende den 24 October 1837 een ontwerp in, waarin tot ontlasting van Rijnlands boezem het reeds genoemde stoomgemaal bij Spaarndam, maar van 180 paardekrachten, voorkwam. Voorts stelde deze commissie voor, de bemaling van het meer te doen door 32 gangen windvijzelmolens, elk in twee hoogten opmalende, en 5 gangen hellende schepradmolens in drie hoogten opmalende dus in het geheel 37 gangen en 79 molens. Daarnevens zouden drie stoomwerktuigen ieder van veertig paardekrachten met vijzels worden geplaatst aan het Lutke-meer, het Spaarne en de Kaag.

Het ontwerp waarin deze bemaling werd voorgesteld, strekte tot grondslag voor de wet in Februari 1838 voorgedragen tot uitvoering van onderscheidene openbare werken en in April 1838 met 46 tegen 2 stemmen in de Tweede Kamer afgewezen, omdat te veel onderwerpen van verschillenden aard in eene wet waren vereenigd. Een nieuw ontwerp van wet uitsluitend betrekking hebbende op de droogmaking van het Haarlemmermeer werd den 18 en 19 Maart 1839 in twee openbare zittingen behandeld en met 45 tegen 5 stemmen aangenomen; daarin werd bepaald dat eene geldleening van acht millioen gulden zou gesloten worden om de uitvoering van de droogmaking te ondernemen.

Intusschen was door de ministers van binnenlandsche zaken, van

buitenlandsche zaken waartoe de administratie der nationale nijverheid toen behoorde, en van finantiën dd. 16, 24 en 25 Jan.
1838 eene commissie benoemd, bestaande uit G. M. ROENTGEN,
G. SIMONS, D. MENTZ als voorzitter en M. G. BEIJERINCK die belast werd met het onderzoek van de vraag, of voor de gezegde droogmaking al dan niet de voorkeur aan stoomwerktuigen moest gegeven worden en of in het eerste geval het gebruik van turf
voor de stoomwerktuigen zou zijn aanteraden? Bij deze commissie
diende SIMONS den 4 December 1838 eene nota in, waarvan hij den
27 December van dat jaar een afschrift zond aan den minister van
finantiën, welke stukken thans in het archief van het bestuur van
den Haarlemmermeer-polder berusten.

Aanleiding tot het opstellen dezer nota was geweest de persoonlijke belangstelling van SIMONS in de toepassing van stoom
op de bemaling onzer lage landen. Geboren in 1802 te Thamen
aan den Amstel, dus niet ver van de eerste Mijdrechtsche stoommachine, die hij zeker in zijne jeugd heeft zien werken, had
hij later aan de academie te Utrecht aanvankelijk in de genees-
kunde maar daarna in de wis- en natuurkunde gestudeerd, en was hij
gepromoveerd met eene dissertatie over de uitzetting van vloeistoffen door de warmte. Sedert had hij de studie van dit onderwerp voortgezet en toen in het ontwerp der staatscommissie van
1837 voor de droogmaking van het Haarlemmermeer uitsluitende
bemaling door stoom was afgekeurd op grond van de groote kosten,
had SIMONS dit punt tot een onderwerp van nader onderzoek gemaakt en daarover eene memorie opgesteld. Het was dit stuk dat
hij later als nota indiende aan de commissie waarin hij benoemd was.

Om de waarde van deze nota, met het oog op den tijd waarin
zij werd opgesteld, juist te schatten, is niets meer geschikt dan
de vergelijking met eene andere memorie eenige jaren vroeger over
het gebruik van stoom tot droogmaking en drooghouding opgesteld
door F. W. CONRAD (*), die in 1826 als ingenieur bij de stichting

---

(*) Geboren 15 Februari 1800, overleden 1 Februari 1869. Tijdschrift van het
Koninklijk Instituut van Ingenieurs. 1869—1870. Vijfde aflevering. Notulen der
Vergadering van 9 Juni 1870. Levensbericht van F. W. Conrad, Voorzitter en een

van het stoomgemaal aan den Arkelschen dam werkzaam was geweest en zijne opleiding ontvangen had aan de artillerie- en genieschool te Delft, waar tot in 1819 J. DE GELDER hoogleeraar was in de wiskunde en die van hare oprichting in 1814 bestaan heeft tot aan de inwijding der koninklijke militaire academie te Breda in 1828.

Nu was in 1821 door den Baron F. G. VAN LYNDEN eene verhandeling over de droogmaking van het Haarlemmermeer uitgegeven, waarin stoombemaling was voorgesteld en in opdracht van het hoogheemraadschap van Rijnland was daarover in hetzelfde jaar eene memorie uitgebracht door Prof. J. DE GELDER, waarin op verschillende gronden de droogmaking werd afgeraden. In deze memorie waren zeer belangrijke gedeelten, onder anderen waar de redenen worden opgegeven, waarom het Katwijksche kanaal niet ten volle aan de verwachting had voldaan; maar ten opzichte van het vraagstuk der bemaling door stoom was DE GELDER uiterst beknopt geweest en de uitkomst, waartoe hij kwam, was ongunstig ten aanzien van de verwachting, die VAN LYNDEN omtrent de hulp van stoomwerktuigen koesterde.

Deze bezwaren van den Leidschen Hoogleeraar VAN GELDER bleven niet onbeantwoord, want door den Hoogleeraar G. MOLL te Utrecht werden in de Konst- en Letterbode van 1823 een paar artikelen geplaatst, waarin de uitvoerbaarheid van het denkbeeld van VAN LYNDEN om hellende schepraderen door stoomwerktuigen te drijven, werd aangetoond door eene beschrijving te geven van eene dergelijke inrichting, die in Engeland werkelijk bestond.

Nadat dus gebleken was, dat DE GELDER in 1821 ten onrechte vertrouwen ontzegd had aan de verwachtingen van VAN LYNDEN omtrent stoombemaling voor de droogmaking van het Haarlemmermeer, heeft zijn oud-leerling CONRAD in 1828 de hierboven genoemde

der oprichters van het Koninklijk Instituut van Ingenieurs en eene bijdrage tot de geschiedenis van den Waterstaat van zijn tijd, door J. G. W. Fijnje. In de noten bij dit stuk komen levensberichten voor van: Christiaan Brunings, F. W. Conrad Sen., Jan Blanken Jz., A. F. Goudriaan, W. van Ommeren, D. Mentz, A. Goekoop, L. J. A. van der Kun, J. H. Ferrand, H. F. Fijnje van Salverda, J. A. Beijerinck, J. W. Conrad, M. H. Conrad, J. G. van Gendt, A. W. Greve en A. Caland.

memorie opgesteld, om te betoogen dat de bemaling van polders en droogmakerijen door stoom aanbeveling verdient en dat de voordeelen daarvan opwegen tegen de kosten. Deze memorie is niet in druk verschenen, maar het handschrift bevindt zich in de bibliotheek der Polytechnische school, alwaar ook een afschrift is van de nota van SIMONS. In hoofdzaak kwam de uitkomst van het onderzoek van CONRAD hierop neder, dat de toepassing van stoom ter vervanging van wind op iederen poldermolen afzonderlijk verkeerd was; daarentegen zeer voordeelig zou zijn voor het vervangen van boven- of zoogenaamde strijkgemalen; te samengesteld zou worden bij afzonderlijke toepassing op de boven- en benedengemalen, zooals later in 1837 bij den Zuidplas is geschied, en het meest voordeelig werd bij opmaling in eens tot de volle hoogte, wanneer daarvoor in ieder bijzonder geval het meest geschikte waterwerktuig gekozen werd. Pompen, de eenige bruikbare werktuigen voor hooge opmaling, werden echter wegens verschillende bezwaren niet aanbevolen.

In de nota van SIMONS vindt men eerst een nauwkeurig onderzoek van de Zwanenburgsche waarnemingen betreffende de hoeveelheid regen, die jaarlijks valt en de hoeveelheid water in denzelfden tijd uitgedampt; een onderzoek van het vermogen en de nuttige uitwerking van verschillende windmolens; een onderzoek van het vermogen en de nuttige werking van den stoom; berekening van de massa water, die door eene gegeven hoeveelheid brandstof een meter hoog kan opgevoerd worden en van de kosten dier brandstof; eene vergelijkende berekening van kosten voor de droogmaking van het Haarlemmermeer bij verschillende onderstellingen; eene vergelijkende berekening der kosten van drooghouding na de droogmaking, met de middelen vroeger verondersteld; al dezelfde berekeningen herhaald voor meer waarschijnlijke onderstellingen, daar SIMONS, om niet van partijdige ingenomenheid beschuldigd te worden, in zijne berekeningen aan windmolens een te sterk, aan stoom een te laag vermogen en aan steenkolen een te duren prijs had toegekend en ten slotte nog verschillende toelichtingen en opmerkingen.

Men ziet gemakkelijk het onderscheid tusschen de drieërlei beschouwingen van DE GELDER, CONRAD en SIMONS. DE GELDER die uitsluitend wiskundige was, kwam tot enkel negatieve uitkomsten en zag evenals STEENSTRA, vijftig jaar vroeger, alleen bezwaren. CONRAD, die de voordeelen van den stoom door ervaring had leeren kennen bij den Arkelschen dam, kon niet anders dan de toepassing aanbevelen, maar hij bepaalde zich tot die beschouwingen, welke op grond van de uitkomsten bij dit stoomgemaal verkregen konden worden opgesteld.

SIMONS maakte het vraagstuk tot voorwerp van een volledig technisch-wetenschappelijk onderzoek, bracht methode in de behandeling, raadpleegde de ervaring omtrent de beste werktuigen in Engeland in gebruik, paste de door hem verkregen uitkomsten toe op de droogmaking van het Haarlemmermeer, stelde door zijn onderzoek de waarde van uitsluitende stoombemaling op vaste grondslagen en verspreidde over het vraagstuk een geheel nieuw licht. Dit nieuwe licht was niet gunstig voor het ontwerp van de staatscommissie van 1837, die voor verreweg het grootste deel der bemaling op de hulp van wind had gerekend, en bracht verdeeldheid in de commissie van 1838, die over het vraagstuk van de stoombemaling had te adviseeren.

Intusschen was bij kon. besluit van 20 Mei 1839 ter uitvoering van de wet van 22 Maart 1839 bepaald, „dat het Haarlemmermeer zou worden bedijkt en drooggemaakt, naar aanleiding van het ontwerp van 1837, behoudens de nader te stellen wijzigingen", en den 22 Mei 1839 werd eene commissie benoemd aan welke het beheer en toezicht over de uitvoering der onderneming opgedragen werd. Omtrent de vraag van stoom of wind bij de bemaling was echter nog geen beslissing genomen, maar zie hier wat toen plaats had.

Koning Willem I, die reeds als Erfprins bij de werking van de Blijdorpsche machine tegenwoordig was geweest en wiens verblijf in Engeland tijdens zijne ballingschap, juist viel in den tijd dat de toepassing van stoom op allerlei bedrijven zulk eene groote vlucht nam, was bekend gemaakt met den strijd, die over de vraag van stoom of wind in de commissie van 1838 gerezen was. De Koning liet SIMONS een wenk geven, dat hij persoonlijk van de zaak kennis wilde nemen en op de

gewone woensdagsche audientie van 12 Juni 1839 bood SIMONS
een afschrift zijner nota aan. De Koning beloofde die in handen
van de aangewezen personen te zullen stellen en toen SIMONS
opmerkte, dat die personen juist zijn tegenstanders waren, beloofde de Koning, dat hij de zaak zelf zou nagaan en heeft dat
woord gestand gedaan.

Bij besluiten van 17, 23 en 26 Maart 1840 werd eene nieuwe
commissie benoemd bestaande uit A. LIPKENS, M. G. BEIJERINCK
en G. SIMONS en van deze commissie ging het gezamenlijk
rapport uit, dat tot de stoombemaling van het Haarlemmermeer
geleid heeft. In de oorspronkelijke nota van SIMONS was gerekend op de droogmaking van 16.000 H.A., maar ten gevolge van
aanmerkingen in de Tweede Kamer bij de behandeling van het
wetsontwerp van 1839 in het midden gebracht, werd besloten
het Spieringmeer daarbij op te nemen. De oppervlakte werd daardoor vergroot tot 18100 H.A., eene omwerking der nota was dus
noodig en deze leidde tot het straks genoemde rapport, dat overigens
geheel steunde op de denkbeelden en cijfers in de nota voorkomende.

Intusschen had Koning Willem I den 7 October 1840 de regeering overgedragen aan Koning Willem II en een van de
eerste koninklijke besluiten onder de nieuwe regeering geteekend
was dat van 27 October 1840, waarbij LIPKENS en SIMONS
benoemd werden tot leden van de vroeger genoemde commissie
van beheer en toezicht over de droogmaking. Bij koninklijk besluit
van 21 November 1840 werd bepaald, dat de droogmaking van
het meer door stoomkracht zoude geschieden en den 2 December
1840 werd het rapport van M. G. BEIJERINCK, A. LIPKENS en
G. SIMONS, dat de grondslag was geweest van het besluit van 21
November 1840, bij missive van den minister van binnenlandsche
zaken medegedeeld aan de commissie van beheer en toezicht.

De hoofdzaken in dit rapport waren de volgende. De bepaling
van de grootte der te kiezen werktuigen was gemaakt op dezen
grondslag, dat de werktuigen tot droogmaking dezelfde zouden
wezen als die later tot drooghouding vereischt. Het zomerpeil
van den polder werd gerekend 5 M. beneden A.P. te zullen
zijn en de grootste hoeveelheid water bij de drooghouding in

eene maand af te voeren werd berekend op 36.200.000 M³.

Het aantal windmolens, dat in geval van windbemaling vereischt zou worden werd berekend op 114, die 60 volle maaldagen 's jaars zouden kunnen werken, waarvan echter voor de drooghouding slechts op 30 maaldagen werd gerekend.

Het vereischte vermogen der stoomwerktuigen werd berekend op 1084 paardenkrachten bij gebruik van pompen met opvoer in eens over de volle hoogte en op 1200 paardekrachten bij gebruik van schepraderen of vijzels, terwijl men rekende 253 dagen in het jaar met stoom te kunnen werken. In geval van gebruik van pompen werd voorgesteld drie machines te stellen ieder van 360 paardekrachten of zes machines van 180 tot 200 paardekrachten, welk laatste getal ook werd voorgesteld in geval men besluiten mocht schepraderen of vijzels te gebruiken.

De cornwallsche enkelwerkende stoomwerktuigen werden aanbevolen als de meest voordeelige, wat aangaat het kolenverbruik, vooral bij aanwending van cylinders van groote middellijn en de toepassing van deze soort van stoomwerktuigen werd voorgesteld in verband met pompen, waarbij het kolenverbruik geraamd mocht worden op 1.2 K.G. per paardekracht. Bij de toepassing van dubbelwerkende cornwallsche stoommachines op ronddraaiende werktuigen, zooals schepraderen of vijzels, meende men het kolenverbruik te moeten ramen op 1.8 K.G. per paardekracht.

De droogmaking werd berekend met wind vier jaar te zullen duren, met stoom toegepast op pompen veertien maanden en met stoom bij gebruik van schepraderen of vijzels, die twee hoog zouden opmalen, twee jaren. De kosten van de bemalingswerktuigen werden bij gebruik van windmolens berekend op ƒ 3.700 000, terwijl zij voor enkelwerkende stoompompwerktuigen op ƒ 1.200.000 en voor dubbelwerkende stoommachines met vijzels of schepraderen op ƒ 1.700.000 berekend werden. Het onderhoud der windmolens werd berekend op ƒ 74.100, dat van de stoomwerktuigen met pompen op ƒ 54.000 en met schepraderen op ƒ 73.000.

Het geheele rapport berustte op de algemeen erkende voordeelen die de cornwallsche machines opleverden, waarvan LIPKENS en SIMONS zich door herhaalde reizen naar Engeland en door persoonlijk bezoek van de machines aldaar verzekerd hadden.

De commissie van beheer en toezicht op de droogmaking koos nu uit haar midden de leden H. EWIJK, M. G. BEIJERINCK, P. F. GRINWIS die echter door ziekte verhinderd werd, A. LIP- KENS en G. SIMONS als werktuigkundige onder-commissie, aan welke twee ingenieurs van den waterstaat P. KOCK en J. A. BEIJERINCK werden toegevoegd en op hen rustte nu de taak om de algemeene denkbeelden over de bemaling, die vastgesteld waren, tot uitvoering te brengen.

Die taak omvatte ook het stoomwerktuig te Sparendam tot ontlasting van Rijnlands-boezem volgens het denkbeeld van MENTZ, waarvan de stichting door de Regeering was toegezegd bij de behandeling van het wetsontwerp van 1839 en waarover later zal worden gehandeld. Maar het belangrijkste deel van den arbeid was het ontwerpen van de werktuigen voor de droog- making van het meer en daarvan wordt de geschiedenis in het volgende hoofdstuk medegedeeld.

AANTEEKENINGEN.

Geschriften betreffende de droogmaking van het Haarlemmermeer.

Haarlemmer–Meer–Boek of Beschrijving hoe men de Haarlemmer- en Leijtse- Meer bedijken en droogmaaken zal: Als ook van de dieptens, gronden en nuttigheid der zelver. Mitsgaders: Van meest alle de Meeren die in Noord-Holland tegen den Huigendijk en Saardam bedijkt, en tot Land gemaakt zijn, sedert het jaar 1608, tot het jaar 1641. Door Jan Adriaansz. Leegh-Water, in zijn leven Ingenieur en Molen-maker van de Rijp in Noord-Holland. Den negenden druk, wel een sesde part vermeerdert. t' Amsterdam. Bij Pieter Visser, Boekverkooper, op de Leli- gragt. 1724.

Bedenckingen over het droogh maken van de Haerlemmermeer en de Leydse Meer door Claes Arentsen Colevelt, publicq Landmeter tot Leiden, tegen 't Haarlemmer- Meer-Boek van Jan Adriaansen Leegh-Water. De derde druk van veel fouten ge- zuijvert. Te Leyden. Bij Johannes van Abkoude, Boekverkoper op het Amster- damse veer. 1727.

Aanmerkingen over de tegenwoordige staat van Haerlemmer-Meer. Waar in wert aangetoont hoe noodzaakelijk die moet werden drooggemaekt en op wat wijze dit kan geschieden, dat de steden Haerlem, Leyden en Amsterdam, als mede het Hoogheemraadschap van Rhijnland, wegens de gevreesde ongemakken in de plaats van erger, van veel beter natuur zullen wezen als tegenwoordig. Door Cornelis Velsen, Landmeter van Rijnland. Te Leyden bij Daniel Goetval. 1727, op de hoek van de Schoolsteeg.

(Dit geschrift strekte tot wederlegging van het voorgaande.)

Verhandeling over de droogmaking van de Haarlemmer-Meer, door F. G. Baron van Lynden van Hemmen. Met vier kaarten en eene plaat. In 's Gravenhage en te Amsterdam. Bij de Gebroeders van Kleef. 1821 (20 Februarij).

Vrije gedachten van een' Ingeland van Rijnland, over de verhandeling van droogmaking des Haarlemmermeers, uitgegeven door den Heer F. G. Baron van Lynden van Hemmen in den jare 1821. Te Leyden bij D. du Mortier en zoon 1821 (21 Mei).

Het ontwerp van droogmaking van het Haarlemmer-meer, beknopt, maar volledig voorgedragen, in eenen brief van een heer te Utrecht aan zijnen vriend te Amsterdam. Te Leiden bij J. W. van Leeuwen. 1821 (6 Junij).

Memorie van den Hoogleeraar Jacob de Gelder, overgegeven aan het Hoogheemraadschap van Rijnland, behelzende deszelfs consideratiën over het ontwerp van den Heer Baron van Lynden van Hemmen, strekkende ter droogmaking van de Haarlemmermeer. Te Leyden bij D. du Mortier en Zoon. 1821 (31 Juli).

Antwoord op de vrije gedachten van een ingeland van Rijnland, door F. G. Baron van Lynden van Hemmen. In 's Gravenhage en te Amsterdam, bij de Gebroeders van Cleef, 1821.

Aanteekeningen op de Memorie van den Hoogleeraar Jacob de Gelder, door F. G. Baron van Lynden van Hemmen. Te 's Gravenhage en te Amsterdam, bij de Gebroeders van Cleef. 1822.

Over de droogmaking van het Haarlemmermeer, door Jonkhr. Mr. Gevers van Endegeest, lid van de Tweede Kamer der Staten-Generaal, Voorzitter der Commissie van Beheer en Toezicht over de droogmaking van het Haarlemmermeer, bij de Gebroeders van Cleef en Frederik Muller. Eerste gedeelte (1 October 1843). Tweede druk. 1849. Tweede gedeelte (December 1852). 1853. Derde Gedeelte (Najaar 1860) 1861. Met een atlas.

Koninklijk Instituut van Ingenieurs. Notulen der Vergadering van 8 Februari 1870. Dr. G. Simons, door Dr. A. Vrolik.

Les Travaux publics dans le Royaume des Pays-Bas. Etude historique, technique et statistique, par L. C. van Kerkwijk. Membre de la Commission Neerlandaise. Ouvrage publié sous les auspices de la Commission Royale Neerlandaise pour l'Exposition Universelle de 1878. La Haye, van Langenhuysen frerès 1878 Chapitre V. Desséchements et endiguements. pag. 167. Le lac de Harlem.

Wederlegging van Prof. J. de Gelder door Prof. G. Moll.

Het hellend scheprad door eene stoommachine gedreven,

medegedeeld door **G. Moll**, A. L. M. Ph. Doct, Hoogleeraar te Utrecht.

De Baron van Lynden van Hemmen, in zijne keurige Verhandeling over het droogmaken van het Haarlemmermeer, heeft voorgeslagen om hellende schepraden en vijzels met stoom in plaats van door wind te drijven. Er zijn er, welke deze voorgeslagen werktuigen *als een vernuftig ideaal beschouwen*, waaraan men geen vertrouwen kan schenken, zonder dat hetzelve door de dadelijke ondervinding zij beproefd. *Zij meenen, dat zulk een werktuig nog eerst moet worden uitgevonden, dan door de ondervinding vooraf gekend en verder volmaakt worden, eer men eene onderneming, als de droogmaking van de Haarlemmermeer aan den goeden of kwaden uitslag van hetzelve zou mogen wagen.*

Dewijl nu zulke hellende schepraden met de daad zijn uitgevonden en met goed gevolg tot het drooghouden van polders gebruikt worden, acht ik het van belang aan het gedeelte van het Nederlandsch publiek, hetwelk in zaken van dezen aard belang stelt, datgeen mede te deelen, hetwelk aangaande deze hellende schepraden door stoom gedreven, tot mijne kennis is gekomen.

Sommige gedeelten van Lincolnshire in Engeland, zijn, even als het grootste gedeelte der provincie Holland, zoo laag gelegen, dat dezelve des winters veelal plachten dras te staan, en niets dan eene uitgestrekte moeras vertoonden, hetwelk ook nog des zomers niet dan met moeite droog konde komen. Men heeft dan vele dezer landen ingepolderd, en reeds in 1799 gebruikte men aldaar met het beste gevolg den watermolen met het hellend scheprad van de Heeren Eckhard bij de Engelschen onder den naam van *the Eckhards wheel* bekend, om deze landen te bemalen. (*)

Doch sedert de stoom meer en meer algemeen als beweegkracht in gebruik geraakte, heeft men ook het hellend scheprad door stoom gedreven.

Zulk een toestel is sedert eenige jaren in werking te Upwear bij Ely in Lincolnshire. Het hellend scheprad is van gegoten ijzer, en 27 Engelsche of nagenoeg 26 voet $2\frac{1}{4}$ duim Rijnlandsch of eindelijk 8 m, 23 in diameter. De schoepen zijn van hout en op den omtrek van het hellend rad gehecht, dezelve zijn 5 Engelsche voeten of 1 m, 523 of omtrent 4 voeten 10 d. Rijnl. lang en 16 Engelsche duimen of 406 millimeters of bijna $15\frac{1}{4}$ duim Rijnlandsch breed. Het rad doet 5.196 omwendingen in de minuut, zoodat een punt van den omtrek van hetzelve 440.9 Engelsche voeten of 134 m, 384 in de minuut doorloopt; dat is 8 05 kilometers of omtrent 5 Engelsche mijlen in het uur. Door dit rad wordt het water opgebragt in de rivier the Cam, ter hoogte van 5 vt. 6. dm. Engelsch of 5 vt. 4 dm. Rijnlandsch.

(*) Zie den brief deswegens door den Graaf van Buckinghamshire aan den Heer Eckhardt geschreven, in de Memorie van den Heer F. F. Eckhardt over de voordeelen der hellende schepraden.

De stoommachine, welke dit rad drijft, is van 24 paardenkracht, en gemaakt door Boulton en Watt; het scheprad en de tot hetzelve behoorende machinerie, is gemaakt in de werkplaatsen van den beroemden en onlangs overledenen Ingenieur John Rennie, den bouwmeester van de Waterloobrug en van het Breakwater te Plymouth.

Gedurende den natten winter van 1821 heeft deze machine 6000 acres, of 2853 Rijnlandsche morgens drooggehouden, en men laat thans het werktuig nog 4000 acres daarenboven, dat is in alles 10 000 acres of 4755 Rijnlandsche morgens bemalen.

Wanneer de machine met $\frac{7}{8}$ van deszelfs kracht werkt, geeft zij 2095 Engelsche cubiek voeten, of 1906.14 Rijnlandsche cubiek vt. in de minuut, ter hoogte van 5 vt. 4 dm. Rijnlandsch of 10179 kubiek vt. Rijnlandsch ter hoogte van 1 voet in de minuut, of rekenende de ton op 5¼ kubiek vt. dan heeft men . . 1938,8 ton. per 1′ tot 1 vt. hoogte.

Doch de machine werkte slechts met $\frac{7}{8}$ van deszelfs vermogen, dus moet men er nog $\frac{1}{8}$ of . . . . 242,3 ,
bijvoegen.

en het product der machine zoude zijn . . . . 2188,1 ,
op 1 voet.

en met $\frac{7}{8}$ van de kracht . . . . 387,76 ,
op 5 voet in 1′.

en met de volle kracht . . . . 436,2 ,
op 5 voet in 1′.

Dus zoude de opbrengst met $\frac{7}{8}$ van de geheele kracht zijn, tot 5 voeten in 1 uur. . . . . 23 265 ,
en in 1 dag . . . . 558 374 ton
en tot 5 vt. 4 dm. in 24 u. . . . . 532 224 ,

Maar men heeft bevonden, dat de machine van de oppervlakte van 6000 acres of 2853 Rijnl. morgens, in 7¼ dag, een duim had afgemalen.

2853 morgens beslaan 246 499 200 □ voeten en een duim hoogte van die oppervlakte bedraagt:

20 541 600 kubiek voeten, of
3 912 685 tonnen van 5¼ kubiek voet,

welke de machine in 7¼ dag op 5 vt. 4 dm. Rijnl. heeft gebracht;

dus opbrengst in 24 u., 539 681 ton tot 5 vt. 4 dm., maar wij hebben hierboven reeds gezien, dat de machine in de 24 u. tot 5 vt. 4 dm. opbragt 532 224 ton.

Welke beide rekeningen zoo na, als in zulke zaken geschieden kan, overeenkomen.

Het zal mogelijk niet overtollig zijn, het product van staand scheprad-windmolens met dit hellend scheprad te vergelijken.

Lulofs stelde het vermogen van een gewonen staanden scheprad-molen van de grootste soort op 221½ tonnen per minuut tot 4 voeten hoogte, doch dit waren tonnen van 6 kubiek voeten. Dus op 253¼ ton van 5¼ kubiek voeten, op 4 voeten, en verder 1012,38 ton in 1′ op 1 voet hoogte.

Daarentegen zagen wij, dat het product van onze stoommachine van 24 paarden-kracht, doch werkende met $\frac{7}{8}$ van het vermogen was . . . . . 1938,8 ton.

Dus kan men in ronde getallen het product der stoommachine
veilig stellen op . . . , ... 2000 ,

Maar Engelman, Bolstra en Klinkenberg kennen aan de staande schepradmolens een veel grooter vermogen toe, en het maximum van dezelver effect wordt door deze Waterbouwkundigen opgegeven te zijn 370,64 ton in 1' op 4 vt.

dus op 1 voet in de 1'. . . . . 1482,56 tonnen.
product van de machine. . . . . 2000 ,

Onder de volmaaktste scheprad-molens, behoort zeker die aan den Kortenoord. Deze heeft 468,6 tonnen per 1' tot 56,1 duim opgebracht, dat is:

468,6 $\times$ 4 vt. 675 $=$ . . . . 2190,7 tonnen.

tot 1 voet in 1'.

Deze molen is dus sterker dan de stoommachine, maar ook deze laatste met deszelfs geheel vermogen werkende, zoude meer water hebben opgebragt.

Ook moet men hierbij wel in het oog houden, dat men alle dagen de stoom-machine kan brengen tot het maximum van werking, terwijl zulks bij de molens geheel van den wind afhangt, welke slechts zeer zelden in staat is, om het maximum van uitwerking daartestellen, zoodat ervaren Waterbouwkundigen, alles door elkander genomen, het aantal maaldagen op slechts 86 in het jaar bepalen.

Wij doen zeker aan de stoommachine ongelijk met te stellen, dat dezelve slechts 200 dagen in het jaar zoude kunnen werken. Geen Fabrijkant toch zoude eene machine begeeren, welke zijne fabriek een derde van het jaar liet stilstaan. Wij zullen echter om de stoommachine met de molens te vergelijken, vooronderstellen, dat de molens 50 dagen en de stoommachine 200 dagen werkt.

Het vermogen van het staand scheprad, volgens Lulofs:

1012,88 ton in 1' dus in 1 u. . . . . 60 739,8 ton tot 1 vt.
in 24 u. . . . . 1 457 760 ,
en in 50 dagen. . . . . 72 888 000 tonnen,

op 1 voet hoogte.

En dewijl het product van den molen aan den Kortenoord, bijna het dubbeld is van die, waarvan Lulofs spreekt, zoude dezelve in 50 dagen geven: 145 776 000 tonnen.

Het product van de stoommachine in één jaar zal dan worden
uitgedrukt door:

2000 $\times$ 60 $\times$ 24 $\times$ 200 $=$ . . . . 576 000 000 ,

tot 1 voet hoogte.

Dat is bijna viermaal meer dan de beste staande scheprad-molen.

Eindelijk zal ik pogen de molens te vergelijken, bij hetgeen men in de bereke-ning der stoommachines, door *paardenkracht* verstaat Die uitdrukking, paardenkracht, is in zich zelf zeer onbepaald. Want, welke paarden zullen het zijn, wier kracht hier als maatstaf wordt aangewezen? Zullen het de paarden zijn van Whitbread's brouwerij, onder welken er sommige zijn, waarvan de vier ijzers te zamen 100 w wegen, of wel, die ellendige dieren, welke wij voor onze jaagschuiten zien afbeulen? (*)

_____

(*) Zie hierover Hornblower in Nicholson's Journal of Natural Philosophy 1805 vol. II, p. 95, en Olinthus Gregory ibid, pag. 145.

Boulton en Watt, hebben voornamelijk deze uitdrukking ingevoerd; zij deden zulks, om aan de ongeoefenden in de Werktuigkunde, een meer bepaald denkbeeld te geven, van hetgeen men van hunne stoommachines kon verwachten. Doch men moet hierbij in het oog houden, dat, bijvoorbeeld eene stoommachine, van 10 paardenkracht, ondersteld wordt het werk te doen van 10 paarden, welke nacht en dag konden doorwerken. In Engeland rekent men, dat werkpaarden, 8 uren in de 24 uren, stappend kunnen werken. In onze kettingmolens kunnen, zoo ik meen, de paarden den arbeid slechts 6 uren uithouden, maar dan bewegen dezelve zich ook doorgaans veel sneller. Volgens deze rekening, zouden er 30 of 40 paarden vereischt worden, om met eene machine van 10 paarden gelijk te staan. (*)

Doch om hieraan eene bepaalde beteekenis te kunnen hechten, verstaan Boulton en Watt door een paards kracht, een gewicht van 32000 ℔ *avoir du poids*, dat is 14512 Kilo's of 29346 ℔ Amsterdamsch, tot 1 voet hoog in de minuut opgelicht.

Dewijl nu, volgens de proeven van Lulofs, een Rijnlandsch cubiek voet water weegt 62, ℔ 2485 (†) en een ton water is 5¼ kubiek voet, heeft men voor één paards kracht, omtrent 90 ton ter hoogte van 1 voet in 1′.

Dus moet eene machine van 24 paarden kracht volgens deze rekening geven . . . . 2160 ton op 1 voet in 1′.

En wij zagen, dat de machine met ⅞ van dezelfs vermogen, werkende gaf 1938,8 ,,
⅛ . . . . 2423 ,,
_____
dus het product . . . . 2181,1 ton in 1′ tot 1 voet.

Op gelijke wijze vindt men, dat de watermolen van Lulofs, heeft eene paardenkracht uitgedrukt door:

$$\frac{1012,83}{90} = 11,2 \text{ paarden-kracht.}$$

De molen, waarvan Engelman, Bolstra en Klinkenberg spreken:

$$\frac{1482,56}{90} = 16,47 \text{ paarden-kracht.}$$

En eindelijk de molen aan den Kortenoord:

$$\frac{2190,7}{90} = 24,34 \text{ paarden-kracht.}$$

Indien men nu in aanmerking neemt, dat sommige Stoommachines, op meer dan *duizend* paardenkracht berekend worden, dan ziet men in, dat onze molens zulke vermogende werktuigen niet zijn, als men zich wel verbeeldt. Doch aan den anderen kant, moet men in aanmerking nemen, dat de beweegkracht, welke de molens drijft, niets kost, terwijl integendeel, diegeen, welke de Stoommachine eischt, zeer duur te staan komt. Wellicht levert de vergelijking tusschen deze beide krachten en derzelver voor- en nadeelen de stoffe op, van een volgend stukje. (§)

Utrecht, 20 Juli 1823.

_____

(*) Zie hierover eene aanteekening van James Watt, op Robison's Mechanical Philosophy, T. II., pag. 145.

(†) Lulofs grondbeginselen der Wijnroei- en Peilkunde, bladz. 180.

(§) Algemeene Konst- en Letterbode voor het jaar 1823. IIe Deel N°. 33 bladz. 98 en N°. 34 bladz. 116.

DE STOOMPOMPWERKTUIGEN
VAN HET HAARLEMMERMEER.

PLAAT IV, V, VI, VII, VIII en XXIII.

Reeds in 1839 hadden twee engelsche ingenieurs ARTHUR DEAN en JOSEPH GIBBS aan de Nederlandsche regeering schriftelijk en mondeling aangeboden eene overeenkomst aan te gaan tot uitmaling van het Haarlemmermeer met cornwallsche stoommachines toegepast op enkelwerkende perspompen. In het begin van 1840 werd eene teekening en beschrijving daarvan door hen overlegd, die in Augustus van dat jaar zonder bepaald antwoord werd teruggezonden. De commissie van beheer en toezicht op de uitvoering der droogmaking was hiermede niet bekend gemaakt, maar ontving in het voorjaar van 1841 van de regeering een meer uitgewerkt plan met teekening van dezelfde ingenieurs, terwijl DEAN zelf over kwam. Van dit ontwerp zijn teekeningen aanwezig in het archief van den Haarlemmermeerpolder en eene copie daarvan bevindt zich aan de Polytechnische school. De inrichting van dit ontwerp was als volgt.

De stoommachine was volgens het stelsel van SIMS samengesteld uit twee enkelwerkende cylinders met verschillende middellijnen, die verticaal waren gesteld en waarvan de kleinste boven den grootsten was geplaatst. De zuigerstang, die beide zuigers verbond, droeg van boven een juk, dat door korte drijfstangen verbonden was met de uiteinden van zes balansen verdeeld in twee stel elk van drie, die tegenover elkander waren geplaatst. De andere uiteinden van deze balansen droegen vierkante plaatijzeren plunjers, die zich met eenige speelruimte bewogen in vierkante houten perspompen uit zware balken samengesteld. Deze pompen hadden

... ...enzijde inlaatkleppen, die met het Meerwater in
... ... en uitlaatkleppen, welke naar een put voerden,
... ... water van Rijnland in verbinding stond. De
... ... werden opgetrokken door de werking van
... ... stoom boven op den kleinen stoomzuiger, terwijl er
... ... was onder den grooten. Bij den teruggaanden slag
... ... de pompen door hun gewicht geholpen door den druk
... ... stoom, die uit de ruimte boven den kleinen zuiger
... ... onder den grooten zuiger gaande en met uitzetting
... ... omhoog dreef.

... ... zich gelukkig rekenen dat dit ontwerp niet is uit-
... ... bezwaren als die, welke 65 jaar vroeger
... ... HOOGENDIJK waren ondervonden met houten zuigpompen,
... ... en zeker in nog sterker mate
... ... het perspompen gold. De vrij groote speling
... ... zuigers en de houten pompwanden was
... ... na de herhaling van een der hoofd-
... ... de pompen in de vuurmachine te Rotterdam, die
... ... door HOOGENDIJK waren ontworpen in de
... ... het nadeel der wrijving te ontgaan.

... ... de werktuigkundige commissie hier te lande
... ... eene zuigpomp uitgevonden door A. LIPKENS,
... ... met dit onderdeel der bemalings-
... ... Een model van deze pomp werd bij de
... ... machine van den Zuidplas opgesteld
... ... gebracht; zij voldeed wat de waterop-
... ... goed, hoewel de beweging niet geheel vrij
... ... De commissie van beheer en toezicht wenschte
... ... te maken met het stichten van een proef-
... ... hieraan uitvoering te geven, wendde de
... ... zich tot de ingenieurs DEAN en GIBBS
... ... een ontwerp op te maken, waarin de
... ... oorspronkelijk plan zoude worden verbonden
... ... het stelsel van LIPKENS (plaat XXIII).

... ... pompen van DEAN en GIBBS was,
... ... de Nasche stoommachine toegepast en

de kleine cylinder boven den grooten geplaatst. Toen
tot het gebruik van zuigpompen was besloten, werden de
ders omgekeerd en de kleine onder den grooten geplaatst.
hoogdruk stoom drukte dan bij den opwaartschen slag den
en zuiger omhoog en tilde daarbij een zwaren gewichtsbak
Dit opgeheven gewicht vereenigd met de werking van den
ezetten stoom, die bij den neerwaartschen slag van onder
kleinen zuiger boven den grooten kwam, moest de pomp-
rs omhoog doen rijzen, waardoor het water werd opgevoerd.
et is deze werking door tusschenkomst van een gewichtsbak,
het eigenaardige vormt van de Haarlemmermeer-machines en
aan hare goede werking te danken is geweest. Bij de enkel-
ende machines vroeger hier te lande op zuigpompen toegepast,
steeds het bezwaar ondervonden, dat bij het toelaten van
stoom op den zuiger schokken in de pompen ontstonden
lit bezwaar zou zich in veel grooter mate bij de Haarlemmer-
-machines hebben voorgedaan, omdat daar hoogdruk-stoom
uitzetting zoude worden gebruikt, waarbij dus de aan-
sdruk zeer aanzienlijk is in vergelijking van den gemiddelden
, die voor het opvoeren van den last vereischt wordt. Zeer
ht heeft men het niet gewaagd de kans van dergelijke
kken te loopen en het voorgestelde middel was volkomen
iikt om dat gevaar te voorkomen. Om nu tevens de omhoog
de beweging van den gewichtsbak onafhankelijk te maken
de snelheid, waarmede gelijktijdig de pompzuigers door het
r dalen, was de gewichtsbak niet aan de balansen verbonden
rukte alleen gedurende den neergaanden slag op de wrijvings-
n, die in de uiteinden der balansen waren aangebracht.
an wie het voorstel tot deze inrichting is uitgegaan vindt
niet vermeld. Waarschijnlijk is het door onderling overleg
de betrokken personen LIPKENS en SIMONS, DEAN en GIBBS,
t leven geroepen. De duidelijke uiteenzetting van de redenen,
om die inrichting gekozen werd is door SIMONS gegeven in
ekende verhandeling over de stoomtuigen voor de droogmaking
het Haarlemmermeer.
olgens deze hoofdtrekken werd toen door DEAN en GIBBS

in Maart 1842 een ontwerp ingediend , waarvan plaat IV eene nauwkeurige afbeelding geeft en dat met de straks op te geven wijzigingen tot uitgangspunt heeft gediend voor het eind-ontwerp der proefmachine.

In dit eind-ontwerp werden ter besparing van ruimte de cylinders in elkander gesteld, doch de werking bleef dezelfde als die welke boven beschreven is. In het voorloopig ontwerp van DEAN en GIBBS was echter geen inrichting aanwezig om onafhankelijk van den stoomdruk den gewichtsbak aan het eind van den opgaanden slag eenige oogenblikken op te houden, alvorens de dalende slag begonnen werd. In dat ontwerp zou dus de stoom in den kleinen cylinder tot aan het einde van den slag met vollen druk hebben moeten werken, om het opgevoerde gewicht na het einde van den slag te kunnen blijven dragen. Bij het opmaken van het eind–ontwerp werd besloten de stoom ook in den kleinen cylinder met uitzetting te laten werken en er moesten dus voorzorgsmaatregelen worden beraamd om onafhankelijk van den stoomdruk den gewichtsbak aan het einde van den slag eenige oogenblikken op te kunnen houden, totdat de kleppen in de pompzuigers gesloten waren en de opgaande slag van dezen door het dalen van den gewichtsbak zou mogen volgen.

De inrichting, die daarvoor bij de Haarlemmermeer-machines is aangebracht en onder den naam van „hydrauliek" bekend is, bestaat uit twee ijzeren plunjerpompen terzijde van den stoom-cylinder geplaatst (plaat VI en VII), die zich bij den opgaanden slag vullen met water uit twee standpijpen en waarin door het dichtvallen der zuigkleppen aan het einde van dezen slag de plunjers, die aan het gewichtsbak zijn verbonden, kunnen blijven rusten. Om nu den nedergaanden slag te maken wordt, door het lichten van een afvoerklep , aan het water gelegenheid gegeven uit de plunjerpompen terug te vloeien naar de standpijpen en deze afvoerklep wordt zelf-werkend geopend tegelijk met de evenwichtsklep, die den stoom van onder den kleinen zuiger boven den grooten voert.

Ook van deze inrichting is niet bekend, door wie het voorstel daartoe is gedaan, maar zij is op den duur doeltreffend gebleken en de Haarlemmermeer-machines hebben daaraan hare geregelde en zekere werking te danken. Dat zij in het ontwerp van de proefmachine werd opgenomen levert een duidelijk bewijs, dat de toekomstige werking der te stichten machines aan de ontwerpers klaar en helder voor oogen stond.

Met inachtneming van deze belangrijke wijzigingen moest nu het eind-ontwerp worden gemaakt en voor het leveren daarvan werd tusschen de commissie van beheer en toezicht en de ingenieurs Dean en Gibbs eene overeenkomst gesloten, die den 8 April 1842 te Londen geteekend werd. Daarbij verbonden Dean en Gibbs zich een ontwerp te leveren voor een werktuig, dat met tien slagen per minuut 350 paardekrachten zou kunnen uitoefenen. De voorwaarde in deze overeenkomst gesteld was, dat het werktuig uitgevoerd zijnde 70 à 75 millioenen engelsche voetponden arbeid zoude leveren met 94 engelsche ponden steenkool een werking gelijk staande met die van de beste cornwallsche stoommachines. Deze ingenieurs zouden niet de machine maar enkel het ontwerp leveren en zich tevens belasten met het toezicht over de uitvoering en de opstelling. Tot voorzorg werd de bepaling gemaakt het ontwerp zoo interichten dat, indien de gezamenlijke werking der twee cylinders niet voldeed, het geheel zoo kon worden gewijzigd, dat met den kleinen cylinder alleen een vermogen van 200 paardekrachten kon worden uitgeoefend.

Den 29 September 1842 werd aan deze overeenkomst voldaan door overlegging van een ontwerp, dat na eenige wijziging werd vastgesteld en tot grondslag zoude dienen voor de aanbesteding van de eerste machine, die aan de Kaag zou worden opgesteld en den naam van Leeghwater zou dragen. Dit ontwerp bevatte elf pompen, die zoo verdeeld waren over den omtrek van het ronde torenvormige gebouw, dat men naar verlangen kon werken met elf, negen, acht en zeven pompen, om alzoo het aantal pompen en dus de hoeveelheid opgevoerd water te kunnen regelen naarmate van de daling van het meeroppervlak en dus van de toename der opvoerhoogte. De hoogst belangrijke arbeid om voor dit werktuig het gebouw te ontwerpen en de bestekken voor de aanbesteding daarvan in gereedheid te brengen werd toevertrouwd aan den ingenieur J. A. BEIJERINCK

Het gebouw van de LEEGHWATER werd den 4 Januari 1843 aangenomen door C. DE LAAT en op den bepaalden tijd, Februari 1844 opgeleverd. De stoomwerktuigen werden den 4 Februari 1843 aanbesteed; de eigenlijke machine met de pompen werden aangenomen door FOX EN C⁰. en HARVEY EN C⁰. in Cornwallis, te leveren in November 1843 en op te stellen binnen vier maanden daarna; terwijl de balansen en de stoomketels werden aangenomen door PAUL. VAN VLISSINGEN en DUDOK VAN HEEL te Amsterdam. De machine kwam echter laat in 1844 aan en kon eerst in September 1845 beproefd worden.

Tegen het gevoelen van LIPKENS en SIMONS, heeft men bij deze machine aanvankelijk holle ijzeren kasten aan de pompzuigerstangen bevestigd om door hun drijfvermogen het te spoedig dalen der zuigers te voorkomen, maar de ervaring leerde spoedig dat dit verkeerd was en men heeft integendeel de pompzuigers door ijzeren ballast nog verzwaard, zoodat de balansen ook bij den opgaanden slag van de stoomzuigers voortdurend tegen den gewichtsbak aangedrukt blijven.

Bij de eerste proefneming van de LEEGHWATER scheen het echter alsof de genomen voorzorgen niet voldoende waren. De gewichtsbak viel onmiddellijk na den opgaanden slag terug, trok de pompzuigers, terwijl hunne kleppen nog geopend waren met snelheid omhoog, daardoor sloten zich deze kleppen plotseling en werd een grooten weerstand aan het dalende gewicht geboden, wat het breken van enkele pompstangen ten gevolge had.

Niet benijdenswaardig moet het oogenblik geweest zijn, toen deze leemte aan den dag kwam en het bleek, dat het gezamenlijk overleg van onderscheidene bekwame mannen nog niet voldoende was geweest om dit gevolg der gemaakte inrichting te voorzien. En geen beter bewijs kan er geleverd worden dat, zoolang niet door feitelijke ervaring de volledige kennis van een nieuw werktuig verkregen is, de werkelijkheid bijna altijd afwijkt van de voorstellingen, die men zich gemaakt heeft.

Doch tevens bleek het, dat de inrichting van de stoombemaling van het Haarlemmermeer aan goede handen was toevertrouwd, want korten tijd na de eerste proefneming van de LEEGHWATER was het gebrek verholpen. De oorzaak van de onvoldoende werking was geweest, dat de plunjerpompen zich moesten vullen door opzuiging uit den koudwaterbak der machine; daardoor was de vulling onvolkomen geweest en was de ruimte onder de plunjers niet geheel met water maar ten deele met lucht gevuld, hetgeen aan den gewichtsbak vrijheid liet den dalenden slag onmiddellijk na het voltooien van den opwaartschen slag te beginnen. De volkomen vulling der plunjerpompen is toen verzekerd geworden door het aanbrengen van de straks genoemde standpijpen en na deze kleine verandering is geen verder bezwaar ondervonden. Den 6 November 1845 kon de machine aan Koning Willem II en zijne drie zonen in volle werking worden getoond.

Toen dit eerste werktuig goed had voldaan, werden naar het voorbeeld van de LEEGHWATER met eenige wijzigingen de plannen opgemaakt voor de twee overige werktuigen, die geheel gelijk aan elkander werden ontworpen (plaat V--VIII). De eene, die den naam van VAN LIJNDEN zou dragen, werd op eenigen afstand van de sluizen te Halfweg gesteld, terwijl de andere naar CRUQUIUS genoemd nabij het Spaarne werd geplaatst.

Deze wijzigingen betroffen het aantal stoomketels, dat van vijf op zes werd gebracht en het aantal pompen, dat van elf tot acht werd verminderd, terwijl hare middellijn vergroot werd van 1,60 M. tot 1,85 M., zoodat dezelfde opbrengst per slag verkregen werd. Voorts werden, om ruimte in de machinekamer te winnen, de balansen boven den gewichtsbak gesteld en door drijfstangen met dezen verbonden, waardoor eene betere inrichting werd verkregen dan die van het voorloopig ontwerp (plaat IV), welke bij de LEEGHWATER was gevolgd. Daardoor was ook eene wijziging noodig in de inrichting van het gebouw en voor de LYNDEN en de CRUQUIUS werden nieuwe ontwerpen opgemaakt door den ingenieur J. A. BEIJERINCK.

De uitvoering der gebouwen werd den 10 November 1846 aanbesteed en den 19 November onder de hand tot lager prijs aangenomen door C. DE LAAT. Voor de machines werden in November 1846 contracten gesloten met dezelfde fabrikanten en op dezelfde wijze als voor de LEEGHWATER. Door overschrijding van de termijnen van levering door de engelsche fabrikanten kwam de LYNDEN eerst gereed in December 1848 en de CRUQUIUS in April 1849.

Den 7 Juni 1848 begon de LEEGHWATER met het uitpompen van het meer bij een peil van 0,65 M — A.P.; den 19 April 1849 toen het peil tot 0.79 M. — A.P. was gedaald, waren ook de LYNDEN en CRUQUIUS in werking en op 1 Juli 1852 kon in de Staatscourant het eenvoudige bericht verschijnen: De Meer is droog.

Den 3 Augustus 1853 begon de verkoop van de gronden, die gemiddeld ƒ 473 per hectare opbrachten, terwijl weinige jaren te voren de gronden in den Zuidplas gemiddeld voor ƒ 170 per hectare waren verkocht; de laatste veiling van grond in het voormalige Haarlemmermeer had plaats den 20 Juli 1855.

Bij de wet van 7 Juli 1855 werd de gemeente Haarlemmermeer gevestigd; den 23 Mei 1856 had de commissie van beheer en toezicht den Haarlemmermeerpolder aan het nieuwe polderbestuur overgedragen en den 3 April 1858 werd deze commissie, die toen uit acht leden bestond, eervol ontslagen onder dankbetuiging voor de vele en belangrijke diensten door haar bewezen.

Zoo was dan het groote werk voltooid, waarover gedurende meer dan twee honderd jaar was geschreven en was, wat vooral niet minder waarde had, voor de eerste maal met volkomen welslagen een voorbeeld gegeven op groote schaal van stoombemaling tot droogmaking en drooghouding. Daar stonden de drie stoomwerktuigen, toen ter tijde de grootste in de geheele wereld, elk voorzien van een aantal pompen, die naar behoefte konden worden afgekoppeld en zoo was eindelijk, tachtig jaar na de eerste pogingen van HOOGENDIJK, het vraagstuk opgelost om stoom op bemaling toe te passen en het gebruik van pompen intevoeren. Wat hij zaaide had ten laatste vruchten gedragen, want de Haarlemmermeer-machines stamden in rechte lijn af van de reeks bemalingswerktuigen, die begonnen was met de vuurmachine te Rotterdam en door de stoommachines van Blijdorp, Mijdrecht en de Krimpenerwaard was voortgezet.

Wat mag wel de oorzaak geweest zijn, dat het gebruik van stoommachines toegepast op zuigpompen ditmaal slaagde, terwijl zoo vele vruchtelooze pogingen waren voorafgegaan? Voor een zeer groot deel is die uitkomst te danken aan de toepassing van de pompen door LIPKENS ontworpen, want met geen der toen gebruikelijke waterwerktuigen, schepraderen noch vijzels had de opvoer in eens over de volle hoogte kunnen plaats hebben en juist bij pompen was de toepassing mogelijk der cornwallsche machine, die door zuinig brandstofverbruik boven alle anderen uitmuntte.

SIMONS had in zijne nota van 1838 de keus der waterwerktuigen onbeslist gelaten en voor het kolenverbruik der machines kon hij op geen andere voorbeelden wijzen dan op enkele werktuigen met schepraderen in Engeland, waaronder ook een met hellend scheprad door Prof. MOLL beschreven, en voorts op de machines aan den Arkelschen dam en op die van den Zuidplas. Het kolenverbruik per paardekracht werd door hem gerekend op 6 KG. ten einde de voordeelen van den stoom vooral niet te hoog aan te slaan en de berekening was herhaald voor een kolenverbruik van 4 KG., dat op verschillende gronden als bereikbaar mocht worden aangenomen.

De hoofdgedachte in zijn betoog ten gunste van het gebruik van stoom was geweest de besparing in tijd van droogmaking, aangezien windmolens hoogstens 60 dagen en de stoommachines 300 dagen in het jaar zouden kunnen werken. Bespoediging der droogmaking en besparing in renten van het vereischte kapitaal gaven blijkens de uitvoerige berekeningen der nota bij verschillende onderstellingen zulke voordeelige uitkomsten, dat de slotsom niet anders dan ten gunste van stoom kon uitvallen.

Toen nu dank aan dezen arbeid de beslissing gevallen was, dat het Haarlemmermeer uitsluitend door stoom drooggemaakt zou worden en aan SIMONS en LIPKENS de uitvoering daarvan werd opgedragen, hebben dezen zich door persoonlijke onderzoekingen in Engeland verzekerd van de voordeelige werking der enkel-werkende cornwallsche stoomwerktuigen, wier brandstofverbruik veel minder was dan 4 KG. per paardekracht, dat SIMONS in zijne nota had aangenomen. Het voordeel van stoom voor de droogmaking bleek daardoor onwederlegbaar en tevens werd de keuze van de soort van stoommachine tot de cornwallsche bepaald, die zich zoo goed aansloot aan de zuigpomp door LIPKENS ontworpen

Intusschen moet erkend worden, dat er tusschen de indiening der nota van SIMONS in 1838 en de eerste beproeving van de Leeghwater in 1845 een zeer aanzienlijke tijd verloopen is. Maar de afstand tusschen een pleidooi ten gunste van stoombemaling en het opmaken van een ontwerp voor eene bepaalde machine en vooral voor een geheel nieuw werktuig, waarvan geen voorbeeld bestond, was dan ook zeer belangrijk. SIMONS had, zooals boven vermeld werd zijne studiën aan de universiteit gemaakt en gelijk men weet, is het een van de eigenaardige kenmerken van alle universitair onderwijs, dat behoudens zeer enkele uitzonderingen het teekenen onder geenerlei vorm wordt beoefend. Nu is juist de teekening hoofdzaak bij het maken van ontwerpen, want eerst dan, wanneer een ontwerp in teekening is vastgesteld, kan de arbeid van den fabrikant tot uitvoering van het ontwerp een aanvang nemen.

LIPKENS, die zijne opleiding aan de Ecole polytechnique had ontvangen, bezat ten opzichte van technische bedrevenheid voorrechten boven SIMONS, hij had verschillende modellen van werktuigen vervaardigd en voor het ontwerpen van een nieuw waterwerktuig was hij door zijne vindingrijkheid de aangewezen man. Het welslagen der Haarlemmermeer-machines berust dan ook voor een groot deel op zijn arbeid en toch mag men zeggen, dat SIMONS den grondslag van de geheele onder-neming gelegd heeft, want door hem was het pleidooi voor uitsluitende bemaling door stoom gevoerd, dat dank aan de krachtige hulp van Willem I niet vergeefs geweest is. De Haarlemmermeer-machines leveren een merkwaardig voorbeeld van de groote uitkomsten, die verkregen kunnen worden, wanneer wetenschappelijke kennis met technische bekwaamheid samenwerken en door een verlicht Hoofd van den Staat worden ondersteund.

Aan weinigen is het gegeven zulk eene uitkomst van hun streven te aanschouwen, als aan SIMONS is te beurt gevallen, maar welke eerbewijzen hem ook bij zijn leven zijn gegeven, zeker is de grootste voldoening voor hem geweest de werktuigen in gang te zien, die in zoo ruime mate verwezenlijkt hadden, wat hij zich bij den aanvang van zijn arbeid had kunnen denken. Doch hoe geheel anders zien dergelijke zaken er in de werkelijkheid uit.

Toen de LEEGHWATER was aanbesteed had de levering veel te laat plaats en bij de eerste beproeving werd op een bezwaar gestuit, dat zeker menigeen de geheele mislukking van het ontwerp heeft doen vreezen. Ook hier werd ondervonden, wat eenmaal zoo juist door SEGUIN is geschreven:

„Mais tous ceux qui ont été dans le cas de monter et de mettre en activité des machines, et surtout de nouvelles machines, savent combien ce travail ingrat est hérissé de difficultés; ils savent que ces réussites complètes, ces passages de l'enfance de l'art à son état adulte, comme pour la navigation à vapeur, si imparfaite du temps de Fulton et qui est parvenue de nos jours à opérer de si étonnants prodiges, sont toujours dus à un ensemble bien ordonné de dispositions qui semblent minutieuses et sans importance à ceux qui sont étrangers à cet art difficile, mais dont la perfection et l'harmonie ne s'obtiennent qu'avec beaucoup de temps et d'efforts." (*)

Nadat alles in orde was gebracht, moest de machine van 1846 tot 1848 stilstaan, omdat Rijnlands boezem de opname van het water uit het Haarlemmermeer niet toeliet en toen eindelijk de bemaling kon beginnen was er weder vertraging in de oplevering van de LYNDEN en de CRUQUIUS.

(*) Comptes rendus des séances de l'Académie, t. XL, n°. 1. 8 Janvier 1855, p. 5. Mécanique industrielle. Mémoire sur un nouveau système de Moteur fonctionnant toujours avec la même vapeur, à laquelle on restitue, à chaque coup de piston, la chaleur qu'elle a perdue, en produisant l'effet mécanique. Par M. Seguin Aîné

Toen de drie machines met kracht aan het werk waren gesteld, was er geen geld om het stoomgemaal te Halfweg te stichten, dat noodig bleek tot ontlasting van Rijnlands boezem en eerst in 1852 kon dit gemaal in werking komen. Later toen er nog een stoomgemaal voor Rijnland noodig bleek, waarvoor het ontwerp reeds in 1852 gemaakt was, moest er twee en een half jaar gewacht worden, eer de Regeering de vereischte middelen daartoe verleende.

Van de 39 maanden verloopen van 1 April 1849, toen de werktuigen gezamenlijk konden werken tot 1 Juli 1852, toen het Meer droog was, hebben de machines slechts 19.7 maanden kunnen werken. Door een samenloop van omstandigheden, die met de inrichting der machines niets te maken had, is de tijd voor de droogmaking die op veertien maanden was berekend verre overschreden en de kosten, aanvankelijk op acht millioen geraamd, hebben buiten de renten der opgenomen gelden ruim negen millioen bedragen.

Geen wonder dat de loop der onderneming velen is tegengevallen en dat voor meer dan een der betrokken personen de lauwerkrans een doornenkroon verborgen hield. SIMONS heeft dit, vooral nadat LIPKENS in December 1847 was overleden, in ruime mate ondervonden en de talrijke bezwaren bij de uitvoering hebben den arbeid der commissie van beheer en toezicht tot een weinig loonende gemaakt.

Toen het werk eindelijk goed en wel voltooid was, kwam in 1858 eene commissie, onder voorzitterschap van D. J. STORM BUYSING verklaren, dat de drie groote machines onvoldoende waren voor de drooghouding en werd, ongeloofelijk als het schijnen moge, voorgesteld aan dit vermogen van ruim duizend paardekrachten als hulp-vermogen eenige windmolens toe te voegen.

De bouw dezer windmolens is natuurlijk achterwege gebleven. Door vermeerdering van het aantal stoomketels, behoorlijk onderhoud der machines, goed toezicht over de vereischte waterberging, het tijdig in het werk stellen van een of meer der werktuigen en het verlagen van het zomerpeil naarmate van de inklinking der gronden, waarop bij **den aanleg der machines** ruim gerekend was, zijn de tijdelijke bezwaren, die in elken nieuwen polder voorkomen, geheel overwonnen. Toen in 1872 gansch Rijnland waterlast had, allerwege geklaagd werd over hoogen waterstand en zelfs de weg langs de ringvaart om den Haarlemmeerpolder onder water stond, konden de machines het peil in den polder onderhouden tot beneden de vijf meters, waarop bij den aanleg gerekend was en had men in het voormalige Haarlemmermeer geen waterbezwaar.

Het vraagstuk van stoom of wind voor polderbemaling is dan ook sedert de droogmaking van het Haarlemmermeer geen onderwerp meer van strijd. De statistiek die 61 jaar na de eerste pogingen van HOOGENDIJK, in 1837 alleen kon wijzen op de gemalen aan den Arkelschen dam en in den Zuidplas, gaf in 1881 en dus slechts 44 jaar later aan, dat het gezamenlijk vermogen van 403 stoommachines uitsluitend bestemd voor polderbemaling, bedroeg 14,972 paardekrachten. Alzoo is bereikt geworden, wat SIMONS in 1838 schreef in de geleidende missive bij zijne nota aan den Minister van Financiën: Een doelmatig stoomgemaal, in eene droogmaking zoo uitgestrekt als het Haarlemmermeer, zal wellicht de ingelanden van polders opmerkzaam maken op hun wezenlijk belang, de vooroordeelen doen ophouden, en den bloei van het land nog meer bevorderen dan de groote onderneming, waarbij het eerste goede voorbeeld gegeven is.

Merkwaardig is het, dat evenals de overname der door HOOGENDIJK in den polder Blijdorp gestichte machine verhinderd werd door staatkundige beschouwingen, die met de zaak zelf niets te maken hadden, ook bij de droogmaking van het Haarlemmermeer soortgelijke invloeden zich hebben doen gelden. In het werk van GEVERS VAN ENDEGEEST, dat zich overigens geheel binnen de grenzen van het onderwerp beweegt, leest men betreffende het stoomgemaal te Gouda, waarvan de stichting bij missive van 8 November 1852 aan den minister van binnenlandsche zaken was voorgesteld, de volgende zinsnede (*).

(*) Derde gedeelte bladz. 67.

"Niettegenstaande dien aandrang, vernam de commissie van het geheele voorstel officieel niets meer voor bijna twee en een half jaar later. Werd de zaak nog eens bij de Regeering onderzocht en overwogen? Werd hare aandacht afgetrokken door staatkundige bewegingen, de voorboden der optreding van een nieuw Ministerie in April 1853? Zeker is het dat naar den geldelijken toestand der droogmaking, over geen som voor het nieuwe werk kon worden beschikt, zonder nieuwe wet; en dat een ontwerp, in April 1854 wel voorgedragen doch in de toen loopende zitting niet afgedaan, andermaal vroeg in 1855 aangeboden, eindelijk eerst tot wet overging den 22 April 1855."

Het is bekend, dat vier jaar na de ontbinding der Haarlemmermeer-commissie in 1858, op voordracht van denzelfden staatsman die in 1852 minister van binnenlandsche zaken was, de plaats, die Simons in den Raad van State bekleedde, bij de reorganisatie van dien Raad in 1862 gegeven werd aan den voorzitter der commissie, die voorgesteld had eenige windmolens als hulpgemaal toe te voegen aan de duizend paardekrachten van de Leeghwater, de Lijnden en de Cruquius. De eer aan deze voordracht zijn naam verbonden te hebben zal voorzeker door niemand worden benijd.

Laat de pijnlijke herinnering aan die gebeurtenis plaats maken voor het getuigenis van een ander tijdgenoot den ingenieur W. Husband, die veertig jaar geleden bij de opstelling der machines belangrijke diensten bewezen heeft en onlangs aan den steller van dit werk het volgende schreef:

"Mr. Lipkens was a very ingenious man, he always had a plea ready to meet every difficulty; Mr. Simons was a very sound man well versed in theory; so also was Mr. Lipkens; and the two together worked admirably. Some allowance must be made I suppose for the affection I bore them, but I think I have never met with their equals."

AANTEEKENINGEN.

Geschriften betreffende de stoombemaling van het Haarlemmermeer.

gemeene Konst- en Letterbode voor het jaar 1823. IIe Deel. Te Haarlem bij Ned. A. Loosjes Pz. N⁰. 33. 15 Augustus, bladz. 98. Het Hellend Scheprad eene Stoommachine gedreven, medegedeeld door G. Moll, A. L. M. Th. Doct, leeraar te Utrecht. N⁰. 34. 22 Augustus, bladz. 116, Vervolg en slot.

emorie over het gebruik van stoom tot droogmaking en drooghouding, door W. Conrad. 1828. Handschrift in fol. 112 bladz., aanwezig op de Bibl. der school. (Op bladz. 5 leest men: dit stuk is opgesteld in 1828 doch niet tot loel gebruikt waarvoor het eerst bestemd was.)

ta door den ondergeteekende (G. Simons) overgegeven aan zijne medeleden Commissie, benoemd door de Departementen van Binnenlandsche Zaken, Buiten- sche Zaken en Financiën, bij Dispositie van 16, 24 en 25 Januari 1838, met eidende missive aan zijne Excellentie den Minister van Financiën. In afschrift !7 bladz. met 2 bijlagen, aanwezig in de Bibl. der Polyt. school.

euwe verhandelingen van het Bataafsch Genootschap te Rotterdam. Negende Eerste stuk 1844.

rhandeling over de stoombemaling van polders en droogmakerijen door G. us en A. Greve, bevattende antwoord op de 98 en 99 vraag, (voorgesteld F. W. Conrad), aldus luidende:

Vraag 98. Daar het gebruik van stoom of wind bij droogmakerijen in vroegere jaren aanleiding heeft gegeven tot velerlei twistgeschrift en er nog bij velen een groot verschil van gevoelen omtrent dit punt bestaat, zoo dat het pleit dien- aangaande nog niet beslist is, terwijl de vooruitgang der kunsten en weten- schappen en de meerdere toepassing van het gebruik des stooms doen onderstellen, lat de ondervinding omtrent deze zaak thans meerder licht zal kunnen ver- preiden; zoo vraagt men:

Een vervolg op hetgeen er in de geschriften van het Genootschap gevonden wordt ten aanzien der toepassing van stoom tot droogmaking en droog- iouding van plassen en polders, en eene opgave van hetgene er dienaangaande zoowel hier te lande als in Engeland is daargesteld, en eindelijk, eene on- artijdige beschouwing en vergelijking, op daadzaken gegrond, van het gebruik 'an stoom of wind tot droogmaken en drooghouden van meren, plassen en polders.

Vraag 99. Wanneer de stoomkracht tot droogmaken van meren of plassen n drooghouden van polders wordt aangewend, welke is alsdan de beste ver- iouding tusschen derzelver oppervlakte, diepte van uitmaling, hoogte van op- naling en de daartoe aan te wenden paardenkrachten? welke soort van stoom- verktuigen kunnen hiertoe als de doelmatigste worden geacht?

iuurkundige verhandelingen van de Hollandsche maatschappij der wetenschappen arlem. Tweede verzameling. 3e Deel. 1e stuk. Haarlem bij de Wed. A. Loosjes Pz.

1844. Verhandeling van F. H. Fijnje, ingenieur der 1e klasse van 's Rijks waterstaat te Nijmegen, ter beantwoording van de prijsvraag:

Bij de aanstaande droogmaking van het Haarlemmermeer zal, zoo niet geheel,
dan toch grootendeels de uitmaling door stoomkracht plaats hebben; men verlangt
alzoo op goede theoretische gronden, in verband met de uitkomsten van de reeds
genomene proeven, na te gaan, welke van de bekende middelen tot het opbrengen
van water, als staande en hellende schepraderen, vijzels, enz., door stoomkracht
bewogen, bij het droogmaken van het Meer de voorkeur zouden verdienen, alsmede
de betrekking te bepalen tusschen de hoofdafmetingen dezer werktuigen, waarbij
een gegeven stoomkracht op het voordeeligst kan gebruikt worden. — Men zal
daarbij kunnen aannemen dat de hoogte, waarop het water uit het Meer wordt
opgehaald, tusschen de 4 of 5 ellen zal bedragen.

Verhandelingen der eerste klasse van het Koninklijk Nederlandsch Instituut
van Wetenschappen, Letteren en Schoone Kunsten te Amsterdam. Derde reeks.
Eerste Deel. Eerste stuk. Amsterdam C. G. Sulpke. 1848.

Over de stoomtuigen voor de droogmaking van het Haarlemmermeer; door
G. Simons.

Gedachten over de wind- of stoombemaling voor polders, benevens eenige opmerkingen omtrent het stoomtuig de Leeghwater, door J. A. Scholten. Rotterdam,
van der Meer en Verbruggen 1848.

Vervolg op mijne gedachten over wind- of stoombemaling, door J. A. Scholten.
Rotterdam, van der Meer en Verbruggen. 1848.

Verslagen ingediend aan de eerste klasse van het Kon. Nederl. Inst. over eene
brochure van den heer J. A. Scholten, ten titel voerende: Gedachten over de wind-
of stoombemaling voor polders, benevens eenige opmerkingen omtrent het stoomtuig de Leeghwater, door de heeren G. J. Verdam, J. P. Delprat en F. J. Stamkart.
(Tijdschrift voor de Wis- en Natuurk. Wet., uitg. door de eerste klasse van het
Kon. Nederl. Inst. 1849. 2e deel, bladz. 1).

Vergelijking der stoombemaling van het Haarlemmermeer met eene door windmolens, gevolgd door twee verhandelingen bevattende gedachten over de inrichting
en gebruik van windmolens, door A. C. Reuther. 's Hage, Gebr. J. en H. van
Langenhuijsen. 1851.

Vervolg op het werk, getiteld: Vergelijking der stoombemaling van het Haarlemmermeer met een door middel van windmolens, gevolgd door twee verhandelingen, bevattende gedachten over de inrigting en het gebruik van windmolens,
door A. C. Beuther, 's Hage, Gebr. J. en H. van Langenhuijsen, 1856,

Koninklijk Instituut van Ingenieurs. Verhandelingen 1857—1858, bladz. 3.

Beschrijving der onder en achterloopschheid van het stoompompgebouw de
Lynden en van de in het werk gestelde middelen tot herstelling, door
het lid N. T. Michaëlis. Plaat 3 en 4.

Rapport der commissie tot onderzoek naar de middelen welke zouden zijn aan te
wenden, om aan alle landen van den Haarlemmermeerpolder eene behoorlijke waterontlasting te verzekeren, door D. J. Storm Buysing, J. P. van den Berg, Jhr.
A. A. C. de Vries Robbé, P. van der Sterr en J. Leguit. Haarlem. C. Zwaarde-
maker. 1858.

Het rapport der Commissie tot onderzoek enz., beoordeeld door geen hoofdingeland. Haarlem, A. C. Kruseman. 1858.

Bedenkingen tegen het rapport der commissie tot onderzoek enz., door een niet-ingeland. Amsterdam, J. Noordendorp. 1859.

De Haarlemmermeerpolder door S. (Beschouwing van het werk: Bedenkingen tegen het rapport der commissie tot onderzoek enz.). Haarlem. 1859.

Gedachten omtrent de verbetering van den Haarlemmermeerpolder, door A. van Egmond. 1859.

Over de droogmaking van het Haarlemmermeer door jonkh. mr. Gevers van Endegeest.

> Eerste gedeelte (1 October 1843) bladz. 112—148 en Kaart III, het stoomtuig de Leeghwater aan de Kaag.
>
> Tweede   „   (December 1852) bladz. 38—85 en Kaart IV. Opstand aan de ringvaartzijde der -stoomtuigen de Crucquius en de Lijnden, met platten grond van de Crucquius.
> Plaat V. Opstaand van ter zijde van idem.
> Plaat VI. Doorsnede van idem.
>
> Derde   „   (Najaar 1860) bladz. 15—18, 145—151.

Catalogus van het kaarten-archief der afdeeling waterstaat van het Departement van Binnenlandsche Zaken, bewerkt door P. L. Putters, adjunct-commies. 1868. Gezigt op de Leeghwater N°. 8034.

De Kilbemaling van den Haarlemmermeerpolder door Mr. J. P. Amersfoordt, Heemraad van den polder en Burgemeester van de gemeente Haarlemmermeer. Amsterdam J. H. en G. van Heteren. 1869.

Koninklijk Instituut van Ingenieurs, Notulen der Vergadering van 13 November 1877. Bijlage 7, bladz. 53—59.

Beschrijving van een nieuw stelsel van polder- en boezemgemalen in zijne toepassing op een ontworpen beneden gemaal voor de machine Leeghwater. Plaat II—V.

Opgaven betreffende de stoombemaling van het Haarlemmermeer.

Oppervlakte van het meer. . . . . 18 100 H. A.

Vastgesteld zomerpeil der droogmaking . . . . 5 M. — A.P.

Hemel- en kwelwater aftevoeren tot drooghouding jaarlijks. . 54 000 000 M³.

„   „   „   grootste hoeveelheid in één maand . . 36 200 000 „

Aantal werkdagen voor drooghouding jaarlijks 53

Vermogen der ontworpen werktuigen . . . . 1084 PK.

in drie machines elk van . . . . 360 „

Geraamd kolenverbruik per PK. per uur. . . . . 1 2 KG.

Geraamde kosten van drooghouding jaarlijks. . . . . . . ƒ 54.000

Berekende waterinhoud van het meer na de afsluiting . . . 724 000 000 M³.

Hemel- en kwelwater tijdens de droogmaking jaarlijks . . . 36 000 000 „

Geraamd aantal werkdagen jaarlijks 253

Geraamde tijd van droogmaking. . . . . 14 maanden.

Afsluiting van het meer . . . . Juni 1848.

Begin werking tot droogmaking van de Leeghwater . . . . 7 Juni 1848.

   bij een peil van . . . . 0.65 M. — A.P.

Begin werking van de Lijnden . . . . 1 April 1849.

   bij een peil van . . . . 0.79 — A.P.

Begin werking van de Cruquius . . . . 19 April 1849.

Bericht Staatscourant „de Meer is droog" . . . . 1 Julij 1852.

Duur der droogmaking 1 April 1849—1 Julij 1852. . . . 39 maanden.

Geraamde kosten alleen van de droogmaking . . . . . . ƒ 1 200 000

Geraamd bedrag der geheele onderneming tot inpoldering enz. „ 8 355 157

Werkelijk bedrag van al de werken der onderneming . . . „ 9 377 512

Kosten der geldleening en renten . . . . „ 4 411 865

   te zamen . . . . „ 13 789 377

Opbrengst der gronden en andere baten . . . . „ 9 377 262

Nadeelig slot . . . . „ 4 412 115

   bedragende over 18100 H. A. . . . . „ 250 per H. A.

Opbrengst der gronden over 16.842 H. A. . . . . „ 473 „ „ „

Tegenwoordige waarde der gronden per H. A. . . ƒ 1500 — „ 2000

Stoompompwerktuig de Leeghwater.

Gebouw aanbesteed aan C. de Laat . . . . . .   4 Jan. 1843.

Voor de som van . . . . ƒ 161 000

Fundeeringsput diep . . . .   7 M. — A.P.

Aantal dennen palen lang 12 M. . . . . •   1000

Aantal eiken palen onder den toren   400

Stoomwerktuigen en pompen aanbesteed aan Fox en Co.

en Harvey en Cº. . . . .   4 Februarij 1843.

Voor de som van . . . . ƒ 148 050

Stoomketels en balansen aanbesteed aan P. v. Vlis-

singen en D. van Heel. . . . .   4 Februarij 1843.

Voor de som van . . . . ƒ 64 000

Te zamen . . . . ——— ƒ 868 050

Ketels, cornwallsche, aantal   5

   „   lengte 30 Eng. vt.   9   M.

   „   middellijn 6 Eng. vt. . . . .   1.82 „

   „   binnen vuurgang middellijn 4 Eng. vt. . . . . .   1.22 „

   „   stoomkast lang 42 Eng. vt. . . . .   12.8 „

   „   „   middellijn 4½ Eng. vt. . . . .   1.37 „

   „   stoomdruk, overdruk 45 Eng. ponden per vierk. Eng. dm. 3 Atm. (*)

Dubbel werkende machine met twee enkel werkende cylinders

volgens het stelsel van Sims, vermogen . . . . 360 Pk.

   Slaglengte der beide cylinders 10 Eng. vt.   3   M.

(*) Vijf nieuwe ketels in Maart 1861, thans nog in gebruik; verwarmingsoppervlak elk 82 M², stoomdruk overdruk per cM², 3.6 K.G.

.ine cylinder middellijn 84½ Eng. dm.	2.14	M,
„ „ oppervlak 5374.8 vierk. Eng. dm.	359.68	dM².
„ „ wanddikte 1¾ Eng. dm.	0.045	M.
„ „ zuigerstang middellijn 12 Eng. dm. . .	0.3	„
„ „ ruimte boven den bovenrand 1½ Eng. dm. .	0.004	„
„ „ uitzetting in deelen der slaglengte	1/2	
.ote „ middellijn 144½ Eng. dm.	3.63	M.
„ „ oppervlak ringzuiger 9984.4 vierk. Eng. dm.	644.16	dM².
„ „ wanddikte 1½ Eng. dm . . . , . . .	0.038	M.
„ „ 4 zuigerstangen elk middellijn 4½ Eng. dm.	0.11	M.
richt der beide cylinders	22 000	KG.
.honding dwarsdoorsnede der beide cylinders.	1 : 2.8	
.eele uitzetting in de beide cylinders 2 × 2.8—1	4.6	
.voer-stoompijp middellijn 24 Eng. dm.	0.61	M.
.oorklep middellijn 16 Eng. dm.	0.406	„
.nwichtsklep middellijn 20 Eng. dm.	0.508	„
.nwichtsstoompijp middellijn 24 Eng. dm.	0.61	„
.oer-stoompijp middellijn 26 Eng. dm.	0.66	„
.ectieklep middellijn 3 Eng. dm.	0.76	„
.ede injectieklep bij tusschenpozen in dienst, middellijn 8		
.ng. dm.	0.203	„
.htpompen aantal.	2	
„ middellijn 40 Eng. dm.	101.6	M.
„ slaglengte 5 Eng. vt.	1.52	„
.richtsbak (verdeeld in 8 vakken) middellijn.	2.8	„
„ gewigt	18 000	KG.
.ansen aantal	11	
„ lengte	10	M.
„ gewicht	10 000	K.G.
.njers hydrauliek–toestel aantal	2	
.njers „ middellijn 9 Eng. dm.	0.229	M.
.ndpijpen „ hoogte	10	„
.richt van gewichtsbak met belasting, plunjers, zuigerstangen		
.igers	85 à 86 000	KG.
.npen aantal. . . . . , ...	11	
„ gewicht	6200	KG.
„ middellijn 63 Eng. dm.	1.6	M.
„ slaglengte 10 Eng. vt.	3	„
„ hartklep middellijn in den dag	1.4	„
„ „ dikte 1 Eng. dm.	0.025	„
„ „ lichting in de scharnieren.	0.04	„
„ bovenkant toevoergaten naar de hartklep . . .	5.85	„-A.P.
„ „ „ „ beneden zomerpeil	0.85	„
„ „ pompvloer . . . , ...	6.5	„-A.P.
„ opvoerhoogte	5	„

Pompen opbrengst per dag, elke pomp . . . . 6 M³.

    „   spilling 1.70

Grootste aantal slagen per minuut bij eene proefneming met
elf pompen 8

Uitgeoefend vermogen bij deze proefneming . . . . 528 PK.

    „   „   , 7.5 slagen per minuut en elf pompen. 495 à 500 PK.

De machine gereed voor de eerste beproeving . . . . . . September 1845.

Proefnemingen.

DAGEN DER PROEVEN.	Hoogte van opbrengst.	Aantal slagen in de minuut.	Uitgeoefend vermogen in paardenkrachten.	Verbruikte steenkolen per uur en paardenkracht.	AANMERKINGEN.
1846	M.			K.G.	
24 Februari	2.70	4.1	1?9	3.45	
25 „	3.42	5.2	283	2.55	
26 „	3.72	4.5	1?3	2.?6	
27 „	4.12 {	4.4	1?5	1.?9	Voor deze proeven, op éénen dag genomen, waren de hoeveelheden steenkolen niet afzonderlijk gewogen.
		7.5	3?8		
28 „	4.40	5.5	356	1.34	
1 Maart	4.60 {	5.5	?7?	1.17	
		6.4	312	1.?6	

Stoompompwerktuig de Lynden.

Gebouw aanbesteed aan C. de Laat . . . . November 1846.

voor de som van . . . . ƒ 215 528

Stoomwerktuig en pompen aan Fox en Co. en Harvey
en Co. . . . . „ 229 500 November 1846.

ketels en balansen aan P. v. Vlissingen en D. van Heel. „ 94 211   „   „

In samen . . . . ———— ƒ 542 239

Stoomketels aantal 6

   „ elk met 4 vlampijpen achter den vuurhaard; hoofdafmetingen als van de Leeghwater.

   „ verwarmingsoppervlak ieder . . . . 68 M². (*)

(*) In een ketels (a) van de Lynden veranderd door
herplaatsing der vlampijpen . . . . Februarij 1852.

Stoomwerktuig, hoofdafmetingen als van de Leeghwater.

Pompen aantal 8

    „   slaglengte 3   M.

    „   middellijn . . . . 1.85 „

    „   bovenkant toevoergaten naar de hartklep. . . . . . 6.25 „ —A.P.

    „   „   pompvloer . . . . , . . . , 6.75 „ — „

De Lynden gereed . . . . December 1848.

Stoompompwerktuig de Cruquius.

Gebouw aanbesteed aan C. de Laat . .   November 1846.

voor de som van . . . . ƒ 220 665

bijslag voor het bekuipen der put . . . . „ 10 000

Stoomwerktuig en pompen aan Fox en Co. en

Harvey en Co. . . . . „ 229 500 November 1846.

Ketels en balansen aan P. v. Vlissingen en D. van Heel „ 94 211 „   „

Te zamen . . . . ————— ƒ 554 376

Stoomketels, (†) stoomwerktuig en pompen als van de Lynden.

Bovenkant toevoergaten der pompen . . . . 6.33 M. —A.P

De Cruquius gereed . . . . April 1849.

Bedrijfskosten der drie machines.
Van 6 Nov. 1848 tot 1 Juli 1852.

Onderhoud der drie werktuigen . . . . ƒ 80 120

Personeel . . . . , ... „ 61 875

Kolen ⅓ Newcastle, ⅔ Ruhr en Belgische 25 789 920 KG. „ 229 426

Smeermiddelen . . . . „ 20 670

Te zamen in 39 maanden . . . . ƒ 392 091

Gerekend over 36 maanden en 18100 H. A. . . . . „ 7.50 per H. A. per maand.
Van 1 Juli 1852—1 Juli 1856.

Kolenverbruik . . . . ƒ 207 759

Smeermiddelen . . . . „ 15 200

Totaal bedrag van onkosten der werktuigen, stichting,

verbetering, herstelling, brandstoffen, smeermiddelen

en personeel van begin tot 1 Juli 1856 . . . . . . „ 2 405 433

Verwarmingsoppervlak elk . . . . · . . . . . 48 M²

Vermeerderd met vier herstelde ketels (b) van de Leeghwater November 1862.

Verwarmingsoppervlak ieder . . . . 66 M²

Stoomdruk, overdruk per cM². . . . · . . . . 3.6 K.G.

De zes ketels (a) vervangen door vier nieuwe (c) . . . . September 1879.

  „ vier „ (b) „   „ twee „ (c) . . . . Julij 1880.

  „ zes „ (c) thans in gebruik, verwarmingsoppervlak ieder 90 M²

Stoomdruk, overdruk per cM². . . . . 4.3 K.G.

(†) De zes ketels van de Cruquius veranderd door wegname

der vlampijpen en vier nieuwe ketels geplaatst . . . . . . November 1860.

te zamen tien, verwarmingsoppervlak ieder . . . . . 45 M²

Stoomdruk, overdruk per cM² . . . . 3.6 K.G.

DE STOOMBEMALING
VAN RIJNLANDS BOEZEM.

Naast de droogmaking van het Haarlemmermeer als voorbeeld van polderbemaling door stoom op groote schaal komt, wat het vermogen der gebruikte werktuigen aangaat, het meest in aanmerking, de stoombemaling van Rijnlands boezem. De stoommachines thans daarbij in dienst, hebben een vermogen in paardekrachten ongeveer gelijk aan dat van de gezamenlijke werktuigen van den Haarlemmermeerpolder, met welker droogmaking de boezembemaling van Rijnland in zeer naauw verband stond. Wegens de groote belangrijkheid van dit onderwerp zullen eenige inlichtingen van algemeenen aard voorafgaan.

De toestand van Rijnlands boezem was in vroegere eeuwen zeer onvoldoende, zooals uit een enkel voorbeeld duidelijk kan blijken. „Bij de schouw die de Kommissarissen JACOB DE QUESNY en WILLEM VAN BERENDRECHT op den 6en Juni 1570 deden, door de Maarn, de groote sloot en de Zijlwatering, bevonden zij, dat de landen ter wederzijde dier wateringen, welke onbekaad waren, nog meer dan een voet onder water stonden, zoodat hunne bedienden die aan den wal stapten, tot over de kuiten in het water gingen, en toen was de boezem reeds 6 duim lager dan zij op den 18en April geweest was." (*)

De voornaamste middelen tot ontlasting van den boezem waren de sluizen te Spaarndam en te Halfweg geholpen door opwaaiingen bij zuid-westen wind in het steeds grooter wordende Haarlemmermeer, waardoor het water aan de binnenzijde der sluizen werd opgestuwd terwijl in het IJ aan de buitenzijde der sluizen

(*) Verhandeling over de droogmaking van de Haarlemmer-meer, door F. G. Baron van Lynden van Hemmen. 's-Gravenhage 1821. Bladz. 25.

waterstand verlaagd werd, zoodat een zeer belangrijk ver-
ontstaan kon. Rijnland stond toen nog bloot aan over-
on...ing van den Slaperdijk, die niet boven een zeker peil
.ht worden opgehoogd wegens de toen bestaande meening,
eene gedeeltelijke overstrooming van Rijnland het gevaar voor
sterdam kon verminderen. Dank aan den aandrang van F. W.
[RAD Sen. is eindelijk dit waterbezwaar op last van Koning
)EWIJK weggenomen door verhooging van den Slaperdijk en kort
na werd in 1805 ook door F. W. CONRAD de uitwatering
Latwijk, waarvoor in vroeger tijd reeds zoo vele ontwerpen wa-
gemaakt, tot stand gebracht.

Toen nu tot de droogmaking van het Haarlemmermeer besloten
, moest allereerst op den toestand van Rijnlands boezem worden
.t. Door de droogmaking zou deze van 22700 H.A. tot
.0 H.A. worden verkleind, tevens het voordeel missen van de
aaiingen in het Haarlemmermeer naar de sluizen van Halfweg
bovendien gedurende de uitmaling van het meer, maanden
.ereen met eene aanzienlijke hoeveelheid water worden bezwaard.
laatste nadeel woog te meer, omdat voor de polders in Rijnland
noorden van den Rijn, waaronder Haarlemmermeer behoorde,
1 maalpeil bestond. De voorgestelde middelen tot voorziening
.eze bezwaren waren de volgende.

Eerstens de verbetering van de Katwijksche uitwatering, die
wel volkomen geslaagd wat de werken zelf betreft, echter niet
eel beantwoord had aan de verwachtingen ten opzichte van
waterafvoer. De redenen daarvan zijn uitvoerig uiteengezet
le vroeger vermelde memorie van J. DE GELDER en komen
op neder, dat de toeleidingskanalen te nauw waren in
gelijking van het uitstroomingsprofil der sluizen. Bij de eb
le zich een buitengemeen sterk verhang in en het doorstroo-
gsprofiel, dat dientengevolge boven de sluisdorpels beschik-
. bleef, was veel kleiner dat dat, waarop men gemeend
te mogen rekenen bij den toenmaligen stand der waterloop-
.de. (*) Vandaar dat de sluizen te Halfweg onder gunstige

) Memorie van den hoogleeraar J. de Gelder, Leiden 1821, bladz. 51—78.

omstandigheden nog altijd grooter aandeel behielden in de ontlasting van Rijnlands boezem dan de sluizen te Katwijk, niettegenstaande de zooveel lagere ebben in de Noordzee vergeleken
met die in het IJ.

Merkwaardig in verband met dezen toestand waren de plannen
van J. Pz. Dou (*), die reeds in 1629 en 1634 ontwerpen gaf tot
doorgraving van Holland op zijn smalst, waardoor de ebben op
het IJ verlaagd en dus de loozing van Rijnland aan de noord-
zijde verbeterd zou worden. Door C. Brunings is in 1772 beweerd
dat die verlaging alleen dan zou worden bereikt, indien het
IJ aan de oostzijde werd afgesloten en zooals bekend is, werd
in 1823 eene prijsvraag over de afdamming van het IJ uitgeschreven. De bedoeling daarvan, al werd die ook niet uitgesproken, was een nieuwen voorboezem aan Rijnland te verzekeren,
waardoor een der grootste bezwaren tegen de droogmaking van
het Haarlemmermeer zou zijn weggenomen. Aan deze prijsvraag
dankt men het ontwerp van A. F. Goudriaan, waarvan de
uitvoering in 1826 is aangevangen, maar op aanvraag van Amsterdam reeds in 1828 gestaakt werd, en een plan van D. Mentz,
waarin de doorgraving van Dou was opgenomen. Dit plan van
Mentz werd weder ter hand genomen en in 1849 uitgewerkt
in het belang der waterverversching van Amsterdam door W. A.
Froger, die in 1852 zijn ontwerp omwerkte met het oog op de
behoeften van de scheepvaart der hoofdstad en ook het ontwerp
voor de concessie-aanvrage van het thans bestaande Noordzee-
kanaal gemaakt heeft.

De Staats-commissie van 1837 voor de droogmaking van het
Haarlemmermeer kon wegens de bezwaren van Amsterdam geen
afsluiting van het IJ voorstellen en moest dus uitzien naar andere
middelen tot voorziening in den toestand van Rijnlands boezem
in geval eener droogmaking. In de talrijke plannen voor deze

(*) Een oud plan van doorgraving van Holland op zijn smalst, met eenige bijdragen tot de levensbeschrijving van Jan Pieterszoon Dou, zijn zoon Johannes Dou,
zijn kleinzoon Jan Johanneszoon Dou, alle drie landmeters van Rijnland, door
Mr. J. P. Amersfoordt. (Overgedrukt uit het Tijdschrift van het Kon. Inst. van
Ing. 1872—1873). 's Gravenhage, Gebr. J. en H. van Langenhuijsen 1873.

droogmaking was meestal vastgehouden aan het denkbeeld om
onafhankelijk van Rijnlands boezem het Meerwater op het IJ
te loozen. In zijne nota van 1838 had SIMONS voorgesteld de
stoomwerktuigen voor de droogmaking dienstbaar te maken om
den boezem van Rijnland in geval van hoogen waterstand
te ontlasten door overmaling in de voorgestelde ringvaart om
den Haarlemmermeer, die een eigen uitloozing in het IJ zoude
bezitten, maar aan dit voorstel is geen gevolg gegeven.

Het werkelijk beste middel is met wijziging van zijn ontwerp van 1829 door D. MENTZ aangegeven, namelijk het water
uit het meer op Rijnlands boezem te loozen en voorts op grond
van de goede uitkomsten aan den Arkelschen dam verkregen een
stoomgemaal tot ontlasting van Rijnlands boezem, hetzij te Halfweg of te Spaarndam te stichten. De Staats-commissie van 1837
heeft dit denkbeeld vastgehouden en stelde de volgende werken
voor: een vierde sluis te Halfweg, verbetering van de uitloozing
te Katwijk, wegneming van de droogte in het Spaarne en een
stoomgemaal van 180 paardekrachten bij Spaarndam, dat bij de
behandeling der wet van 1839 door de Regeering werd toegezegd.

De commissie van beheer en toezicht besloot met geringe
wijziging van het bovenstaande tot de volgende maatregelen:
verbetering van de Katwijksche uitwatering, verruiming van het
Spaarne, een stoomgemaal bij Spaarndam van minstens 180 paardekrachten en zoo noodig nog een uitwateringssluis te Halfweg. De
verbetering van het Katwijksche kanaal zoude geschieden door het
aanbouwen van twee openingen aan de binnensluis, het verbreeden
van het kanaal, dat naar de binnensluis voerde, het graven
van een nieuw rechtlijnig kanaal naar de Liede in de richting
en ter vervanging van de Rijnsburgsche Vliet, en eindelijk
het verruimen van bruggen. Het sluiswerk werd in 1844 voltooid,
terwijl het nieuwe kanaal naar de Liede met wat daarbij behoorde
reeds in 1841 aan Rijnland was overgedragen. In de Katwijksche
uitwatering was hiermede eene groote verbetering gebracht, maar
de verhangen bleven nog vrij aanzienlijk, zoo als men in bijzonderheden kan nagaan in de belangrijke adviezen daarover in 1868
en 1872 aan Rijnland uitgebracht.

De stichting van het stoomgemaal te Spaarndam vastgesteld zijnde, werd den 14 Maart 1840 door de commissie van beheer en toezicht besloten opneming te laten doen van stoomwerktuigen in Engeland voor soortgelijk doel dienende. Dit werd opgedragen aan M. G. Beijerinck en later mede aan A. Lipkens en G. Simons, toen deze tot leden dier commissie benoemd waren. Omtrent de werktuigen in Engeland destijds in gebruik en meest allen ingericht door den Heer Glijnn, vindt men eenige aanwijzingen in de nota van Simons van 1838 en meer uitvoerig in de bekende verhandeling van Simons en Greve van 1843. Over die werktuigen werd niet gunstig geoordeeld en dat dit oordeel juist moet geweest zijn, is later gebleken door een zeer belangrijk artikel over schepraderen van W. Airy (*). Simons vermeldde in eene noot bij zijne verhandeling van 1843 „de heer Glijnn wordt gebruikt door fabrikanten van stoomtuigen (de *Butterly Company* in *Yorkshire*); daardoor is misschien te verklaren dat de bemaling minder goed is ingerigt, dewijl de ingenieur zich moet schikken naar het bijzonder belang der fabrikanten". Zoo als vroeger werd vermeld, is het schepradgemaal in 1847 gesticht voor de polders Cool, Schoonderloo en Beukelsdijk, door de Butterly company geleverd.

Het is zeer verklaarbaar, dat de werktuigkundige commissie bij het opmaken van het ontwerp voor de machine te Spaarndam er de voorkeur aan gegeven heeft geheel zelfstandig te werk te gaan, ten einde ook bij dit werktuig zoo veel mogelijk een matig brandstofverbruik te verkrijgen. Den 13 December 1841 was het voorloopig plan, wat aangaat de plaats der stichting, vastgesteld, maar Rijnland moest nog worden gehoord, en dit collegie wenschte voor alle zekerheid twee stoomgemalen ieder van het halve in plaats van een van het geheele vermogen, opdat bij mogelijk ongeval bijv. van brand, althans een van beiden behouden zou blijven. De commissie van beheer en toezicht had daartegen bezwaar wegens de vermeerdering van kosten en daar het plaatsen van twee afzonderlijke werktuigen in één gebouw

----

(*) Engineering 18 Maart en 6 Mei 1870.

toch geen waarborg gaf ingeval van brand, is aan den wensch van Rijnland niet voldaan. Het blijkt niet duidelijk uit de beschikbare gegevens, wie het ontwerp voor het stoomgemaal te Spaarndam heeft opgemaakt, maar den 29 April 1842 is met Dixon en C°., de toenmalige firma der thans nog te Amsterdam bestaande fabriek de Atlas, eene overeenkomst gesloten voor het leveren en opstellen van het stoomwerktuig, terwijl het gebouw den 24 Januari 1843 werd aanbesteed.

De machine was horizontaal en werkte direct op de assen der tien schepraderen, waarvan ter weerszijden van het machine-gebouw vijf waren geplaatst, die het water opvoerden in een voorboezem, welke door eene sluis met twee openingen in het IJ loosde. De totale breedte der schepraderen was 22 M. en aangezien de breedte van het scheprad van een grooten windmolen op 0.50 M. mag gerekend worden, zoo stond het gemaal te Spaarndam in hoofdzaak gelijk met 44 windmolens. Daar echter een windmolen gerekend wordt slechts 60 maaldagen in een jaar te hebben, zoo was het gemaal gedurende 360 dagen werkende gelijk te stellen aan 264 windmolens en mocht dus het vermogen van het te stichten werktuig zeer aanzienlijk worden geacht.

Bij de uitvoering van dit werk ontbrak het niet aan moeielijkheden. Het moest volgens contract gereed zijn om beproefd te kunnen worden in Mei 1843, maar vertragingen van verschillenden aard maakten, dat de eerste proefmaling geen plaats kon hebben vóór 20 Juli 1844 en toen werden door fouten in den bouw en de opstelling der machine groote bezwaren ondervonden, die in het bekende werk van Gevers van Endegeest uitvoerig zijn medegedeeld. In December 1844 waren deze hersteld, den 6 en 7 Januari 1845 werd de proef herhaald met zes schepraderen en na herstel van nog eenige andere gebreken den 1, 5 en 9 Februari met 6, 8 en 10 schepraderen.

Deze proeven dienden enkel tot onderzoek van de werking der machine en toen nu alles in orde was, werd den 7 Juni 1845 eene proefmaling gehouden ter bepaling van het vermogen; de hoogte van opvoer was daarbij nagenoeg 1 M. en de opgevoerde waterhoeveelheid bedroeg 84.3 M^3. in de minuut per meter breedte der schepraderen. Den 1 Juli werd de machine weder in gang gezet, maar toen brak de koppelbos van de rechter werkas en dit gaf aanleiding de machine te beproeven enkel met de vijf schepraderen ter linkerzijde, hetgeen goede uitkomsten gaf. Toen alles hersteld was, bleek bij eene proef op 20 Augustus 1845, dat de stoel van een der schepradassen geheel was losgewerkt; na herstelling werd den 11 October de proef herhaald zonder te voldoen en inmiddels begon Rijnland op de indienststelling van het gemaal aantedringen, aangezien de plempdijk, die voor de indijking van het meer achter de sluizen te Halfweg aangelegd was, het voordeel van de opwaaiingen geheel had weggenomen.

Den 13 December 1845 werd het werktuig het eerst voor de uitwatering van Rijnland in geregelden dienst gesteld en bleef 85 uur in beweging, toen de voedingpomp onvoldoende bleek en den 5 Februari 1846 de naaf van een der jagtwielen scheurde. Den 31 Maart kwam het gemaal weder in werking tot 15 April, toen weer stilstand volgde wegens het schoonmaken der ketels; den 2 Mei begon de werking weder, maar brak een as der luchtpompbeweging en toen dit hersteld was, werd weder belemmering ondervonden door water in den stoomcylinder.

De commissie besloot toen, hoewel de tijd voor het onderhoud bij contract vastgesteld nog niet was afgeloopen, de machine in eigen beheer te nemen en aan den heer W. HUSBAND, die met haar in betrekking stond als gemachtigde van de fabrikanten voor de machines van de droogmaking, op te dragen de machine te Spaarndam te onderzoeken, zoover noodig uit elkander te nemen en te herstellen. Den 26 November 1846 werd alles met goeden uitslag beproefd en het werktuig heeft daarna geregeld dienst gedaan. Alleen is den 29 Augustus 1848 door verzuim in het aftappen van water uit den cylinder de cylinderdeksel stuk geslagen, doch hiermede werd de lange lijdensgeschiedenis gesloten.

Hoe verkort ook medegedeeld, zoo zijn bovenstaande bijzonderheden toch geschikt om eenig denkbeeld te geven van de moeielijkheden die ondervonden zijn, toen de werktuigkundige commissie het ondernam een tiental schepraderen door één groot stoom-

:tuig te drijven in plaats van, zoo als aan den Arkelschen
was geschied, voor elk scheprad eene afzonderlijke stoom-
iine op te stellen. Op de hoofdoorzaken der ondervonden
aren zal nader worden gewezen; in het belang eener ge-
lde volgorde moet eerst in hoofdtrekken de aanleiding tot
stichting van de overige boezemgemalen van Rijnland worden
egedeeld.

ooals vroeger is gezegd, had de commissie van beheer
oezicht het voornemen bij Halfweg eene nieuwe uitwaterings-
te bouwen; nadere overwegingen evenwel deden het raad-
er achten in plaats daarvan een stoomgemaal te stichten tot
ng hetzij op den IJsel bij Gouda, op de Noordzee bij Kat-
of op het IJ bij Halfweg. Rijnland verlangde een hoogen
em, gevormd door een nieuw kanaal uit den Ouden Rijn
Zwammerdam naar den IJsel met 10 windmolens, waaruit
et, dat ook voor boezembemaling de voorstanders van wind
steeds op het terrein waren. Ten slotte werd echter aan een
mgemaal van 100 paardekrachten bij Halfweg (plaat XIII)
voorkeur gegeven ook met het oog op mogelijken stilstand van
gemaal te Spaarndam.

)e werktuigkundige commissie daartoe gemachtigd sloot in het
·jaar van 1848 eene voorloopige overeenkomst voor de levering
machine met de fabriek van PAUL VAN VLISSINGEN en DUDOK
HEEL te Amsterdam, maar, toen het in Juli van dat jaar tot de
)esteding zou komen, werd deze door geldgebrek verhinderd
eerst in April 1851 had de aanbesteding plaats van het gebouw,
rvan het ontwerp door J. A. BEIJERINCK was opgemaakt.
Maart van dat jaar werden twee contracten met de fa-
k van VAN VLISSINGEN gesloten voor de machine en voor
schepraderen en hunne assen, waarbij bepaald werd dat met
rt 1852 alles moest zijn opgeleverd. Doch ook hier was
er vertraging, eerst in October 1852 kwam het gemaal gereed,
r tot geregelde werking kwam het niet in dat jaar, waarin
l Juli de Staatscourant reeds het bericht gebracht had: de
er is droog.

)ok dit stoomgemaal had, even als dat te Spaarndam, eene

horizontale, dubbelwerkende machine van hooge drukking met expansie en condensatie, maar had ter weerszijden van de machine drie schepraderen en dus in het geheel een zestal ter gezamenlijke breedte van 12 M. Bij dit werktuig geschiedde de overbrenging van beweging op de schepraderen door middel van gegoten ijzeren kamwielen, waardoor met behoud van matige snelheid voor de schepraderen de machine een grooter aantal omwentelingen kon maken en dus voor het vereischte vermogen de stoomcylinder kleiner afmetingen verkreeg.

Op de oorspronkelijke teekeningen der machine, waarvan copiën zijn aan de Polytechnische school, vindt men engelsche opschriften die aanwijzen, dat er bij het opmaken van het ontwerp' mede-werking heeft plaats gehad van een engelsch deskundige. Door navraag bij den heer W. Husband thans te Hayle in Cornwallis, is gebleken, dat het ontwerp van zijne hand was. Bezwaren in de uitvoering zijn niet ondervonden, alleen bleken de gesmeed ijzeren spaken der jagtwielen te slap, zoodat zij door onderlinge verbinding met zware ijzeren banden verstijfd moesten worden.

De goede uitvoering van dit tweede stoomgemaal was voor een deel te danken aan de ervaring te Spaarndam verkregen, maar zeker ook voor een niet onbelangrijk deel aan de medewerking van H. Radier (*) een der bekwaamste werktuigkundigen, die ons land gehad heeft. Oorspronkelijk kastenmaker van beroep,

---

(*) Geboren 5 October 1795, overleden te Haarlem 19 Juni 1884.

„Te Haarlem overleed onlangs in den hoogen ouderdom van 88 jaren, een door zijne nederigheid in ruimer kring minder bekend, maar niettemin merk-waardig man. Het was de heer Hendrik Radier, die jaren lang als uitnemend werktuigkundige in zijne onmiddellijke omgeving in hooge achting stond. Het was onder zijne leiding dat indertijd de eerste Nederlandsche stoomboot in de vaart kwam. Op en top *self made man*, bewerkte hij, door zijne uitgebreide kennis, dat aan de voormalige fabriek van de firma Paul van Vlissingen en Dudok van Heel, indertijd de engelsche werklieden door Nederlanders vervangen werden. Tal van grootsche werken hadden aan hem hun aanzijn te danken, en hoewel dit minder van algemeene bekendheid was, gaf het toch aanleiding dat hij tot ridder in de orde van de Eikenkroon werd benoemd en het bestuur van het genootschap „Natura Artis Magistra" hem het eerelidmaatschap aanbood. Van verschillende zijden werden hem voorts, gedurende zijn lang en werkzaam leven, treffende bewijzen van achting en onderscheiding geschonken." (*N. v. d. Dag*, 5 *Juli* 1884).

was hij als modelmaker gekomen aan de fabriek door P. VAN VLISSINGEN Sen. in 1826 gesticht en is aldaar tot mededirecteur der fabriek opgeklommen. Hij was een man van grooten aanleg met buitengewone volharding, die niettegenstaande volslagen doofheid jaren lang de ziel is geweest der inrichting, die nog altijd bestaat en aan zijn arbeid buitengewoon veel te danken heeft gehad Hij was de type van den werktuigkundige in den tijd, toen academische opleiding in dit vak nog niet verkrijgbaar was, en de talrijke machines door hem met goeden uitslag ontworpen en uitgevoerd leveren een sterk sprekend voorbeeld van de bekwaamheid, die ook bij geheel ontbreken van wetenschappelijke vorming langs den weg der ervaring kan verkregen worden. Dat deze bekwaamheid bekend was en gewaardeerd werd, blijkt wel het best doordien voor de machine te Halfweg met de fabriek, waar RADIER werkzaam was, werd gecontracteerd en het is niet te verwonderen dat, toen nog een derde stoomgemaal noodig bleek, de commissie zich andermaal tot deze fabriek wendde hoewel ditmaal te vergeefs, daar men het over den prijs niet eens kon worden.

De redenen waarom, nadat de Haarlemmermeer sedert Juli 1852 droog was, er behalve de twee boezemgemalen te Spaarndam en te Halfweg nog een derde gemaal noodig werd geacht, zijn uitvoerig medegedeeld in het bekende werk van GEVERS VAN ENDEGEEST, in hoofdzaak komen zij hierop neer. In 1847 was er met Rijnland eene overeenkomst gesloten, waarbij bepalingen werden gemaakt omtrent de werking der Haarlemmermeermachines om te voorkomen, dat de boezem van Rijnland met te veel water bezwaard werd.

In 1851 werd aan de commissie van beheer en toezicht op de droogmaking een uitvoerig betoog overgelegd, door 's Rijks Waterstaat opgemaakt, naar aanleiding van grieven van verschillende landeigenaren en polderbesturen in Rijnland over door hen ondervonden waterbezwaar. In dat betoog werd aanbevolen een maalpeil in Rijnland in te voeren, maar Rijnland maakte daartegen groot bezwaar en het is ook niet zoover gekomen. Toen nu in 1851 de commissie nog een wenk van de Regeering kreeg om in de bezwaren te voorzien, antwoordde zij bij missive van 29 December 1851, wees op het stoomgemaal aan den IJsel, dat in eene missive van 20 Januari 1851 met het stoomgemaal bij Halfweg door haar was voorgesteld en ging inmiddels voort met de voorbereiding der stichting van dat stoomgemaal.

Den 27 December 1851 werden de hoofdafmetingen vastgesteld en den 23 Februari 1852 werd een rapport door J. A. BEIJERINCK ingediend, waarin werd aangewezen, dat het stoomgemaal vóór den winter 1852—1853 gereed kon zijn. Het natte najaar van 1852 had inmiddels de overtuiging versterkt, dat een stoomgemaal aan den IJsel bij Gouda eene behoefte kon worden genoemd, doch een wetsontwerp om in deze nieuwe uitgaaf te voorzien werd eerst voorgedragen in April 1854 en niet afgedaan. In het begin van 1855 andermaal aangeboden, werd het den 22 April van dat jaar aangenomen.

Inmiddels was de commissie gemachtigd alles voor de aanbesteding voor te bereiden en tevens uitgenoodigd om de uitvoering van dit werk nog op zich te nemen, hoewel hare taak ten opzichte van het voormalige Haarlemmermeer eigenlijk voltooid was. Het opmaken van het ontwerp werd door haar opgedragen aan den ingenieur, die intusschen J. A. BEIJERINCK vervangen had, den heer T. N. MICHAELIS, een der eerste leerlingen der Koninklijke Academie ter opleiding van Burgerlijke Ingenieurs, welker oprichting bepaald was bij Kon. besluit van 8 Januari 1842 en die den 4 Januari 1843 was ingewijd met A. LIPKENS als Directeur. (*)

In het laatst van December 1855 werden de gebouwen en de bijkomende graafwerken aanbesteed; bij de uitvoering bleek dat de Hanepraaisluis, achter welke het stoomgemaal gelegen was, eene geheele vernieuwing eischte; deze kwam in 1857 gereed en het gevolg van dit oponthoud was, dat het stoom-

(*) Aan het einde van den eersten cursus in 1846 hadden met goed gevolg examen afgelegd: J. Lebret, J. L. Schneitter, T. N. Michaëlis, F. D. N. van Deventer, C, de Groot, H. F. G. N. Camp, W. J. A. Nieuwenhuijsen, H. Reijers en eenige maanden later H. Linse, E. J. Schade van Westrum, H. L. van der Lelie en P. J. Mouthaan.

Den 7 September 1845 was G. Simons benoemd tot onder-directeur en met September 1846 tot directeur ter vervanging van A. Lipkens.

gemaal eerst in November 1857 beproefd kon worden. Daar men het met de fabriek van VAN VLISSINGEN niet eens had kunnen worden over den prijs, waren twee andere fabrikanten tot inschrijving uitgenoodigd en de vervaardiging van de machine werd opgedragen aan de fabriek de Atlas, die ook het werktuig te Spaarndam gemaakt had, maar sedert onder ander bestuur was gekomen. Het toezicht over de uitvoering werd opgedragen aan den zoon van M. G. BEIJERINCK, den heer W. F. A. BEIJERINCK, die ook met het toezicht op de uitvoering van de machine te Halfweg was belast geweest.

Dit stoomgemaal te Gouda was van 120 paardenkrachten, en geheel overeenkomstig met dat te Halfweg, behoudens het verschil in vermogen en eenige wijziging in ondergeschikte punten van de machine; in Maart 1858 werd het aan Rijnland overgedragen en door dit college in beheer overgenomen.

De geregelde ontlasting van Rijnlands boezem is door de drie gemalen van Spaarndam, Halfweg en Gouda verzekerd gebleven, tot dat de voorgenomen afdamming van het IJ bij den aanleg van het Noordzee-kanaal aanleiding gaf tot nieuwe overleggingen, die het stichten van een vierde boezemgemaal te Katwijk ten gevolge hebben gehad. Een volledig overzicht van hetgeen daarop betrekking heeft zou te groote uitvoerigheid eischen bij den beperkten omvang van dit werk, doch zie hier de hoofdzaken.

Onder de groote werken, die Koning Willem I in het belang van ons vaderland wenschte tot stand te brengen, waren er drie, die uit een waterstaatkundig oogpunt nauw te zamen hingen: de droogmaking van het Haarlemmermeer, de afsluiting van het IJ en de doorgraving van Holland op zijn Smalst. Tegen de droogmaking verklaarde Rijnland zich bij monde van J. DE GELDER, van de afdamming van het IJ moest worden afgezien wegens verzet van Amsterdam en de doorgraving ontworpen door D. MENTZ bleef achterwege, daar op voorstel van den inspecteur-generaal J. BLANKEN Jz. tot den aanleg van het Noord-Hollandsch-kanaal werd besloten.

De tijd heeft echter deze drie groote werken tot stand zien komen. Rijnland liet de droogmaking toe, maar kreeg in ruil eene boezembemaling met 400 paardekrachten en Amsterdam vroeg vele jaren later de afdamming als middel om de doorgraving te verkrijgen. Rijnland stelde toen als voorwaarde van zijne toestemming tot de afdamming, dat een peil van 0,50 M. beneden A.P. in het Noordzee-kanaal zoude worden gewaarborgd en aan den concessionaris van dit werk J. G. Jäger, werd de verplichting opgelegd om zonder op de loozing aan de Noordzee te rekenen, genoegzame hulpmiddelen te verschaffen tot natuurlijke en kunstmatige loozing op de Zuiderzee, waardoor dit peil in het toekomstige kanaal zoude kunnen worden gehandhaafd.

Rijnland had meer gewenscht, zoo als blijken kan uit het volgende uittreksel uit een adres den 4 October 1862 door dijkgraaf en hoogheemraden aan de Tweede Kamer ingediend.

"Wanneer men de groote zeesluis, in plaats van nabij zee, zoo als het tegenwoordig ontwerp medebrengt, in de onmiddelijke nabijheid van Sparendam, vestigde, zoodat men van daar tot aan zee, een door behoorlijke zeedijken beschermd buiten kanaal verkreeg, dan had men slechts achterom ons stoomgemaal een kort lozingskanaal te graven, dat door middel van een duikersluis gemeenschap heeft met het *buiten* kanaal, om aan Rijnland een vrije, aan geen peil gebondene afwatering op de Noordzee te verzekeren. (*)

Deze wensch werd niet vervuld en toen dus de concessie voor het Noordzee-kanaal bekrachtigd was in 1863 en in den winter van 1866—67 groot waterbezwaar werd ondervonden, raadpleegde Rijnland de h.h. J. F. W. Conrad, L. A. Reuvens en T. J. Stieltjes over de vraag: op welke wijze het mogelijk zou zijn aan Rijnland een vasten boezemstand te verzekeren, die behalve in zeldzame omstandigheden tot 0.40 M. beneden A. P. beperkt zoude blijven. Naar aanleiding van deze opdracht werd een belangrijk verslag uitgebracht, waarin naast vele andere voorstellen ook gewezen werd op de wenschelijkheid om het gemaal te Gouda in staat te stellen bij rijzenden buitenwaterstand langer door te werken dan de inrichting van dit gemaal toeliet.

(*) Amsterdam en Rotterdam. Verzameling van stukken betreffende de doorgraving van Holland op zijn Smalst en van den Hoek van Holland. Rotterdam, J. W. van Leenhoff en zoon. 1881, bladz. 70.

e wenschelijkheid dit zonder geheele verbouwing te verkrijgen,
en aanleiding geweest tot de uitvinding van het pomprad door
heer H. OVERMARS Jr., die door STIELTJES op dit vraagstuk op-
zaam was gemaakt. De h.h. CONRAD c. s. stelden voor een der
ande schepraderen te Gouda als proef door een pomprad te
angen en aan dit voorstel is gevolg gegeven, echter in dien
dat men de proef met alle zes schepraderen tegelijk genomen
t. Daarbij zijn toen niet geringe bezwaren ondervonden, doch
rijziging is tot stand gekomen en heeft in de behoefte aan
zer opvoer voldaan.

middels waren de werken tot afdamming van het Y, waar-
het tot stand komen in 1868 twijfelachtig scheen, zoover
rderd, dat in 1872 tot de afsluiting zou worden overgegaan,
dijkgraaf en hoogheemraden raadpleegden de h.h. CONRAD
. vereenigd met den ingenieur hoofd-opzichter van Rijnland
MAAS GEESTERANUS, ter beantwoording van de vraag: Of
de sinds Maart 1867 opgedane ondervinding omtrent Rijn-
ls boezem, — in verband met hetgeen zich van den invloed
werken van het Noordzeekanaal laat voorzien, — het nog
lzaam zij de voltooiing en werking van die werken af te wachten,
rens maatregelen van ingrijpende radicale verbetering te nemen.
n de „nadere adviezen" toen uitgebracht, belangrijk ook wegens de
bij medegedeelde gegevens omtrent de werking van het
wijksche kanaal, werd voorgesteld: een nieuwe buitensluis te
wijk aan zee, een stoomgemaal van acht hevel-centrifugaal-
pen op die sluis gesteld, en een zijkanaal daarheen uit
bestaande Katwijksche kanaal voorzien van eene nieuwe bin-
sluis naast de reeds bestaande. Daardoor zou de natuur-
loozing aanzienlijk vermeerderd worden, terwijl het stoom-
aal afvoer zou verzekeren gedurende den tijd van hoog
r en werd tevens het voordeel verkregen, dat de kunst-
ige loozing de natuurlijke niet zou belemmeren of daarvoor
le plaats treden.

it ontwerp is echter niet tot uitvoering gekomen. De be-
ren tegen de plaatsing van een gemaal vlak aan zee hebben toen
een der hoofdingelanden Mr. J. P. AMERSFOORDT aanleiding

gegeven een ontwerp in te dienen, waarin het zijkanaal met de nieuwe buiten- en binnensluizen uit het „nader advies" behouden waren, maar tusschen de bestaande en de nieuwe binnensluis een gemaal met centrifugaalpompen geplaatst werd, dat bestemd was om bij hoog water te malen en hetzij door de bestaande of door de nieuwe buitensluis te loozen. Een ander ontwerp van den heer J. B. H. van Royen bedoelde op dezelfde wijze maar met schep- of pompraderen te werken.

Het gemaal dat ten slotte in 1880 tot stand is gekomen, werd ontworpen en uitgevoerd door den tegenwoordigen ingenieur en hoofdopzichter van Rijnland Dr. E. F. van Dissel en verwezenlijkt het denkbeeld van den heer Amersfoordt, wat aangaat de plaatsing van het gemaal naast de oude binnensluis, maar met toepassing van schepraderen, terwijl het nieuwe zijkanaal geheel achterwege is gebleven. De inrichting van dit gemaal (plaat XIV) waarin twee afzonderlijke machines naast elkander zijn gesteld, is vooral merkwaardig omdat het, in afwijking van hetgeen in de „nadere adviezen" van 1872 werd voorgesteld, bestemd is en ook gebruikt wordt om gedurende de eb te werken en alzoo de natuurlijke loozing door de kunstmatige te vervangen.

Schijnbaar nadeelig door onnoodig gebruik van brandstof biedt echter deze wijze van werken voordeelen aan in verschillende opzichten. Eerstens kan de machine behoudens den tijd van de allerlaagste ebstanden onafgebroken blijven werken, waardoor het afwisselend stilstaan, dat altijd nadeelig is voor het brandstofverbruik, voorkomen wordt; voorts is gedurende de eb de hoogte van opbrengst zeer gering, waardoor men alle raderen tegelijk kan laten werken en een grooten waterafvoer verkrijgt; en eindelijk wordt de afgevoerde hoeveelheid, die bij natuurlijke loozing door het geringe verschil van binnen- en buitenwaterstand in de eerste en laatste uren van de eb zeer gering zou zijn, nu bepaald door het vermogen van het stoomgemaal en wordt alzoo in den gegeven tijd en bij de beschikbare wijdte van de buitensluis zooveel mogelijk geloosd.

Deze nieuwe toepassing van stoombemaling, waardoor het afvoervermogen van bestaande uitwateringssluizen verhoogd wordt, zal ongetwijfeld nog veel toepassing in ons vaderland kunnen vinden en zou, om slechts één voorbeeld te noemen, belangrijke diensten kunnen bewijzen in Friesland, waar jaarlijks des winters duizenden hectaren onder water liggen, doordien de hulpmiddelen tot natuurlijke loozing, die aldaar ter beschikking staan, onvoldoende zijn. (*)

AANTEEKENINGEN.

Geschriften betreffende de stoombemaling van Rijnlands boezem.

Verhandeling over de droogmaking van de Haarlemmermeer, door F G. Baron van Lynden van Hemmen. 's Gravenhage en Amsterdam, bij Gebr. van Cleef, 1821. Bladz. 199—265.

Memorie van den hoogleeraar Jacob de Gelder, overgegeven aan het hoogheemraadschap van Rijnland, behelzende deszelfs consideratiën over het ontwerp van den heer Baron van Lynden van Hemmen, strekkende ter droogmaking van de Haarlemmermeer. Te Leyden, bij D. du Mortier en Zoon, 1821.

Beschouwing van de droogmaking van het Haarlemmermeer in betrekking tot Rijnlands Waterstaat. Vervat in een rapport aan de WelEdele heeren Dijkgraaf en Hoogheemraden van Rijnland; opgemaakt ten gevolge van Hun WelEdelens gegevene Commissie, door de Opzieners van het Hoogheemraadschap, A. Hanegraaff, P. de Leeuw en J. Kros, in de maand Februari 1839 (Bibl. Pol. Sch. Waterbouwkunde, wegen en bruggen. G. 48.).

Verspreide Bijdragen van F. W. Conrad. 's Gravenhage en Amsterdam bij de Gebr. van Cleef, 1849. Aanteekeningen betrekkelijk het Hoogheemraadschap van Rijnland en deszelfs verschillende uitwateringen. Bladz. 20—56.

Over de droogmaking van het Haarlemmermeer, door Jhr. Mr. Gevers van Endegeest.

<blockquote>
Eerste gedeelte (1 October 1843) bladz. 27, 83 en 91.

Tweede   „   (December 1852)   „   10, 13, 31, 86 en 101.

Derde   „   (Najaar 1860)   „   9, 19, 32, 51, 111, 152 en 224.
</blockquote>

(*) De boezemstanden in Friesland waren BOVEN ZOMERPEIL, (0.42 M. — A.P.)

1843	. . . .	0.74 M.	13 Maart 1877	. . . .	0.706	M.
1844	. . . .	0.9 „	14	„ „	. . . .	0.7225 „
1845	. . . .	0.71 „	15	„ „	. . . .	0.7325 „
1846	. . . .	0.83 „	16	„ „	. . . .	0.728 „
1852	. . . .	0.76 „	17	„ „	. . . .	0.735 „
1853	. . . .	0.74 „	18	„ „	. . . .	0.725 „
1866	. . . .	0.73 „	19	„ „	. . . .	0.7225 „
1867	, . . .	0.84 „				

Het voorkomen van het te hoog stijgen van het winterboezemwater, door middel van een hulp-stoomgemaal, de provinciale staten van Friesland ter overweging aangeboden door Jhr. Mr. P. B. J. Vegelin van Claerbergen. te Leeuwarden bij W. Eekhoff en zoon. Maart 1877, bladz. 4 en 15.

Nieuwe Verhandelingen van het Bataafsch Genootschap te Rotterdam. Tweede Reeks. Eerste Deel. Tweede Stuk. 1867. Beschrijving van den Waterstaat van het Hoogheemraadschap van Rijnland, door A. van Egmond, Hoofdopzigter van den Haarlemmermeerpolder.

Het verzekeren van een vasten boezemstand aan Rijnland, beschouwd door de ingenieurs J. F. W. Conrad, L. A. Reuvens en T. J. Stieltjes. Beantwoording eener vraag van de vereenigde vergadering van het Hoogheemraadschap, naar aanleiding van het in den winter van 1866 op 1867 ondervonden waterbezwaar, 1868.

Jhr. Mr. D. T. Gevers van Endegeest, het Hoogheemraadschap van Rijnland. 's Hage, 1871.

Nadere adviezen uitgebragt aan Dijkgraaf en Hoogheemraden van Rijnland door de ingenieurs J. F. W. Conrad, L. A. Reuvens en T. J. Stieltjes, in commissie vereenigd met den ingenieur, Hoofd-opzichter van Rijnland, P. Maas Geesteranus. 1871—1872.

Verslag van de commissie tot onderzoek en beantwoording van eenige vraag-punten het Noordzee-kanaal betreffende, ingesteld bij koninklijk besluit van 8 Februari 1873. N°. 8. G. van Tets, J. R. T. Ortt, P. Caland, H. Rose, J. F. W. Conrad, Michaëlis, J. Waldorp, J. Dirks, van Diesen, J. M. T. Wellan. (*)

Tijdschrift van het Koninklijk Instituut van Ingenieurs. 1874—1875. 3de Aflevering. Tweede gedeelte. Verhandelingen, bladz. 213. Beschrijving van de proefmaling met de pompraderen van Rijnland's stoomgemaal te Gouda, 14 October 1873, door het lid J. B. H. van Royen. Plaat 16.

Beschouwingen van den Hoofdingeland Mr. Amersfoordt omtrent het ontwerp der stoomsluis te Katwijk aan zee van den heer Reuvens met figuratieve schets om een denkbeeld te geven van de wijze waarop de inrichting van spuisluis en stoomgemaal wordt gewenscht door Mr. J. P. Amersfoordt. 4 Januari 1874. (Niet in den handel.)

Beoordeeling van dit geschrift door J. W. F. Conrad, T. J. Stieltjes en van den Bergh. 4 Maart 1874. (Niet in den handel.)

Open brief aan Dijkgraaf en Hoogheemraden van Rijnland over de door de HH. J. F. W. Conrad, L. A. Reuvens en T. J. Stieltjes in commissie vereenigd met den heer P. Maas Geesteranus voorgestelde centrifugaalpompen te Katwijk aan Zee. Gevolgd door eene vergelijkende beschouwing van centrifugaalpompen en pomp-raderen, toegepast op de bemaling van den polder Mastenbroek, door J. B. H. van Royen. Utrecht, J. van Boekhoven, 1874. Met eene plaat. Voorloopig ontwerp eener stoompomprad-bemaling voor den polder Mastenbroek.

Is Rijnland in gevaar? Beschouwingen over den open brief van 2 April 1874 van den heer J. B. H. van Royen aan Dijkgraaf en Hoogheemraden van Rijnland, door T. J. Stieltjes Rotterdam, H. A. Kramers en Zoon, 1874.

Tweede en Derde Open brief aan Dijkgraaf en Hoogheemraden van Rijnland, over de door de heeren J. F. W. Conrad, L. A. Reuvens en T. J. Stieltjes in

(*) Amsterdam en Rotterdam, Verzameling van stukken betreffende de doorgraving van Holland op zijn Smalst en van den Hoek van Holland Met kaarten en platen. Rotterdam, J. W. van Leenhoff en Zoon, 1881. Bladz. 300—314.

commissie vereenigd met den heer P. Maas Geesteranus voorgestelde stoombemaling met centrifugaalpompen te Katwijk aan Zee, bevattende beschouwingen over de brochure: Is Rijnland in gevaar? van den heer T. J. Stieltjes en ontwerpen tot het afmalen van Rijnland's boezem met groote waterraderen, door J. B. H. van Royen. Utrecht, J. van Boekhoven, 1874. Met eene plaat: Schetsontwerp eener stoombemaling met waterraderen, benevens uitwateringsluizen te Katwijk aan Zee.

Adres aan Zijne Excellentie den Minister van Binnenlandsche Zaken van Dijkgraaf en Hoogheemraden van Rijnland, betreffende het stichten eener nieuwe waterlozing te Katwijk, in het gemeen belang van het Noordzeekanaal en het Hoogheemraadschap Rijnland. 25 Maart 1876.

Verslag aan Zijne Excellentie den Minister van Binnenlandsche Zaken te 's Gravenhage, betreffende het Noordzeekanaal en de uitwatering van Rijnland, Schermerboezem en Amstelland. Waterstaat N°. 1324. Berigt op kantbeschikkingen dd. 29 Maart 1876, n°. 111 afd. 3. en dd. 2 November 1876, litt. C afd. 3.

Koninklijk Instituut van Ingenieurs. Notulen der vergadering van 11 September 1877. Over de heropening voor de scheepvaart van den voormaligen Rijnmond bij Katwijk. Plaat I.

Weekblad van Haarlemmermeer 18 Januarij 1878. Bezwaarschrift van Mr. Jacob Paulus Amersfoordt, tegen het oprichten door Rijnland van een tweede stoomgemaal te Halfweg.

Hoogheemraadschap Rijnland. N°. 20. Voorwaarden voor de levering en opstelling van het werktuig voor een stoomgemaal te Katwijk aan Zee. Met eene teekening. Aan te besteden den 30en Augustus 1879.

Hoogheemraadschap Rijnland. Bestek N°. 25. Bestek en Voorwaarden voor het maken van de gebouwen en grondwerken, ten behoeve van het stoomgemaal te Katwijk en voor verdieping van het Katwijksche uitwateringskanaal. Aan te besteden den 30sten December 1879, in twee perceelen.

Verslagen aan den Koning over de openbare werken sedert 1850.

Verslagen omtrent den toestand van den algemeenen waterstaat van het Hoogheemraadschap Rijnland. (Niet in den handel.)

Geschriften betreffende de stoombemaling van Delfland en Schieland.

Verhandeling over de uitwatering van Delfland, medegedeeld door J. G. W. Fijnje, ingenieur van den waterstaat te 's Gravenhage. (Handschrift. Bibl. der Pol. Sch. Antwoord op de prijsvraag in 1846 uitgeschreven door de gecombineerde vergadering der beide collegiën van Delfland).

Koninklijk Instituut van Ingenieurs. Notulen der vergadering van 9 Januari 1849. bladz. 198.

Nieuwe verhandelingen van het Bataafsch Genootschap te Rotterdam. Tiende Deel, 1850.

Statistieke opgaven betreffende den Waterstaat van het Hoogheemraadschap van Delfland, door M. G. Beyerinck. Bladz. 187—221.

Statistieke Opgave en Beschrijving van het Hoogheemraadschap van Schieland, door Jhr. Mr. W. T. Gevers Deynoot, Dijkgraaf van Schieland. Bladz. 1—106.

Koninklijk Instituut van Ingenieurs. Verhandelingen 1852—1853, bladz. 41.
Memorie over de verbetering van Delflands waterstaat, door D. J. Storm Buysing,
L. J. A. van der Kun en J. A. Scholten. Augustus 1850.

Voorwaarden van onderhandsche aanbesteding van een stoomwerktuig met toebehooren, voor het boven-stoomgemaal van Delflands boezem achter de vijf sluizen,
op te leveren vóór of op 1 October 1864.

Bestek van het machinegebouw ten dienste van Schieland. 1870.
Bestek voor het stoomwerktuig ten dienste van Schieland. 1870.

Opgave der grootte van verschillende boezems.

De Beemster, oppervlakte . . . . 7 200 HA.
Verhouding boezem tot oppervlakte . . . . 1 : 13.4

De Haarlemmermeer, oppervlakte . . . . 18 100 HA.
Verhouding boezem tot oppervlakte. . . . . 1 : 20

Rijnland, oppervlakte . . . . 123 500 HA.
    „   boezem . . . . 4 600 „
    „   verhouding . . . . 1 : 27
Met vier stoomgemalen.

Kennemerland, oppervlakte . . . . 65 000 HA.
    „   boezem . . . . 1 700 „
Verhouding . . . . 1 : 38

Gedeelte van Vijf Heerenlanden malende op de Zederik, oppervlakte   7 300 HA.
   „   „   „   „   „   „   „   boezem . . 171 „
Verhouding . . . . 1 : 42.5
Met stoomgemaal aan den Arkelschen dam.

Amstelland, oppervlakte . . . . 30 000 HA.
   „   boezem . . . . 510 „
Verhouding . . . . 1 : 59

Delfland, oppervlakte . . . . 30 000 HA.
   „   boezem . . . . 386 „
Verhouding . . . . 1 : 77
Met een stoomgemaal.

Waterschap de Rotte in Schieland, oppervlak. . . . . 10 592 HA
   „   „   „   „   „   boezem. . . . . 120 „
Verhouding . . . . 1 : 85
Met bovengemaal van 8 molens en een stoomgemaal.

DE STOOMGEMALEN VAN RIJNLAND.

Plaat XIII en XlV.

Dank aan het vierde stoomgemaal door Rijnland in 1880 op eigen kosten gesticht, dat een vermogen van ruim 600 paardekrachten · kan uitoefenen, beschikt dit hoogheemraadschap thans over een vermogen van 1000 paardekrachten voor de bemaling van zijne oppervlakte, die 123.500 H.A. bedraagt. Ter vergelijking herinnere men zich, dat de Haarlemmermeerpolder ter grootte van 18100 H.A. goed drooggehouden wordt met een getal van 1080 paardekrachten bij een opvoerhoogte van ongeveer 5 M. waaruit men afleidt, dat een paardekracht in staat is 90 H.A. droog te houden bij 1 M. opvoerhoogte.

Hieruit volgt, dat bij gelijk waterbezwaar door regen als in Haarlemmermeer en zonder op natuurlijke loozing der sluizen te rekenen, de stoombemaling van Rijnland thans in staat is den geheelen waterlast van dit hoogheemraadschap 0.60 M. op te voeren en dus tot een gemiddelden buitenwaterstand van 0.20 M. boven A. P., wanneer het peil van Rijnlands boezem gemiddeld op 0.40 M. beneden A. P. gerekend wordt. Of dit vermogen op den duur voldoende zal blijken niet enkel voor gewone jaren maar ook onder de meest ongunstige omstandigheden, dit moet de ervaring leeren. Vóór de stichting van het gemaal te Katwijk liet de toestand zeker te wenschen over, zoo als uit de volgende zinsnede blijkt:

„De ervaring door onze statistieke aanteekeningen bewezen, doet ons evenwel weten, dat jaren van ons gunstige weergesteldheid steeds door jaren van ons ongunstige weersgesteldheid worden achtervolgd. Zelfs zonder stremming der natuurlijke loozing in het Noorden heeft Rijnland gemiddeld van de 5 jaren 1 jaar van waterbezwaar te verduren, terwijl elk jaar van waterbezwaar gerekend kan worden aan de productie van den Rijnlandschen bodem eene schade van f 2.400.000 toe te brengen. In § 3 der Nota van de bovengenoemde Commissie van ingenieurs van Aug. 1871 (voorkomende blz. 14 en volgende van hare Nadere Adviezen) wordt zulks overtuigend aangetoond." (*)

Met behulp van deze opgave kan men nagaan, welke ontzettende schade Rijnland nu en dan moet geleden hebben in de lange reeks van jaren, toen enkel op natuurlijke loozing door sluizen moest gerekend worden en de vermogende stoomgemalen, waarover het thans beschikt nog niet bestonden. Die hervorming in den toestand van Rijnland heeft plaats gehad in den betrekkelijk korten tijd van 36 jaren, verloopen tusschen de stichting van de machine te Spaarndam in 1844 en van die te Katwijk in 1880. Zij is in de eerste plaats een gevolg geweest van de droogmaking van het Haarlemmermeer, want van 1776 af, toen HOOGENDIJK zijn eerste proeven nam, tot aan de stichting van het gemaal te Spaarndam is van stoombemaling van Rijnlands boezem geen werk gemaakt.

Terwijl nu voor de eigenlijke polderbemaling de periode van proefneming door de stichting van de Haarlemmermeer-machines gesloten werd, moet voor de boezembemaling de stichting van de stoomgemalen van Rijnland als het tijdperk van proefneming worden beschouwd. Het gemaal van den Arkelschen dam diende wel tot boezembemaling, maar daarbij waren alle bezwaren vermeden door voor elk scheprad eene afzonderlijke stoommachine op te stellen en het valt dadelijk in het oog, dat deze wijze van aanleg toegepast op zoo uitgebreide schaal als in Rijnland noodig was, het gebruik van stoomwerktuigen onmogelijk zou hebben gemaakt. Voor het ééne gemaal van Spaarndam zouden reeds tien stoommachines noodig zijn geweest en men mag wel aannemen, dat de

---

(*) Adres aan Zijne Excellentie den Minister van Binnenlandsche Zaken van Dijkgraaf en Hoogheemraden van Rijnland, betreffende de stichting eener nieuwe waterlozing te Katwijk, in het gemeen belang van het Noordzeekanaal en het Hoogheemraadschap Rijnland. 25 Maart 1876. bladz. 18.

werktuigkundige commissie voor de droogmaking er geen oogenblik aan gedacht heeft zulk eene inrichting in het leven te roepen.

Het vraagstuk dat zij had op te lossen was het inrichten van een stoomgemaal voor betrekkelijk geringe maar veranderlijke opvoerhoogte en voor zeer aanzienlijke hoeveelheden van afvoer, zoodat matig kolenverbruik een hoofdvereischte mocht worden genoemd. Zij had geen voorbeeld tot leiddraad bij haren arbeid en stond dus tegenover dit vraagstuk in soortgelijke omstandigheden, als waarin HOOGENDIJK verkeerde bij de eerste proefneming tot het gelijktijdig drijven van een aantal pompen, echter met dit verschil, dat in den tijd van HOOGENDIJK de vraag naar matig brandstofverbruik nog niet aan de orde was.

Het blijkt nergens of het denkbeeld ook in overweging is genomen. voor de boezembemaling van Rijnland pompen te gebruiken naar het voorbeeld, dat bij de bemaling van den Krimpenerwaard was gegeven voor betrekkelijk geringe maar zeer veranderlijke hoogte van opvoer. De commissie bepaalde hare keus tot de schepraderen en gaf daaraan dezelfde inrichting als bij de toenmalige windmolens in gebruik was, namelijk vlakke schoepen rakend gesteld aan een afschotcirkel van zoodanige grootte, dat de hoek van intreding en uittreding der schoepen gelijk is voor de meest voorkomende waterstanden. Wat de constructie betreft, volgde zij het voorbeeld van die aan den Arkelschen dam en gebruikte gegoten ijzeren kokerwielen met houten spruiten en borden.

Nieuw daarentegen was de groote breedte van de schepraderen te Spaarndam, die niet minder dan 2.50 M. bedroeg en verre overtrof wat tot dien tijd gemaakt was; voorts het plaatsen van vijf raderen naast elkander, zoodat de as van het naast aan de machine liggende rad al de volgende drijven moest en ten laatste de verbinding dezer assen door koppelingen, die toelieten een zeker aantal raderen ter weerszijden naar behoefte uit het werk te zetten.

Het eerste vereischte, namelijk eene sterke constructie van de schepraderen, is blijkbaar spoedig bevredigend vervuld; het tweede, de zuivere opstelling van alle raderen, heeft bezwaren ondervonden die in het vorige hoofdstuk zijn medegedeeld maar de fouten door den fabrikant gemaakt, zijn door den heer W. HUS-BAND volledig hersteld geworden; het derde vereischte, namelijk eene goede koppeling, is eerst volkomen verkregen door eene ver-betering aan RADIER te danken, die bij de later gebouwde machine te Halfweg aan de werkende zijde van de tanden der koppelbossen een zwaluwstaart vorm gaf, waardoor het loswerken der koppelingen en het onverwacht uit het werk gaan van enkele raderen gedurende het malen voor goed voorkomen werd.

Het drijven van een aantal breede schepraderen door één enkele machine is sedert algemeen in gebruik gekomen en de eerste proefneming in deze richting door de commissie voor de droog-making van het Haarlemmermeer heeft rijke vruchten gedragen. De stoomgemalen van Halfweg, Gouda en Katwijk, de beide stoomgemalen van den polder Mastenbroek, het stoomgemaal van Delfland, van het kanaal van Steenenhoek en van Amsterdam bij Zeeburg zijn allen met kleine wijziging herhalingen van hetgeen het eerst ten dienste van Rijnlands boezem is gesticht.

Wat de inrichting der gebouwen aangaat, is ook bij latere toepas-singen de inrichting gevolgd aan het stoomgemaal van Spaarndam ge-geven, namelijk de plaatsing van een gelijk aantal raderen ter weerszijden van het machinegebouw, waardoor elk der werkassen ter weerszijden slechts het halve vermogen heeft overtebrengen. In enkele ge-vallen heeft die inrichting een nadeel door de groote ruimte welke gevorderd wordt, zooals uit het voorbeeld van Katwijk te zien is, alwaar de ontgraving voor de toevoer- en afvoerkanalen eene breedte vereischt heeft belangrijk grooter, dan voor den eigen-lijken watertoevoer naar de schepraderen noodig was. In een ontwerp voor dat gemaal van den heer VAN ROIJEN, was dit nadeel vermeden door alle raderen aan eene zijde van het machi-negebouw te plaatsen, maar men vervalt daarbij in het bezwaar, dat de werkassen en schepradassen zwaarder afmetingen verkrijgen, doordien zij dan het geheele vermogen van de machine in ééne richting moeten overbrengen.

De beste wijze om die bezwaren te ontgaan is die welke in Italie gevolgd wordt, waarbij de beweging wordt overgebracht niet door de assen van de schepraderen maar door een as, die langs al de raderen loopt en met rondsels ingrijpt op tandkransen, die op den omtrek der schepraderen zijn aangebracht (plaat XV). Zooals men weet, is deze inrichting in 1825 voorgesteld (*) door J. BLANKEN Jz., onder den naam van vereenvoudigd stelsel, ten dienste van windmolens, ook voor het geval van hulpstoomvermogen, doch na enkele toepassingen hier te lande weder in onbruik geraakt.

Reeds vroeger is vermeld, dat in het gemaal te Spaarndam de machine direct op de schepraderen werkte en een enkel woord tot verklaring dezer inrichting, die sedert niet meer gevolgd is, mag niet ontbreken. De schepradgemalen, die door LIPKENS en SIMONS in Engeland waren bezocht hadden, zooals reeds vroeger werd opgemerkt, geen gunstigen indruk achtergelaten. Het is waarschijnlijk, dat tot deze ongunstige meening heeft medegewerkt de gebrekkige toestand van de kamwielen, die daarbij in gebruik en bij den toenmaligen stand der machinefabrikatie zeker niet zoo goed afgewerkt waren, als men ze thans krijgen kan.

Bij de machine te Halfweg heeft men tandraderen toegepast en de tanden van dezen waren zeer nauwkeurig geconstrueerd volgens „WILLIS' Odontograph;" zij hebben thans ruim dertig jaar geloopen en eene spiegelgladde oppervlakte verkregen, die het bewijs levert, dat bij goede uitvoering de wrijving bij tandraderen, welke somtijds overschat wordt, geen bezwaren oplevert. Deze tandraderen zijn ook daarom merkwaardig, omdat zoowel het kamwiel als het rondsel ijzeren tanden heeft, waardoor het bewijs geleverd is, dat bij overbrenging van beweging in vertragenden zin het gebruik van houten tanden, die nog dikwijls in stoomgemalen voorkomen, overbodig is.

Om het weglaten van de overbrenging der beweging door kamwielen bij de machine van Spaarndam te begrijpen, moet men zich vooral herinneren, dat bij de stichting van dit werktuig een matig brandstofverbruik op den voorgrond stond. In den tijd waarin die stichting plaats vond, was de cornwallsche machine de eenige die zich door laag kolenverbruik onderscheidde en toepassing van

---

(*) Nieuwe verhandelingen van het Bataafsch Genootschap te Rotterdam. Zesde deel. Tweede stuk. 1826.

deze was dus onvermijdelijk. De regeling van aan- en afvoer van den stoom geschiedde bij werktuigen van die soort door kleppen, die door vallende gewichten werden geopend en voor de geregelde werking van deze kleppen was eene matige snelheid van de machine een vereischte. Aangezien deze geringe snelheid van de machine goed paste bij het geringe aantal omwentelingen van de schepraderen, was het besluit deze direct aan de machine te verbinden bij eene eerste toepassing zeer verklaarbaar.

Deze toepassing van eene cornwallsche stoommachine van dubbele werking tot het voortbrengen van ronddraaiende beweging en voor het aanzienlijke vermogen van 200 paardekrachten, was een geheel nieuw vraagstuk, dat niet geringe moeielijkheden opleverde, zoowel bij het opmaken van het ontwerp als bij de uitvoering daarvan. De verdienste van LIPKENS en SIMONS is geweest, dat zij ook dit vraagstuk aangedurfd en niet gerust hebben, voor dat het behoorlijk was opgelost. Waren zij daarvoor teruggedeinsd en hadden zij zich bepaald tot navolging van bestaande voorbeelden, zooals van den Arkelschen dam of den Zuidplas, het brandstofverbruik zou zoo aanzienlijk zijn geweest, dat de stoombemaling, al ware zij voor het uitpompen van het Haarlemmermeer geslaagd, zeker blijvend in slechten roep zou gekomen zijn voor andere gevallen.

Eene uitvoerige beschouwing van werktuigbouwkundigen aard zoude noodig zijn om aantewijzen, welke de talrijke en eigenaardige moeielijkheden van dit vraagstuk waren. Genoeg zij het op te merken dat de reden, waarom thans die moeielijkheden niet meer bestaan, gelegen is in de verbetering van de middelen tot stoomverdeeling in lateren tijd ingevoerd, waardoor de werking van hoogdruk stoom met groote uitzetting volkomen goed kan plaats hebben bij machines, die een groot aantal omwentelingen maken en dus bij een gegeven vermogen het voordeel hebben van kleiner afmetingen.

Dat men de werking met expansie te Spaarndam heeft toegepast, vóór dat men over de goed ingerichte stoommachines van dezen tijd beschikken kon, mag een waagstuk zijn geweest, maar dit was onvermijdelijk daar het gold door een toepassing in het groot aan te toonen, dat het gebruik van stoom ook voor bemaling bij kleine opvoerhoogte uitvoerbaar en voordeelig is.

Het gering aantal omwentelingen en de groote uitzetting maakten echter voor het verkrijgen van eenigszins regelmatige beweging zeer groote jachtwielen onvermijdelijk vooral, omdat men een stoomwerktuig met één cylinder ontworpen had. Toepassing van twee cylinders werkende op krukken die onderling een rechten hoek maken, zou zeker eene betere inrichting hebben verzekerd ten opzichte van de regelmatigheid van gang. Daardoor zou tevens verkregen zijn beperking van de middellijn der jacht- wielen, kleinere afmetingen voor de stoomcylinders, die vooral bij de machine te Spaarndam zeer aanzienlijk waren en meer gemak bij het in beweging brengen van het werktuig, dat dikwijls niet geringe moeite heeft veroorzaakt.

Dat hiervan geen sprake schijnt geweest te zijn, is zeer geschikt om een inzicht te geven in den stand der machinefabri- katie omstreeks 1840. De machines met twee cylinders en krukken onder een rechten hoek gesteld waren toen in gebruik voor locomotieven en bootmachines, maar voor landmachines bepaalde men zich bij één cylinder en eerst betrekkelijk laat is daarin hier te lande verandering gebracht. Bij de meesten der boven- vermelde navolgingen van de boezemgemalen van Rijnland heeft men zich, niettegenstaande de daaraan verbonden bezwaren, blijven bepalen tot het gebruik van één cylinder, waarschijnlijk in de meening dat twee cylinders belangrijke verhooging van kosten zouden veroorzaken. Opmerking verdient het daarom, dat bij bemalingen buiten ons vaderland aangelegd, waarvan twee voor- beelden in dit werk zijn opgenomen (plaat X en XV), gebruik wordt gemaakt van machines met twee cylinders van gelijke grootte.

Een van de weinige voorbeelden daarvan in ons vaderland is de nieuwe machine, die in 1876 gesteld is in het gemaal van Spaarndam ter vervanging van het oude werktuig, dat na dertig- jarigen dikwijls zwaren dienst eindelijk den 14 Maart 1876 door het breken van den drijfstangkop bezweken is. Bij de plaatsing van deze nieuwe machine heeft men tevens de overbrenging van beweging door tandraderen toegepast aanvankelijk met houten tanden voor de groote kamwielen; deze bleken echter niet sterk genoeg te zijn, zoodat nieuwe rondsels en · kamwielen beiden met ijzeren tanden zijn gemaakt in navolging van die, welke in de machine te Halfweg sedert 1852 goed hebben gewerkt. De nieuwe machine maakt 24 slagen in de minuut, waardoor bij de onderlinge verhouding der kamwielen het vereischte aantal van acht omwentelingen voor de schepraderen verkregen wordt.

Opmerking verdient nog, dat bij deze nieuwe machine de stoomverdeeling ook weder door kleppen geregeld wordt, die echter door draaiende nokken worden geopend en gesloten, eene inrichting die ook door de fabriek de Atlas hoewel op eenigszins andere wijze is toegepast op enkelen der machines, welke naar het type van die te Halfweg gebouwd zijn. Deze nieuwe machine te Spaarndam werd niet opzettelijk voor dit gemaal ontworpen, want om na het breken van de oude spoedig geholpen te zijn heeft men eene stoommachine aangekocht, die in de „Gute-Hoffnungshütte" aanwezig en oorspronkelijk tot „Fördermachine" bestemd was. Men kan hieruit zien, hoe allerwege de machinefabrikatie is vooruitgegaan, want in 1842 zoude men zich niet naar Duitschland gewend hebben voor de aanschaffing van een stoomwerktuig voor het gemaal te Spaarndam.

De toepassing van hoogdrukstoom met expansie, die de hoofdtrek vormt van de machines voor de boezembemaling van Rijnland, heeft niet alleen bij deze werktuigen moeielijkheden opgeleverd. Zooals reeds vroeger werd medegedeeld, besloot het bestuur van den Zuidplaspolder in 1869 de oude vijzelgemalen van 1837 te vervangen door schepradgemalen van het dubbele vermogen en daarbij is de proef genomen om te werken met stoom van vijf atmosferen overdruk en zeer groote uitzetting. Deze werktuigen waren ingericht met stoomschuiven en wat de hoofdzaken aangaat goed ontworpen, maar in de regeling der stoomverdeeling was eene zaak verzuimd, namelijk door behoorlijke compressie een geleidelijken overgang te maken van den condensdruk aan het eind van elken slag tot den hoogen stoomdruk bij den volgenden slag, en die eene omstandigheid heeft aanleiding gegeven tot moeielijkheden die geheel herinnerden aan hetgeen

ongeveer vijf en twintig jaar vroeger te Spaarndam was ondervonden. Na herstelling van verschillende onderdeelen, die daarbij
gebroken waren en wijziging in de stoomverdeeling heeft men
eene voldoende werking verkregen van deze machines, die hier
kortelijk worden vermeld, omdat zij onder de eersten behooren, waarbij
de hooge stoomspanning van vijf atmosferen overdruk is toegepast.

De beide machines van het stoomgemaal dat in 1880 te
Katwijk gesticht is, werken met eene tweevoudige overbrenging
door kamwielen en kunnen daardoor een grooter aantal omwentelingen per minuut maken dan de nieuwe machine te Spaarndam;
zij hebben elk twee cylinders van ongelijke grootte, volgens het
bekende compound-stelsel, waarvan dit de eerste toepassing is op
bemalingswerktuigen met ronddraaiende beweging hier te lande.
Zooals men weet, (*) wordt in dit stelsel de uitzetting voor een
deel verkregen door overgang van den stoom uit een kleinen
cylinder naar een grooteren en dus in het wezen der zaak door
hetzelfde middel, dat reeds bij de Haarlemmermeer-machines
volgens de methode van SIMS werd toegepast.

Onwillekeurig doet de vraag zich voor waarom dit stelsel,
waarvan de voordeelen zoo duidelijk door SIMONS waren uiteengezet,
niet in toepassing is gebracht bij de eerste stoomgemalen voor
Rijnland? Het antwoord daarop is als volgt: het stelsel van
SIMS levert met twee enkelwerkende cylinders eene dubbelwerkende
machine, die voor ronddraaiende beweging zeer geschikt is en
dan ook reeds vroeg is toegepast; maar juist het gebruik van
enkelwerkende cylinders heeft het nadeel van een groot volumen
voor een gegeven vermogen en dit is zeker de hoofdreden
geweest, waarom deze te Spaarndam niet in toepassing zijn gebracht.

Het is echter moeilijk te verklaren waarom er geen gebruik gemaakt is van de machines, die volgens het stelsel van WOOLF en
dus met dubbelwerkende cylinders reeds in 1829 gebouwd werden
door G. M. ROENTGEN, in de fabriek der Nederlandsche stoombootmaatschappij te Fijenoord en waarvan aldaar talrijke toepassingen

(*) Koninklijk Instituut van Ingenieurs. Notulen der Vergadering van 11
April 1882. Bijlage 15. Mededeeling over compound-machines, bladz. 68–82
platen X—XIV.

zijn gemaakt op rivier- en zelfs op zeestoombooten (*). De werktuigen aldaar voor sleepbooten vervaardigd, waren uit den aard
der zaak ronddraaiende werktuigen en van een groot vermogen,
zij werkten met hoogdruk stoom, groote uitzetting in twee
cylinders van ongelijke grootte en vereenigden dus alles, wat men
voor de werktuigen te Spaarndam had kunnen verlangen.

Daar echter van hare toepassing op polder- of boezembemaling
geen spoor te vinden is, zal waarschijnlijk toenmaals de meening
bestaan hebben, dat land- en bootmachines noodwendig een geheel verschillende inrichting moeten hebben, hetgeen echter niet altijd noodzakelijk is. De thans algemeen op stoombooten in gebruik zijnde verticale machines leenen zich volkomen goed voor toepassing te land,
zoowel bij gebruik van twee cylinders van gelijke grootte (plaat
XXII) als bij toepassing van het compound-stelsel (plaat XXIV)
en hebben het groote voordeel van veel minder ruimte in den
platten grond en dus minder uitgaven te eischen voor het gebouw
en voor de fundering, die bij de stichting van bemalingswerktuigen
dikwijls groote bezwaren kan opleveren.

Eene laatste opmerking, waartoe de boezembemaling van Rijnland
aanleiding geeft is, dat bij het laatst aangelegde gemaal te
Katwijk dezelfde, weg wat het samenstellen van het ontwerp
aangaat is gevolgd, als door de commissie voor het werktuig te
Spaarndam was ingeslagen. Men heeft namelijk het ontwerpen
der machine aan den fabrikant opgedragen en alleen het vermogen
der machine met enkele bepalingen van algemeenen aard
in het bestek voor de machines van het gemaal te Katwijk
opgenomen. De reden, waarom dit ook thans nog geschiedt en
waarom niet even als voor de gebouwen uitgewerkte teekeningen
van de machine aan het bestek ten grondslag worden gelegd,
staat in nauw verband met de geschiedenis van het technisch
onderwijs voor aanstaande ingenieurs in ons vaderland en de
uiteenzetting daarvan valt niet binnen het bestek van dit werk.

(*) Koninklijk Instituut van Ingenieurs. Tijdschrift 1882—1883. Eerste aflevering.
Tweede gedeelte, bladz. 42. Compound-machines, door den heer Th. P. Löhnis.
Derde aflevering. Tweede gedeelte, bladz. 124. Bijdrage tot de geschiedenis der
compound-machine:

Laat hier enkel de opmerking plaats vinden, dat nu deze handelwijze ook thans nog gevolgd wordt, daarin de beste verdediging ligt van de commissie, die het gemaal te Spaarndam op dezelfde wijze heeft aangelegd. De moeielijkheden bij de uitvoering daarvan ondervonden hingen nauw samen met den toenmaligen stand der machinefabrikatie hier te lande, maar wat de hoofdzaak bij de stichting der boezemgemalen van Rijnland aangaat, heeft de Haarlemmermeer-commissie en meer in het bijzonder hare werktuigkundige ondercommissie, gesteund door de ingenieurs P. Kock, J. A. Beijerinck en T. N. Michaëlis, getoond voor hare taak bevoegd te zijn geweest en die ruim opgevat te hebben.

Het schouwspel van een waterstroom ter breedte van 22 M. die door het enkele gemaal te Spaarndam werd afgevoerd, was in ons vaderland vóór 1845 nimmer aanschouwd en was niet minder merkwaardig dan de waterkolom, die door de 27 pompen van de Haarlemmermeer-machines onafgebroken uit de diepten van het meer werd omhoog gebracht. Door deze beide werken werd voor goed het vraagstuk beslist, dat in 1776 het eerst aan de orde werd gesteld door Hoogendijk, wiens belangelooze proefnemingen een waardigen tegenhanger hebben gevonden in den onbezoldigden arbeid, die negentien jaar lang ten beste is gegeven door de leden der Haarlemmermeer-commissie (*). Aan haren arbeid in de eerste plaats is het te danken, dat Rijnland thans tot drooghouding van zijne landerijen beschikken kan over een kunstmatigen waterafvoer, die een stroom vormt van zestig meters breedte en dat dit hoogheemraadschap in een toestand verkeert, die verreweg gunstiger is dan die van al de omliggende waterschappen.

(*) Mr. F. van de Poll, voorzitter 1839—40. Jhr. Mr. L. R. Gevaerts . . . 1839—58.
P. F. Grinwis . . . . „ —41. P. J. Ackermans . . . . 1840—44.
Jhr. D. Hooft Jz. . . . . . . „ —42. A. Lipkens . . . . „ —47.
Jhr. P. W. Barnaart van Bergen „ —51. J. G. W. Merkes van Gendt. „ —52.
H. Ewijk . . . . „ —52. Dr. G. Simons . . . . „ —58.
M. G. Beijerinck . . . . „ — „ Van de Polder . . . . 1844—52.
Mr. P. G. van Outeren . . . . „ —55. C. F. van Meurs . . . . 1851—58.
Jhr. Mr. D. T. Gevers van Ende- E. J. Eekhout . . . . 1852—53.
geest, voorzitter . . . . . . „ —58. F. W. Conrad . . . . „ —58.
C. J. de Bruijn Kops . . . . „ — „ Van den Kerkhoff . . . . . . 1853—55.
W. K. van Gennep, secretaris. „ — „ C. A. van Kerkwijk . . . . . 1855—58.

AANTEEKENINGEN.

Opgaven betreffende de stoomgemalen van Rijnland.

Het stoomgemaal te Spaarndam.

Boezemgemaal voor Rijnland gebouwd achter de sluizen te Spaarndam	1843—1845
Uitslaande op het open Y, gemiddelde vloedhoogte. .	0.16 M. + A.P. (*)
Het gebouw uitgevoerd door den ingenieur J. A. Beijerinck, aanbesteed	24 Januari 1843.
Aan Dixon en Co. te Amsterdam aanbesteed :	
het stoomwerktuig	29 April 1842.
„ verzwaren der werkassen	Juli 1843.
de kussenblokken	Juli 1843.
„ schepraderen met gesmeede assen	26 Augustus 1843.
Cornwallsche dubbelwerkende horizontale machine met hooge drukking, expansie en condensatie. Nominaal vermogen.	200 P.K.
Stoomketels cornwallsche , aantal	4.
„ middellijn	1.65 M.
„ lengte	11.5 „
„ stoomdruk, overdruk per eM².	3 KG.
Cylinder middellijn	1.65 M.
„ slaglengte	3.04 „
Uitzetting van den stoom na ⅓, ⅔ of ½ der slaglengte.	
Jachtwielen (met gegoten ijzeren spaken) aantal . . .	2
„ middellijn	2.55 M.
De werkas der machine direct verbonden aan de assen der Schepraderen , aantal	10
„ ter weerszijden der machine	5
„ de vier middelste breed	2.5 M.
„ de twee naast de machine later versmald tot	1.84 „
„ de zes buitenste breed	2 „
„ gezamenlijke breedte	20.86 „
„ middellijn	5.2 „
„ aantal omwentelingen per minuut, maximum	10.
„ „ „ bij gunstigste werking	7.
„ hoogte hartlijn assen	1.1 M. + A.P.
„ hoogte bovenkant opleider	0.6 „ — A.P.
„ tasting bij boezemstand Rijnland = A.P. .	1.5 „
„ tasting bij boezemstand op stempelpeil 0.575 — A.P.	2.075 „
Proefmalingen de eerste	20 Juli 1844.
„ de volgende	9 September 1844.
„ „ „	6 en 7 Januari 1845.

(*) Het stoomgemaal loost thans op het Noordzee-kanaal, peil 0.5 M. — A.P.

In dienst gesteld. . . . . 13 December 1845.
In geregelden dienst gekomen . . . . 26 November 1846.

Proefnemingen en kolenverbruik.

Proefneming van . . . . 6 Juni 1845.
Opbrengst met zes schepraderen per minuut per meter
breedte der schepraderen . . . . 87.2 M³.
Hoogte van opvoer . . . . 0.65 M.
Opbrengst met vier schepraderen per minuut per meter
breedte der schepraderen . . . . 84.3 M³.
Hoogte van opvoer . . . . 1 M.
Kolenverbruik over het tijdvak van de droogmaking tot 1 Juli 1852,
gemiddeld voor het opvoeren van 555 M³., hoog 1 M. in
de minuut. . . . . 10 KG.,
overeenkomende met een vermogen van . . . . 123 P.K.,
bij een kolenverbruik per uur van . . . . 600 KG.,
dat is per uur en per PK. in opgevoerd water . . . . 5 „

Aanlegkosten.

Het gebouw . . . . ƒ 104 500
„ stoomwerktuig en de ketels . . . . „ 59 400
„ verzwaren van de werkassen . . . . „ 13 513
De kussenblokken. . . . . „ 3 700
„ kokerwielen, waterassen en koppelingen. . . . . „ 20 000
Te zamen . . . ƒ 201 113

Het nieuwe stoomwerktuig te Spaarndam.

Horizontale machine met expansie en condensatie, van
de Gute Hoffungs Hütte, Oberhausen a/d Ruhr. 1876
Vermogen . . . . 280 PK.,
bij uitzetting na ½ der slaglengte en aantal slagen per minuut 24
Cylinders aantal . . . . 2.
„ middellijn. . . . . 0.94 M.
„ slaglengte. . . . . 1.57 „
„ stoomdruk, overdruk per cM². . . . . . 3 KG.
Stoomverdeeling door kleppen bewogen door draaiende
nokken, uitzetting veranderlijk tusschen ¾ en ¼ der slaglengte.
Luchtpompen aantal. . . . . 2.
„ middellijn. . . . . 0.3 M.
Voedingpompen aantal 2
„ middellijn. . . . . 0 06 M.
Slaglengte lucht- en voedingpompen . . . . 1.57 „

Werkas halzen middellijn	0.33	M.
„ „ lengte	0.47	„
Hoek der beide krukken	90°.	
Jachtwiel middellijn	6.28	„
„ gewicht . . . . , . . .	12 100 KG.	
Rondsels op de werkassen, middellijn steekcirkel . . .	1.2	M.
„ „ „ „ steek	0.118	„
„ „ „ „ breedte der tanden	0.42	„

Kamwielen op de schepradassen, middellijn steekcirkel , 3.64 „ met houten tanden; daar deze te zwak bleken, zijn nieuwe rondsels en kamwielen aangebracht met ijzeren tanden.

Verhouding der kamwielen	1 : 8	
Aantal omwentelingen der schepraderen per minuut . .	8.	
Gewicht der geheele machine	96 200 KG.	
Aangenomen tijd van levering en in werking stelling .	4 maanden.	

Het stoomgemaal te Halfweg.

Boezemgemaal van Rijnland gebouwd achter de sluizen te Halfweg . . . . 1851—1852.
Uitslaande op het open Y, gemiddelde vloedhoogte . , 0.14 + A.P. (*)
Het gebouw ontworpen door J. A. Beijerinck, uitgevoerd door P. Kock , aanbesteed . . . . 7 April 1851.
Het stoomwerktuig ontworpen door W. Husband, aanbesteed met de schepraderen aan P. van Vlissingen en D. van Heel te Amsterdam . . . . 9 April 1851,
om gereed te zijn . . . . , ... Mei 1852.
Cornwallsche dubbelwerkende horizontale machine met hooge drukking, expansie en condensatie. Nominaal vermogen 100 P. K.

Stoomketels cornwallsche, aantal	3.	
„ middellijn . . . , ...	1.68	M.
„ lengte	8.53	„
„ binnenvuurgang middellijn	1.08	„
„ roosters lang	1.9	„
„ „ breed	1.02	„
„ stoomkast middellijn . . . , ...	1.21	„
„ „ lengte . , ...	6.4	„
„ stoomdruk, overdruk per c.M².	3 K.G.	
Cylinder middellijn	1.015	M.
„ slaglengte	2.438	„

Uitzetting veranderlijk.

(*) De vloedhoogte hier opgegeven is de gemiddelde van Spaarndam 0.16 + A.P. en Amsterdam 0.12 + A.P. Het stoomgemaal loost thans in het Noordzee-kanaal, peil 0.50 M. — A.P.

Aantal slagen per minuut . . . . 18¼.

Jagtwielen (met gesmeed ijzeren spaken) aantal . . . 2.

          " middellijn . . . . 7.619 M.

Rondsels op werkassen, middellijn steekcirkel. . . . 1.371 "

Kamwielen op schepradassen "   " . . . 3.098 "

Verhouding der kamwielen . . . . 6 : 18¼.

Schepraderen aantal . . . . 6.

      " ter weerszijden der machine . . . . . . 3.

      " elk breed 2   M.

      " gezamenlijke breedte 12   "

      " middellijn . . . . 6.6   "

      " aantal omwentelingen per minuut . . . . 6.

      " hoogte hartlijn assen . . . . 1.72 M. + A.P.

      " hoogte bovenkant opleider . . . . . . 0.95 M. — A.P.

      " tasting bij boezemstand Rijnland = A.P. . . 1.58 "

      "   "   "   " op stempelpeil 0.575 — A.P. 2.155 "

      " assen van gegoten ijzer middellijn . . . 0.355 "

      "   " middellijn in de halzen . . . . . 0.31 "

De machine opgeleverd . . . . October 1852.

  "   " beproefd en goedgekeurd . . . . December 1852.

  "   " in geregelden dienst gekomen . . . . . Mei 1853.

Proefnemingen en Kolenverbruik.

Proefneming . . . . 11 October 1853.

gedurende aantal uren . . . . 3 uur.

   Opgevoerde hoeveelheid . . . . 113.972 M³.

   Waterverlies (aangenomen) . . . . 1/10.

   Hoogte van opvoer . . . . 0.7 M.

   Uitgeoefend vermogen in opgevoerd water . . . . . 110 P.K.

Proefneming . . . . Februari 1854.

gedurende aantal uren . . . . 297.

   Opgevoerde hoeveelheid . . . . 15.492.972 M³.

   Waterverlies (aangenomen) . . . . 1/10.

   Gemiddelde hoogte van opvoer . . . . 0.354 M.

   Uitgeoefend vermogen in opgevoerd water . . . . . 68 P.K.

   Kolenverbruik per uur en per P.K. . . . . 3.65 K.G.

Proefneming . . . . Maart, 1855.

gedurende aantal uren . . . . 302.

   Opgevoerde hoeveelheid . . . . 15.078.271 M³.

   Waterverlies aangenomen . . . . 1/10.

   Hoogte van opvoer . . . . 0.23 M.

   Uitgeoefend vermogen in opgevoerd water . . . . , 43 P.K.

   Kolenverbruik per uur en per P.K. . . . . 6 K.G.

Aantal werkuren gedurende den proeftijd . · . . . 1867.

       „   „   daarna tot de overgave aan Rijnland

op 1 Juli 1856 . . . . 3623.

  Te zamen. 4990

  Totaal kolenverbruik gedurende dien tijd . . . . 22 300 H.L.

  Gemiddeld per uur 4.47 H.L. of . . . . 358 K.G.

  Opgevoerde hoeveelheid water in 3623 uur . . . . 183 810 000 M³.

  Gemiddelde hoogte van opvoer, (aangenomen) . . . . 0.5 M.

  Gemiddeld vermogen in opgevoerd water . . . . . 92 P.K.

  Gemiddeld kolenverbruik per uur en per P.K. . . . 4 K.G.

  Duur der werking van Mei 1853 tot 1 Juli 1856 . . 3675 uren.

  Gemiddeld kolenverbruik gedurende dien tijd per werkuur, 300 K.G.

dat is over het nominale vermogen van 100 P.K. per uur

per P.K. . . . . 3 K.G.

Aanlegkosten.

Het gebouw en de aardewerken. . . . . ƒ 94 762

  „ stoomwerktuig en de ketels. . . . . „ 58 624

De kokerwielen, waterassen en koppelingen . . . . . „ 21 300

                                     Te zamen ƒ 174 686

Het stoomgemaal te Gouda.

Boezemgemaal van Rijnland gebouwd achter de Hanepraai-

sluis te Gouda . . . . 1855—1857.

  Uitslaande op den IJssel, gemiddelde vloedhoogte . . 1.2 M. + A.P.

  Ontworpen en uitgevoerd door T. N. Michaëlis, aanbesteed 28 December 1855.

  Het stoomwerktuig met de schepraderen aanbesteed aan

de Maatschappij de Atlas te Amsterdam . . . . 31 December 1855.

  Cornwallsche dubbelwerkende horizontale machine met

hooge drukking, expansie en condensatie. Nominaal vermogen. 120 P.K.

  Stoomketels cornwallsche, aantal . . . . 8.

       „   middellijn. . . . . 2.133 M.

       „   lengte . . . . 11.28 „

       „   binnenvuurgang middellijn . . . . . . 1.422 „

       „   roosters lang . . . . 2 29 „

       „   „ breed . . . . 1.4 „

  Stoomketels stoomkast middellijn . . . . 1.872 „

       „   „ lengte . . . . 7.7 „

       „   stoomdruk, overdruk per eM³. . . . . . 3 K.G.

  Cylinder middellijn . . . , ... 1.117 M.

      „   slaglengte . . . . 2.44 „

Uitzetting veranderlijk.

Aantal slagen per minuut . . . . 12.

Jagtwielen (met gesmeed ijzeren spaken) aantal . . . 2.

    „   middellijn . . . . , 8.23 M.

Rondsels op werkassen, aantal tanden. . . . ˙ . . . 25.

Kamwielen op schepradassen   „ . . . . , 60.

Verhouding der kamwielen . . . . 5 : 12.

Schepraderen aantal . . . . 6.

    „   ter weerszijden der machine . . . . . . 3.

    „   elk breed . . . . 1.75 M.

    „   gezamenlijke breedte . . . . 10.5 „

    „   middellijn . . . . 7.4 „

    „   hoogte hartlijn assen . . . . 2.2   „ $+$ A.P.

    „   hoogte bovenkant opleider . . . . . . 1.2   , $-$ A.P.

    „   tasting bij boezemstand Rijnland $=$ A.P. 1.5 „

    „   „   „   „ stempelpeil 0.575—AP. 2.075 „

    „   assen van gegoten ijzer, middellijn in de

    halzen . . , ... 0.407 „

Proefneming en kolenverbruik.

Proefneming . . . . 8 November 1857.

Uitgeoefend vermogen . . . . 111 P.K.

Stoomdruk, overdruk per c.M³ . . . . 2.4 K.G.

Kolenverbruik per P. K. per uur. . . . . 2.75 „

Aanlegkosten.

Het gebouw. . . . . ƒ 94.364

Het stoomwerktuig met de ketels, kokerwielen, waterassen

en koppelingen. . . . . , ... „ 128.000

                          Te zamen . . . ƒ 222.364

De pompraderen van het stoomgemaal te Gouda.

Besluit tot vervanging der zes schepraderen door pompraderen te Gouda door de vereenigde vergadering van hoofdingelanden van Rijnland den 16 December 1870.

Pompraderen aantal . . . . ˙ . . . . 6.

    „   ter weerszijden der machine . . . . . 3.

    „   breedte. . . . . 1.60 M.

    „   middellijn . . . . 7.88 „

    „   trommel, middellijn . . . . 5.92 „

    „   waterkrul van een rad, inhoud . . . . 33.989 M³.

    „   met houten schoepen, volumen der schoepen 2.048 „

    „   „ ijzeren   „   „   „   „ 1.125 „

    „   aantal omwentelingen per minuut. . . . 3.63 — 4.80.

Proefnemingen op 14 October 1878,
door J. B. H. van Royen, P. Maas Geesteranus en Strumphler.

Proeven.	Aantal werkende raderen.	Aantal omwentelingen per minuut.	Berekende opbrengst per minuut.	Werkelijke opbrengst per minuut.	Verlies en onvolkomen vulling.	Hoogte van opvoer.	Arbeid in opgevoerd water.
			M³.	M³.	%	M.	P.K.
N°.1	3 (*)	3.63	354.54	286.4	15.5	2.254	143
„ 2	2	4.3	282.96	217.2	19.5	2.135	103.5
„ 3	3 (*)	3.727	364	279	19.5	2.302	142.5

Proeven.	Stoomdruk in ketels.	Stoomdruk in cylinders.	Aantal omwentelingen der machine per minuut.	Arbeid in stoomcylinder.	Verhouding arbeid in cyl. tot arbeid raderen.	Geschat vermogen der machine op de werkas.	Nuttig effect der raderen.
	Eng. pd. per vierk. Eng. dm.	K.G. per cM³.		Ind. P.K.	%	P.K.	%
N°.1	44	2.63	8.96	247	58	173	82.6
„ 2	44.3	1.71	10.32	188	55	131.6	78.6
„ 3	43.8	2.67	8.98	255	56	178.5	80

Proeven.	Aantal werkende raderen.	Aantal omwentelingen per minuut.	Berekende opbrengst per omwenteling.	Schijnbaar en werkelijk waterverlies per omwenteling. 22 %	Benaderde hoeveelheid opgevoerd water per minuut.	Hoogte van opvoer.	Arbeid in opgevoerd water.
			M³.	M³.	M³.	M.	P.K.
N°.4	6	4	195.12	42.93	608.76	1.20	162
„ 5	5	4	162.36	35.72	506.56	1.49	168
„ 6	4	4	129.62	28.52	404.40	1.77	159

(*) Van deze drie raderen was in beide gevallen een met houten, alle anderen waren met ijzeren schoepen voorzien.

Het stoomgemaal te Katwijk.

Boezemgemaal van Rijnland gebouwd bij de binnensluis van
het Katwijksche kanaal. . . . . 1879—1880.

Uitslaande door de buitensluis op de Noordzee, gemiddelde
vloed . . . . 0.87 M. -+- A.P., eb 0.69 M. — A.P.

Ontworpen en uitgevoerd door Dr. E. F. van Dissel, ingenieur
en hoofdopzichter van Rijnland.

Het gebouw aanbesteed aan J. Visser te Papendrecht en A. J.
Schouten te Alphen. . . . . 7 Januari 1880.

De stoomwerktuigen ontworpen en uitgevoerd door de „Gute-
Hoffnungs-Hütte, Oberhausen a/d Ruhr, aanbesteed . . . . 23 September 1879.

Stoomketels aantal 8

     "   middellijn . . . . 2.2   M.

     "   lengte . . . . 10.   "

     "   binnenvuurgangen in elken ketel, aantal 2

     "   "   middellijn . . . . 0.85 M.

     "   roosters lang . . . . 1.6   "

     "   Gallowaybuizen in elken ketel, aantal 7

     "   stoomkast middellijn . . . . 0.85 M.

     "   "   lang . . . . 23.   "

     "   stoomdruk, overdruk . . . . 5 Atm.

Twee horizontale stoomwerktuigen volgens het compound-
stelsel met condensatie.

Cylinders, aantal voor elke machine. 2

     "   slaglengte van beiden . . . . 1.25 M.

     "   hoogdruk, middellijn . . . . 0.62   "

     "   "   vier stoomkleppen, middellijn . . . . 0.2   "

     "   "   zuigerstang, staal,   "   0.096 "

     "   laagdruk, middellijn . . . . 1.05   "

     "   "   vier stoomkleppen, middellijn . . . . 0.3   "

     "   "   zuigerstang staal   "   . . . . 0.106 "

Toelating veranderlijk van 0—0.9 der slaglengte.

Aanvangsdruk hoogdruk cylinder per cM^2., absolute druk . . 5.3 Atm.

overeenkomende met stoomspanning in de ketels, overdruk . 5   "

Receiver, inhoud = laagdruk cylinder.

Aantal slagen per minuut 40.5

Vermogen van elke machine bij dit aantal omwentelingen en
toelating in hoogdruk cylinder gedurende 0.64 der slaglengte . 425 Ind. P.K.

Luchtpomp voor elke machine, dubbelwerkend, middellijn . . 0.45 M.

Voedingspompen, twee voor elke machine, middellijn . . . 0.075 "

Slaglengte, luchtpomp en voedingspompen . . . . . . 0.625 "

Werkas halzen, middellijn . . . . 0.27 "

     "   in het midden, middellijn . . . . 0.33 "

Hoek der beide krukken . . . . 90°.

11

Jachtwiel voor elke machine middellijn . . . . 5 M.

  „ „ „ „ gewicht . . . . 10 000 KG.

Rondsel op werkas, middellijn steekcirkel . . . . 1.5 M.

 „ „ „ aantal tanden . . . . 34.

Kamwiel op tusschenas, middellijn steekcirkel . . . . . . 4.5 M.

 „ „ „ „ aantal tanden . . . . 102.

Beide raderen, steek 0.1386 M., tanden breed . . . . . 0.46 M.

Tusschenas, middellijn . . . . 0.35 „

Rondsel op tusschenas, middellijn steekcirkel . . . . . . 2 „

 „ „ „ „ aantal tanden . . . . 34. ·

Kamwiel op schepradas, middellijn steekcirkel . . . . . 6 M.

 „ „ „ „ aantal tanden. . . . . 102.

Beide raderen steek 0.1848 M , tanden breed . . . . . 0.6 M.

Alle kamwielen met ijzeren tanden; verhouding der overbrenging 1 : 9.

Schepraderen aantal 6

 „   door elke machine gedreven 3

 „   elk breed . . . . 2.45 M.

 „   gezamenlijke breedte . . . . 14.7 „

 „   middellijn . . . . 9. „

 „   straal afschotcirkel . . . . 1.6 „

 „   hoogte hartlijn assen . . . . 2.5 „ $+$ A.P.

 „   bovenkant opleider . . . . 0.5 „ $-$ A.P.

 „   tasting bij boezemstand Rijnland $=$ AP. . . . 2. „

 „   „ „ „ op stempelpeil 0.575 — AP. 1.425 „

 „   assen gesmeed, de eerste, middellijn in de halzen 0.48 „

 „   „ „ „ tweede „ „ „ „ . 0.43 „

 „   „ „ „ derde „ „ „ „ . 0.88 „

 „   gewicht voor elk rad, gegoten ijzer . . . . 24783 KG.

 „   „ „ „ „ gesmeed ijzer, ringen . 3633 „

 „   „ „ „ „ „ L-en T-ijzer 7833 „

 „   „ „ „ „ „ as . . . 4550 „

 „   „ „ „ „ staal . . . 166 „

          Te zamen . . . ———— 40965 KG.

 „   „ „ „ „ hout . . . . 3255 KG.

 „   totaal gewicht van een scheprad . . . . ———— 44221 KG.

Voorwaarde van inschrijving voor de machines volgens bestek:

Met stoomdruk in ketels, overdruk . . . . 5 Atm.

optevoeren 120 000 M³. per uur ter hoogte van . . . . . . 1.25 M.

 „ 100 000 „ „ „ „ „ . . . . . 1.6 „

 „ 80 000 „ „ „ „ „ . . . . . . 2.1 „

Prijsopgaaf gevraagd,

a. Wanneer een dubbele compound-machine wordt gemaakt.

b. Wanneer een gewone machine met dubbelen cylinder wordt geleverd.

Bij het inschrijvingsbiljet moest worden overgelegd:

1°. Eene schets van de machine in beide veronderstellingen, waarop de algemeene aanleg, de hoofdmaten en de noodige ruimte in de machinekamer moeten voorkomen.

2°. Eene omschrijving van de afmetingen der hoofdconstructiedeelen.

3°. Eene verklaring van de uiterste grens van stoomverbruik waarvoor de aannemer instaat, voor de machine *a* en de machine *b* in kilogrammen water per uur en per indicateur paardekracht, wanneer de machine werkt met een vermogen van 300 à 650 indicateur paardekracht. Voor ieder KG. stoom, dat per uur en per indicateur paardekracht meer wordt verbruikt dan waarvoor door den aannemer wordt ingestaan, wordt eene korting toegepast van *f* 5000 en voor onderdeelen van een KG. stoom naar evenredigheid.

Proefnemingen en stoomverbruik.

De machine opgeleverd.	8 December 1880.
Proefmalingen.	28 April 1881.

Stoomverbruik gemeten door niveau-verlaging in ketels met vastgezette voedingspompen. Stoomspanning in hoogdruk cylinder nagenoeg gelijk aan die in de ketels.

Aantal omwentelingen der schepraderen per minuut	3.93—4.54.
Wateropbrengst der zes schepraderen per uur	90.000 M³·—105.000 M³.
Boezemstand achter schepraderen	0.7 M. — A.P.
Buitenwaterstand bij de laatste proef	0.1 M.—0.15 M.+A.P.
„ „ „ overige proeven	0.1 M.—0.7 M.+A.P.
„ „ hoogste	1 M. + A.P.

Grootste hoogte van opvoer tijdens werking met zes schepraderen . . . . 1.69 M.

Verhouding Ind. P.K. tot arbeid opgevoerd water	0.33—0.70.
„ „ „ „ gemiddeld	0.50.

Stoomverbruik, zonder en met aftrekking van gecondenseerden stoom in de stoomleiding.

	KG. per uur	en per Ind. P.K.
bij proeven volgens ind. diagrammen XI—XII	7.33	7.17
XIII—XIV	6.80	6.68
XVII—XXI	6.563	6.45
XXII—XXIV	8.48	8.34
Gemiddeld.	7.293	7.16

Aantal omwentelingen schepraderen in 700 werkuren 1883	3.5—4	per minuut.
„ „ „ gemiddeld	3.7	„ „
„ „ der machine.	31.5—36	„ „

Aanlegkosten.

Het gebouw en grondwerk zonder de verdieping van het kanaal	*f* 250.000
Het stoomwerktuig, de ketels, de schepraderen enz.	„ 170.000
Te zamen	*f* 420.000

Opgaven betreffende de boezemgemalen van Delfland en Schieland.

Het Stoomgemaal van Delfland.

Boezemgemaal van Delfland gebouwd bij Schiedam
achter de Vijfsluizen . . . . 1864.
Loozende in de Nieuwe Maas, gemiddelde vloed 1 M.+A.P., eb 0.29M.—AP.
Ontworpen en uitgevoerd door J. A. Beijerinck en J. P. van
den Berg, fabriek-landmeter van Delfland.
De machine aanbesteed aan de firma de Atlas te Amsterdam 1864.
Dubbelwerkende horizontale machine met hooge drukking, ex-
pansie en condensatie. Nominaal vermogen . . . . 100 PK.
Stoomketels aantal 3

„	middellijn 2	M.
„	lengte 10	„
„	binnen vuurgangen elk twee, middellijn . . . 0.73	„
„	stoomkast, middellijn 1.2	„
„	stoomdruk, overdruk per cM². 3.5	KG.

Cylinder middellijn . . . . 1.02 M.
„ slaglengte . . . . 2.5 „
Uitzetting veranderlijk.
Aantal omwentelingen in de minuut 11
Luchtpomp middellijn . . . . 0.68 „
Voedingspompen aantal. 2
„ middellijn . . . . 0.08 M.
Slaglengte, luchtpomp en voedingspompen . . . . 0.76 „
Jachtwielen (met gesmeed ijzeren spaken) aantal 2
„ middellijn . . . . 7.6 M.
Rondsels op werkassen, middellijn steekcirkel . . . . . . 1.25 „
Kamwielen op schepradassen, middellijn steekcirkel . . . . 3.125 „
Tanden dik 0.1 M., breed . . . . 0.3 „
Schepraderen aantal 6

„	ter weerszijden der machine 3	
„	breedte. 1.5	M.
„	gezamenlijke breedte . . . . 9.	„
„	middellijn. . . . . 8.	„
„	aantal omwentelingen per minuut. 4.4	
„	hoogte hartlijn assen . . . . 2.7 M. + A.P.	
„	afschot cirkel middellijn 1.68	M.
„	tasting. 1.25	„
„	kokerwielen aantal voor elk scheprad. 3	
„	„ middellijn 3.8	M.
„	assen gegoten ijzer, de eerste, middellijn . . . 0.37	„
„	„ „ „ de tweede, „ . . . 0.27	„
„	„ „ „ de derde, „ . . . 0.24	„

Voorwaarde van levering volgens bestek :

Met tasting van	1.25	M.
„ hoogte van opvoer van	0.5	„
„ aantal schepraderen	6	
„ stoomdruk, overdruk hoogstens	3¼	Atm.
„ uitzetting gedurende ¾ der slaglengte.		
Te maken slagen der machine	11	
Bedoeld vermogen in opgevoerd water.	100	PK.
Maximum toegelaten kolenverbruik per uur	800	KG.

Het Stoomgemaal van Schieland.

Boezemgemaal van Schieland gebouwd in de plaats van den molen Kostverloren aan de *Kolk* bij de Oostpoort te Rotterdam, door P. A. Korevaar . . . . 1870—1871.

Uitslaande op de Nieuwe Maas. Gemiddelde vloed 1.18 M. + AP. eb 0.12 M. — AP.

Horizontale machine met hooge drukking, expansie en condensatie van C. L. Carels te Gent. Nominaal vermogen . . 100 PK.

Stoomketels, elk met twee voorwarmers, aantal	4	
„ middellijn	1.1	M.
„ lengte van één der ketels	7.25	„
„ „ „ drie „ „	8.5	„
„ voorwarmers middellijn	0.6	„
„ „ twee ter lengte van . . .	6.35	„
„ „ zes „ „ „ . . .	7.85	„
„ een rooster, oppervlak 120 dM²., lang	1.	„
„ drie „ „ 150 „ „ . . .	1.2	„
„ stoomdruk, overdruk	4¼	Atm.
Cylinder middellijn	0.9	M.
„ slaglengte	1.25	„
Uitzetting gedurende ⅓—⁹⁄₁₀ der slaglengte.		
Aantal omwentelingen per minuut	30—37.5	
Luchtpomp dubbel werkend middellijn.	0.53	M.
„ slaglengte	0.42	„
Voedingspomp middellijn	0,16	„
„ slaglengte	0.3	„
Jachtwiel middellijn	6	„
„ gewicht velling	7500	KG.
Rondsel op werkas middellijn steekcirkel.	0.7896	M.
Aantal tanden 19, dik 0.054 M., hoog 0.081 M, breed . .	0.52	„
Kamwiel op schepradas, met houten tanden, midd. steekcirkel	4.966	„
Aantal tanden 120, dik 0.075 M., hoog 0.081 M., breed . .	0.52	„
Scheprad, aantal één, middellijn	8	„
„ breed met inbegrip van 0.09 M. voor verbreedsellatten.	1.77	„

Scheprad, schoepen gebogen volgens straal . . . . 2.6   M.

"   "   van plaatijzer dik . . . . 0.003   "

"   aantal omwentelingen per minuut 4.7

"   gemiddelde hoeveelheid van opvoer per minuut . . 200 M³.

"   hoogte hartlijn as boven Rottepeil. . . . . . . 2.75   "

"   tasting bij beneden waterstand = R.P. . . . . 1.25   "

"   hoogte dorpel wachtdeur . . . . 0.75 M. — R.P.

"   wachtdeur verdeeld in drie hoogten.

"   hoogte bovenkant wachtdeur. . . . . 2.35 M. + RP.

"   holle as, gegoten ijzer, lengte . . . . 5.8 M.

"   " bij het kamwiel,   buiten en binnen middellijnen 0.52 M., 0.31 M.

"   " in de binnendraaghals   "   "   "   0.52 " , 0.31 "

"   " in het scheprad   "   "   "   0.7 " , 0.48 "

"   " in de buitendraaghals "   "   "   0.25 " , 0.10 "

Voorwaarde van levering volgens bestek:

Met stoomdruk, overdruk, hoogstens . . . . 4½ Atm.

" uitzetting gedurende $\frac{1}{5}$—$\frac{2}{10}$ der slaglengte,

Optevoeren per minuut ter hoogte van 1 M. . . . . . . 450 M³.

Met maximum verbruik van Ruhrkolen per uur . . . . . 300 KG.

Overeenkomende met kolenverbruik per PK. per uur . . . 3 KG.

Het stoomgemaal voltooid en beproefd . . . . Maart 1871.

Aanlegkosten.

Gebouw met toebehooren . . . . ƒ 48 000

Stoomwerktuig met ketels, scheprad enz. . . . . „ 32 000
                                                        ⎯⎯⎯⎯⎯⎯
                              Te zamen . . . ƒ 75 000

Het werktuig ontvangt het water door de Slaakvaart uit de Rotte, maalt gemiddeld van Rottepeil tot op hoogstens 2.25 M. + RP., en voert het in de Kolk, waaruit het door een sluis in de Maas loost. In deze kolk loost ook de „hooge boezem" van Schieland, die water uit de Rotte ontvangt door 8 windmolens, welke hoogstens opmalen tot 1.25 M. + RP. Bij hooger waterstanden in de kolk kan alleen het scheprad dienst doen.

Opgave van verschillende peilen.

Delfland ,   maalpeil . . . . 0.24 — A.P.

Schieland , { Schieboezem , maalpeil . . . . 0.24 — "

             Rotteboezem, idem . . . . 0.34 — "

             de Gouwe , idem . . . . 0.265 — "

Rijnland ,   stempelpeil . . . . 0.575 — "

"   maalpeil voor de landen bezuiden den Rijn . 0.275 — "

Amstelland , Amsterdam stads lijdelijk peil . . . . . 0.15 — "

HET STOOMGEMAAL TE DREUMEL.

Door de werktuigen voor de droogmaking van het Haarlemmermeer en de boezembemaling van Rijnland waren op het
gebied van stoombemaling twee verschillende vraagstukken opgelost, namelijk de bemaling van polders bij groote en die van
boezems bij kleine maar veranderlijke opvoerhoogte. De beide typen
van stoomgemalen waren geheel verschillend en elk hunner alleen
geschikt voor het aangewezen doel.

De eerste, die in ons vaderland een stoomgemaal, geschikt voor
alle gevallen, ontworpen en met goed gevolg uitgevoerd heeft,
is de heer H. F. FIJNJE VAN SALVERDA, thans oud-hoofd-inspecteur
van den waterstaat, die met F. W. CONRAD behoorde tot de
eerste leerlingen van de Artillerie- en Genieschool te Delft en
aldaar onderwijs ontving van J. P. DELPRAT (*) later gouverneur
van de Academie te Breda, wiens belangstelling in zake van
stoombemaling door talrijke geschriften gebleken is. Van de
schoolbanken af was de heer FIJNJE bevriend met J. NERING
BÖGEL, die later de bekende machine-fabriek te Deventer gesticht
heeft, en het is aan de gezamenlijke werkzaamheid van beiden in
latere jaren te danken, dat de verticale perspomp door den eerste
uitgevonden met goed gevolg in de praktijk is ingevoerd.

Zooals reeds vroeger met een enkel woord vermeld werd, is
de aanleiding tot deze uitvinding geweest de beschrijving in de
werken van het Bataafsch Genootschap van de pompmachine in

(*) Geboren 25 November 1798, overleden 14 Mei 1880.

Het leven en de werken van den Generaal-Majoor Dr. J. P. Delprat, Hon. L.
K. Inst. I. door J. P. de Bordes, W. C. Hojel en F. J. van den Berg. Met
portret. Bijlage 23 behoorende bij het Tijdschrift van het Koninklijk Instituut
van Ingenieurs voor 1882—83, Derde Aflevering, Eerste gedeelte.

den Krimpenerwaard (plaat III), die bestemd was voor bemaling van een polder aan eene rivier gelegen. Door de afwisselende waterstanden in de rivier verkeerde dit gemaal tevens in de omstandigheden van een boezemgemaal en het hoofddenkbeeld van den heer FIJNJE is geweest een werktuig te ontwerpen, dat onder dergelijke omstandigheden van algemeene toepassing zoude zijn.

Om dit denkbeeld tot uitvoering te brengen stelde hij zich voor eene dubbelwerkende pomp te maken, die geheel beneden het polderpeil zoude gelegen zijn en het water door persing zoude opvoeren tot de veranderlijke waterhoogte in de rivier. De voordeelen door deze inrichting te bereiken waren, het voorkomen van neerslag in het benedenwater, de volkomen vulling der pomp bij elken slag, het voorkomen van te hoogen opvoer bij lage standen der rivier en de mogelijkheid om bij een rivierstand lager dan het polderwater, natuurlijken afvoer door het waterwerktuig heen te doen plaats hebben.

Uit hetgeen in dit werk is voorafgegaan zal men zich herinneren, dat de opvoer van water door perspompen reeds was voorgesteld door GIBBS en DEAN voor het Haarlemmermeer; maar deze pompen waren niet geheel beneden het polderpeil gesteld, daarbij enkelwerkend en alzoo geheel onderscheiden van de dubbelwerkende perspomp van den heer FIJNJE. In den loop van 1844 en het begin van 1845 is van deze een model in het klein vervaardigd en den 22 April 1845 werd daarvoor een octrooi verleend voor 15 jaar.

De aanleiding tot den bouw van het eerste stoomgemaal met dit nieuwe waterwerktuig, waaraan de ontwerper den naam van drijf- of persbuis gaf, was deze. In het ambt van Maas en Waal ligt de zoogenaamde molenpolder van Wamel, Dreumel en Alphen, groot 5000 H.A., die tot waterafvoer twee sluizen heeft in den Maasbandijk, eene te Dreumel en de andere te Alphen. Door gebrekkige loozing bleven dikwijls 2000 H.A. tot laat in den zomer 0.2 M. tot 0.9 M. onder water en deze polder moet dan ook tot kunstmatige ontlasting reeds lang geleden molens hebben gebruikt, die echter bij den inval van Lodewijk XIV in 1672 vernietigd zijn. In 1791 zijn er weder drie molens met staande schepraderen gesticht, die echter niet voldeden en daarom in

1819 vervangen werden door molens met hellende schepraderen, waarvan er drie werden gebouwd voor de Dreumelsche en een voor de Alphensche sluis. Deze molens schijnen aanvankelijk wel voldaan te hebben, maar de toestand bleef toch ongunstig.

Een algemeen plan tot ontlasting van het Rijk van Nijmegen en van Maas en Waal werd in 1820 ontworpen door M. G. BEIJERINCK en in 1830 gewijzigd voorgedragen door J. H. Graaf VAN RECHTEREN, maar in 1836 besloot de molenpolder zich afzonderlijk door een stoomgemaal te helpen en daarvoor werd door den heer H. F. FIJNJE een ontwerp met schepraderen opgemaakt in navolging van dat aan den Arkelschen dam. Het plan van VAN RECHTEREN kwam in 1840 opnieuw ter sprake, het werd toen door den heer FIJNJE uitgewerkt en ter beoordeeling daarvan werd in 1842 een staatscommissie benoemd wier rapport, dat in 1846 werd uitgebracht, ten gunste strekte niet van algemeene maar van partieele verbeteringen in de waterloozing. In dat rapport werd tevens de aandacht gevestigd op het stoomgemaal, tot oprichting waarvan inmiddels door de geërfden van den molenpolder besloten was, maar dat nu zoude worden ingericht volgens het stelsel der drijfbuis, dat inmiddels was uitgevonden.

Tot uitvoering van dit stoomgemaal voor den molenpolder, waarvan de plaatsing te Dreumel werd bepaald, werd eene commissie benoemd van welke later ook de heer FIJNJE lid werd. De provinciale staten van Gelderland verleenden eene subsidie van f 10000 en de minister van binnenlandsche zaken gaf toezegging van eene subsidie tot gelijk bedrag. In Juni 1845 werden de gebouwen met de fundeeringen aangenomen door M. VERMAES te Hellevoetsluis en de stoomwerktuigen met het verdere ijzerwerk voor de pompen door NERING BÖGEL. & Co. te Deventer en te Isselborg. De eerste palen werden ingeheid in Augustus 1845, de metselwerken waren tot de volle hoogte opgetrokken in November en den 17 Mei 1846 werd het werktuig voor het eerst in werking gebracht met eene snelheid van 10 dubbele slagen in de minuut.

Tot dusver was alles goed gegaan, maar bij de voortdurende werking deden zich bezwaren op. De kleppen in het model en in deze eerste machine waren niet ingericht zoo als die in het

later volgens dit stelsel gebouwde Wester-stoomgemaal te Rotterdam (plaat IX), maar draaiden om verticale assen in navolging
van de gewone sluis- of wachtdeuren. Deze staande kleppen sloten
zich echter niet spoedig genoeg aan het eind van elken slag en
bij het teruggaan van den pompzuiger volgde de sluiting op
zeer verontrustende wijze, waarbij de verbinding van dien zuiger
met de stang was defect geraakt, terwijl ongeveer $^1/_7$ van het water
terugliep. Men heeft toen veeren op de deuren aangebracht om
deze bijtijds te doen sluiten en na herstel van de overige gebreken den 19 Juni 1846 het werktuig opnieuw in gang gebracht.
Met 7 tot 8 dubbele slagen in de minuut werd de polder, die
nog met water bezwaard was tot 0.3 M. boven het zomerpeil, in
zeven etmalen drooggemaakt.

Doch aanhoudende herstellingen, die de werking belemmerden
leidden er toe de geheele pompkamer te onderzoeken, waardoor
bleek, dat de scheidingswand tusschen de boven- en benedenzijden
van de pompkamer, die uit houten balken was samengesteld, zich
ontzet had. Onder medewerking van Nering Bögel werd toen
in Augustus een plan aan het bestuur ingediend om alles in
orde te brengen; maar het bestuur de verantwoordelijkheid niet
op zich willende nemen, riep een geërfden dag op en alzoo kon
eerst einde September de last gegeven worden om alles te herstellen.

Den 16 Maart 1847 werd het werktuig, dat nu van hangende
in plaats van staande kleppen voorzien was, weder in werking
gebracht en het voldeed toen uitmuntend, want het water werd
opgebracht tot 1 M. boven het maalpeil der molens. De
2000 H.A., die vroeger waterlast hadden rezen spoedig f 30 per
H.A. in pachtwaarde en de jaarlijksche kosten in brandstoffen
bleken niet meer te bedragen dan f 0.50 per H.A.

Den 4 Mei 1847 werd het bezocht door G. Simons, in 1846 Directeur geworden der Koninklijke Academie te Delft, met D. J.
Storm Buijsing, leeraar in de waterbouwkunde aan die inrichting.
De proefmaling toen gehouden bij eene opvoerhoogte van 1.3 M.
leverde de gunstige uitkomst op, dat de arbeid per K.G. steenkolen verricht, gelijk stond met den opvoer van 123 M³. tot
de hoogte van 1 M., hetgeen overeenkomt met een brandstof-

verbruik per uur en per paardekracht van 2.11 K.G. Dit stoomgemaal bestaat nog en bewijst steeds goede diensten, die echter door veranderde omstandigheden beperkt zijn tot den polder Dreumel.

Ieder der drie onderdeelen van den molenpolder had een verschillend peil en de werking van het gemaal werd steeds zoo geregeld, dat achtereenvolgens van elk onderdeel duim voor duim werd afgemalen. Ten gevolge van aanhoudend hooge rivierstanden, die vooral sedert 1876 ondervonden werden, is echter in de polders Wamel, Dreumel en Alphen de kwel, die voor de meeste rivierpolders het grootste waterbezwaar veroorzaakt, zoo aanzienlijk geworden, dat tot nieuwe maatregelen moest worden overgegaan. De drie onderdeelen besloten elk een afzonderlijk stoomgemaal opterichten, waartoe Alphen met 1000 H.A. een centrifugaalpomp van 50 paardekrachten, Wamel met 2000 H.A. een schepradgemaal van 100 paardekrachten verkoos, terwijl Dreumel met 2000 H.A. het bestaande stoomgemaal overnam, nadat het door deskundigen onderzocht en nog altijd in goede orde was bevonden.

Aangezien deze machine een vermogen heeft van 60 paardekrachten zoo ziet men, dat het aanvankelijk stoomvermogen van de drie polders thans nagenoeg verviervoudigd is. In den winter van 1882—83 zijn door overmaat van kwelwater in de hooger gelegen deelen van Maas en Waal de binnenwaterkeeringen doorgebroken en is de molenpolder overstroomd, zoodat de openbare wegen bevaren werden. De drie stoomgemalen werden aan het werk gezet en verlaagden den waterstand in korten tijd 0.34 M., doch in Maart 1883 raakte de Wamelsche machine onklaar. De Dreumelsche machine heeft ook toen behoorlijk doorgewerkt, niettegenstaande zij reeds 36 jaar dienst had gedaan.

De duidelijk gebleken waarde van dit stoomgemaal heeft herhaaldelijk aanleiding tot navolging gegeven ten dienste van andere polders, namelijk in den Bommelerwaard boven den Meidijk voor de Waaldorpen en voor de Maasdorpen, voor den kleinen Hoflandschen polder bij Mijdrecht, voor den polder Brakel in den Bommelerwaard beneden den Meidijk, voor den polder Culenborg, den polder Herwijnen en voor den Coolpolder bij Rotterdam.

Voorts zijn er nog ontwerpen geweest tot toepassing bij de droogmaking van de Legmeerplassen, bij de tweede bedijking te Mijdrecht, de Ronde Veenen aldaar en de Tienhovensche en Maarseveensche plassen, waarvan echter de uitvoering verhinderd werd, ook doordien den uitvinder het daartoe vereischte verlof als ambtenaar in 's rijks waterstaat niet verleend kon worden. De beperkte omvang van dit werk laat niet toe elk dezer werktuigen uitvoerig te behandelen, doch enkele bijzonderheden zullen hier nog worden vermeld, die mij voor het meerendeel door den heer Fijnje welwillend zijn medegedeeld.

Aangaande de beide gemalen in den Bommelerwaard boven den Meidijk, elk van 100 paardekrachten voor de Waal- en voor de Maasdorpen, vindt men eenige opgaven in eene verhandeling van den heer J. van der Toorn voorkomende in de werken van het Bataafsch Genootschap. De Waaldorpen loozen door de Drielsche wetering en tot verbetering daarvan werd in 1821 een watermolen met vier schepraderen gesticht volgens het stelsel van J. Blanken Jz,, die echter op den duur niet voldeed. In 1851 werd daarom besloten tot de stichting van een stoomgemaal van 35 paardekrachten met vier schepraderen, dat echter niet tot uitvoering is gekomen. Na lange beraadslagingen en onder toezegging van eene rijkssubsidie werd eindelijk in 1853 besloten tot stichting eener machine volgens het Dreumelsche stelsel; dit werktuig met een vermogen van 100 paardekrachten werd in 1855 voltooid en den 22 Mei 1855 aan Z. M. Koning Willem III in werking voorgesteld.

Deze machine is belangrijk, omdat men wegens de moeielijkheden bij de diepe fundeering van de pompkamer ondervonden, aldaar voor het eerst toepassing heeft gemaakt van eene betonfundeering op palen rustende, hetgeen bij eene diepte van 7 M. onder zomerpeil volkomen gelukt is. Het is bekend, dat deze methode later op ruime schaal is toegepast bij de fundeering der rivierpijlers van onze spoorwegbruggen en bij het groote viaduct van den staatsspoorweg te Amsterdam.

De machine voor de Waaldorpen in den Bommelerwaard heeft wat de werking aangaat goed voldaan, maar de groote hoeveelheid water door kwel uit de hooger gelegen plaatsen toevloeiende, maakte dat de dorpen Ammerzoden en Well eerst laat van het water bevrijd werden. Men heeft daarom later het voornemen opgevat een tweede stoomgemaal te stichten voor de benedendorpen en daarbij dan twee polders, die eene afzonderlijke bemaling hadden optenemen, en is er eindelijk toe overgegaan een stoomgemaal te stellen met een scheprad voor de gewone hoogte van opvoer en een centrifugaalpomp voor de grootere hoogten.

Het stoomgemaal voor de Maasdorpen in den Bommelerwaard loozende door de Bommelsche wetering is ook van 100 paardekrachten en werd mede in 1855 voltooid. Aanvankelijk was de bedoeling het enkel als bovengemaal te doen dienen tot opvoer van het water door de achter-molens aangevoerd, maar bij de uitvoering is de inrichting zoo gemaakt, dat het ook in plaats van de achtermolens dienst kan doen en deze bij gemis aan windkracht kan vervangen. Dit gemaal schijnt bij voortduring aan de behoeften te hebben voldaan.

Het stoomgemaal in den polder Hofland, groot 300 H.A., bestaat thans niet meer, maar verdient vermelding omdat aldaar de stoomcylinder boven de perspomp was geplaatst en dus eene directe overbrenging van beweging plaats vond, waarvan dit het eenige voorbeeld is. Men heeft echter later eene balans met tegenwicht moeten aanbrengen om evenwicht te maken met het eigengewicht der stoom- en waterzuigers.

Aanleiding tot stichting dezer machine was het bezwaar, dat bij de voorgenomen droogmaking der Legmeer-plassen gemaakt werd tegen de toepassing van het Dreumelsche stelsel, wegens de diepe fundeering, die daarvoor vereischt wordt. Door eene toepassing op kleine schaal bij den Hoflandschen polder zou de gegrondheid van dit bezwaar worden onderzocht. De heer FIJNJE droeg daartoe een derde in de kosten, maar kon zich met de uitvoering niet belasten om hierboven reeds opgegeven redenen.

De kosten van aanleg zijn toen zeer verhoogd, omdat eerst beproefd is eene gewone houten fundeering te leggen en men later toch weder tot de betonfundeering moest terugkomen. Het

gemaal is echter behoorlijk tot stand gekomen, werd den 12 October 1855 in dienst gesteld, maar heeft niet lang bestaan en is
opgeruimd toen de tweede Mijdrechtsche bedijking tot stand kwam.
Door de kleine oppervlakte van den Hoflandschen polder waren
de kosten van drooghouding voor eigen rekening betrekkelijk hoog
en was het voordeeliger een aanbod van het bestuur der tweede
Mijdrechtsche bedijking aantenemen om voor de droogmaking van
dien polder te zorgen.

In den Bommelerwaard beneden den Meidijk bevindt zich de
polder Brakel, groot 751 H.A., uitwaterende in de Waal door
eene sluis te Brakel, met een voormolen en twee achtermolens, bij
een van welke laatste een stoomwerktuig van 20 paardekrachten
was gesteld tot het drijven van een scheprad, dat echter niet voldoende bleek en door brand in het ongereede is gekomen.

In 1853 is toen ter sprake gekomen de stichting van een nieuw
stoomgemaal volgens het stelsel te Dreumel gevolgd; de bouw
van zulk een gemaal van 40 paardekrachten is in 1856 tot uitvoering gekomen, in 1857 werd het geheel voltooid en gedurende
twint'g jaar heeft het aan de verwachtingen beantwoord. Door
dit stoomgemaal werd ook bediend de polder van Poederoyen
en het gedeelte van Zuilichem beneden den Meidijk, in het
geheel met den polder Brakel eene oppervlakte van 1138 H.A.
uitmakende. Waarschijnlijk is deze te groote oppervlakte in verhouding tot het vermogen der machine oorzaak geweest, dat men het
genoemde stoomgemaal sedert door een ander heeft vervangen, waaromtrent echter aan schrijver geen gegevens ter beschikking staan.

Ook de polder Culenborg heeft een stoomgemaal volgens het
Dreumelsche stelsel. Deze polder beslaat eene oppervlakte van 2373
H.A., waarvan vóór het jaar 1705 de bemaling bij het Spoel
op de Lek plaats had; na het graven van het Pannerdensch kanaal
is dit veranderd en werd de loozing overgebracht naar de Linge
door de Culenborgsche vliet met de Hornsche sluis geholpen door
vier achtermolens en drie voormolens.
Aangezien deze inrichting onvoldoende was, werd in 1856 be-

sloten tot de stichting van een stoomgemaal van 60 paardekrachten volgens het Dreumelsche stelsel achter de Hornsche sluis,
dat in 1857 aangevangen en in 1859 voltooid werd, terwijl de
windwatermolens buiten dienst werden gesteld. De uitkomsten
van dit werktuig zijn voor gewone tijden voldoende geweest, maar
om in buitengewone omstandigheden te voorzien, is later nog een
klein schepradgemaal daarbij geplaatst.

Ook valt nog te vermelden de toepassing voor den polder
Herwijnen in den Tielerwaard groot 967 H.A., die door drie
achtermolens en twee voormolens bemalen werd. Verschil van
gevoelen belette indertijd om even als voor den geheelen
Tielerwaard de uitwatering over te brengen naar de Linge en
het kanaal van Steenenhoek; men kon het met de lager gelegen
polders niet eens worden en dientengevolge moest de lozing
geschieden op de Waal tegenover Loevesteijn.

In 1845 is de stichting van een stoomgemaal als middel tot
verbetering het eerst ter sprake gekomen, maar eerst in 1853 kwam
dit in nadere overweging en men stelde zich toen voor een vermogen van 45 paardekrachten aantewenden. Bij de uitvoering,
die in 1854 ondernomen werd, zijn verschillende moeielijkheden
ondervonden wegens den verboden kring van het fort Herwijnen
en ook· met de betonfundeering van de pompkamer die, waarschijnlijk ten gevolge van onvoldoend toezicht gedurende de uitvoering, niet genoegzaam versteend bleek te zijn.

In 1857 waren alle moeielijkheden overwonnen en kon het
stoomwerktuig de werking der achtermolens geregeld bijhouden.
Ten gevolge van de hooge rivierstanden vooral na 1876 bleek
echter het vermogen onvoldoende en is het door een ander meer
vermogend gemaal vervangen, waaromtrent aan schrijver echter
geen gegevens bekend zijn.

Thans blijft nog ter vermelding over het Wester-stoomgemaal te
Rotterdam (plaat IX) de laatste en zeker niet de minst belangrijke
toepassing, die van het stelsel van den heer FIJNJE hier te lande
gemaakt is.

Bij het bekende waterproject, door W. N. Rose voor Rotterdam ontworpen, werd voorgesteld het water in de stads-singels te ververschen door het inlaten van rivierwater uit de buitenhavens. Ten einde den boezem van Schieland door dit ingelaten water niet te bezwaren, werd de uitwatering van de Rotte en de Schie door sluiswerken afgesloten van de stads-singels, waardoor in deze de waterverversching geheel naar behoefte kon worden geregeld. Het water uit de stads-singels werd verder door duikers afgelaten in de tochten en slooten van de polderstad, die op lager peil gelegen was.

Om nu eene geregelde doorstrooming te onderhouden moest het water uit de polderstad kunstmatig worden afgevoerd, en daartoe zijn in het geheel drie stoomgemalen gesticht, waaronder het Wester-stoomgemaal dat thans besproken wordt. Dit werktuig dient tot bemaling van de polders Cool en West-Blommersdijk; het zomerpeil is aldaar 2.14 M. — A.P. en aangezien de afvoer in de Nieuwe Maas moest plaats hebben, zoo bedroeg de hoogte van opmaling bij eb, 1.8 M., bij gewonen vloed 3 M. en bij buitengewone vloeden 3.8 M. Bij deze zeer veranderlijke en soms vrij aanzienlijke hoogte van opvoer viel de keus op het Dreumelsche stelsel en werd in 1857 besloten een werktuig van 50 paardekrachten te stichten op 300 M. afstand van de Maas, waarheen het water dus door een lang riool moest worden afgevoerd.

Na de aanbesteding in 1858 bleek het, dat de bodem toeliet de gewone houten fundeering te gebruiken; in November 1860 werd het stoomgemaal voltooid en voldeed ten volle aan de verwachting. Het heeft sedert uitstekende diensten bewezen en is vooral merkwaardig omdat, zij het dan ook onder gunstige omstandigheden, daarbij een kolenverbruik is waargenomen van slechts 1.4 K.G. per paardekracht opgevoerd water (*), wat tot de beste uitkomsten behoort, die met stoomgemalen in ons vaderland verkregen zijn. Een lager kolenverbruik is alleen bereikt bij de proefmaling van de Haarlemmermeer-machines, maar met grooter opvoerhoogte, en dus onder nog gunstiger omstandigheden.

(*) Koninklijk Instituut van Ingenieurs. Notulen der vergadering van 9 April 1878. Bijlage 25.

Al ware het enkel om deze buitengewoon gunstige uitkomst, zoude het stelsel van den heer FIJNJE zeker bijzondere aandacht waardig zijn. Eigenaardig is daarbij de omstandigheid, dat het nagenoeg gelijktijdig met de groote Haarlemmermeermachines ontstaan is en hoewel in beperkte mate, toch ook door de Regeering ondersteund werd door het kosteloos verleenen van het octrooi en door de subsidie voor de eerste machine volgens dit stelsel te Dreumel. Dat het herhaaldelijk is toegepast blijkt genoegzaam uit het voorafgaande en daaraan kan nog worden toegevoegd, dat het ook in het buitenland de aandacht heeft getrokken en thans gebruikt wordt voor waterafvoer uit het rioolstelsel van de stad Memphis in de Vereenigde Staten van Noord-Amerika (*).

Het verdient daarom opmerking, dat in ons land van verdere toepassing van dit werktuig niet meer wordt gehoord, dat nieuwe gemalen volgens dit stelsel, niet meer worden gebouwd en dat het, met uitzondering van de kleine machine in den Hoflandschen polder, uitsluitend bij opmaling tegen veranderlijke rivierstanden is gebruikt.

Toen het stelsel in 1845 werd bekend gemaakt bestond er geen ander werktuig voor deze omstandigheden geschikt en de groote verdienste der vinding was, dat het in deze behoefte voorzag. De plaatsing van de pomp, beneden het polderpeil, leverde ongetwijfeld bezwaar op wegens de diepe fundeering die vereischt werd, maar dit werd ruim vergoed doordien het hoofddoel, opvoer tot niet grooter hoogte dan het werkelijk verschil in waterstand, bereikt werd. Bovendien werd door die lage stelling de ophooping van lucht in de pomp voorkomen en alzoo eene geregelde werking verzekerd, die het aannemen

---

(*) „The pump to be used is a most simple and ingenious device for forcing water forward against a head, while allowing a free natural flow at ordinary stages of the river. This pump the invention of Mr. FIJNJE has been largely used in Holland for more than thirty years, and was introduced to the notice of American Engineers, only at the Centennial Exhibition. Its application in American drainage thus far has been most satisfactory and it certainly offers advantages for such work far beyond anything used before". Engineering news. New-York. Saturday 18 September 1880. The sewering and draining of cities by George E. Waring.

van eene groote zuigersnelheid bereikbaar maakte. Door de plaatsing der pomp, te midden van metselwerk, werd een stevig
geheel verkregen en het aanbrengen der kleppen in de wanden
der pompkamer maakte, dat de mogelijke slag der kleppen in
de eerste plaats op de vaste deelen van het werktuig werd
overgebracht.

Aangezien de pomp dubbelwerkend was, zoo kon deze door eene
dubbelwerkende cornwallsche stoommachine worden gedreven en
daardoor werd de geheele inrichting zeer eenvoudig, terwijl de
afmetingen van de pomp en van den stoomcylinder zoo klein
mogelijk werden. Een groot voordeel was, dat de fabriekanten
die de uitvoering ondernamen in Nederland waren gevestigd,
want dit maakte het werk veel gemakkelijker dan het bij de
Haarlemmermeer-machines geweest is en daarbij kwam nog, dat de
firma NERING BÖGEL door talrijke toepassingen op den mijnbouw in hare fabriek te Isselborg met de inrichting der cornwallsche machines zeer vertrouwd was.

Zooals boven vermeld werd, heeft bij de eerste toepassing der
perspompen de geregelde beweging der kleppen moeielijkheden
opgeleverd bijna even groot als die, welke in 1776 bij de eerste
toepassing der zuigpompen door HOOGENDIJK werden ondervonden.
Na het vervangen in 1847 van de staande kleppen in het gemaal
te Dreumel door hangende kleppen, is in 1849 op voorstel van
le hh. NERING BÖGEL, in den stoomcylinder bij het einde van
elken zuigerslag, compressie van den afgewerkten stoom toegepast,
waardoor de beweging van den pompzuiger geleidelijk vertraagd
werd en de kleppen gelegenheid hadden zich vóór het begin van
den volgenden slag te sluiten. Door het weder uitzetten van dezen
saâmgedrukten stoom werd dan, in verband met het bijtijds openen
van den stoomafvoer aan de andere zijde van den zuiger, verkregen,
dat onmiddelijk na het einde van elken slag, de volgende begonnen werd, zoodat er tusschen de achtereenvolgende slagen,
volstrekt geen stilstand plaats had en de werking dus geheel onderscheiden werd van die der Haarlemmermeer-machines, alwaar
na elken slag een oogenblik van rust komt, waarin de kleppen
van de zuigpompen kunnen dichtvallen.

Bij het Wester-stoomgemaal te Rotterdam is door den vorigen machinist aldaar, G. HUITINK, de verbetering aangebracht om aan elke zijde van den zuiger den stoomafvoerklep in verband te brengen met den stoomaanvoerklep van dezelfde zijde, op zoodanige wijze dat de afvoer van den verloren stoom geschiedt tot op het laatste oogenblik van den slag en dat bij de sluiting van dien afvoerklep dadelijk de stoomaanvoerklep geopend wordt, waardoor zonder de hulp van compressie de slagen elkander onmiddelijk opvolgen. Deze inrichting voldoet blijkbaar zeer goed, want sedert zij werd aangebracht is de stoot in de pompkamer, vroeger zeer hoorbaar, bijna niet meer te bemerken.

Dit onafgebroken aan elkander sluiten der achtereenvolgende slagen staat in nauw verband met de vrij groote zuigersnelheid, die bij deze machines aan den pompzuiger gegeven wordt. Door die snelheid en den grooten inhoud der pomp ontstaat in den benedenwaterloop bij elken zuigerslag een krachtige stroom naar de geopende zuigkleppen. Is er nu tusschen de opvolgende slagen een oogenblik van stilstand, dan wordt die stroom telkens gestuit en door die botsing ontstaat een teruggang, die als golfbeweging aan den dag komt. Bij dit terugloopen ontstaat er verschil in druk tusschen het water in de pomp en het benedenwater en dit doet de nog geopende kleppen met groote hevigheid dichtslaan.

Maakt de pompzuiger echter zonder een oogenblik van stilstand de achtereenvolgende slagen, dan ontstaat bij elken nieuwen slag dadelijk vermindering van druk in één deel der pompkamer, de zuigkleppen in dat gedeelte openen zich, en voortdurende toestrooming kan plaats vinden vóór dat er tijd is geweest om terug te loopen. Doordien dit terugloopen nu voorkomen is, ondervinden de zich sluitende zuigkleppen in het andere deel der pomp een minder groot verschil van binnen- en buitendruk, het te plotseling sluiten van deze wordt voorkomen en de stooten bij het toevallen blijven geheel weg. Het ontstaan van golfbeweging en de invloed daarvan op den geregelden gang van het waterwerktuig was een geheel nieuw verschijnsel, dat uit den aard der zaak bij den aanleg der eerste machine niet bekend kon zijn, en alleen de ervaring kon leeren dat het wegnemen van de oogenblikken van stilstand tusschen de opvolgende slagen het middel was om dien invloed onschadelijk te maken.

In nog een ander opzicht is de werking van de perspomp van den heer FIJNJE wezenlijk onderscheiden van die der Haarlemmermeer-machines. De ontwerpers dezer groote werktuigen hadden er bezwaar in gezien den werkenden slag van de zuigpompen door de onmiddelijke werking van hoogdrukstoom te doen plaats hebben en hadden daarom de tusschenkomst van een gewicht gebruikt. In de machine volgens het Dreumelsche stelsel is de werking van den stoom direct en het moet erkend worden dat dit, niettegenstaande den vrij hoogen stoomdruk en de groote uitzetting, geen bezwaren opgeleverd heeft dan bij de eerste proefneming, toen de middelvloer van de pompkamer nog uit houten balken bestond, wier gemis aan vastheid door latere wijziging in de constructie verholpen is.

De heer FIJNJE heeft dan ook beweerd, dat grooter eenvoud en minder kosten bij de droogmaking van het Haarlemmermeer zouden bereikt zijn, wanneer men voor elk der drie werktuigen één dubbelwerkende perspomp volgens zijn stelsel met een middellijn van 3.6 M. gebruikt had. Door SIMONS is daartegen opgemerkt, dat die toepassing bij de Haarlemmermeer-machines eene fundeering zoude vereischt hebben, op 5.31 M. onder zomerpeil van Haarlemmermeer en dus van 10.31 M. onder A.P., hetgeen met het oog op de reeds ondervonden moeielijkheden bij de fundeering van de CRUQUIUS de uitvoering onmogelijk zou hebben gemaakt. Men moet bovendien in het oog houden, dat de voorbereiding van de stichting der Haarlemmermeer-machines reeds was afgeloopen, toen het stoomgemaal te Dreumel gesticht zoude worden en dat de LEEGHWATER beproefd werd in 1845, hetzelfde jaar waarin het octrooi voor de drijf- of persbuis verleend is.

De zuigpomp van LIPKENS en de perspomp van den heer FIJNJE zijn ontworpen voor verschillende doeleinden, en toepassing van deze laatste zoude veeleer, dan bij de droogmaking van het meer, aangewezen zijn geweest voor de boezembemaling van Rijnland op het IJ en aan den IJsel, omdat aan beide plaatsen het water bij veranderlijke buitenwaterstanden moest worden opgevoerd. Het blijkt niet, of daarover gedacht is en de heer Fijnje heeft de toepassing bij Rijnland ook niet voorgesteld ; maar er bestaat een ontwerp volgens dit stelsel van het jaar 1846 voor de boezembemaling van Delfland , waarbij echter later schepraderen gekozen zijn. De groote hoeveelheden water, die uit Rijnland moesten worden afge- voerd, zouden trouwens genoodzaakt hebben tot plaatsing van een groot aantal pompen en aangezien in het Dreumelsche stelsel elke pomp door eene afzonderlijke machine gedreven wordt, zoude het bouwen van een groot aantal stoomwerktuigen onvermijdelijk zijn geweest.

Zeer belangrijk in dit opzicht is eene toepassing van de perspomp, die voor de bemaling van het Blockland bij Bremen gemaakt werd (plaat X), waarbij vier verticale pompen worden bewogen door één horizontale stoommachine, die eene ronddraaiende be- weging heeft. Alvorens dit werktuig te bespreken, moet echter nog eene vraag worden behandeld, die zoowel de stoomgemalen volgens het Dreumelsche stelsel als die van het Haarlemmermeer geldt, namelijk waarom de dubbelwerkende en de enkelwerkende corn- wallsche machines, die daarbij zijn toegepast, thans geheel buiten gebruik zijn gekomen, niettegenstaande zij zulke goede uitkom- sten hebben opgeleverd wat het kolenverbruik aangaat?

Eene hoofdreden, die voor beiden geldt, is, dat in beide gevallen de stoommachine geene ronddraaiende beweging heeft en hoewel zelfwerkend, niet zelf regelend is, wat de lengte van den slag en het aantal slagen aangaat. Bij verandering van de opvoerhoogte voor het water of van de stoomspanning in de ketels, moet door den machinist de stoomdruk in den cylinder met behulp van de smoorklep of de graad van uitzetting door het verstellen van den expansie-inrichting worden veranderd. Geschiedt dit niet, dan worden te korte of te lange slagen gemaakt, welke laatsten den cylinder-bodem of deksel in gevaar zouden brengen, wanneer dit niet door de stootbalken verhinderd of door compressie aan het eind van den slag voorkomen wordt. Eene te korte slaglengte ver- oorzaakt vergrooting der zoogenaamd schadelijke ruimte en dus stoomverbruik zonder evenredigen arbeid, dat alleen voorkomen kan worden door aanhoudende oplettendheid van den machinist, maar juist dit is een overwegend bezwaar.

De standvastige lengte van de opvolgende slagen is op de eenvoudigste wijze te verkrijgen door het gebruik van de kruk en
op deze omstandigheid berust de uitsluitende voorkeur, die tegenwoordig terecht aan de draaiende stoomwerktuigen gegeven wordt.
Daarin alleen ligt de verklaring, waarom de stoommachines die
bij het Haarlemmermeer en in het Dreumelsche stelsel zijn toegepast niet meer worden gebruikt en dat zij, hoe uitstekend hare
werking is geweest, moeten geacht worden tot de geschiedenis
te behooren, terwijl de waterwerktuigen van deze stoomgemalen
blijvende waarde voor onze polderbemaling zullen behouden.

In beiden was de enkel heen- en weergaande stoommachine
aangewend en daardoor vormen zij de laatste termen van de reeks
proefnemingen, die werd begonnen met de machine van NEWCOMEN
te Rotterdam, voortgezet door de machines van WATT te Blijdorp,
te Mijdrecht en in den Krimpenerwaard en die geleid heeft tot het
lage kolenverbruik in de machines van het Haarlemmermeer en
in het Wester-stoomgemaal te Rotterdam. De mogelijkheid bewezen te hebben van stoombemaling door middel van pompen,
met een kolenverbruik, zij het dan ook onder gunstige omstandigheden, niet hooger dan 1.5 K.G. per paardekracht, dit is de
schoone uitkomst van den arbeid door HOOGENDIJK aangevangen,
en voltooid door LIPKENS en SIMONS in de Haarlemmermeer-
machines en door den heer FIJNJE in het Wester-stoomgemaal
te Rotterdam.

Daardoor is tevens een cijfer aangegeven, naar het bereiken
waarvan bij lateren arbeid op het gebied van stoombemaling moet
worden gestreefd en van hoe groot belang zulk een maatstaf is,
zal men inzien als men zich herinnert, dat thans reeds meer dan
14.000 paardekrachten werkzaam zijn voor het bemalen van onze
landerijen. Het kolenverbruik van het meerendeel der thans gebruikte werktuigen bedraagt echter minstens 3 K.G. per paardekracht
in het uur en vereischt aan jaarlijksche uitgaven zeker niet minder
dan ƒ 700 000. De stoombemaling breidt zich nog voortdurend
uit en het is niet te hoog geraamd, wanneer men rekent dat zij
in den loop der eerstvolgende jaren verdubbeld zal worden. De
uitgaven voor brandstofverbruik stijgen dan tot ƒ 1 400 000 jaar-

lijks en eene beperking van het kolenverbruik tot 1.5 K.G. per paardekracht zou dus eene jaarlijksche besparing geven van *f* 700 000, zonder te spreken van het kleiner aantal stoomketels, dat voor verbruik van deze mindere hoeveelheid brandstof voldoende zoude zijn.

Is er meer noodig om op het groote belang van dit vraagstuk voor ons vaderland te wijzen, dan is het voldoende te herinneren aan de voorgestelde droogmakingen in de Zuiderzee (plaat XXV), waarbij zeker 10 000 paardekrachten vereischt worden en waarvoor dus de jaarlijksche uitgaven aan brandstof tot drooghouding minstens vijf ton of hoogstens twee en een halve ton zullen bedragen, al naar mate men er in slaagt de bemaling te doen plaats hebben met 3 K.G. per paardekracht, zooals thans meestal plaats heeft of met 1.5 K.G. wat als mogelijk moet worden beschouwd. Die mogelijkheid ook voor kleinere werktuigen dan die van den Haarlemmermeerpolder door feiten te hebben bewezen, dit is de blijvende waarde van het werk van den heer H. F. FIJNJE, wiens naam in de geschiedenis der polder- en boezembemaling hier te lande eene eervolle plaats verworven heeft.

AANTEEKENINGEN.

Geschriften betreffende de dubbelwerkende perspompen volgens het stelsel van den heer H. F. Fijnje van Salverda.

Natuurkundige verhandelingen van de Hollandsche maatschappij der Wetenschappen te Haarlem. Tweede verzameling. 3e Deel, 1e stuk. Te Haarlem bij de wed A. Loosjes, Pz. 1844. Verhandeling van F. H. Fijnje, Ingenieur der 1e klasse van 's Rijks Waterstaat te Nijmegen.

Verhandeling over de uitwatering van Delfland, medegedeeld door J. G. W. Fijnje, Ingenieur van den Waterstaat te 's Gravenhage, 1846. (Handschrift met 4 platen. Bibl. der Pol. School.)

Het stelsel van water-opvoering in toepassing gebracht te Dreumel, uitgevonden door H. F. Fijnje, beschreven door T. baron van Scherpenzeel Heusch, met twee afbeeldingen. Te Nijmegen bij J. F. Thieme, 1847.

Verslag over het Stoomwerktuig in den polder van Wamel, Dreumel en Alphen, door H. F. Fijnje, Ingenieur van den Waterstaat. Nijmegen, C. A. Vieweg, 1849.

Bemerkingen betrekkelijk het verslag van het stoomwerktuig in den polder van Wamel, Dreumel en Alphen. Met eene plaat. 's Gravenhage bij Gebroeders J. en H. van Langenhuijsen. 1849.

Rapport uitgebracht aan den Dijkstoel van het polderdistrict van den Boemeler-
waard, boven den Meidijk, door de Commissie tot onderzoek der beste middelen
welke tot verbetering van den waterstaat in dit district moeten aangewend worden.
Ter boek- en steendrukkerij van Lutkie en Cranenburg. 's Bosch, Amsterdam en
Rotterdam. 1850.

Ontginning der heidevelden in het Zuid-Westen der provincie Noord-Brabant door
water uit de Schelde, door H. F. Fijnje. (Handelingen, Noord-Brabantsch Gen. 1852.)

Plan tot droogmaking van de Legmeerplassen door middel van stoomgemaal, volgens
het stelsel van den heer H. F. Fijnje van Salverda, Hoofd-Ingenieur van den Waterstaat, zoo als hetzelve is toegepast in den Molenpolder van Wamel en Dreumel.
Met uitslaande kaart. Uithoorn, P. J. C. Diderich. 1852.

Bijlage behoorende bij het plan tot droogmaking van de Legmeerplassen door
middel van stoomgemaal, volgens het stelsel van H. F. Fijnje van Salverda, Hoofd-
ingenieur van den Waterstaat. Uithoorn, P. J. C. Diderich. 1853.

Verslag aan den Gemeenteraad van Rotterdam dd. 28 Maart 1854, door de
Commissie benoemd den 11 Juli 1853. Met Memorie van Toelichting voor het
waterproject, om de binnenstad en de bewoonde gedeeltens van de polders Cool,
Rubroek, Oost- en West-Blommersdijk, van de stad Rotterdam, van Maaswater te
voorzien, dd. 1 Februari 1854, door den Gemeente-Architect. W. N. Rose (Niet in
den handel.)

Rapport over dit project, dd. 4 Mei 1855, van F. W. Conrad en D. J. Storm
Buijsing. (Niet in den handel.)

Stoomwaterwerktuig, naar het stelsel van H. F. Fijnje van Salverda. Ingewijd
12 October 1855, door J. van Heemstra Bierman Jr.

Rivierpolders in Nederland. Hunne gebreken en middelen tot herstel, door B. te
Gempt, met kaart en platen. Haarlem. A. C. Kruseman. 1857.

Koninklijk Instituut van Ingenieurs. Notulen der vergadering van 10 Februari
1857, bladz. 86. Opmerking van N. Th. Michaelis, over een werkje: Rivierpolders
in Nederland, van B. te Gempt.

Zeitschrift für Bauwesen redigirt von G. Erbkam. Berlin, 1858. Verlag von Ernst
und Korn. Jahrgang VIII. Seite 455. Ueber die in den Niederlanden zur Trockenlegung von Ländereien angewendeten sogenaunten Kastenpumpen, von Krüger. Mit
Zeichnungen auf Blatt V und W im Text.

Polytechnisches Centralblatt. Vier und zwanzigster Jahrgang, für das Jahr 1858.
Leipzig. Verlag von Georg Wigand. 1 September. Seite 1105. Ueber die in den
Niederlanden zür Trockenlegung von Ländereien angewendeten sogenannten Kasten-
pumpen, von Krüger. Mit Abbildungen auf Taf. 40.

Eenige beschouwingen betrekkelijk den toestand van het polderdistrict Boemeler-
waard, beneden den Meidijk. (Door A. v. Os.) Gorinchem, 1861.

Nieuwe Verhandelingen van het Bataafsch Genootschap te Rotterdam. Tweede
Reeks, Eerste Deel, Eerste stuk, 1867. Statistieke opgave en beschrijving van den

Bommelerwaard boven den Meidijk, door J. van der Toorn, Ingenieur van 's Rijks Waterstaat. Bladz. 19—23.

Internationale tentoonstelling van voortbrengselen van nijverheid, kunst, enz. te Philadelphia, in 1876. De openbare werken in Nederland, geschetst door L. C. van Kerkwijk, Lid van de Nederlandsche Hoofd-Commissie. Uitgegeven door de Nederlandsche Hoofd-Commissie. Niet in den Handel. Haarlem. Johannes Enschedé en Zonen, 1876, bladz. 180—183.

Beschouwingen over den invloed van het water tot vruchtbaarmaking der landen door H. F. Fijnje. Tiel A. van Loon. 1877.

Beschouwingen over de verbetering van de waterlossingen van het Rijk van Nijmegen en van Maas en Waal en de aanwending van middelen om de vruchtbaarheid van die beide districten te vermeerderen (door H. F. Fijnje). Tiel A. van Loon. 1877.

Gewijzigd plan en begrooting der kosten tot verbetering der waterlossingen en inlating van rivierwater tot vruchtbaarmaking van de landen van het district van het Rijk van Nijmegen en van Maas en Waal (door H. F. Fijnje). Tiel A. van Loon, 1877.

Koninklijk Instituut van Ingenieurs. Notulen der vergadering van 9 April 1878, Bladz. 134. Bijlage 25. Bemerkingen ten aanzien van de voordracht van den heer A. Huet, over de meest voordeelige stoombemaling bij de droogmaking der Zuiderzee, door het lid H. F. Fijnje van Salverda.

The sewerage of Memphis, U. S. A. by Geo. E. Waring, Jun. with an Abstract of the discussion upon the Paper. By permission of the Council. Excerpt from the Transactions of the Sanitary Institute of Great Britain. Vol. II. session. 1880. Editors Henry C. Burdett, F. S. S. F. de Chaumont, M. D., F. R. S. London. Offices of the Institute, 9 Conduit Street. W. 181.

Sui risultati pratici di Varie Macchine Idrofore applicate in Olanda. Appunti dell' Ingegnere Giovanni Cuppari. Torino. 1883. bladz. 60—66.

Koninklijk Instituut van Ingenieurs. 1883—1884. Eerste aflevering, tweede gedeelte. Verhandelingen. Het rioolstelsel van Memphis (Vereenigde Staten), door het honorair lid Geo. E. Waring Jr., ingenieur van het werk, (Platen 1 en 2) bladz. 10.

Beschouwingen van de aanwending van stoomgemaal tot verbetering der waterlossingen in het Rijk van Nijmegen en Maas en Waal, zoo ook in andere Rivierpolders waar een groot verschil in hoogte tot opvoer van water bestaat, door H. F. Fijnje, Oud-Hoofd-Inspecteur van den Waterstaat. Nijmegen. Gedrukt bij C. A. Vieweg en Zoon. 1884. Met eene plaat.

Opgaven betreffende stoomgemalen volgens het stelsel van den heer
H. F. Fijnje van Salverda.

Het stoomgemaal te Dreumel.

Poldergemaal, gesticht door den molenpolder van Wamel, Dreumel en Alphen, loozende op de Boven-Maas.

Zomerpeil van Dreumel en Alphen 2.2 M. + Tielsch peil 3.66 M. + A.P.

" " Wamel 2.5 " + " 3.96 " + "

Hoogste opmaling twee staande schepraderen 1791 te Dreumel 4.8 " + "

" " een " " " Alphen . 5.16 " + "

" " drie hellende " 1819 " Dreumel 5.26 " + "

" " " " " " Alphen . " " + "

Het stoomgemaal ontworpen en uitgevoerd door den ing.

H. F. Fijnje van Salverda . . . . 1845—1846.

Het gebouw aanbesteed aan S. Vermaes . . . . . . Juni 1845.

Het stoomwerktuig ontworpen door en met de pomp aan-

besteed aan J. Nering Bogel & C°. te Deventer . . . . " 1845.

Cornwallsche dubbelwerkende balansmachine met expansie

en condensatie. Vermogen . . . . 60 P.K.

Stoomketels , cornwallsche , aantal. . . . . 2.

" middellijn . . . . 2 M.

" lengte. . . . . 9.5 "

" binnenvuurgang, middellijn . . . . . 1.18 "

" stoomdruk, overdruk per cM². . . . . . 3 K.G.

Cylinder middellijn . . . . 0.703 M.

" oppervlak zuiger . . . . 0.388 M².

" slaglengte . . . . 2.1 M. — 2.2 M.

Aantal enkele slagen per minuut . . . . 20.

Luchtpomp dubbelwerkend, middellijn . . . . 0.51 M.

Balans lengte . . . . 6.9 "

Pompstang lengte . . . . 10.35 "

" bovendeel gegoten, hol, buitenmiddellijn . . 0.23 "

" benedendeel gesmeed, middellijn . . . . . 0.18 "

Pomp, dubbelwerkend , middellijn . . . . 2.04 "

" oppervlak zuiger . . . . 3.265 M².

" slaglengte . . . . 2.5 M.

" hoogte van opvoer, gewone . . . . 1 M.—1.5 M.

" " " " grootste . . . . 2 " —2.5 "

" ruimte onder en boven pomprand , hoog . . . . 0.7 M.

" pompkamer, tusschen de kleppen lang. . . . . 4.4 "

" " breed . . . . 4.35 "

" benedenvloer, bovenkant onder zomerpeil. . . . 4.5 "

" bovenvloer, onderkant " " " . 0.6 "

" kleppen, inlaat boven en onder, aantal elk . . . . 12.

" " uitlaat " " " " . . . . 12.

" " totaal aantal . . . . 48.

" " oppervlakte van 12 kleppen in den dag . 2.67 M².

" " helling . . . . 22.5°.

" " gewicht elke klep per cM². der oppervl. . 0.016 K.G.

" " vereischte waterdruk tot het openen . . 0.05—0.06 M.

" " bij een hoek van opening . . . . . 16°—18°.

Pomp, kleppen, vereischte waterdruk tot het openen . . 0.15 M.—0.20 M.

" " bij een hoek van opening . . . . . 26°—28°,

overeenkomende met de aangenomen wateropbrengst

per minuut. . . . . 150—175 M².

" neêrslag en opslag tijdens de werking, gezamenlijk. 0.8 M.

" totale waterdruk voor toe- en afvoer . . . . . 0.5 "

" niveauverschil bij natuurlijke afvoer door pompkamer 0.07 "

" beneden- en bovenwaterloop, wijd . . . . 4.3 "

Proefnemingen en kolenverbruik.

Eerste werking. . . . . 17 Mei 1846.

Aantal enkele slagen per minuut . . . . 20.

Gewerkt met " " " . . . . 16—25.

" " " " , doorgaands na 26 Januari 1849 23—24.

Terugloop van golf voorkomen bij aantal slagen per min. 16.

" " " waargenomen bij geringer aantal slagen.

Rijzing en daling van niveau bij 16 slagen . . . . . 0.015 M.

Proefneming met opgemeten buitenboezem . . . . . 12 April 1847.

Aantal slagen in één uur . . . . 1140.

Opbrengst, gemeten 7984 M²., dat is per zuigerslag . . 7 M².

Spilling, waargenomen, volgens Fijnje . . . . ¹/₂₀

" volgens Scherpenzeel Heusch . . . . ¹/₄₀

Proefnemingen April 1847.

Hoogte van opvoer.	Aantal enkele slagen in de minuut.	Opbrengst per minuut.	Stoomdruk in ketels (overdruk).
M.		M².	K.G. per cM².
0—0.50	25	175	1.02
0.50—1.00	25	175	1.86
1 —1.50	22	154	2.17
1 50—1.75	17	119	2 24
1.75—2.00	15	105	2.31
2.00—2.25	13	91	2.40
2.25—2.50	11	77	2.45
2.50—2.75	9	63	2.72
3	7	49	3.06

Proefnemingen op 12, 13 en 20 April 1847.

Nummers der proeven.	Hoogte van opvoer.	Duur der werking.	Gemiddeld aantal slagen in de minuut.	Totaal aantal slagen.	Totale opbrengst.	Opbrengst herleid tot 1 M. hoogte.	Verbruikte steenkolen.	Kolenverbruik per uur.	Kolenverbruik per uur en per P.K.	Opbrengst hoog 1 M. per 1 K.G. kolen.
	M.	min.			M².	M³.	K.G.	K.G.	K.G.	M².
1	1.85	60	19	1140	8 188	15 147	92.5	92.5	1.65	163
2	2.32	165	12.5	2062.5	14 815	34 340	340	128.6	2.28	101
3	2.34	210	13	2730	19 609	45 885	425	121.4	2.15	108
4	1.95	50	14	700	5 028	9 805	85	102	1.95	115

Tijdvak van werking 1848.	Duur der werking.	Stoomdruk in ketels overdruk per cM².	Aantal slagen per minuut.	Hoogte van opvoer gemiddeld.	Verbruikte steen-kolen.	Opbrengst per minuut.	Opbrengst per minuut, herleid tot 1 M. hoogte.	Totale opbrengst, herleid tot 1 M. hoogte.	Opbrengst 1 M. hoog per K.G. kolen.	Kolenverbruik per P.K. per uur.	
	Uren.	K.G.		M.	K.G.	M³.	M³.	M³.	M².	K.G.	
13—19 Febr. . . .	71.5	2.10	15	1.55	8 080	105	162.75	698 197	86.41	3.12	
20—27 „ . . .	158	2.40	19	1.30	13 520	138	172.90	1 639 092	121.23	2.23	De gebruikte steenkolen waren van de Ruhr.
27 Febr.—5 Maart	112	2.70	17	1.25	8 760	119	148.75	999 600	114.11	2.36	
25—26 Maart . . .	43	2.80	21	1.53	6 000	147	224.91	580 268	96.71	2.79	
27 Maart—2 April	168	3.00	23	1.34	21 600	161	215.74	2 174 659	100.67	2.68	
8 April—9 April .	152	2.74	24	1.22	17 760	168	204.96	1 869 235	105.32	2.56	
10—16 April . . .	68	2.98	23	1.05	20 880	161	169.05	1 704 024	81.61	3.30	
17—23 „ . . .	147	2.98	21	1.62	23 600	147	238.14	2 100 395	88.99	3.03	
30 April—7 Mei .	107	2.98	22	1.63	15 760	154	251.02	1 611 548	102.25	2.64	
7—14 Mei	147	2.98	25	0.90	16 400	175	157.50	1 389 150	84.70	3.18	
Totaal gemidd.	1273.5		22	1.26	152 360	154	194	14 766 168	96.91	2.78	

Aanlegkosten.

Geraamde kosten . . . . ƒ 80.000
Werkelijke kosten van uitvoering . . . . „ 110.000

189

Het Wester-stoomgemaal te Rotterdam.

Poldergemaal, voor de benedenstad van Rotterdam gelegen in de polders van
Cool en West-Blommersdijk, uitslaande op de Nieuwe Maas.

Gemiddelde buitenwaterstand . vloed 1.20 M. + R.P., eb	0.20 M. + R.P.
Hoogste " waarbij de machine werkt . .	2.25 M. + R.P.
Laagste " " " " " . .	0.40 " — "
Gemiddelde benedenwaterstand	1.8 " — "

Ontworpen en uitgevoerd in overleg met H. F. Fijnje,
door W. N. Rose, Ing.-Adv. en W. A. Scholten, directeur
der gemeentewerken . . . . 1859—1860.

Het gebouw aanbesteed aan C. M. van Steenis te Rotterdam 8 April 1859.

Het stoomwerktuig ontworpen door en met de pomp aanbesteed aan J. Nering Bögel te Isselborg . . . . 1858.

Cornwallsche, dubbelwerkende balansmachine met expansie
en condensatie. Vermogen . . . . 67 P.K.

Stoomketels, cornwallsche, aantal	2.
" middellijn	2 M.
" lengte	6.5 "
" binnenvuurgangen elk, aantal	2.
" " middellijn	0.75 M.
" stoomdruk, overdruk	1¾ Atm.
Cylinder, middellijn	0.84 M.
" slaglengte	2.1 "
Aantal dubbele slagen per minuut	8.16.
Pomp, dubbelwerkend, middellijn	1.8 M.
" " slaglengte	1.5 "
" kleppen, aantal	24.
" " breedte in den dag	1.12 M.
" " hoogte " " "	0.22 "

De machine beproefd en in dienst gesteld . . . . . 1 November 1860.

Kolenverbruik gemiddeld, met inbegrip van het aanmaken,
per P. K. per uur . . . . 2.5 K.G.

Aanlegkosten:

Het gebouw met uitwateringsriool	ƒ 57 671
Het stoomwerktuig met de pomp en de ketels	" 40 000
Te zamen	ƒ 97 671

HET STOOMGEMAAL VAN HET BREMER-BLOCKLAND.

PLAAT X.

Bij de verschillende toepassingen van de verticale perspomp van den heer FIJNJE was de inrichting steeds zoo getroffen, dat door de stoommachine slechts één pomp werd gedreven. Het aanbrengen van meer pompen zoude bij het gebruik van enkel heen- en weergaande stoommachines wel is waar niet onuitvoerbaar zijn geweest maar toch bezwaren hebben opgeleverd. In het buitenland is echter van deze perspomp eene toepassing gemaakt, waarbij vier pompen door één stoommachine worden gedreven; om dit te bereiken heeft men gebruik gemaakt van eene ronddraaiende machine en aangaande deze inrichting zal thans een en ander worden medegedeeld.

In de onmiddelijke nabijheid der stad Bremen en binnen haar gebied, ligt aan den rechteroever der Weser eene uitgebreide landstreek van 47 000 Bremer morgen, die door een groot aantal sluizen en duikers het water loosde op de Weser, de Lesum en de Wumme waartusschen die streek besloten is. De diepste gedeelten van deze oppervlakte langs de Weser gelegen, ter grootte van 18 000 morgen, leden door de verhoogde standen der rivier aan gebrekkige loozing. Zij ontvingen bovendien het water van 21 200 morgen die hooger gelegen zijn, met nog een deel van het water uit aangrenzende streken van Hannover ter grootte van 2300 morgen, terwijl nog eene oppervlakte van 8000 morgen door omdijking van het overige was afgesloten. De gemiddelde hoogte der 18 000 morgen bedraagt 0.72 tot 1.47 Bremer voet boven „Burger-nul", het nulpunt van de peilschaal aldaar, en aangezien het overstroomende water niet zelden eene hoogte van 5.72 voet boven dit nulpunt bereikte stonden de landerijen somtijds 4.25 tot 5 voet onder water.

De eerste maatregelen om hierin verbetering te brengen zijn in de jaren 1850—1854 uitgegaan van den Senaat en de „Bürgerschaft" van Bremen door het benoemen van eene deputatie, die over de geheele zaak den 27 Juli 1856 een verslag uitbracht waarvan de slotsom was, dat bemaling van de 18 000 morgen voordeelig zou wezen en alleen door het gebruik van stoom kon ten uitvoer worden gebracht.

Daarbij werd in de eerste plaats voorgesteld alle grondeigenaren te vereenigen in een waterschap bestaande uit 65 afgevaardigden, waartoe den 19 September 1856 werd overgegaan, terwijl de stad Bremen eene som van 3000 Thlr. beschikbaar stelde voor het opmaken van de vereischte plannen, hetgeen werd opgedragen aan den „Wasserbau- Direktor" BROCKMANN, den inspecteur der gasfabriek LEONHARD, de „Landvogt" RECHA en den machine-fabrikant C. WALTJEN. In het eind van 1858 werd een rapport ingediend betreffende de loozing van het water van 39 200 morgen, terwijl daarbij op de van het overige afgesloten 8000 morgen gerekend was.

Met het oog op de veranderlijke opvoerhoogte werd voor de waterwerktuigen de keus gevestigd op de perspompen van den heer FIJNJE waarvan men er acht wilde stellen, elk van 8 Eng. voeten middellijn bij 6 Eng. voeten slaglengte gedreven door eene machine van 200 paardekrachten. Dit eerste ontwerp, waaraan nog de goedkeuring gehecht was van Prof. WEISBACH, werd toen aan de „technische Bau-Commission" der stad Bremen voorgelegd en aan den „maschinen-techniker" WIDMANN ter beoordeeling onderworpen. In 1860 werd wegens het overlijden van BROCKMANN de „Bau-Director" BERG benoemd, die voorstelde het aantal pompen voorloopig tot vier te beperken, hetgeen werd goedgekeurd door de „technische Bau-Commission"; deze wilde de vier pompen drijven door eene hoogdruk-stoommachine met expansie van 225—250 paardekrachten, terwijl zij verder voorstelde in een deel van de uitloozing te voorzien door het bouwen van nieuwe uitwateringsluizen.

Den 17 Augustus 1861 werd door de deputatie een contract

met het waterschap gesloten, waarbij de stad Bremen de droogmaking op zich nam en de geldelijke verplichtingen werden geregeld, die de eigenaren der landerijen tegenover de stad zouden
hebben te vervullen. De goedkeuring van dit contract door den
Senaat en het verleenen van de vereischte 185 000 Thlr. goud had
plaats op 16 October en 4 November 1861 en in het voorjaar van
1862 waren de plannen en begrootingen door den „Bau-Director«
Berg voltooid, waarbij op eene machine van 250 paardekrachten met
vier pompen volgens het stelsel van den heer Fijnje gerekend werd.

Toen werd door den machine-fabrikant Waltjen een gewijzigd
plan ingediend met horizontale boven water gelegen hevel-pompen, dat echter wegens de hoogere kosten niet werd aangenomen.
Het voorgestelde ontwerp werd toen echter nogmaals aan eene andere commissie onderworpen bestaande uit den „Ober-maschinen-
meister« Welkner uit Göttingen en den directeur der Luneburger
ijzerfabriek Schäffler, die als hoofd-ingenieur in de fabriek van
Nebing Bögel en Co. te Isselborg verschillende pompen volgens
het stelsel van den heer Fijnje had uitgevoerd. Deze commissie
gaf met behoud van de vier perspompen volgens het stelsel van
den heer Fijnje een nieuw ontwerp, dat goedgekeurd werd.

Intusschen kwam de fabrikant Waltjen nogmaals de hevel-pompen
aanbevelen en men besloot toen beide ontwerpen ter goedkeuring
voor te leggen aan den heer Fijnje. Deze verklaarde zich voor
het ontwerp volgens zijn stelsel, dat toen voor goed werd vastgesteld en waarvan de uitvoering aan de „Kölnische Maschinen-
bau-Actien-Gesellschaft" werd opgedragen. Door vertraging in de
levering der machine kon de voltooiing van het geheel eerst in
Juni 1864 plaats hebben; in Juli en Augustus werden de eerste
proeven genomen en na verandering van verschillende onderdeelen
werd de machine in den loop van September in het werk gesteld.
Men ziet uit deze zeer in het kort medegedeelde bijzonderheden,
dat deze onderneming goed was voorbereid, maar tevens, dat even
als bij ons te lande vele malen heeft plaats gehad, tusschen de
eerste plannen tot uitvoering en de verwezenlijking daarvan in
1864 veel tijd is verloopen.

De onderneming in haar geheel is goed geslaagd. De kosten

van het stoomgemaal en de sluis hebben bedragen de som van
216 661 Thlr goud, waarbij nog 42 000 Thlr. goud voor de verbetering der toeleidingskanalen, hetgeen overgeslagen over de 39 200
morgen neerkomt op 6 Thlr. 50.44 gr. goud per morgen , welk
bedrag tot 5 Thlr. 55.92 gr. goud daalt, als de 8000 morgen later
daarbij worden opgenomen. De jaarlijksche kosten van drooghouding werden berekend voor de oppervlakte der 39 200 morgen op
20.2 gr. goud per morgen. In geval de geheele onderneming door de
grondeigenaren ware geschied en de jaarlijksche rente met amortisatie
en onderhoud der gebouwen en machines gerekend wordt op $5\frac{1}{2}°/_0$ van
het aanlegkapitaal, zoude voor de 39 200 morgen de aanslag 47 gr.
goud per morgen worden. Na 45 jaren zou dan het kapitaal af-
gelost en daarbij een fonds gevormd kunnen zijn , voldoende om
gedurende dien tijd alle herstellingen aan de inrichting te kunnen
bekostigen.

De inrichting van het stoomgemaal is op plaat X te zien ,
waarbij moet worden opgemerkt, dat wegens gebrek aan ruimte,
de dwarsdoorsnede der pomp, in plaats van naast de langs-door-
snede, tusschen deze en den platten grond moest worden geplaatst.
Men ziet dat de vier pompen , twee aan twee , met behulp van
drijfstangen en balansen gedreven worden door de zuigerstangen
van twee horizontale stoommachines , die gezamenlijk op ééne
as werken. Deze inrichting is voordeelig, omdat daarbij de arbeid
der stoomzuigers direct op de pompen wordt overgebracht en
dus de werkas enkel belast wordt met het verschil der drukkingen op de stoom- en waterzuigers. Een bezwaar van deze inrichting
is , dat men beperkt wordt in de snelheid der stoomzuigers, aangezien die voor de pompzuigers op hoogstens 150 Eng. vt. per
minuut was bepaald. In den regel bedraagt het aantal omwentelingen dezer machine 7 tot 9 per minuut, zoodat zij behoort
tot het type van langzaam werkende machines , dat ook bij de
boezemgemalen van Rijnland voorkomt.

Het kolenverbruik van dit stoomgemaal wordt opgegeven
6.4 pond (3.2 KG.) per uur en per paardekracht opgevoerd water
te hebben bedragen en mag dus matig worden genoemd. In
aansluiting aan eene beschrijving van dit stoomgemaal, in de

werken van het Koninklijk Instituut van Ingenieurs, is echter door dr. J. P. DELPRAT opgemerkt, dat het kolenverbruik niet zoo gunstig was, als het bovenstaande cijfer aanwijst en dat het, blijkens eene proefneming in 1865 geschied, moet geacht worden te hebben bedragen 23.8, 13.8 en 8.5 pond per paardekracht. Deze cijfers zijn hoog, zij herinneren aan het aanzienlijke kolenverbruik bij den Arkelschen dam en den Zuidplas en de vraag doet zich op, waaraan zulke uiteenloopende opgaven te wijten zijn.

De hoofdreden ligt in de veranderlijke opvoerhoogte, want deze bepaalt de zoogenaamd nuttige arbeid, die met het kolenverbruik wordt vergeleken; deze opvoerhoogte wordt in vele gevallen klein, terwijl de nevenweerstanden zoo al niet gelijk blijven dan toch weinig verminderen. Deze laatsten vermeerderen zelfs vrij aanzienlijk, indien men bij kleine opvoerhoogten de snelheid der machine vergroot om daardoor grootere hoeveelheid van afvoer in een gegeven tijd te verkrijgen, want het water neemt dan een meerderen arbeid in zich op, die toeneemt in reden van de vierkanten der snelheden.

Door dr. DELPRAT is dan ook er op gewezen, dat //bij het be-//rekenen van den tijd tot het droogmaken van waterplassen men //veel meer nabij de waarheid zal komen door aan te nemen, dat //gedurende het ontledigen de opgebrachte waterhoeveelheid in de //tijdseenheid nagenoeg standvastig blijft, welke ook de hoogte //van opbrengst zij, zijnde die opbrengst gelijk aan hetgeen het //werktuig bij de grootste hoogte van opbrengst kan leveren, dan //volgens den gewonen regel waarbij de arbeid standvastig wordt ge-//steld." Deze opmerking, die ongetwijfeld juist is, komt hierop neder, dat men de waterwerktuigen altijd moet laten werken met de snelheid, waarvoor zij zijn aangelegd en dat, bij toe- of afnemende hoogte van opvoer, de stoommachine in het leveren van den veranderlijken arbeid moet voorzien door grooter of kleiner gemiddelden druk in den stoomcylinder, met behoud van hetzelfde aantal slagen per minuut.

Bij goede inrichtingen voor stoombemaling wordt deze regel dan ook gevolgd en een duidelijk voorbeeld daarvan vindt men

in de werktuigen van het Haarlemmermeer, alwaar de belasting
in den gewichtsbak bestemd is geregeld te kunnen worden in verband met de hoogte van opvoer, hetgeen in het oorspronkelijk ontwerp van GIBBS en DEAN (plaat IV) verkregen was
door hulpbalansen met tegenwichten. In beide gevallen moet
dan de gemiddelde druk in den stoomcylinder door verandering
van den graad van expansie worden geregeld. Ook in de stoomgemalen volgens het stelsel van den heer FIJNJE is op veranderlijke opvoerhoogte gerekend door de veranderlijkheid der expansie,
die steeds door den machinist moet worden geregeld naar het
tijdelijk voorkomende verschil in hoogte van boven- en benedenwater.

Bij de machine van Blockland was hierin voorzien door toepassing van de Meijersche expansie-schuif, waardoor veranderlijke
uitzetting mogelijk wordt en stoomaanvoer gedurende 0.1 tot 0.8
van de slaglengte kon worden verzekerd. Indien dus het kolenverbruik bij deze machine niet zoo gunstig geweest is als bij het
Wester-stoomgemaal, alwaar het een enkele maal beperkt is geweest tot 1.4 KG. per paardekracht, zoo moet dit in hoofdzaak
veroorzaakt zijn door het kleine aantal slagen van de stoommachine
dat altijd onvoordeelig is, maar vooral door de groote vermeerdering van het arbeidsverlies in de pompen, wanneer bij kleine
opvoerhoogte het aantal slagen vermeerderd wordt om de snelheid van afvoer te vergrooten.

De machine van Blockland is vooral merkwaardig, omdat zij
een voorbeeld geeft van de toepassing der stoommachine op de
gelijktijdige werking van een aantal pompen, welk vraagstuk
reeds sedert den tijd van HOOGENDIJK aan de orde is en het
eerst in de Haarlemmermeer-machines op bevredigende wijze is
opgelost, maar door toepassing van de enkel heen- en neergaande
of zoogenaamde cornwallsche stoommachine.

De heer FIJNJE heeft in den laatsten tijd voor de beweging
van zijne perspomp de ronddraaiende stoommachine aangenomen
volgens eene inrichting (plaat IX ter rechterzijde), ontworpen door
den heer J. VAN DER MADE Jr. en overeenkomende met die van
een pompwerktuig voor mijnputten, uitgevoerd door de firma JOHN

Cockerill te Seraing bij Luik (*). Evenals in het Wester stoom-gemaal drijft ook bij deze nieuwe inrichting de stoommachine slechts ééne pomp, maar overigens is er tusschen beiden een belangrijk onderscheid.

In het nieuwe ontwerp is elk verband van de balans met de zijmuren van het gebouw weggenomen, hetgeen zonder twijfel eene verbetering is, daar de inwendige spanningen nu door middel van het raamwerk der machine, zonder tusschenkomst van de zijmuren, in evenwicht zijn. Voorts is onder den stoomcylinder een as aan-gebracht met twee jachtwielen en krukken, die bewogen worden door drijfstangen, welke door middel van een juk aan den stoomzuigerstang verbonden zijn, en door deze as wordt tevens de beweging van de toestellen tot regeling van toe- en afvoer van den stoom verkregen.

De voordeelen, die men zich voorstelt met deze nieuwe inrich-ting te bereiken, zijn de volgende. De zuiger legt steeds een weg af van gelijke lengte en kan niet doorslaan, terwijl de scha-delijke ruimten tot het minimum gebracht kunnen worden. Het vliegwiel veroorlooft het toepassen van groote expansie, zonder in zware en kostbare heen- en weergaande deelen te vervallen. De stoomverdeeling, van uit de as geregeld, wordt zeer vereenvou-digd. Bij eene betrekkelijk groote gemiddelde zuigersnelheid wordt de werkelijke snelheid aan het einde van den slag zeer klein, de pompkleppen kunnen zich zoodoende zonder stooten bewegen en het aantal omwentelingen per minuut kan dientengevolge vergroot worden. Het doorslaan belet wordende kan ook de snelste wer-king zonder zorg plaats hebben.

De heer Fijnje stelt zich ook voor de doorstroomingsruimte der kleppen te vergrooten, door de zijwanden, waarin deze ge-plaatst zijn, te verbreeden terwijl de eigenlijke pompkamer dezelfde breedte behoudt; zonder twijfel zullen daardoor de kleppen

(*) Les machines à vapeur actuelles par Buchetti ancien élève de l'école centrale des arts et manufactures etc. Librairie scientifique et industrielle, E. Bernard & Co., Paris 1881. Album, planche 53. Machine d'épuisement à rotation, construite par la Société John Cockerill à Seraing, Belgique.

minder hoog behoeven te lichten, bij het toevallen kleiner weg door-loopen en dus minder zwaren slag kunnen geven. Tevens bestaat het voornemen de hangende kleppen door horizontale (plaat IX ter rechterzijde onderaan) te vervangen, ontworpen door den heer O. Fernis aan de fabriek van de firma Nering Bögel te Isselborg. Deze kleppen worden met het oog op haar gewicht en oppervlakte gerekend zich te zullen openen onder een verschil in waterdruk van 0.35 M. Door het aanbrengen van gewichten kan de hoogte van lichting worden beperkt en de wederstand zoo worden geregeld, dat hij per vierkante eenheid der oppervlakte gelijk is aan eene drukhoogte overeenkomende met de snelheid waarmede het water zal doorstroomen.

Uit een en ander ziet men, dat de heer Fijnje, niettegen-staande meer dan tachtigjarigen leeftijd, zijn oorspronkelijke uit-vinding nog niet uit het oog heeft verloren en steeds aan de volmaking daarvan blijft arbeiden. De ervaring zal natuurlijk moeten aanwijzen in hoeverre de gezamenlijke voorstellen tot wij-ziging aan de verwachtingen beantwoorden, maar in ieder geval blijkt daaruit, dat het stelsel van ronddraaiende stoommachines door den heer Fijnje zelf voor zijne diepliggende perspomp wordt verkozen en dat dus de inrichting met enkel heen- en weergaande of zoogenaamde cornwallsche machines gerekend mag worden tot het verleden te behooren.

Bij zulke ingrijpende wijziging van de oorspronkelijke inrichting doet zich onwillekeurig de vraag op, of het behoud van de plaat-sing der pomp geheel onder het benedenwater raadzaam is, want de daarvoor geëischte diepe fundeering is, het zij dan terecht of ten onrechte, een van de hoofdbezwaren die tegen dit stelsel zijn ingebracht. Het antwoord op deze vraag, voor zoover het gegeven kan worden, vindt men in een volgend hoofdstuk.

AANTEEKENINGEN.

Geschriften betreffende de droogmaking van het Bremer-Blockland.

Die Entwässerung des Blocklandes im Gebiet der freien Hansestadt Bremen. Bremen 1864. Druk von W. Jöntzen, Bremen. in fol. met XIII platen.

Uittreksels uit Vreemde Tijdschriften voor de leden van het Koninklijk Instituut van Ingenieurs. 1867—1868, bladz. 48. De droogmaking van het Blockland in het gebied der vrije Hanse-stad Bremen.

Koninklijk Instituut van Ingenieurs, Notulen der vergadering van 14 April 1868, bladz. 216. Mededeeling van J. P. Delprat over de beschrijving der droogmaking van het Blockland in het gebied der vrije Hanse-stad Bremen.

Opgaven betreffende het Stoomgemaal van het Bremer-Blockland. (*)

Poldergemaal gebouwd te Burg nabij Bremen . . . 1862—1864.
Uitslaande op de Lesum, zijtak van de Weser.
Oppervlakte van het Blockland (4630 H.A.) . . . 18 000 morgen.
Oppervlakte, aangrenzende, die water afvoert naar het
Blockland . . . . 21 200 „
Oppervlakte van een afzonderlijk ingedijkt gedeelte . 8 000 „
Natuurlijke afvoer door 26 sluizen, wijd in den dag
(29.87 M.) . . . . 101.5 vt.
Hoogte der gronden der 18 000 morgen . . . . 0.72 vt.—1.47 vt.+B.O.
Voorkomende waterhoogte in het Blockland vóór de
bemaling . . . . 5.2 vt. + B.O.
Overstroomingshoogte der gronden . . . . . . 4.25 vt.—5 vt.
Gemiddelde waterstand, jaarlijksche, van de Lesum . 4.07 vt. + B.O.
Gemiddelde „ in Maart en April over 13 jaar 4.68 „ + „
Gemiddelde overstroomingshoogte . . . . 3.21 vt.—3.96 vt.
Berekende hoeveelheid water op 1 Maart (19 647 000 M³,) 811 000 000 cub. vt.
„ „ regenwater Maart en April . 400 000 000 „ „
„ „ kwelwater . . . . 434 000 000 „ „
Te zamen over 39 200 morgen zonder afvoer van
1 October tot 1 Maart . . . . 1 645 000 000 cub. vt.
In het ongunstigste geval voor 47 200 morgen . . 3 384 000 000 „ „
Laagste en hoogste waterstand in de Lesum . . . 1 vt.—B.O., 12.8 vt.+B.O
Dagelijksch verschil door eb en vloed . . . . . 3.75 vt.—4 vt.
Opvoerhoogte, gemiddelde, voor geheelen werktijd 's jaars 2.75 vt.
„ „ in het voorjaar . . . . 3.79 vt.
„ „ in Maart en April . . . 4 „
Aantal werkdagen in Maart en April . . . . . . 60.
„ werkuren daags . . . . 20.
Vereischt vermogen tot afvoer van 1 645 000 000 cub. vt.
in Maart en April tot 4 vt. hoogte . . . . 140 P.K. netto.

(*) Alle maten, tenzij anders aangewezen, zijn uitgedrukt in Bremermaat. 1 Br. morgen = 2571.98 M². 1 Br. vt. = 0.28985 M.. 1 cub. Br. vt. = 24.22537 M². 1 Br. ℔ = 0.5 K.G.. 1 R. Thlr. goud = 72 Groote = ƒ 1.99.

(†) B.O. Nulpunt van de Burger-peilschaal, gelegen 6.22 vt. beneden het nulpunt van de Weser-peilschaal bij Bremen.

Vereischt vermogen tot afvoer van 3 384 000 000 cub. vt.
van 1 November tot 1 Mei, in 90 dagen en 20 uur daags
tot 4 vt. hoogte . . . . 195 P.K.

Vermogen bepaald op . . . . 225 P.K.—250 P.K.

Vastgestelde snelheid in toevoerkanalen . . . . 1.5 vt.—2 vt.

Aanvang van het werk . . . . 1 April 1862.

     „ der beheiing . . . . Juli   „

Voltooiing „   „ . . . . Februari 1863.

Aanvang van het stellen der machine en pompkamer . . Januari 1864.

Het geheel voltooid , . . . , ... Juni 1864.

Alles opgeleverd . . . . September 1864.

Dubbele horizontale machine met hooge drukking, expansie
en condensatie, geleverd door de Kölnische-Maschinenbau-
Actien-Gesellschafft.

Stoomketels, aantal (waarvan 1 in reserve) . . . . . . 4.

    „ middellijn . . . . 6 vt. 6 dm.

    „ lengte . . . . 34 vt.

    „ elk 2 binnenvuurgangen, middellijn . . . 2 vt. 5 dm.

    „ verwarmingsoppervlakte der 4 ketels . . . 3300 vk. vt.

    „   „ van den stoomdrooger 200 vk. vt.

    „ stoomdruk, overdruk, ... 4 Atm.

Cylinders, aantal 2, elk middellijn . . . . 2 vt. 9 dm.

    „ slaglengte . . . . 5 vt.

Uitzetting gedurende 0.9—0.2 der slaglengte.

Luchtpompen, aantal 2, middellijn . . . . 1 vt. 9½ dm.

    „ slaglengte . . . . 2 vt. 1 dm.

Voedingspompen, aantal 2, middellijn . . . . 4½ dm.

    „ slaglengte . . . . 11 dm.

De machine kan werken zonder condensatie.

Hoek der beide krukken . . . . , 90°.

Jachtwielen, aantal 2, middellijn . . . . 10 vt.

    „ gewicht elk . . . . 65 cent.

Drijfstang pompen, lengte . . . . 26 vt.

Balansarm   „   „ . . . . 6 vt. 9 dm.

Pompkamer, lang . . . . 52 vt.

    „ breed . . . . 22 vt. 6 dm.

    „ hoogte vloer . . . . 10 vt. 8 dm. — B.O.

    „ verdeeld in 4 afdeelingen, lang elk . . . 13 vt.

    „ plaatijzeren wand, dik . . . . ¾ dm.

    „ schuiven, voor toe- en afvoer, elk breed . . 6 vt.

    „   „   „   „   „   „ hoog . . 5 vt. 2.

    „   „   „   „   „   „ oppervlakte in

den dag voor elke pomp . . . . 62 vk. vt.

Pompen, aantal . . . . 4.

Pompen, middellijn . . . . 8 Eng. vt.

"   oppervlak zuiger . . . . 50 vk. Eng. vt.

"   zuigers hol, spec.-gewicht = water.

"   wanddikte . . . . 2 Eng. dm.

"   slaglengte . . . . 5 Eng. vt.

"   max. zuigersnelheid per minuut . . . . . 150 Eng. vt.

"   hoogte benedenvloer . . . . 10 vt. 8 dm. — B.O.

"   "   middenvloer . . . . 6 " 1 " — "

"   "   bovenvloer. . . . . 1 " 6 " — "

"   zuigkleppen, aan elke zijde pompzuiger, aantal 24.

"   perskleppen, "   "   "   "   "   24.

"   oppervlakte van 24 kleppen in den dag . . 30 vk. vt.

"   verhouding oppervl.24 kleppen tot oppervl.zuiger 8 : 5.

"   opbrengst der 4 pompen, bij 9 omwentelingen

      der machine, per minuut . . . . 18086,4 Eng. vt.

"   id. na aftrek van 8°/₀ verlies (16639.5 cub. Eng.vt.) 19.530   cub. vt.

"   " in het uur . . . . 1 171 800 " "

"   " " 24 uur . . . . 28 123 200 " "

Vereischte tijd voor afvoer 1 645 000 000 cub. vt. . . 60 dagen.

"   "   "   " 3 384 000 000 " " . . 120 "

Proefnemingen en kolenverbruik.

Werktijd, 19 Sept.—9 Oct. 1864 ; gestookt, aantal uren 504.

Wegens onvoldoenden toevoer stilgestaan . . . . 383 u. 15 m.

Gewerkt . . . . 120 " 45 "

Aantal ketels in dienst, gemiddeld . . . . 2⁴⁄₇.

Stoomdruk, overdruk, gemiddeld . . . . 42½ ℔.

Uitzetting in deelen der slaglengte, gemiddeld . . . ¼.

Aantal omwentelingen der machine in 120 u. 45 m. 52 346.

"   "   gemiddeld per minuut. . . . 7.2.

Opbrengst, totale . . . . 104 692 000 cub. Eng. vt.

" na aftrek van 8°/₀ verlies (96 816 000 cub.Eng.vt.) 112 549 000 cub. vt.

     per minuut . . . . : . . . 15 540 cub. vt.

Opvoerhoogte, grootste . . . . 6 vt. 2 dm.

"   gemiddelde . . . . 4 vt.

Uitgeoefend vermogen, gemiddeld . . . . 100 P.K.

Kolenverbruik totaal . . . . 135 800 ℔.

waarvan voor 120 u 45 m., aangenomen 60 °/₀.

Kolenverbruik (60°/₀ van 135 800 ℔) per uur en per P.K. 6.4 ℔.

ter waarde van (f 0.0352) . . . . 1⁷⁄₁₁ gr. goud.

Kolenverbruik (135 800 ℔) per 1000 cub. vt. water 1.206 ℔.

ter waarde van . . . . 0.23154 gr. goud.

Smeermiddelen in 504 uur . . . . 36 Thlr. 32 gr. goud.

Smeermiddelen per uur en per P.K. (f 0.00614) . . . ³⁄₇   gr. goud

"   " 1000 cub. vt. water . . . . . . 0.0023305 " "

Aanlegkosten.

Oorspronkelijke begrooting . . . . 185 000 Thlr. goud.

waarvan voor de machine . . . . 46 000 „ „

Latere begrooting . . . . 223 400 „ „

Werkelijke kosten van aanleg (ƒ 480 000) . . . . 216 660 „ „

Verbetering der toeleidingskanalen . . . . 42 000 „ „

Aanlegkosten per morgen, van het stoomgemaal met toebehooren en de toeleidingskanalen, over 39.200 morgen.

(ƒ 51 per H.A.) . . . . 6 Th. 50.44 gr. „

Bedrijfskosten van 1 October 1864—1 October 1865.

Kosten van brandstoffen, onderhoud en personeel (ƒ 12 400) 6236 Thlr. goud.

  „ per 1 000 000 cub. vt. opbrengst . . . . . 6 Thlr. 46 gr. „

  „ „ 1000 M³. . . . . ƒ 0.545.

  „ der bemaling per morgen . . . . 11.45 gr. goud.

  „ „ „ „ H.A. . . . . ƒ 1.23.

Alles zonder kosten van rente en aflossing.

Jaarlijksche kosten met 5 °/₀ renten en ½ °/₀ aflossing 18 872½ Thlr. goud.

  „ „ van 1 000 000 cub. vt. opbrengst . 19 th. 39 gr. „

  „ „ „ 1000 M³. „ . ƒ 1.60.

Uitkomsten der bemaling over 1864—1865.

Bemaling aangevangen . . . . 19 September 1864.

  „ voortgezet tot . . . . 13 December „

Aantal uren gewerkt . . . . 879 u. 15 m.

Verkregen waterstand . . . . 1 vt. —· B.O.

Waterstand op 16 Januari 1865 . . . . 2 vt. + B.O.

Bemaling van . . . . 16 Jan.1865–23 Jan.1865.

Waterstand op 25 Maart 1865 . . . . 3 vt. 4 dm. + B.O.

Bemaling van . . . . 25 Maart—20 Mei 1865.

Verkregen waterstand 31 Maart . . . . 2 vt. 11 dm. + B.O.

  „ „ 7 April . . . . 2 „ 7 „ „ „

  „ „ 14 „ . . . . 2 „ 5 „ „ „

  „ „ 21 „ . . . . 2 „ 4 „ „ „

  „ „ 28 „ . . . . 1 „ 10 „ „ „

  „ „ 1 Mei . . . . 1 vt. + B.O.

  „ „ 5 „ . . . . 1 „ 3 dm. — B.O.

Aantal uren gewerkt van 25 Maart—5 Mei 1865 . . 784.

Totale afvoer door het stoomgemaal, berekend met 10 °/₀
verlies . . . . 650 000 000 „ „

Natuurlijke afvoer door sluizen begroot op . . . . 260 000 000 cub. vt.

Pachtprijs per morgen vóór de bemaling gemiddeld . 1 Thlr.

  „ „ „ na „ „ „ . 3 Thlr. 48 gr.

  „ „ „ vóór „ „ best hooiland 5 Thlr.

  „ „ „ na „ „ „ „ 9 Thlr.

HET OOSTER-STOOMGEMAAL
TE ROTTERDAM.

PLAAT XVII.

De verticale stand van de perspomp volgens het stelsel van
den heer FIJNJE stond in nauw verband met de inrichting der
balans-machine, waardoor zij gedreven werd. Eene horizontale stelling van de pomp was wel in overweging genomen, maar wegens de
plaatsing van deze beneden het polderpeil zoude het overbrengen van
de beweging der stoommachine op de pomp eene waterdichte ruimte
op dat lage peil vereischt hebben en dit leverde bezwaren op.

Nu is het oorspronkelijk de bedoeling geweest voor het Ooster-
stoomgemaal te Rotterdam dat volgens het water-project van
W. N. ROSE de polders Rubroek en Oost-Blommersdijk
moest bemalen, eene verticale perspomp evenals die van het
Wester-stoomgemaal te gebruiken. Het schijnt echter, dat een ander
denkbeeld is aangegeven door den heer J. A. A. WALDORP, die
vroeger met den heer FIJNJE een ontwerp met horizontale pompen
had uitgewerkt voor de bemaling van de Legmeerplassen, waarvan
echter was afgezien wegens de meer samengestelde inrichting en
omdat men daarvan minder gunstige uitkomsten meende te
moeten verwachten. Hoe dit ook zij, door den toenmaligen
directeur van de fabriek te Fijenoord J. W. L. VAN OORDT
is aan het gemeentebestuur van Rotterdam de voorslag gedaan om voor het Ooster-stoomgemaal een stelsel met horizontale zuig- en perspompen aan te nemen en hoewel ook voor dat
gemaal reeds eene overeenkomst met den heer FIJNJE bestond,
heeft deze toegestemd in de proefneming met dit nieuwe stelsel
en te kennen gegeven, dat het hem aangenaam zou wezen de

beide stelsels in elkanders nabijheid te zien toegepast, ten einde de uitkomsten van beiden te kunnen vergelijken. Het besluit werd dan ook genomen voor het Ooster-stoomgemaal eene proef te nemen met de horizontale pompen en aldus een nieuwen stap te wagen in de toepassing der pompen op polderbemaling, het vraagstuk voor welks oplossing HOOGENDIJK zich nagenoeg honderd jaar vroeger zulke belangrijke opofferingen getroost had.

Wellicht hebben eenige moeielijkheden, aanvankelijk bij het Wester-stoomgemaal ondervonden, tot dit besluit mede-gewerkt. De vroegere toepassingen van dit stelsel hadden plaats aan de bovenrivieren, waar vloed en eb geen invloed uit-oefenen en de rivierstanden dus niet aanhoudend veranderen. In Rotterdam was dit wel het geval en de werking van het Wester-stoomgemaal zoo te regelen, dat men steeds met het grootste nuttig effect bleef werken, heeft aanvankelijk eenige bezwaren opgeleverd, die echter, zoo als uit een vorig hoofdstuk reeds gebleken is, geheel zijn overwonnen.

In 1860 werd de bouw van het Ooster-stoomgemaal ondernomen door W. A. SCHOLTEN, de toenmalige directeur der gemeentewerken te Rotterdam, terwijl het opmaken der ontwerpen voor de machines en de uitvoering daarvan, aan de fabriek der Nederlandsche Stoom-maatschappij te Fijenoord werd opgedragen. In 1861 werd dit stoomgemaal voltooid en het moet erkend worden, dat de uit-komst aanvankelijk niet gunstig was, daar de kosten hooger waren geloopen dan men verwacht had en het brandstof-verbruik nagenoeg het dubbele was van dat bij het Wester-stoomgemaal, zoodat er zelfs sprake moet geweest zijn van weigering door het gemeentebestuur om het in ontvangst te nemen. Daartoe is het echter niet gekomen, en toen later een derde stoomgemaal noodig bleek, dat in 1871 naast het Wester-stoomgemaal werd ge-bouwd, is daarvoor weder eene machine met horizontale zuig- en pers-pompen gekozen, die geleverd is door de firma C. L. CARELS te Gent.

Men moet daaruit wel opmaken dat, om welke redenen dan ook, van verdere toepassingen van het stelsel van den heer FIJNJE te Rotterdam is afgezien. Toch werd door J. W. L. VAN OORDT, die de eerste toepassing van horizontale zuig- en perspompen had voorgesteld, ter gelegenheid van het eeuwfeest der stichting van het Bataafsch Genootschap in 1869, hulde gebracht aan de groote waarde van het Wester-stoomgemaal en aan de verdiensten van zijn ontwerper. Maar juist daardoor doet zich de vraag op, hoe het komt dat zelfs te Rotterdam, waar het stelsel van den heer Fijnje zoo goed voldaan heeft, geen verdere toepassing daarvan gemaakt is, terwijl, zoo als straks nader zal worden aangewezen, horizontale zuig- en perspompen in navolging van het Ooster-stoomgemaal in tal van bemalingen gebruikt zijn geworden?

De hoofdreden is, dat de horizontale perspompen tevens gebruikt worden als zuigpompen en geplaatst worden boven den beneden-waterspiegel. Behalve dat daardoor de diepe fundeering vermeden wordt, heeft men het voordeel, dat het waterwerktuig beter binnen bereik is, zoodat bij voorkomende herstellingen aan zuigers of kleppen geene afdamming van de pompkamer vereischt wordt, die in het stelsel van den heer Fijnje onvermijdelijk is.

De afdamming van de pompkamer levert in dit stelsel wel is waar geene groote moeielijkheid op, omdat daarop bij den aanleg gerekend wordt, door in het metselwerk van den voor- en achter-waterloop sponningen aan te brengen, waarin men valdeuren of schotbalken kan laten zakken. Kan men echter eene afdamming van de pompkamer ontgaan, dan is dit ongetwijfeld een gemak en dit voordeel wordt bereikt door de pomp boven het peil van het benedenwater te plaatsen en het water door de wer-king van den luchtdruk in de pomp te voeren. Is er dan eenig gebrek aan zuiger of kleppen, waardoor de machine tijdelijk moet stilstaan, zoo kost de herstelling minder tijd en moeite, dan wanneer men eerst tot afdamming van eene pompkamer moet overgaan.

Deze omstandigheid is zeer geschikt om het eigenaardig onder-scheid te doen uitkomen tusschen eene beschouwing van werk-tuigen uitsluitend uit het standpunt der „mécanique appliquée", waarbij het nuttig effect de hoofd-factor bij de beoordeeling uit-maakt en de behandeling van uit het standpunt der werktuig-bouwkunde, waarbij men niet alleen het nuttig effect raadpleegt, maar tevens op alle omstandigheden let, die met de opstelling, het gebruik en het onderhoud van het werktuig in verband staan.

Het Ooster-stoomgemaal te Rotterdam is hier te lande het eerste voorbeeld geweest, van groote horizontale zuig- en perspompen gedreven door eene ronddraaiende stoommachine en nu de moeielijkheden, die daarbij aanvankelijk ondervonden werden, overwonnen zijn, mag men beweren dat het, niettegenstaande grooter brandstofverbruik dan het Wester-stoomgemaal, uitmuntend voldaan heeft, hetgeen wel het best hieruit kan blijken, dat in de meer dan twintig jaren van zijn bestaan geene herstelling van eenige beteekenis noodig is geweest. De ontwerper A. KRÜGER, destijds ingenieur aan de fabriek te Fijenoord en sedert overleden, heeft in dit stoomgemaal een uitmuntend werk geleverd op het gebied van werktuigbouw, dat te meer lof verdient, aangezien hier eene geheel nieuwe inrichting werd gemaakt. Niet onbelangrijk is het in korte trekken na te gaan, waardoor het welslagen bij deze machine verzekerd is geworden.

Drie hoofdzaken komen daarbij op den voorgrond. In de eerste plaats is de geheele machine stevig en zelfs vrij zwaar gebouwd, hetgeen, wanneer het materieel goed verdeeld is, vooral bij waterwerktuigen een voordeel mag worden genoemd. De belastingen, waaraan de onderdeelen van het werktuig worden onderworpen geven dan geringe spanningen per vierkante eenheid der verschillende doorsneden en draagvlakken en de meerdere aanlegkosten door eenigszins grooter materiaal verbruik worden ruim vergoed door de zekerheid, dat alle vormveranderingen gedurende de werking tot een minimum worden teruggebracht. De storende invloed van de grootere massa's der heen- en weergaande stukken is bij het beperkte aantal slagen, dat bij deze pompwerktuigen voorkomt, niet van beteekenis en kan bij eene goede regeling der stoomverdeeling zelfs ten nutte worden aangewend.

In de tweede plaats heeft in het Ooster-stoomgemaal de kruk waarop de stoomzuiger werkt, grooter slaglengte dan de pompkrukken en daardoor is in dit werktuig bij eene redelijke snelheid van den stoomzuiger eene matige snelheid der pompzuigers verzekerd, wat het eenvoudigste middel is om eene geregelde werking der pompen te verkrijgen. Dat de expansie bij deze machine niet hoog is opgevoerd draagt ook bij tot de geregelde werking der machine. De klep waardoor de expansie geregeld wordt is echter in de stoompijp aangebracht, daardoor verdeelt de uitzetting zich ook over de stoomschuifkast en hierin ligt ongetwijfeld een der redenen waarom het kolenverbruik dezer machine minder gunstig is. Eene wijziging dezer inrichting door het aanbrengen der Meijersche expansie-schuif en het gebruik van hooger stoomdruk met grootere uitzetting zou ongetwijfeld goede resultaten opleveren.

Een derde hoofdtrek in dit stoomgemaal is, dat de pompen voorzien zijn van india-rubber-kleppen, waardoor het gebruik van houten kleppen met ijzer beslagen, zoo als in het Wester-stoomgemaal, vermeden is en de zware slagen, die deze kunnen geven voorkomen worden. Nu is het waar, dat de india-rubber-kleppen roosters vereischen met een groot aantal kleine openingen, waardoor zonder twijfel de wederstand voor het water verhoogd wordt en het is zeer waarschijnlijk, dat in dezen meerderen wederstand een der hoofd-redenen van het hooger kolenverbruik bij het Ooster-stoomgemaal gelegen is. Maar zooals uit de doorsnede van de pomp (plaat XVII) te zien is, heeft de ontwerper gezorgd voor eene ruime doorsnede der klepopeningen en op die wijze het genoemde bezwaar zooveel mogelijk weggenomen.

De toepassing van india-rubber voor kleppen heeft groote omwenteling gebracht in den bouw niet enkel van pompen maar ook van stoommachines, voor zooveel betreft die welke met condensatie werken. Vóór dat de india-rubber-kleppen waren uitgevonden gebruikte men in de luchtpompen kleppen van metaal en om den slag van deze te voorkomen, had men geen ander middel, dan beperking der snelheid van den luchtpompzuiger. Ook bij balansmachines, maar vooral bij directwerkende stoomwerktuigen werd daardoor de snelheid van den stoomzuiger beperkt, wanneer men niet in eene omslachtige overbrenging van beweging voor de luchtpomp wilde komen. Zoolang nu enkel raderstoomschepen werden gebruikt, waarvan de machines een betrekkelijk klein aantal omwentelingen maken, hinderde dit niet, maar toen de schroef werd ingevoerd, was de behoefte aan eene matige snelheid van den luchtpompzuiger oorzaak, dat men bij de eerste toepassingen de overbrenging der beweging van de stoommachine op de schroefas door kamwielen deed geschieden.

Door de invoering der india-rubber-kleppen op roosters met tal van kleine openingen voorzien, veranderde de toestand geheel; grooter zuigersnelheden konden worden toegepast voor de lucht-pompen, die in vele gevallen direct door de stoomzuigers bewogen werden en de stoommachine kon met het vereischte aantal slagen direct op de schroefas werken, hetgeen eene groote vereenvoudiging gaf. Men kan hieruit zien, welken aanzienlijken invloed de wijzi-ging van een enkel onderdeel dikwijls op den geheelen bouw eener machine kan uitoefenen. De inrichting van het Ooster-stoom-gemaal is tevens een voorbeeld van den invloed, dien de beoefening van een bepaald deel der werktuigbouwkunde op een geheel verschillend deel kan hebben. De fabriek te Fijenoord heeft zich sedert jaren bezig gehouden met de fabricage van bootmachines en in het Ooster-stoomgemaal is behalve het gebruik der india-rubber-kleppen in de pompen ook voor condensor en luchtpomp eene inrichting overgenomen, die bij bootmachines in gebruik is.

Het welslagen van het Ooster-stoomgemaal, als eerste toepassing van horizontale zuig- en perspompen, boven het niveau van het benedenwater geplaatst, heeft een tal van andere toepassingen tengevolge gehad, waarvan enkelen in het kort zullen worden vermeld. Een der eerste navolgingen is geweest die van het stoom-gemaal Prins-Alexander, dat tot bovengemaal dient voor den Alexander-polder welks naam eene herinnering is aan den laatsten prins uit het stamhuis dat, sedert Willem III als koning van Engeland het eerste patent aan Savery verleende, steeds belang-stelling heeft getoond voor den vooruitgang, die voor ons vaderland door toepassing van de nieuwe beweegkracht kon worden verkregen.

De droogmaking van dezen polder, gevormd uit de voormalige plassen onder Hillegersberg in Schieland, die in 1865 werd ondernomen zal in een volgend hoofdstuk nader ter sprake komen. Voor het oogenblik is het voldoende te vermelden, dat het water uit dien polder door een dubbel vijzelgemaal en door twee centrifugaal-gemalen in een tusschenboezem wordt opgevoerd, waaruit het

door het straks genoemde boven- of strijkgemaal bij het Kralingsche-veer geloosd wordt in de Nieuwe Maas. Voor dit stoomgemaal heeft men pompen gekozen ingericht naar het model van
die aan het Ooster-stoomgemaal; het heeft vier van deze pompen,
die twee aan twee gedreven worden door eene stoommachine,
volgens het type der machine te Halfweg, met eene gewijzigde beweging der stoom aan- en afvoerkleppen die reeds vroeger door de
fabriek de Atlas aan het stoomgemaal te Gouda was gemaakt.
De overbrenging van de beweging van elke stoommachine op de
twee daarbij behoorende pompen geschiedt, voor elke pomp afzonderlijk, door middel van een rondsel op de werkas der machine,
dat een kamwiel drijft, geplaatst op eene afzonderlijke as, welke
door middel van eene kruk met drijfstang de beweging aan den
pompzuiger mededeelt.

Deze toepassing van kamwielen, bij het drijven van pompen
op zoo groote schaal, was hier te lande nieuw en heeft dan ook
weder moeielijkheden opgeleverd. Dat er bij het drijven van elke
pomp door een afzonderlijk kamwiel stooten zouden ondervonden
worden, had de ervaring reeds te Spaarndam geleerd. Men had
daar ter vervanging van de twee excentrieken met balansen, waardoor oorspronkelijk de luchtpomp werd bewogen, eene overbrenging
der beweging met kamwielen gemaakt; maar de werking daarvan
ging met schokken gepaard, die men enkel door het aanbrengen
van buitengewoon zware tegenwichten heeft kunnen wegnemen.
De bezwaren te Spaarndam ondervonden waren wellicht aan de
ontwerpers van het Alexander-gemaal niet bekend of zijn door
hen niet overwegend geacht. Doch wat daarvan wezen moge, zeker
is het jammer, dat nu men overbrenging van beweging door
kamwielen gebruikte, voor de stoommachine het type werd
gekozen der machine Halfweg met de kleppenbeweging en
het kleine aantal omwentelingen. Daardoor kreeg de machine
groote afmetingen en om nu ruimte te besparen, heeft men de
kamwielen geplaatst ter weerszijden van den drijfstang der stoommachine, waardoor het maken van één doorloopende as voor beide
kamwielen verhinderd werd.

De ervaring heeft geleerd, dat het drijven van elke pomp

door een afzonderlijk kamwiel met hevige stooten gepaard ging, die de assen in gevaar brachten en de tanden der kamwielen deden breken. Men heeft toen stalen assen aangebracht en de kamwielen ingericht, met een minimum van speelruimte tusschen de tanden, door welke middelen, niettegenstaande de minder gelukkige inrichting, eene geregelde werking verkregen is. Had men in het ontwerp eene stoommachine aangenomen met grooter aantal slagen en van de gewone stoomschuifbeweging voorzien, dan zoude eene eenvoudiger inrichting verkregen zijn, die waarschijnlijk ook tot wegneming van het hoofdgebrek, namelijk de op afzonderlijke assen geplaatste kamwielen, zoude geleid hebben.

Ook in een ander opzicht had besparing kunnen verkregen zijn, want hetgeen bij een bezoek aan deze machine onmiddellijk de aandacht trekt, is de ontzaglijke oppervlakte van de machinekamer, die natuurlijk ook eene zeer uitgebreide fundeering vereischt heeft. Het is geenszins overdreven te beweren, dat men door het gebruik van stoommachines met grooter aantal slagen en vooral door het gebruik van verticale machines, een belangrijk deel van de thans gebruikte oppervlakte had kunnen besparen, en het zal daardoor duidelijk wezen, dat de groote bebouwde oppervlakte van het bovengemaal van den Alexanderpolder niet leiden mag tot afkeuring van horizontale zuig- en perspompen, waartoe eene vergelijking, met de zoo uiterst kleine oppervlakte in den platten grond van de perspompen van den heer FIJNJE, gereede aanleiding zoude geven.

Een groot aantal toepassingen van horizontale zuig- en perspompen is hier te lande gemaakt door den heer P. A. KOREVAAR, die sedert tal van jaren een werkzaam aandeel heeft in de uitbreiding der stoombemaling hier te lande. De opgave van de door hem gestichte stoom-pompgemalen vindt men in de aanteekeningen bij dit hoofdstuk; te zamen zijn het een twintigtal, die wel bewijzen dat het stelsel, door KRUGER het eerst voor het Ooster-stoomgemaal uitgewerkt, ingang heeft gevonden en dat de arbeid in deze richting vruchtdragend is geweest. Het ligt echter niet binnen het bestek van dit werk om van elk dezer

14

gemalen eene afzonderlijke beschrijving te leveren. Het doel dezer studie is een overzicht te geven van de verschillende typen van werktuigen, die bij de polder- en boezembemaling voorkomen, en elk stelsel door enkele voorbeelden toe te lichten, waartoe zooveel mogelijk gekozen wordt het werktuig, dat het eerst volgens elk type werd gebouwd, met een tweede om de latere verbeteringen aan te wijzen.

In de toepassing der pompen door den heer KOREVAAR is dit op te merken, dat hij somtijds overbrenging door kamwielen heeft gebruikt en in andere gevallen dezelfde inrichting [heeft] gevolgd, die reeds door KRUGER in het Ooster-stoomgemaal was gemaakt. Bij het gebruik van kamwielen heeft de heer KOREVAAR, zich spiegelende aan de ervaring bij den 'Alexanderpolder opgedaan, de inrichting zoo gemaakt, dat twee pompen gedreven worden door ééne as, die voorzien is van twee krukken welke rechthoekig op elkander staan en een kamwiel draagt, waardoor zij hare beweging ontvangt van een rondsel op de werkas der stoommachine.

Door deze inrichting wordt verkregen, dat steeds een van de pompzuigers halfslag staat op het oogenblik, dat de andere op het doode punt is; de as met de pompkrukken ondervindt alzoo steeds wederstand van minstens een der pompzuigers en men is verzekerd, dat de werkende zijden der tanden van kamwiel en rondsel steeds tegen elkander aangedrukt blijven, zoodat er geen terugslag in de speelruimte der tanden kan plaats vinden. In een enkel bijzonder geval, te Charlois, waar de ruimte de gewenschte plaatsing der pompen niet toeliet, heeft de heer KOREVAAR een enkele pomp door een kamwiel laten drijven, doch dit moet als eene uitzondering worden beschouwd.

In het stoomgemaal van den polder Abbenbroek op het eiland Voorne (plaat XVIII) zijn geen kamwielen gebruikt; de krukken der pompen hebben even als in het Ooster-stoomgemaal kleiner slaglengte dan de kruk der stoommachine, maar zij staan onder een hoek van 90°, in onderscheiding van die aan het Ooster-stoomgemaal, welke 180° in stand verschillen. Bij deze inrichting zonder kamwielen wint men plaatsruimte en bespaart men dus in bebouwde oppervlakte en in fundeeringkosten; maar men is daarentegen meer beperkt in het geven van een behoorlijk aantal omwentelingen aan de stoommachine met behoud van de vereischte snelheid der pompzuigers. Om hieraan te gemoet te komen, is in het gemaal van Abbenbroek de zuiger-snelheid der pompen vrij groot genomen, namelijk 0.6 M. per seconde en de zuigerslag der pompen zeer kort gemaakt, zooals bij de inzage der teekening dadelijk in het oog valt.

Wat verder aandacht verdient zijn de bolle voor- en achtereinden van de pompzuigers, waardoor de stoot bij het aanvangen van elken slag, die bij een vlakken zuiger kan plaats vinden, voorkomen en het zijdelings wegdrijven van het water naar de kleppen bevorderd wordt; daardoor is tevens eene vermindering der zoogenaamde schadelijke ruimte verkregen, die het spoedig volzuigen van de pompen bij het begin der werking bevordert. Bij dit stoomgemaal is vooral op te merken de inrichting der gietstukken, waaruit de pomp bestaat, die door eene afzonderlijke teekening in opstand en doorsnede zijn voorgesteld. Deze constructie levert een aanzienlijk verschil op met die van het Ooster-stoomgemaal en heeft het voordeel, dat men zonder veel plaats in den platten grond in te nemen, ruime gelegenheid heeft tot het plaatsen van kleppen met groote doorstroomings-openingen. De kleppen behoeven daardoor minder hoog te lichten, doorloopen bij het sluiten eene kleinere valhoogte en kunnen dus spoedig sluiten, waardoor waterverlies voorkomen wordt.

Niettegenstaande deze voorzorgen is blijkens de waarnemingen van den heer Korevaar, de opbrengst van deze pompen toch 10 % minder dan het volumen door den zuiger doorloopen en is dus het waterverlies gelijk aan dat van $^1/_{10}$, dat bij de Haarlemmermeerpompen gerekend wordt. Bij de eerste proeven met de perspomp van den heer Fijnje bedroeg het waterverlies $^1/_7$ maar dit werd later tot $^1/_{20}$ herleid. Dit vrij groote verschil van berekende en werkelijke opbrengst bij het gemaal van Abbenbroek moet niet aan lekken van den zuiger, maar enkel aan terugloop door de kleppen worden toegeschreven en is waarschijnlijk het gevolg van de korte slaglengte. Het volumen bij elken slag door den pompzuiger doorloopen, is daardoor betrekkelijk klein en het onvermijdelijk waterverlies bij elke sluiting der kleppen zal dus met betrekking tot dit kleine volumen eene naar verhouding groote spilling kunnen veroorzaken.

De heer KOREVAAR heeft in de stoompompgemalen door hem gesticht talrijke malen de india-rubber-kleppen op roosters toegepast, maar in het gemaal van Abbenbroek vlakke ijzeren kleppen om scharnieren draaiende gebruikt, die, tot het verkrijgen eener goede sluiting, aan de onderzijde voorzien zijn met een rand van india-rubber, waardoor tevens de slag bij het neervallen verzacht wordt. De gezamenlijke doorsnede dezer kleppen heeft nagenoeg de halve oppervlakte van den pompzuiger, hetgeen eene zeer gunstige verhouding is, die zeker tot het welslagen van dit gemaal heeft medegewerkt. De goede werking van het geheel is bij de proefneming duidelijk gebleken, want het nuttige arbeidsvermogen in opgevoerd water heeft 72% bedragen van het vermogen der stoommachine volgens den indicateur. Ter vergelijking met twee andere der door den heer KOREVAAR gestichte pompwerktuigen kan de volgende opgave dienen:

	Nuttige arbeid in $\%$ van het indicateur-vermogen.	Opvoerhoogte bij de proef.
Zwartewaal	67	2 M.
Charlois.	70	3 „
Abbenbroek ' . . .	72	3 „

Deze cijfers bewijzen genoegzaam, dat goed ingerichte horizontale zuig- en perspompen onder de beste werktuigen mogen gerekend worden, wanneer de hoogte van opvoer niet al te klein is, en voor stoombemaling alle aanbeveling verdienen.

Ofschoon niet voor polderbemaling bestemd mogen hier nog een viertal stoomgemalen vermelding vinden, die reeds in 1862 volgens het stelsel van het Ooster-stoomgemaal werden gesticht en de eerste navolgingen daarvan zijn geweest. Zij dienen voor het opvoeren van water uit de lagere panden van het Noord-Willemskanaal naar de hooger gelegene, om in het verlies van water door schutting en uitdamping te voorzien. In deze werktuigen, uitgevoerd door de firma van GALEN en ROEST te Kampen, waarin geene overbrenging van beweging door kamwielen voorkwam, waren waarschijnlijk ter besparing van kosten gegoten ijzeren kruk-assen gebruikt en tot vermeerdering van het wederstandsvermogen heeft men gesmeed ijzer onder het gietijzer vermengd, hetgeen wel gelukt is; de zwaardere afmetingen voor gegoten ijzeren assen vereischt zullen echter verdere navolging daarvan wel niet doen plaats hebben.

Deze machines waren zeer nabij het benedenpeil gelegd en hadden daardoor eene geringe zuighoogte; wanneer nu het benedenwater steeg en daardoor de wederstand bij het opzuigen verminderde, ontstond een hevig dichtslaan der zuigkleppen, dat bij grooter opvoerhoogte verdween. Men heeft daarin voorzien, door in de zuigpijp een smoorklep aan te brengen, waaraan een des te minder geopende stand wordt gegeven, naarmate de zuighoogte kleiner is, en daardoor is men geslaagd het ondervonden bezwaar te overwinnen. De toepassing van dit zeer eenvoudige hulpmiddel, die bij meerdere bekendheid ongetwijfeld navolging zal vinden, geeft tevens een juist inzicht in de rol, die de opstijgende water-kolom in de zuigpijp vervult ten opzichte van de geregelde werking der kleppen. De snelheid van deze moet in eene bepaalde verhouding staan tot de zuigersnelheid en wanneer de laatste constant is, moet de eerste zóó geregeld kunnen worden, dat zij niettegenstaande de veranderlijke zuighoogte en den afwisselenden dampkringsdruk even groot blijft. Door het aangewezen middel kan dit verkregen worden, doch men moet niet uit het oog verliezen, dat ook een luchtketel op de zuigpijp ge-plaatst daarvoor goede diensten kan bewijzen; op kleine pompen wordt die veeltijds toegepast, maar bij grootere werd hij zonder afdoende reden tot nog toe niet gebruikt.

Over de beste inrichting van horizontale zuig- en perspompen is het laatste woord nog niet gezegd en wegens de groote belang-rijkheid van dit onderwerp, zal daarop in een later hoofdstuk worden teruggekomen. De mogelijkheid om bij gebruik van deze werktuigen meer dan eene pomp door ééne stoommachine te drijven, hare geschiktheid voor zeer verschillende en ook voor veranderlijke hoogte van opvoer, en de goede uitkomsten, die zij reeds hebben opgeleverd, geven recht om te vragen, of zij niet bestemd zijn de oudere werktuigen, het scheprad en den vijzel, te vervangen? Daarnevens doet zich dan eene andere vraag op, of zij niet op hare beurt de plaats zullen moeten inruimen aan de centrifugaalpompen? De drie hoofdstukken, die thans volgen, zijn eene bijdrage tot de beantwoording dezer beide vragen.

AANTEEKENINGEN.

Geschriften betreffende horizontale zuig- en perspompen.

Verslag aan den Koning over de openbare werken 1862. Te 's Gravenhage bij van Weelden en Mingelen, bladz. 31. Onderhoud en bediening der stoommachines aan de schutsluizen der Noordwillemsvaart.

Idem 1863 , blz. 31. Kanaal van Assen naar Groningen, Noordwillemskanaal.

Koninklijk Instituut van Ingenieurs.

Tijdschrift 1869—1870. Derde aflevering. bladz. 240. Schepraderen met gebogen schoepen, door het lid P. A. Korevaar. (Opgave N°. 11, Dubbelwerkende zuigperspompen der Mijdrechtsche droogmakerij.)

Tijdschrift 1870—1871. Tweede aflevering, bladz. 114. Nadere mededeelingen over de wateropvoeringswerktuigen, door het lid P. A. Korevaar.

Bladz. 116. Aanteekening van het honorair lid dr. I. P. Delprat.

Tijdschrift 1877—1878. Notulen der vergadering van 13 November 1877 Bijlage 7, bladz. 38. Over de meest voordeelige stoombemaling bij de droogmaking der Zuiderzee.

Tijdschrift 1878—1879. Eerste aflevering, Tweede gedeelte, bladz. 11. Uitkomst van gedane proefwerkingen met verschillende wateropvoeringswerktuigen en eenige daarmede in verband staande opmerkingen door P. A. Korevaar.

Tijdschrift 1882–1883. Derde aflevering, Tweede gedeelte, bladz. 91. Welke zijn de doelmatigste wateropvoeringswerktuigen voor polderbemaling, door P. A. Korevaar, L. K. Inst. I.

Sui Risultati Pratici di Varie Macchine Idrofore applicate in Olanda. Appunti dell' Ingegnere Giovanni Cuppari. Torino 1883, bladz. 60—63.

Bibl. der Pol. School. Waterbouwkunde, wegen en bruggen. G 70. Bestekken van stoomgemalen.

Bestek en Voorwaarden voor het maken, leveren, vervoeren en opstellen van twee stoompompwerktuigen, dienende als bovengemaal voor de droogmaking der plassen in Schieland, op te richten aan de rivier de Nieuwe Maas bij het Kralingsche Veer in de gemeente Kralingen. Bestek N°. 2. Dienst 1866 en 1867. Twee teekeningen. Besteding te 's Gravenhage den 17 Mei 1866.

(*) Bestek en voorwaarden waarnaar door een der wethouders daartoe gecommitteerd, onder nadere goedkeuring van Burgemeester en Wethouders der Gemeente Groningen, zal worden aanbesteed: Het leveren, stellen en in goede werking opleveren van een stoompomp-werktuig van hoogen druk, met verdikking en afsnijding van stoom; stoomketel en hetgeen verder daartoe behoort, met alle daartoe benoodigde bouwstoffen, hulpmiddelen, transporten en ongelden, zooals nader wordt omschreven.

Bestek van het stoompomp-werktuig voor den polder Heenvliet (Oostzijde). Delft, J. Waltman Jr.
Bestek van de gebouwen voor het stoomgemaal in den polder Heenvliet (Oostzijde). Delft, J. Waltman Jr.

Bestek van het stoompomp-werktuig voor den polder Papendrecht. Dordrecht Blussé en van Braam, 1870.

Bestek van het stoompomp- en scheprad-werktuig voor het stoomgemaal N°. 1 in den Tedingerbroekpolder, nabij Voorburg.
Bestek van het machinegebouw enz. N°. 1 voor den Tedingerbroekpolder nabij Voorburg.

Bestek van het stoompomp-werktuig voor de polders Zwartewaal, Heenvliet (Westzijde) en Vier polders. Delft, J. Waltman Jr.
Bestek van het maken van de gebouwen voor het stoomgemaal ten behoeve der polders Zwartewaal, Heenvliet (Westzijde) en Vier polders. Delft, J. Waltman Jr.

Bestek van twee stoompomp-werktuigen voor den polder Nieuwenhoorn. Delft J. Waltman Jr.
Bestek van het maken van de gebouwen voor twee stoomgemalen in den polder Nieuwenhoorn. Delft, J. Waltman Jr.

Bestek en voorwaarden van het maken der omdijking voor de droogmaking der plas in den Oost-Abtspolder; benevens het graven van een ringvaartkanaal voor zoover benoodigd rondom de omdijking.

Bestek van het stoompompwerktuig voor den Oost-Abtspolder nabij Overschie.
Bestek van het machinegebouw enz. voor den Oost-Abtspolder nabij Overschie.

Bestek en Voorwaarden waarnaar het bestuur over de waterschappen Batuwe c. a. onder Jaarsveld voor de waterschappen Vogelzang en Wiel op Donderdag den 20 April 1871, zal aanbesteden: het leveren, stellen en in goede werking opleveren van een stoompomp-werktuig, van hoogen druk; met condensatie en expansie, met twee door hetzelve te drijven dubbele zuigperspompen en toebehooren, benevens het stellen dezer werktuigen in het daarvoor te maken gebouw bij de sluis aan den Rolafweg te Jaarsveld. S. en W. N. van Nooten, Schoonhoven.

(*) De stoomgemalen van al de volgende bestekken zijn ontworpen en uitgevoerd door den heer P. A. Korevaar.

Bestek en voorwaarden, waarnaar het bestuur over de waterschappen Batuwe c. a. onder Jaarsveld voor de waterschappen Vogelzang en Wiel, voornemens is op Donderdag 30 Nov. 1871 aan te besteden het maken van de gebouwen voor een te stichten stoomgemaal, binnen de sluis van den Rolafweg aldaar, met machinist-woning en verder daaraan verbonden werken. S. en W. N. van Nooten, Schoonhoven.

Bestek van het stoompomp-werktuig voor den Ouden en Nieuwen Broekpolder, onder Rijswijk.

Bestek van het machinegebouw enz. voor den Ouden en Nieuwen Broekpolder, onder Rijswijk.

Bestek van het stoompomp-werktuig voor den polder Abbenbroek. Delft, J. Waltman Jr.

Bestek van de gebouwen voor het stoomgemaal in den polder Abbenbroek. Delft, J. Waltman Jr.

Opgaven betreffende stoomgemalen met horizontale zuig- en perspompen.

Het Ooster-stoomgemaal te Rotterdam.

Poldergemaal, voor de benedenstad van Rotterdam gelegen in de polders Rubroek en Oost-Blommersdijk, uitslaande op de Nieuwe Maas.

Gemiddelde buitenwaterstand . vloed 1.2 M. + R.P., eb	0.2 M. + R.P.
Hoogste „ waarbij de machine werkt . .	2.25 „ + „
Het gemaal werkt alleen bij vloed.	
Gemiddelde benedenwaterstand	1.8 „ — „
Ontworpen en uitgevoerd door W. N. Rose, Ing.-adv. en W. A. Scholten, directeur der gemeentewerken.	1860—1861.
Het gebouw aanbesteed aan Van Binsbergen en Bellingwout.	15 Februari 1860.
Het stoomwerktuig en de pompen ontworpen door A. Krüger en de levering opgedragen aan de Nederlandsche stoomboot-maatschappij te Rotterdam	1860.
Horizontale directwerkende machine met expansie en conden-satie. Vermogen	60—75 P.K.
Stoomketels, cornwallsche, aantal	2.
„ middellijn	1.8 M.
„ lengte	7.55 „
„ binnenvuurgangen, elk aantal	2.
„ „ middellijn	0.65 M.
„ stoomdruk, overdruk	1¾ Atm.
Cylinder, middellijn	1 M.
„ slaglengte	1.85 „
Aantal omwentelingen per minuut	10.

De stand van de kruk voor den stoomzuiger valt zamen met die van een der pompkrukken.

Hoek der beide pompkrukken . . . . 180°.

Pompen, dubbelwerkend, aantal . . . . 2.

      „   „   middellijn . . . . 1.65 M.

      „   „   slaglengte . . . . 1.8 „

De machine beproefd en in dienst gesteld . . . . . . 1861.

Kolenverbruik gemiddeld met inbegrip van het aanmaken
per P.K. per uur . . . . 3.5 K.G.

Aanlegkosten.

Het gebouw . . . . *f* 44 888

Het stoomwerktuig, met de pompen en de ketels . . . . . . „ 40 000

                                    Te zamen . . . *f* 84 888

Het tweede Wester-stoomgemaal te Rotterdam.

Poldergemaal, voor de benedenstad van Rotterdam gelegen in de polders Cool en West-Blommersdijk, uitslaande op de Nieuwe Maas.

Gemiddelde buitenwaterstand . vloed 1.2 M. + R.P., eb 0.2 M. + R.P.

Hoogste   „   waarbij de machine werkt . . 2.25 „ + „

Laagste   „   „   „   „ . . 0.4 „ — „

Gemiddelde benedenwaterstand . . . . 1.8 „ — „

Ontworpen en uitgevoerd door W. N. Rose, Ing.-adv. en
C. B. van der Tak, directeur der gemeentewerken . . . . 1871—1872.

Het gebouw aanbesteed aan G. Key te Rotterdam , . . . 8 Maart 1871.

Het stoomwerktuig en de pompen, ontworpen door en opgedragen aan C. L. Carels te Gent. 1871

Horizontale directwerkende machinerie met expansie en condensatie. Vermogen . . . . 65 P.K.

Stoomketels, met voorwarmers, aantal. 2

      „   elke ketel, 2 cylinders, middellijn . . . . 0.9 M.

      „   „   „   „   lengte . . . . . 18.75 „

      „   „   „   2 voorwarmers , middellijn . . 0.6 „

      „   stoomdruk , overdruk . . . . 4.3 Atm.

Cylinder, middellijn . . . . 1.7 M.

      „   slaglengte . . . . 8 „

Aantal omwentelingen per minuut . . . . 14.

Pompen, aantal 2

      „   middellijn . . . . 2.4 M.

      „   slaglengte . · . . . . 2 „

De machine beproefd en in dienst gesteld. . . . . . . 4 Juni 1872.

Kolenverbruik, gemiddeld met inbegrip van het aanmaken
per P.K. per uur. . . . . 2.5 K.G.

Aanlegkosten.

Het gebouw . . . . *f* 48 225

Het stoomwerktuig met de pompen en de ketels . . . . „ 55 000

                             Te zamen . . . *f* 103 225

Het stoomgemaal van den polder Abbenbroek.

Poldergemaal bij Abbenbroek op het eiland Voorne, loozende door de sluis te Heenvliet, op de Brielsche Maas.

Gemiddelde waterstanden te Brielle, vloed 1.02 M. + AP., eb	0.51 M. — AP.	
Hoogste buitenwaterstand	2.4 „ + AP.	
Zomerpeil van den polder	2.1 „ — A.P.	
Oppervlakte van den polder	800 H.A.	
Opvoerhoogte gemiddeld	2.5 M.	
„ grootste	4.5 „	
Ontworpen en uitgevoerd door P. A. Korevaar	1880.	
Het gebouw aanbesteed aan Linthout te Nieuwenhoorn. .	24 Januarij 1880.	
Het stoomwerktuig met de pompen en de ketels aanbesteed aan H. Bollinckx te Brussel	24 Januarij 1880.	
Horizontale, directwerkende machine met expansie en condensatie. Vermogen	52	P.K.
Stoomketels, van onderen gestookt, aantal	2	
„ middellijn	1.6	M.
„ lang	3	„
„ vlampijpen, elke ketel, aantal	36	
„ „ binnenmiddellijn	0.011	M.
„ „ wanddikte	0.003	„
„ roosters elk, lang 1.25 M., oppervlakte . . .	1.6	M².
Stoomdruk, overdruk.	5	Atm.
Cylinder, middellijn	0.68	M.
„ slaglengte	1	„
Aantal omwentelingen in de minuut	30.	
Jachtwielen aantal 2, middellijn	4	M.
„ elk, gewicht velling	4670	K.G.

De stand van de kruk voor den stoomzuiger valt zamen met die van een der beide pompkrukken.

Hoek der pompkrukken	90°.	
Pompen aantal	2.	
„ middellijn	1.03	M.
„ slaglengte	0.6	„
„ zuigpijpen, middellijn	1	„
„ afvoerbuis, „	1.05	„
„ „ gebogen, lang	11	„

voorzien van klep met scharnier in het buitenwater.

Opbrengst, berekende, van 2 pompen bij 30 omwentelingen der machine	59.76	M².
idem, volgens waarneming.	55.75	„
Spilling	1/10	

Voorwaarde van levering:

Met aantal omwentelingen in de minuut 30
   „ stoomdruk in ketels, overdruk . . . . 4.5 Atm.
   „ luchtledig in condensor . . . . ⁵/₆ „
   „ uitzetting gedurende ¼ der slaglengte:
Op te voeren per minuut . . . . 54 M³.
tot maximum hoogte . . . . 4.5 M.
Toegelaten kolenverbruik voor 90 M³., hoog 1 M. . . . . 1 K.G.
overeenkomende met kolenverbruik per P.K., in het uur . 3 „
De machine beproefd 4 December 1880 en in dienst gesteld 15 Januari 1881.

Aanlegkosten.

Het gebouw . . . . ƒ 15 399
Het stoomwerktuig met de pompen en de ketels . . . . . . „ 26 250

Te zamen . . . ƒ 41 649

Opgave van stoomgemalen elk met twee horizontale zuig- en perspompen, ontworpen en uitgevoerd door P. A. Korevaar.

	Hoogte van opvoer. M.	Opbrengst in de minuut. M³.	Netto vermogen in P.K.	Bemalen oppervlakte. H.A.
Stad Groningen	12	4.5	12	
Oostabtspolder	6	25	33	150
Mijdrecht	5	40	44	800
Charlois	5	40	44	800
Tedingerbroek, droogmakerij .	5	40	44	800
Oudenbroek	5	25	28	150
Abbenbroek	4.25	55	52	800
Hardinxveld	4.25	35	33	800
Vuren en Dalem	4	50	44	1400
Krimpen a/d Lek	4	30	26	600
Jaarsveld	4	30	26	400
Meedhuyzen (Groningen) . .	4	10	9	150
Zwartewaal	3	75	41	1600
Papendrecht	3	40	26	800
Varkensoord (Fijenoordt) . .	3	30	20	700
2 te Nieuwenhoorn	2.5	50	27	1200
Heenvliet	2.5	20	11	400
Oostabtspolder	2.5	15	8	100
Zuid-Barendrecht	2	40	18	400
Oudenbroek . . . . . . ,	2	50	22	350
Groote Oettenoord	2	5	2.2	100

STOOMBEMALING
MET SCHEPRADEREN,
PLATEN XIII, XIV, XV EN XVI.

Het scheprad is zoo goed als zeker eene hollandsche uitvinding en de eerst bekende toepassing daarvan, in windwatermolens hier te lande, dagteekent uit het begin van de 15ᵉ eeuw. Toen in de 17ᵉ eeuw door LEEGHWATER talrijke indijkingen gemaakt werden, was de windscheprad-molen een algemeen bekend en gebruikt werktuig, even als thans de stoommachine en de uitgebreide arbeid van LEEGHWATER vindt hierin eene gereede verklaring.

Het scheprad door wind gedreven kon echter alleen voorzien in opmaling tot eene hoogte van 4 voet en ingeval van hoogere opmaling zoo als bij den Beemster, waarvoor de molens op nieuw-jaarsdag van 1608 werden aanbesteed, moest men zich getroosten gangen te plaatsen van 4 molens boven elkander. De groote omslag daarvan het gevolg moest tot nadenken brengen en leidde dan ook in de 17ᵉ eeuw tot verschillende uitvindingen om door nieuwe werktuigen op eenvoudiger wijze tot het doel te geraken.

Het blijkt niet, dat LEEGHWATER zich in die richting bewogen heeft; hij moet veeleer beschouwd worden als de man, die eene periode afsloot en die met het scheprad het uiterste bereikt heeft, wat daarmede te doen viel. De door hem in 1643 voorgestelde droogmaking van het Haarlemmermeer, met 160 windscheprad-molens, in 40 gangen, elk vier hoog malende, heeft dan ook moeten wachten, niet alleen tot dat eene nieuwe beweegkracht

<hr>

(*) Verspreide bijdragen van F. W. Conrad. 's Gravenhage, de Gebroeders van Cleef. 1849. Geschiedkundige aanteekeningen omtrent eenige werktuigen tot het opbrengen van water, hier te lande in gebruik of uitgevonden. Bladz. 166.

maar ook dat een nieuw waterwerktuig voor zulk een groot werk geschikt gevonden was.

In 1645 is voorgesteld het scheprad te vervangen door de schepschijf, die reeds ten tijde van VITRUVIUS bekend was, maar waaraan door W. WHELER een nieuwe vorm werd gegeven, in 1649 bij het Naarder-meer toegepast, welks droogmaking echter door oorlogstoestand verhinderd is. Eene wijziging van deze schepschijf, voorgesteld door ANTONI DE JONG, werd in 1744 toegepast op twee molens in den Diemer-meer en verdere verbetering van dit werktuig werd later ontworpen door J. J. HARTSINCK, die daarvoor een octrooi verkreeg. In dien vorm werd het in 1757 toegepast in de beide molens van den Diemer-meer (*), waarin het nu nog gebruikt wordt, in 1764 in den polder de Burg buiten Weesp (†) en in 1769 in den Boven-kerkerpolder bij Ouderkerk aan den Amstel (§). Nog eene andere wijziging werd voorgesteld door ZUMBAG DE KOESFELT, maar toepassingen daarvan worden niet vermeld.

Het trommelrad, door WHELER schepschijf genoemd en meer algemeen bekend als „tympan", allen verschillende namen voor in beginsel gelijksoortige werktuigen, behoort tot die klasse van waterwerktuigen, waarin de voortstuwer en de opleider één geheel uitmaken, die te zamen in beweging worden gebracht. Zij hebben het voordeel, dat lekken voorkomen wordt, maar het

(*) Diemermeer, oppervlakte	700 Amst.	morgen.
„ een gang molens, twee hoog, vlucht .	90 „	vt.
„ schepschijf in elke molen middellijn buitenwerks.	16 „	„
„ schepschijf in elke molen breedte .	27 „	dm.
„ hoogte van opvoer, gezamenlijk voor twee molens	16 „	vt.
(†) Polder de Burg, oppervlakte	60 Rhijnl.	morgen.
„ een wipmolen, vlucht	56 Amst.	vt.
„ schepschijf, middellijn buitenwerks	11 „	vt. 8 dm.
„ „ breedte „	14 „	dm.
„ hoogte van opvoer	5 „	vt. 8 dm.
(§) Bovenkerkerpolder, een molen, vlucht	94 „	vt.
„ schepschijf, middellijn, buitenwerks	17 „	„
„ schepschijf, breedte	27 „	dm.

nadeel van groot gewicht en dus meerderen wrijvingsweerstand, terwijl daarbij door overstorting te hooge opvoer plaats heeft, die vooral bij kleine opvoerhoogten schadelijk werkt. Werktuigen van deze klasse, waartoe ook de noria, de tonmolen en enkele anderen behooren, worden bij poldergemalen niet meer dan bij uitzondering toegepast; alleen in enkele bijzondere gevallen kan de meer eenvoudige opstelling, die met het gemis van een vasten opleider samenhangt, reden zijn, werktuigen uit deze klasse te gebruiken, maar veranderingen in het scheprad waardoor het tot deze klasse wordt teruggebracht, kunnen niet tot verbetering leiden.

Bij het gewone scheprad is een vaste opleider en wordt alleen de voortstuwer in beweging gebracht, welke inrichting ook voorkomt bij den vijzel. Deze beide waterwerktuigen hebben één gebrek gemeen, namelijk dat de opleider bestaat uit metselwerk, hetzij dan van baksteeen, gehouwen steen of cement, waarbij lekken onvermijdelijk is, omdat eene volkomen aansluiting van voortstuwer en opleider zonder aanzienlijke wrijving niet te verkrijgen zoude zijn. Zoolang men geen andere hulpmiddelen had, was steen boven hout voor den opleider te verkiezen, maar, bij den tegenwoordigen stand der werktuigbouwkunde, zijn waterwerktuigen geheel of gedeeltelijk uit hout of steen samengesteld niet geheel op de hoogte van den tijd.

Daarbij komt, dat in beide werktuigen het water verdeeld wordt in afzonderlijke vakken, die men niet al te groot in aantal kan nemen, omdat dan de dikte van de tusschenwanden den waterinhoud te veel beperkt. Het vullen en ledigen dezer achtereenvolgende vakken gaat onvermijdelijk met botsingen gepaard, die gedurende de werking duidelijk zijn waar te nemen en arbeidverlies veroorzaken. Ook moet men in het oog houden, dat die vakken aan de bovenzijde open zijn, waardoor dus de atmosferische druk niet te hulp kan komen om de spoedige vulling te bevorderen en die vulling is, voor het scheprad, afhankelijk van den stand van den beneden-waterspiegel, zoodat naarmate deze daalt de opbrengst van het werktuig steeds geringer wordt. Ten laatste is bij deze klasse van waterwerktuigen de afmeting van den voortstuwer direct afhan-

kelijk van de hoogte van opvoer, waarom dan ook zoowel het scheprad als de vijzel, bij eenigszins hoogen opvoer, zeer groote
afmetingen vereischen.

Redenen genoeg om te beweren, dat naarmate de polder- en
boezembemaling vooruitgaat, de werktuigen uit deze klasse gaandeweg uit het gebruik zullen verdwijnen, zooals reeds het geval is
geweest met die, waarin voortstuwer en opleider één geheel uitmaken en gelijktijdig in beweging zijn. In den tegenwoordigen
stand der polderbemaling is echter het scheprad nog zoo algemeen in
gebruik, dat elk middel om het te verbeteren, aandacht verdient en
de verschillende pogingen in die richting zullen thans worden vermeld.

De eerste bekende voorstellen tot verbetering van het gewone
scheprad vindt men in drie verhandelingen van 1793, ingezonden
als antwoord op eene prijsvraag uitgeschreven door de Hollandsche
maatschappij der wetenschappen. Daarin wordt voorgesteld: in de
constructie van sommige stukken het hout door ijzer te vervangen; in plaats van de gebruikelijke wachtdeur een klep te gebruiken, die om eene horizontale as draait en waarvan de stand
door dien van het bovenwater geregeld wordt; en de toepassing
van schepraderen van verschillende middellijnen in één zelfden
molen, om bij verschillende hoogte van opvoer gebruikt te
worden. In deze laatste richting was ook reeds Hoogendijk
werkzaam geweest, die de in 1742 gestichte groote steenen
watermolen aan de Oostpoort te Rotterdam voorzien had van een
groot en een klein scheprad die, naarmate er meer of minder
wind was, in het werk konden worden gesteld.

Voorts moeten hier vermeld worden: de ontwerpen van molens
met twee of meer schepraderen, die elkander het water toemalen
en dus eigenlijk het werk van een beneden- en een bovenmolen verrichten; een voorstel van M. Martens om het gaande werk van
windmolens zóó in te richten, dat bij verschillende snelheden van
den wind en dus ook van de wieken, eene evenredige uitwerking van
het waterwerktuig verkregen wordt; de hellend scheprad-molens van
de Gebrs. Eckhardt, waarvan de invoering veel tegenwerking
heeft ondervonden, maar die toch op talrijke molens zijn toege-

past; het zoogenaamd vereenvoudigd stelsel van **J. BLANKEN Jz.**, met de door hem voorgestelde toepassing van hulpstoomvermogen om bij windstilte de schepraderen te drijven en het pomprad van den heer H. OVERMAES JR.

Het bestek van dit werk laat niet toe omtrent elk der genoemde inrichtingen in bijzonderheden te komen; de opgave van de betreffende litteratuur geeft belangstellenden de gelegenheid tot verdere nasporing. Het is hier echter de plaats om op te merken, dat de teekeningen van onze hollandsche molens in buitenlandsche werken voorkomende nagenoeg allen zeer onvoldoende zijn. Voor de studie van dit onderwerp moet men de hollandsche molenboeken ter hand nemen, die meest uit de vorige eeuw dagteekenen, doch waaraan zich het molenboek van G. KROOK, in deze eeuw uitgegeven, door de fraaie en uitgewerkte teekeningen op waardige wijze aansluit.

In dit laatste werk vindt men verschillende teekeningen van schepraderen geheel of gedeeltelijk van ijzer gemaakt, maar de eerste toepassing van ijzer bij deze werktuigen dagteekent reeds van 1826, bij het stoomgemaal aan den Arkelschen dam, alwaar het eigenlijke lichaam der raderen van gegoten ijzer was vervaardigd, terwijl de spruiten en borden van hout waren. Deze samenstelling is ook bij de werktuigen te Spaarndam, te Halfweg (plaat XIII), te Gouda en later bij tal van anderen gevolgd. In het gemaal te Katwijk (Plaat XIV) heeft men de spruiten ook van ijzer gemaakt maar houten borden gebruikt, die het gemak opleveren dat de „verbreedsel-latten", welke tegen het weglekken dienen, daartegen vastgespijkerd kunnen worden.

Het gebruik van ijzeren borden levert in dit opzicht een klein ongemak op, dat echter niet overwegend is tegenover het voordeel van de mindere ruimte, die door ijzeren borden van den waterkrul wordt weggenomen, waardoor de breedte van het scheprad voor een gegeven hoeveelheid van opbrengst geringer kan zijn. De ijzeren borden komen reeds voor in het bovengenoemde molenboek van KROOK, maar een uitgebreide toepassing daarvan is gemaakt door den heer KOREVAAR en wel met het oog op het gebruik van de gebogen schoepen, die door hem zijn ingevoerd, om den afvoer van het water uit het rad te verbeteren.

In het oude hollandsche scheprad waren de schoepen zóó gesteld, dat hare richting rakend was aan een cirkel, die den naam van afschotcirkel draagt en wier grootte zoo bepaald werd, dat de helling van de intredende schoep ten opzichte van den beneden-waterspiegel, gelijk was aan die van de uittredende schoep met den boven-waterspiegel. Eene meetkundige constructie ter bepaling van dien cirkel, die alleen voor een bepaalden boven- en beneden waterstand geldt, vindt men in verschillende werken. Door het gebruik van gebogen schoepen bereikt men het voordeel, dat het uiteinde van de schoep een grootere helling kan hebben, die het afloopen van het water bevordert en die men aan vlakke schoepen alleen zou kunnen geven, door een zoo grooten afschotcirkel te kiezen, dat de intredende schoep weinig of geen helling ten opzichte van het benedenwater heeft en dus over hare geheele oppervlakte plat op het water zou neerkomen.

Door den heer RIJK, opzichter van Rijnland te Gouda, is voorgesteld de schoepen niet bol maar hol te maken en wel zoo, dat de richting van de intredende schoep bij de achtereenvolgende standen steeds gelijke hoeken maakt met de oppervlakte van den beneden-waterspiegel, welke inrichting bij enkelen der pompraderen in het stoomgemaal te Gouda beproefd is en voor het intreden goed voldaan heeft. Voor den afvoer is echter de bolle gebogen vorm ongetwijfeld voordeelig en de ervaring bij de eerste beperkte toepassing daarvan opgedaan, heeft den heer KOREVAAR aanleiding gegeven daarmede verder te gaan. Een voorbeeld daarvan levert het boezemgemaal van Schieland bij de Oostpoort te Rotterdam, dat de steenen molen door HOOGENDIJK ingericht, heeft vervangen en in de nabijheid staat van de plaats der voormalige ook door HOOGENDIJK gestichte vuurmachine.

De bolle gebogen schoepen zijn in 1870 ook voorgesteld door den heer W. AIRY in eene zeer belangrijke mededeeling over de schepraderen in Engeland in gebruik (*), waarin mede op het voordeel van deze voor beteren afvoer wordt gewezen. Maar de heer AIRY stelt tevens voor, de intrede van deze bolle schoepen te vergemakkelijken,

---

(*) Engineering. 18 Maart en 6 Mei 1870.

door het plaatsen van eene schuif in het benedenwater op soortgelijke wijze , als bij het bekende waterrad van PONCELET plaats heeft. Door deze inrichting (plaat XVI ter rechterzijde, onderaan), die eenigen tijd later hier te lande ter sprake werd gebracht, stroomt het water met groote snelheid in het rad en brengt een deel zijner levendige kracht daarop over , hetgeen eenigszins tegemoet komt aan de vermeerderde opvoerhoogte door het gebruik van de schuif veroorzaakt. Proeven in deze richting zijn hier te lande niet genomen; aan het schepradgemaal te Zeeburg , voor de waterverversching van Amsterdam , heeft men geen gebogen schoepen gebruikt en de schuiven dienen aldaar voornamelijk om bij het in gang brengen der raderen den waterlast te beperken.

Om deze inrichting met eene schuif voor breede schepraderen zonder bezwaar te kunnen toepassen, zoude men de schuif niet hellend maar verticaal moeten stellen , op een niet te grooten afstand achter het rad en door leischoepen het water in de juiste richting aan het rad moeten toevoeren. De bepaling der richting van het uiteinde der schoepen van het rad, geschiedt dan op dezelfde wijze als bij het rad van PONCELET, zoodat het water zonder botsing in het rad treedt. Het voordeel door dergelijke inrichting te verkrijgen wordt echter opgewogen , eerstens door de meer samengestelde inrichting , voorts door de noodzakelijkheid om de schuif steeds juist te stellen in verband met den stand van het benedenwater en met de snelheid van het rad, eindelijk doordien het gebruik van de schuif de opvoerhoogte vermeerdert en dit niet volledig vergoed wordt door den arbeid, die het instroomende water aan het rad kan mededeelen. De heer KOREVAAR, die op deze bezwaren gewezen heeft, bepaalt zich tot de toepassing van gebogen schoepen zonder schuif en beoogt dus alleen den verbeterden afvoer, terwijl, door beperking van de omtreksnelheid van het scheprad, de botsing der schoepen bij de intrede in het benedenwater zooveel mogelijk voorkomen wordt.

Het is niet tegen te spreken , dat bij het hellend scheprad botsing en neerslag bij de intrede der schoepen in het benedenwater en te hoogen opvoer bij het uittreden uit het bovenwater

voor een groot deel vermeden worden, en de gunstige werking van dit soort van raderen moet hieraan voor het grootste
deel worden toegeschreven. Dit voordeel wordt eenigszins opgewogen,
doordien de schoepen van het hellend scheprad over een langeren
weg door het beneden- en bovenwater moeten waden, waardoor
de eigen wederstand van den voortstuwer vergroot wordt, aan welke
nadeelige omstandigheid door J. A. BEYERINCK is toegeschreven,
dat deze raderen op den duur niet voordeelig geacht werden.

Andere omstandigheden hebben zeker ook het hunne bijgebracht
om uitgebreide toepassing van het hellend scheprad te verhinderen.
Allereerst is de oppervlakte daardoor ingenomen in den platten grond
veel grooter dan voor het gewone scheprad, hetgeen bij windmolens
minder hindert, omdat het rad onder in den molen geborgen
wordt, maar bij toepassing van stoom de aanlegkosten voor het
hellend scheprad hooger zouden doen worden. Toch is in Engeland
vele jaren geleden eene toepassing van stoom op het hellend scheprad gemaakt, die door Prof. MOLL is beschreven ter weerlegging
van de bezwaren, door Prof. VAN GELDER ingebracht tegen de
door Baron VAN LYNDEN voorgestelde toepassing der hellend-
scheprad-molens voor de droogmaking van het Haarlemmermeer.
Hier te lande is deze toepassing nimmer gemaakt en het hellend
scheprad, hoewel nog in enkele molens in gebruik, is bijna geheel
in het vergeetboek geraakt.

Om dit te verklaren moet men in het oog houden, dat het
hoofddoel door de uitvinders de gebroeders ECKHARDT beoogd, was:
met gelijke middellijn van rad hooger opvoer dan met het gewone scheprad mogelijk te maken, terwijl de inrichting van den opleider van het
hellend scheprad tevens gelegenheid aanbood tot het aanbrengen van
een klep, waardoor men een deel van het opgevoerde water terug
kon doen loopen, om alzoo bij slappen wind den waterlast te verminderen. Door het gebruik van stoom is de behoefte aan dit
hulpmiddel vervallen en is ook bij het gewone scheprad hooger
opvoer met groote breedte van het rad mogelijk geworden, doordien
men niet meer gebonden is aan het geringe vermogen van
windmolens, die bij sterken wind 25 paardekrachten maar doorgaans een veel kleiner vermogen uitoefenen, dat gemiddeld niet

hooger dan op 16 paardekrachten mag gerekend worden. Voorts moet erkend worden, dat in geval van groote hoeveelheden op te voeren water, waarvoor meer dan één rad zoude gevorderd worden, het hellend scheprad ongeschikt is, omdat de overbrenging van beweging van ééne stoommachine op verscheidene hellende schepraderen tot grooten omslag aanleiding zoude geven.

Wanneer men dit alles toegeeft, dan moet toch niet worden voorbij gezien, dat het hellend scheprad voordeelen bezit, die vooral aan den dag zouden komen door toepassing van de verbeterde constructie, die de tegenwoordige werktuigbouwkunde aan de hand kan doen. Zoo als men weet, heeft J. BLANKEN in zijn vereenvoudigd stelsel de tandkrans buiten aan het scheprad aangebracht, waardoor de as ontheven wordt van wringing en deze inrichting, hier te lande weder in onbruik geraakt, wordt in het buitenland op ruime schaal toegepast bij schepraderen door stoom gedreven (plaat XV), zooals later in dit hoofdstuk zal worden aangewezen.

Het bezwaar, dat de tanden daarbij door het water waden, hoewel niet overwegend, verdwijnt geheel bij de toepassing op het hellend scheprad, waarbij het bovendeel der schoepen boven water gelegen is en dus de tandkrans op eene zeer geschikte wijze aan het rad bevestigd kan worden Die tandkrans verkrijgt voorts een zeer grooten omtrek, waarop door een rondsel de beweging van eene snel loopende stoommachine goed kan worden overgebracht, en aangezien de beweegkracht dan in de onmiddelijke nabijheid van den last wordt aangebracht, kan het rad lichter worden geconstrueerd, dan mogelijk is bij het gewone scheprad, waaraan de beweegkracht door de as wordt medegedeeld. Wegens den gunstigen toestand bij het in- en uittreden der schoepen, kan de snelheid van het hellend scheprad vrij groot worden genomen, en dit een en ander te zamen maakt dat het, hoewel tijdelijk in vergetelheid geraakt, in bijzondere gevallen nog zeer nuttige toepassing bij polder- of boezembemaling zou kunnen vinden.

Het pomprad, door den heer H. OVERMARS JR. in 1868 uitgevonden, is de meest belangrijke wijziging, die in latere jaren aan het scheprad gegeven is. In eene italiaansche studie over schepraderen van Prof. JACOPO BENETTI wordt opgemerkt, dat het hoofddenkbeeld in deze uitvinding hetzelfde is als van het water-rad van ZUPINGER, waarvan eene afbeelding in het bekende werk van J. WEISBACH voorkomt (*). Bij de reeds vroeger in het kort vermelde toepassing van het pomprad, in het boezemgemaal van Rijnland te Gouda, is ook werkelijk aan de schoepen een vorm gegeven, zooals in de genoemde afbeelding voorkomt, maar dit is slecht bekomen. Bij de eerste proefmaling bleek de drukking, die deze lange en tevens zeer breede gebogen schoepen onder-vonden, zoo groot, dat zij daartegen niet bestand waren. In eenigen der zes raderen zijn zij vervangen door gebogen maar veel korter schoepen, zooals die welke in andere toepassingen van het pomprad waren aangebracht, terwijl enkele raderen zijn voor-zien van de vroeger vermelde holle schoepen door den heer RIJK voorgesteld.

De naam pomprad, door den heer OVERMARS aan zijn water-werktuig gegeven, heeft zijn oorsprong hierin, dat de uitvinder werkelijk bedoelde, het scheprad in dien zin te verbeteren, dat het de voordeelen verkreeg van de pomp, zonder de heen- en weergaande beweging, die de pompzuiger heeft. De opleider werd in het benedenwater verlengd en aan de zijde van het boven-water verlaagd, zoodat voor- en achterzijde op dezelfde hoogte gelegen zijn. Door een waterdichten trommel werd de waterkrul tot eene ringvormige ruimte herleid, die door ruime toegangen gemeenschap had met beneden- en bovenwater, terwijl de water-dichte aansluiting van dezen trommel langs de krimpmuren verkregen werd door twee houten ringen ter weerszijden daaraan bevestigd.

Die trommel wordt door de indompeling in het benedenwater opwaarts gedrukt, hetgeen tot verlichting van den druk in de kussenblokken en dus tot vermindering der wrijving bijdraagt; de tasting is standvastig, zoolang de benedenwaterstand niet lager wordt dan een bepaald peil en bij gegeven buiten-middellijn van het rad kan de opvoerhoogte belangrijk vergroot worden, doordien de trommel

---

(*) Lehrbuch der Ingenieur- und Maschinen-mechanik, von Julius Weisbach. Zweiter Theil. Dritte Auflage. Braunschweig. Friedrich Vieweg und Sohn. 1857. S. 491, fig. 423.

tot waterkeering dient. Het aantal schoepen wordt herleid tot het minimum, dat noodig is om waterkeering te verzekeren en de werking der schoepen werd beschreven, als die eener reeks achtereenvolgende zuigers, welke het water uit den beneden waterloop voortdrukken door de ringvormige ruimte tusschen den trommel, de zijmuren en den opleider, tot in den bovenwaterloop. (*)

De geheele inrichting is inderdaad zeer schrander bedacht en doet eer aan den uitvinder, een der weinige oud-leerlingen der voormalige Delftsche Academie tot opleiding van burgerlijke ingenieurs, die zich met de verbetering van de werktuigen voor polderbemaling hebben beziggehouden. Dit zal te meer gewaardeerd worden als men zich herinnert, dat aan deze Academie de werktuigkunde eene zeer kleine plaats in het onderwijs besloeg en dat werktuigbouwkunde daar in het geheel niet onderwezen werd. Het is dus ook niet te verwonderen, dat bij de invoering op groote schaal van het pomprad te Gouda bezwaren zijn ondervonden, die trouwens, zooals in dit werk herhaaldelijk werd aangewezen, bij de invoering van nieuwe inrichtingen nooit zijn uitgebleven.

Aan ingenomenheid met dezen nieuwen vorm van het scheprad heeft het overigens niet ontbroken; het is zeer spoedig in gebruik gekomen, eerst bij windmolens en daarna bij stoomgemalen, zooals te Gouda, in het tweede stoomgemaal van Mastenbroek en bij de polders van der Eigen en Empel en Meerwijk nabij 's Hertogenbosch. Het scheen zelfs aanvankelijk dat de toepassing algemeen zoude worden, maar dit is toch niet gebeurd en het is zeker de moeite waard de oorzaken van de mindere ingenomenheid in later tijd nategaan. De heer KOREVAAR heeft enkele dezer oorzaken opge-

---

(*) Soortgelijke werking was reeds bedoeld door SIMON STEVIN, die in 1591 octrooi verkreeg op eene inrichting van het scheprad, waarbij de schoepen rondom van strooken vet leder voorzien waren, waarmede zij aansloten langs de krimpmuren en den lagen opleider of vloer. In plaats van 20 of 24 schoepen zoo als in het gewone scheprad gebruikte hij er zes van de dubbele breedte, die met geringe snelheid bewogen, daar zij slechts een omgang maakten op zes omgangen der molenwieken, terwijl in de gewone molens de verhouding $1 : 1\frac{1}{2}$ voorkwam. Verscheidene molens zijn door Stevin aldus ingericht en voldeden aanvankelijk goed, maar de inrichting heeft geen stand gehouden. De geschriften waaraan deze bijzonderheden zijn ontleend, vindt men opgegeven in de aanteekeningen.

geven in eene zijner mededeelingen in het Koninklijk Instituut van Ingenieurs, waarnaar dus verwezen mag worden en daarin ook vermeld, dat hij in 1875 in het stoomgemaal Muller bij Bodegraven een pomprad van 4 M. middellijn met voordeel door een scheprad met grooter middellijn van 6 M. had vervangen.

Door eene beschouwing van algemeenen aard zal men de bezwaren, die tegen het pomprad kunnen worden ingebracht, gemakkelijk inzien. In de eerste plaats is het duidelijk, dat wanneer men zich de voordeelen wenscht te verzekeren aan de pomp eigen, het veel eenvoudiger is een pomp te gebruiken, waarvan de zuiger een volumen doorloopt, gelijk aan dat door de schoepen van het pomprad doorloopen, want de omvang van het waterwerktuig en vooral van den voorstuwer wordt bij de pomp klein, vergeleken met de groote afmetingen die het pomprad vereischt. Het pomprad kan echter met grooter snelheid werken dan die, welke men gewoonlijk aan pompzuigers geeft en, voor eene gegeven hoeveelheid van opbrengst per tijdseenheid, zou dus de doorsnede van den waterkrul in het pomprad het voordeel hebben van klein te wezen in vergelijking van de oppervlakte, die men aan pompzuigers zou moeten geven.

Doch zie hier nu juist het bezwaar. Bij elk waterwerktuig moet men, om den totalen weerstand te bepalen, behalve den nuttigen weerstand, die bij het opheffen van het water onvermijdelijk is, ook in rekening brengen den nevenweerstand, dien de voorstuwer bij zijne beweging ondervindt en deze laatste wordt voor het pomprad zeer aanzienlijk, wanneer daaraan meer dan eene matige snelheid gegeven wordt. De botsing van de gebogen schoepen bij het intreden wordt dan even nadeelig als bij gewone schepraderen en in dit opzicht wordt dus niets gewonnen; maar doordien de opleider zeer laag is, bewegen de uittredende schoepen zich bij hooge bovenwaterstanden over een langen weg door het buitenwater en bij eenigszins groote snelheid wordt daardoor een wederstand opgewekt, die bij het gewone scheprad met hoogeren opleider, als het goed ontworpen is, in veel kleinere mate optreedt. Beperkt men de snelheid bij het pomprad, dan staat het door zijne groote afmetingen achter bij eene goede pomp en geeft men daaraan groote snelheid, dan biedt het schceprad meer voordeel aan.

In bijzondere gevallen kan echter het pomprad zeer nuttige toepassing vinden en daarvan is een der meest sprekende voorbeelden, het stoomgemaal voor de polders van der Eijgen en Empel en Meerwijk, dat in 1880—1881 is gesticht door den kapt.ing. N. H. NIERSTRASZ onder medewerking van den civ.ing. J. A. ROEST VAN LIMBURG oud-leerling der Polytechnische School en toenmaals werkzaam bij den heer J. B. H. VAN ROYEN, die met den heer OVERMARS de invoering van het pomprad hier te lande heeft geleid.

In een vorig hoofdstuk werd reeds gewezen op de bijzondere omstandigheden waarin de polders verkeeren, die uitloozen op onze hoofdrivieren en wier stoomgemalen ingericht moeten zijn tot opmaling bij zeer veranderlijke en menigmaal zeer hooge buitenwaterstanden. Wat dezen bijzonderen toestand nog moeielijker maakt is, dat ook de binnenwaterstanden in deze polders aan groote veranderingen onderhevig zijn, omdat door hooge rivierstanden een sterke kwel wordt veroorzaakt. In vele gevallen kan, door de ondichtheid van den ondergrond, die kwel zoo sterk zijn dat het, zoo al niet ondoenlijk, dan toch onvoordeelig wordt deze polders des winters voortdurend droog te houden en men zich tevreden moet stellen de stoomgemalen aan het werk te zetten, zoodra bij het naderen van het voorjaar de eischen van den landbouw zich doen gelden.

Om dan bij tijds met de afmaling gereed te zijn, worden zeer krachtige gemalen vereischt en hierin ligt de hoofdreden, waarom tal van stoomgemalen in onze rivierpolders, hoe goed ook op zich zelf, later onvoldoende bleken voor de behoefte. Het vroeger vermelde geval van de polders Wamel, Dreumel en Alphen, die eerst gezamenlijk werden bemalen door de machine te Dreumel en later elk een afzonderlijk gemaal hebben aangeschaft, stelt dezen toestand in een helder licht. De heer FIJNJE, die met dezen toestand van nabij bekend is, heeft dan ook in een belangrijk geschrift er op gewezen dat, zoolang de toestand onzer hoofd·

rivieren dezelfde blijft, het voor de rivierpolders raadzaam zou zijn, in plaats van het magere kwelwater, dat niet geweerd kan worden, rivierwater in te laten dat de vruchtbaarheid der landerijen verhoogt.

De polders in het noorden van Noord-Brabant verkeeren in soortgelijke en zelfs nog nadeeliger omstandigheden, door den bijzonderen waterstaatkundigen toestand van deze provincie, waardoor bij hooge rivierstanden een deel der landerijen tot afvoerkanaal dient voor rivierwater, hetzij uit de Maas door den Beerschen overlaat of uit de Waal door de werking van den Heerewaardschen overlaat. (*) Het ontwerp tot aanleg van eene nieuwe afleiding voor de Beneden-Maas, waardoor de sluiting van den laatstgenoemden overlaat mogelijk zal worden, is bestemd verbetering te brengen in den thans bestaanden toestand, die zoo gebrekkig is, dat vele polders in Noord-Brabant in letterlijken zin ieder voorjaar opnieuw moeten worden drooggemaakt, om des winters weder onder water te verdwijnen.

De polders van der Eijgen en Empel en Meerwijk lozen op de Dieze, die sedert 1860 van de Maas is afgesloten door eene sluis te Crevecoeur; de waterstanden op den aldus gevormden Dieze-boezem hangen af van de gelegenheid tot loozing in de Maas en kunnen verschillen van 2.5 M. + A. P. tot 5.25 M. + A. P. De binnenwaterstand in de polders behoort te zijn 2 M. + A. P. maar kan stijgen tot 4 M. + A. P. en onder zulke omstandigheden kan de toepassing van het gewone scheprad niet tot goede uitkomsten leiden. Door de hooge binnenwaterstanden wordt de tasting en dus de waterlast van het rad te groot; dit nadeel wordt eenigszins opgewogen, doordien dan ook de opvoerhoogte, bij een gegeven buitenwaterstand, minder bedraagt; maar is de buitenwaterstand zeer hoog en de tasting aanzienlijk, dan wordt de last, die op het rad gebracht wordt, zeer bezwarend. Bij hoogen binnen- en lagen buitenwaterstand zoude de hooge opleider, die bij het scheprad voorkomt, aanlei-

(*) Kaart van de streek der overstroomingen (in 1876) langs den linker Maas-oever en van den Bommelerwaard. Schaal van 1: 100.000. Uitgegeven in den Koninklijken Nederl. Boek- en Kunsthandel van M. M. Couvée te 's Gravenhage.

ding geven, dat natuurlijke afvoer dóór het rad verhinderd werd
of dat in ieder geval het water onnoodig hoog werd opgevoerd.
Een lage opleider met een wachtdeur in drie hoogten, door den
heer KOREVAAR bij het scheprad van het boezemgemaal van Schieland toegepast, zoude echter in dit laatste bezwaar kunnen
voorzien.

De constante tasting en de lage opleider aan het pomprad eigen
maakten echter, dat het pomprad hier het aangewezen werktuig
was, terwijl de waterdichte trommel waterkeering verzekert en
de werking mogelijk maakt bij buiten waterstanden hooger dan
de as, die op 4.2 M. + A. P. ligt, en die bij het genoemde
stoomgemaal werkelijk voorkomen. Een en ander verklaart volkomen, dat de toepassing van het pomprad in dezen polder
volkomen voldaan heeft en aan den polder uitmuntende diensten
bewijst.

De werking van het stoomgemaal aldaar mag als gunstig
worden aangemerkt, aangezien het kolenverbruik per paardekracht volgens den indicateur bevonden is 1 KG. te wezen;
de verhouding van het vermogen in opgevoerd water tot het
indicateurvermogen heeft gemiddeld 0.54 bedragen, waarbij de
hoogte van opvoer veranderde van 1.26 M. tot 2 M. Tegenover de minder gunstige uitkomsten van de pompraderen te
Gouda hierna te vermelden, is het billijk te wijzen op de toepassing in Noord-Brabant, die duidelijk maakt dat het pomprad van
den heer OVERMARS bij goede uitvoering groote waarde heeft,
mits het gebruikt worde onder de omstandigheden, waarvoor het
meer bepaald geschikt moet worden geacht.

Wanneer nu de buitenwaterstanden niet, zooals bij rivierpolders,
aan groote veranderingen over langeren tijd, maar, door de werking van vloed en eb, aan dagelijksche veranderingen onderworpen
zijn en daarbij ook zeer uiteenloopende waterhoogten bij storm-
weer en door laag afloopende ebben kunnen voorkomen, zou het
pomprad door zijn waterkeerenden trommel en lagen opleider
geschikt schijnen om ook in deze behoeften te voorzien. Toch
zijn er twee gevallen aan te wijzen, waarin men gemeend heeft

van de eigenaardige voordeelen, die het pomprad aanbiedt slechts ten deele of in het geheel geen gebruik te moeten maken.

Het eene voorbeeld vindt men in het tweede stoomgemaal voor den polder Mastenbroek in 1877—1878 gebouwd door den civ.ing. Jhr. W. I. BACKER en Prof. N. H. HENKET, aan den binnenvoet van den Mastenbroekschen zeedijk langs de rivier de Goot, nabij de voormalige Lutterzijl in de gemeente Genemuiden, alwaar de buitenwaterstanden worden bepaald door die, welke in het oostelijk deel der Zuiderzee voorkomen. Dit gemaal is voorzien van drie pompraderen met holle schoepen, allen aan ééne zijde van de stoommachine geplaatst en in breedte afnemende, zoodat bij rijzende buitenwaterstanden de buitenste smallere raderen het eerst uit het werk gezet kunnen worden.

Het laagste punt van den opleider, loodrecht onder het hart van de wateras, ligt op 1.8 M. — A. P., de bovenkant van den opleider op 1.1 M. — A. P, terwijl de stortvloer buiten de wachtdeuren op 1.4 M. — A. P. en buiten de stormdeuren op 1.72 M. — A. P. ligt. Van de gelegenheid tot loozing over een lagen opleider, die het pomprad in zijn oorspronkelijken vorm geeft, is hier alzoo geen volledig gebruik gemaakt. De waterdichte trommel verzekert echter constante tasting en de mogelijkheid om ook bij hooge buitenwaterstanden te malen; men heeft hier alzoo blijkbaar getracht de verschillende eigenschappen van scheprad en pomprad te vereenigen. Voor de waterwerktuigen van dit gemaal, waarover in 1874 een advies was uitgebracht door den heer J. B. H. VAN ROYEN, is in 1877 door de ontwerpers aan eenige fabrikanten bij onderhandsche inschrijving tweeërlei prijsopgave gevraagd, namelijk voor gewone scheppraderen en voor pompraderen, met opgaaf voor elk der beiden van het gewaarborgde kolenverbruik. Hoewel nu in dit geval de beslissing ten gunste van pompraderen gevallen is, blijkt uit deze dubbele inschrijving toch genoegzaam, dat scheppraderen en pompraderen door de ontwerpers in beginsel even geschikt werden gerekend.

Dit is niet het geval geweest bij het boezemgemaal te Katwijk, dat bestemd was te werken zoowel bij eb als bij vloed en dus tegen zeer veranderlijke buitenwaterstanden, waarbij het pomprad zoude schijnen het aangewezen werktuig geweest te zijn. Voor Katwijk zijn in 1879 schepraderen gekozen met opleiders, ter hoogte van 0.5 M. — A. P., zoodat bij buitenwaterstanden lager dan dit peil het water van Rijnlands boezem over den opleider moet worden gestort, hetgeen de werking bij eb minder voordeelig maakt.

Nu is het boezemgemaal van Rijnland te Gouda, dat oorspronkelijk schepraderen had, in 1870 voorzien van pompraderen en daarbij zijn, zooals vroeger werd medegedeeld, bezwaren ondervonden, die men echter overwonnen heeft. Blijkens eene proefneming op 14 October 1873 heeft het kolenverbruik aldaar bedragen 4.72 KG. per paardekracht opgevoerd water, terwijl de verhouding van deze tot de paardekrachten volgens den indicateur verschilde van 55% tot 59.8% bij eene gemiddelde opvoerhoogte van 1.14 M., die afwisselde van 0.35 M. tot 2.3 M. Deze uitkomsten zijn wat het kolenverbruik aangaat niet gunstig en daarbij komt nog, dat de wateropbrengst gemiddeld 20% minder was dan de berekende hoeveelheid ten gevolge der onvoldoende vulling der schoepen, die ten deele door den lagen binnenwaterstand was veroorzaakt.

Een en ander zal dan ook wel de hoofdreden geweest zijn, waarom te Katwijk niet tot eene tweede toepassing van pompraderen is overgegaan; maar de proefneming te Gouda behoeft daarom niet als beslissend te worden beschouwd, want hare ongunstige uitkomst wijkt in het kolenverbruik zeer af van de gunstige ondervinding, die men in 1881 in Noord-Brabant heeft verkregen en staat ook achter bij de uitkomsten in het tweede stoomgemaal van MASTENBROEK bereikt. Wat echter ook kan hebben gewogen bij de keuze voor het gemaal te Katwijk, is dat, bij de groote opvoerhoogten die aan dit gemaal kunnen voorkomen, de weerstand van het pomprad met lagen opleider in het buitenwater aanzienlijk wordt en dit nadeel weegt op tegen het voordeel, dat de lage opleider verschaft bij buitenwaterstanden, die weinig hooger of zelfs lager zijn dan de binnenwaterstand.

Men kan dan ook met eenigen grond beweren, dat noch het gewone scheprad noch het pomprad volkomen voldoen voor het geval van zeer afwisselende buitenwaterstanden. Om daarin te voorzien, zoude men het pomprad moeten gebruiken met den lagen opleider maar met toevoeging van de horizontale klep in het buitenwater, die voor het schéprad het eerst is voorgesteld door A. BLANKEN, in later jaren op eenigszins andere wijze is toegepast door den heer KOREVAAR bij een stoom-schepradgemaal voor waterverversching te Hoorn en die ook is toegepast bij het schepradgemaal te Katwijk (plaat XIV). Door zulk eene inrichting zou de werking van het pomprad bij hooge waterstanden ongetwijfeld verbeterd en daaraan boven het schéprad het voordeel gegeven worden van ook bij zeer lage buitenwaterstanden zonder overstorting te kunnen werken, terwijl, zooals door den heer KOREVAAR is aangewezen, het gebruik van een grooter aantal schoepen dan oorspronkelijk bedoeld was voordeelig geacht moet worden.

De vraag heeft zich natuurlijk voorgedaan of niet, door gewijzigde constructie, aan het gewone schéprad enkelen der voordeelen konden worden verzekerd van het pomprad zonder gebruik te maken van een zoo grooten waterdichten trommel. Hoe dit (geschieden kan is voorgesteld in een ontwerp van een schéprad plaat XVI), samengesteld naar aanleiding van de vroeger vermelde mededeeling van den heer W. AIRY en waaraan, ter onderscheiding van het gewone schéprad, de naam van stuwrad is gegeven.

De bolle schoepen zijn blijkens de teekening aan het binneneinde omgebogen op zulk eene wijze, dat tusschen twee opvolgende schoepen eene voldoende ruimte overblijft om bij de tasting de lucht gelegenheid te geven te ontsnappen, waarvoor bij het pomprad de gelegenheid minder gunstig is. Deze inrichting is gevolgd naar de verbeterde plaatsing der schoepen in de bovenslagwaterraderen ingevoerd door den engelschen ingenieur W. FAIRBAIRN. Wanneer deze binneneinden der schoepen genoegzaam verlengd worden, kan dit rad even als het pomprad werken bij bovenwaterstanden even hoog of zelfs hooger dan de as van het rad, terwijl, door de beperkte ruimte tusschen die omgebogen binneneinden, de inhoud tusschen de schoepen boven een bepaalden waterstand nagenoeg constant is.

Om het lekken langs de krimpmuren te voorkomen zijn de schoepen bevestigd tusschen twee ijzeren kranzen, die met het rad meedraaien en voorzien zijn van twee houten ringen, die tegen den opleider aansluiten maar vrij loopen van de krimpmuren. Daar deze ringen een doorloopend geheel uitmaken bestaat er geen gevaar, dat zij door in het water drijvende lichamen worden stukgeslagen, zooals plaats kan hebben met de verbreedsellatten der gewone schepraderen, die echter ook in het stuwrad aan de buiteneinden der schoepen niet gemist kunnen worden.

Aan een der beide radkransen is een getande ring bevestigd, waarop door een rondsel de beweging der machine wordt overgebracht en die aan de buitenzijde tanden kan hebben in plaats van aan de binnenzijde, zooals dit op de teekening is voorgesteld. Door trekstangen en schoren worden de beide kransen met elkander verbonden, zoodat de as niet aan wringing onderworpen is. Daar de beide kransen uit den aard der zaak zoo veel mogelijk nabij de uiteinden der as zijn geplaatst, is ook de belasting van de as op doorbuiging tot een minimum herleid, hetgeen vooral bij zeer breede raderen een voordeel is; de kransen kunnen voor meerdere lichtheid, in plaats van gegoten ijzer, zooals op de teekening is voorgesteld, van plaatijzer worden gemaakt. Het rad zelf loopt geheel vrij van de krimpmuren, die daartoe op eenigszins grooteren afstand van elkander komen dan voor dezelfde breedte van schoepen in het gewone scheprad vereischt wordt.

Deze wijzigingen in constructie zijn allen afgeleid uit de inrichting, die voorkomt bij onderslag-waterraderen volgens PONCELET, zooals bij eenige bekendheid met deze werktuigen dadelijk in het oog valt. In eene mededeeling aan het Koninklijk Instituut van Ingenieurs is voorts aangewezen, hoe bij dit rad aan de benedenzijde een schuif kan worden aangebracht, terwijl door een paar voorbeelden wordt aangetoond hoe men ook, door het verlengen der binneneinden van rechte of holle schoepen, opvoer tot eene hoogte gelijk of hooger dan die van de as kan bereiken. Door den heer KOREVAAR is later opgemerkt dat, ook bij de gewone constructie van het scheprad, hooger opvoer mogelijk wordt door de binneneinden der gebogen schoepen zonder ombuiging te verlengen, waarbij men dan echter verplicht is kleiner middellijn te geven aan de krans, waaraan zij bevestigd zijn.

De medegedeelde bijzonderheden wijzen genoegzaam aan, dat het scheprad vatbaar is voor talrijke wijzigingen, die in verschillende omstandigheden eene nuttige toepassing kunnen vinden en doen tevens de vraag rijzen, of niet het scheprad in den een of anderen vorm eigenlijk het beste en meest geschikte werktuig voor stoombemaling is? Het antwoord op die vraag is tweeledig, al naarmate zij gesteld wordt, op het gebied der //mécanique appliquée,// en dus ten opzichte van het grooter of kleiner nuttig effect, of dat zij wordt gebracht op het gebied der werktuigbouwkunde, en dus de meerdere of mindere aanlegkosten betreft.

Wat nu aangaat het hoogere of lagere nuttig effect, moet men niet uit het oog verliezen, dat bijna elk waterwerktuig kan worden ingericht tot het verkrijgen van een hoog nuttig effect, wanneer men slechts, door het geven van de meest voordeelige snelheid en door het nemen van andere voorzorgen, de arbeidsverliezen tot een minimum herleidt. In het afgetrokkene is dan het doel bereikt, maar voor een gegeven wateropbrengst kunnen het aantal werktuigen en hunne afmetingen zoo groot worden, dat de aanlegkosten te hoog loopen en dit weegt vooral bij polderbemalingen, waar de oppervlakte van het vereischte gebouw en zijne fundeering zulk een belangrijken invloed op de kosten heeft.

Om dus op werkelijk technisch gebied te blijven, moet men zich ook afvragen, voor welk werktuig de kosten van aanleg het geringst worden en dan is het antwoord ten gunste van schepraderen, omdat deze werktuigen zulk eene kleine ruimte in den platten grond innemen en met vrij groote snelheid kunnen werken. Bedraagt deze 2 M. per secunde bij schepraderen tegen 0.5 M. bij pompen, dan is het duidelijk, dat het ondergedompeld gedeelte der schoep bij het scheprad, viermaal kleiner uitvalt dan de oppervlakte van een pompzuiger en de vereischte ruimte hangt daarmede nauw samen. Hierin is dan ook de hoofdreden te zoeken, waarom de schepraderen zoo algemeen worden toegepast bij polderen boezembemaling, zelfs in zeer uiteenloopende omstandigheden, wat duidelijk in het oog valt door eene opgave van de schaprad-gemalen alleen door den heer KOREVAAR gebouwd, die in de aanteekeningen bij dit hoofdstuk is opgenomen.

Onder dit 40-tal stoomgemalen vindt men groote en kleine, van een opbrengst van 25 M^3. tot 200 M^3. per minuut en met opvoerhoogten van 1 M. tot 3.6 M. Toch zijn in al die gevallen schepraderen gebruikt, hetgeen wel een bewijs oplevert van de geschiktheid van dit werktuig voor uiteenloopende omstandigheden, vooral als men er op let, dat verscheidene dezer gemalen bij zeer veranderlijke buitenwaterstanden werken, zooals het boezemgemaal van Schieland, dat op de Maas en het bovengemaal van den Zuidplas, dat op den IJssel loost.

Er bestaan geen opgaven over de nuttige uitwerking van elk dezer gemalen in het bijzonder; maar de mededeelingen omtrent sommigen daarvan wijzen een kolenverbruik aan van 2.87 KG. per paardekracht opgevoerd water, dat later tot 2.47 KG. verminderd werd, welk cijfer iets hooger is, dan hetgeen door den heer KOREVAAR met zuig- en perspompen, maar lager, dan door hem met vijzels is bereikt. Het nuttig effect van het scheprad op zich zelf zoude, volgens de opgaven van den heer KOREVAAR, begrepen zijn tusschen 0.82 en 0.9, wanneer men als nuttig rekent de arbeid tot het mededeelen der snelheid vereischt; de verhouding tusschen de paardekrachten opgevoerd water en volgens den indicateur zoude gemiddeld hebben bedragen 0.67.

Deze cijfers zijn zeer gunstig en doen de vraag rijzen of niet, behalve uit het oogpunt der aanlegkosten, het scheprad ook met het oog op de nuttige werking blijvend als het meest ge-schikte werktuig voor bemaling mag worden beschouwd. Het ant-woord daarop is bevestigend, wanneer men geen hooger eisch stelt, dan het leveren van één paardekracht opgevoerd water voor 2.5 KG. kolen; maar wanneer men dat kolenverbruik wil herleiden tot 2 of tot 1.5 KG., dan valt het antwoord anders uit. De stoomwerktuigen door den heer KOREVAAR gebruikt behooren veelal tot de beste van den lateren tijd, in de inrich-ting van het scheprad heeft hij talrijke verbeteringen gebracht en er is alzoo reden genoeg om te zeggen, dat op dit gebied bereikt is, wat bereikt kan worden. Wil men verder gaan, dan dient men de oplossing elders te zoeken.

De beschouwing van het scheprad, waaraan dit hoofdstuk gewijd is, zoude onvolledig zijn wanneer niet, zij het ook slechts in het kort, aandacht werd geschonken aan de schepraderen die in het buitenland, meer bepaald in Italië, worden gebruikt en wier inrichting in vele opzichten afwijkt van die welke hier te lande gevolgd wordt. Toen de heer CUPPARI, wiens belangrijke studie in dit werk meermalen genoemd is, in 1878 ons vaderland bezocht om onze polderbemalingen te bestudeeren, zijn de teekeningen over dit onderwerp aan de Polytechnische school verzameld, hem ter beschikking gesteld en dit is welwillend beantwoord door mededeeling van teekeningen van eenige italiaansche stoomgemalen.

De stoombemaling in Italië is van veel jonger dagteekening dan in ons vaderland, want het eerste stoomgemaal aldaar dagteekent van 1836, terwijl HOOGENDIJK reeds in 1776 en dus 60 jaar eerder aan het werk was gegaan. De eerste proefnemingen, die ook in Italië met pompen zijn genomen, hebben niet voldaan en het scheprad heeft bij de latere toepassingen van stoombemaling burgerrecht verkregen en behouden. De uitgebreidheid der stoombemaling in Italië kan blijken uit de volgende cijfers (*):

	Aantal	Oppervlakte	Stoomgemalen
Ondernemingen met directe of indirecte hulp van den staat.	7	33 000 H.A.	1 457 PK.
Ondernemingen van bijzondere personen.	121	102 040 ″	2 724 ″
Te zamen . . .	128.	135 040 H.A.	4 181 PK.

(*) Ministero dei lavori pubblici. Sulle Bonificazioni Idrauliche Italiane. Cenni Monografici. VIII. Roma. Tipografia Eredi Botta. 1878. VIII.

Parte I. Pagina 105. Sommario delle bonificazioni compiute od in corso a cura diretta od indiretta delle stato.

Parte II pagina 192. Prospetto riassuntivo delle bonificazioni private.

Het vermogen in paardekrachten is alzoo veel kleiner dan in ons vaderland, alwaar in 1881 voor gelijk doel reeds 14 972 PK. werkzaam waren. Valt er op dit gebied ook nog veel te doen in den staat, die eerst sedert zoo korten tijd de voorrechten van een eenhoofdig bestuur ondervindt, de belangstelling der regeering blijkt genoegzaam door de uitgave van het hóogst belangrijke werk, waaraan de bovenstaande opgaven ontleend werden. De bemalingen in dit werk vermeld komen in verschillende deelen van het nieuwe koninkrijk voor, maar het grooter deel wordt gevonden in de lage landen van het noordoostelijk deel in den omtrek van Venetie.

Van een dezer stoomgemalen voor het waterschap Vitella is eene afbeelding gegeven (plaat XV), waarbij de opmerking noodig is dat, wegens gebrek aan ruimte, alleen het beneden-gedeelte van het scheprad in zij-aanzicht kon worden voorgesteld. De inzage van deze plaat is genoegzaam om het groote verschil van inrichting met de stoom-schepradgemalen in ons vaderland te doen opmerken. In de ketels is weinig of geen verschil, maar de machine, en dit komt in Italië veeltijds voor, heeft twee cylinders, die op haaks gestelde krukken werken, waardoor het aanzetten der machine gemakkelijker en de regelmatigheid der beweging ook bij groote uitzetting verzekerd wordt. Door de tweevoudige overbrenging met kamraderen, kan een grooter aantal slagen der machine worden toegelaten, waardoor de omvang van deze kleiner uitvalt.

Maar wat het grootste onderscheid maakt, is de overbrenging van beweging op het scheprad door twee tandkransen aan den omtrek, want daardoor wordt de as van wringing ontheven, terwijl het juiste ingrijpen der tanden van rondsel en kamrad door onderlinge verbinding der kussenblokken met trekstangen verzekerd wordt. De schoepen zijn geheel vlak, maar gesteld volgens een grooten afschotcirkel en bevestigd tusschen kransen, die met het rad meedraaien. Deze kransen zijn door gegoten ijzeren spaken met de naaf op de schepradas verbonden; maar in een later gebouwd gemaal voor het waterschap Bresega, waarvan, even als van het genoemde gemaal van Vitella, teekeningen aanwezig zijn aan de Polytechnische school, zijn de kransen aan de as verbonden door gesmeed ijzeren

stangen, volgens de inrichting het eerst door FAIRBAIRN bij boven-
slag-waterraderen ingevoerd, waarbij het gewicht van het rad door
den weerstand tegen uitrekking der onderste stangen gedragen wordt.

De aansluiting langs den opleider geschiedt door de uiteinden der houten schoepen. De opleider zelf is laag gehouden met het oog op lage buitenwaterstanden en de tasting
is, even als bij het gewone hollandsche scheprad, afhankelijk
van den stand van het benedenwater. De middellijn van het
rad van Bresega, en van anderen die in Italië gebruikt worden,
is grooter dan in ons land voorkomt, waardoor een groote afschotcirkel en een voordeelig in- en uittreden der schoepen beoogd
en bereikt wordt, terwijl de omtreksnelheid beperkt blijft tot
hoogstens 1.3 M. per secunde en dus kleiner is dan hier te lande,
alwaar die meermalen tot 2 M. wordt opgevoerd. Door de groote
afmetingen worden deze raderen zeer zwaar, zoodat het ijzer van
het rad van Bresega, met 12 M. middellijn en 2 M. breedte der
schoepen, 35 000 KG. weegt; maar de hollandsche schepraderen
wegen niet minder zwaar, want elk der raderen te Katwijk heeft,
bij 9 M. middellijn en 2.45 M. breedte der schoepen, een gewicht
aan ijzer van 41 000 KG.

De werking der italiaansche raderen schijnt zeer gunstig te
zijn, zoo als uit de twee volgende opgaven blijken kan. De
eerste is verschaft door den heer H. FOSTER, werktuigkundig
ingenieur van het waterschap Bresega, die ook de teekeningen van
dit gemaal welwillend beschikbaar heeft gesteld. Het kolenverbruik
van dat stoomgemaal bedroeg, na aftrek van 10 pCt. voor asch,
1.39 KG. per paardekracht volgens den indicateur en de werkelijk nuttige arbeid in opgevoerd water bedroeg, zonder den arbeid
voor het mededeelen der snelheid in rekening te brengen, 0.82
van het vermogen op de werkas der machine.

De tweede opgave is ontleend aan de proefneming (*) op 26 April
1880 door de professoren G. BUCCHIA en D. TURAZZA van een schep-

(*) Esperienze di collaudo fatte dai signori professori Bucchia Comm. Gustavo—
Turazza-Comm. Domenico, per determinare l'effetto utile che è capace di dare la
ruota del consorzio Prese di Bottrighe, construita dalla casa G. Zangirolami e Co.
Venezia. Dalla Tip. Municipale di Gaetano Longo 1880.

rad met gebogen schoepen, ontworpen en uitgevoerd door de firma G. ZANGIROLAMI en C°., waaraan in het midden van het rad slechts ééne tandkrans is aangebracht, op soortgelijke wijze als hier te lande in 1825 door J. BLANKEN Jz. was voorgesteld en enkele malen is uitgevoerd. Deze inrichting met ééne tandkrans is gekozen om de onzekerheid in gelijken dracht van twee rondsels te vermijden en schijnt goed te voldoen. Het nuttig effect van dit rad bleek gelegen te zijn tusschen 0.79 en 0.87 van het vermogen der stoommachine op de werkas, waarbij de arbeid voor het meedeelen der snelheid aan het water niet als nuttig in rekening is gebracht.

De arbeid op de werkas der machine was hier met de vang van PRONY gemeten, hetgeen door den heer KOREVAAR niet is gedaan en de cijfers omtrent het italiaansche rad bieden daardoor groote zekerheid aan. Houdt men dit in het oog, dan staan deze uitkomsten zeker niet achter bij die, welke hier te lande door den heer KOREVAAR verkregen zijn. De goede uitkomst met het laatstgenoemde italiaansche rad bereikt is te meer opmerkelijk, omdat het niet groot was; de wateropbrengst bedroeg slechts 0.9 M³ per secunde, de hoogte van opvoer 2.1 M. en het vermogen der stoommachine op de werkas 30.61 PK. Wanneer bij zulk een klein werktuig een zoo gunstig cijfer wordt verkregen door beoordeelaars onafhankelijk van den fabrikant, is er alle reden om de inrichting der italiaansche schepraderen tot voorbeeld te kiezen en daarvan ook in ons land toepassingen te maken. Het lekken langs de zijmuren wordt daarbij grootendeels voorkomen en door het overbrengen der beweging aan den omtrek van het rad behoeft men minder zware assen, terwijl het daardoor bespaarde materiaal kan worden gebruikt om grooter middellijn aan het rad te geven en alzoo beter in- en uittreden der schoepen te verzekeren. Wil men dus schepraderen blijven gebruiken, dan is zeker het italiaansche rad in veel gevallen aan te bevelen, te meer omdat de vlakke kransen gelegenheid geven de vroeger in dit hoofdstuk vermelde gebogen en naar binnen verlengde schoepen toe te passen, die ook reeds door den heer ZANGIROLAMI bij zijne raderen waren ingevoerd.

Of het echter op den duur raadzaam is schepraderen te ge-

245

bruiken is eene vraag, die door de medegedeelde cijfers reeds beantwoord werd. Een brandstofverbruik van 1.5 KG. per paardekracht opgevoerd water is daarbij nooit bereikt en het is zeer onwaarschijnlijk dat het ooit verkregen zal worden. Maar zelfs hiervan afgezien, zoo moet het voor ieder duidelijk zijn, dat werktuigen, die middellijnen vereischen van 10—12 M. voor eene opvoerhoogte van 2—3 M. en waarbij een gewicht van 35—40 000 KG. in beweging wordt gebracht om per secunde 3—5 M³. water, dat is 3000—5000 KG. optevoeren, niet mogen beschouwd worden als het beste, dat de werktuigbouwkunde op het gebied van wateropvoer kan leveren.

AANTEEKENINGEN.

Geschriften betreffende het scheprad en zijne wijzigingen.

Molenboeken.

Architectura Mechanica of Moolenboek van eenige opstallen van Moolens, nevens hare gronden getekent door Pieter Linperch. Moolenmaker van Stokholm. Te Amsterdam, bij Johannes Covens en Cornelis Mortier. 1727.

Groot Volkomen Moolenboek door Leendert van Natrus, Moolenmakers Baas van de Ed. Oost-Indische Compagnie te Amsterdam, Jacob Polly, Moolenmaker te Saardam en Cornelis van Vuuren en zeer naauwkeurig in het kooper gebragt door Jan Punt. Twee deelen. Te Amsterdam bij Johannes Covens en Cornelis Mortier. 1734.

I Deel Plaat 7 en 8. Agtkante Waater-Moolen, gemaakt te Amsterdam, en staande tusschen Loenen en Nieuwer-Sluijs.

I „ „ 9 en 10. Agtkante Water-Moolen, staande tusschen Assendelft en Uijtgeest.

I „ „ 11 en 12. Wip-Waater-Moolen.

I „ „ 25. Waater-Moolen, welke haar water opmaalt op 4 à 6 vt. hoog.

II Deel. 1736. Plaat 11 Een Boven-kruijer Waater-Moolen.

„   „ 12 en 13 Dubbelde Waater–Schepmoolen.

Theatrum Machinarum Universale of algemeen Groot Moolenboek door Johannes van Zijl, Moolenmaker van Lexmondt en in 't koper gebragt door Jan Schenk. Twee deelen. Te Amsterdam bij W. Holtrop en N. T. Gravius 1761.

I Deel Plaat 20, 21, 22 en 23, Wip-watermoolen, staande te Woerden.

„   „ 24, 25 en 26. Beschrijving van een agtkante Water-Moolen, gemaakt te Amsterdam en staande tusschen Uitgeest en Assendelft.

II Deel Plaat IV. Grond van een dubbelde Watermoolen.

„   „ V. Dito watermoolen nader verklaard.

Groot algemeen molenboek behelzende de beschrijvingen en afbeeldingen van alle soorten van molens, door Johannes van Zijl en J. Polly. Amsterdam. Petrus Schenk. 1761.

Theoretisch en practisch Molenboek voor Ingenieurs, Aannemers, molenmakers en verdere bouwkundigen door G. Krook, Mr. Timmerman en Molenmaker te 's Gravenhage. 's Gravenhage bij de Erven Doorman. 1850. Derde Aflevering bestaande in de voorstelling en beschrijving van een achtkanten staand-scheprad watermolen. Plaat VIII—XI.

De schepschijf.

Bewijs van de hoedanigheijt en wercking der geoctroijeerde waterschepraden, bij hem geinventeert, vergeleken met de tegenwoordigh gebruyckelycke heef-raden door W. Wheler. Amsterdam J. Blaeu 1645.

Wisconstich filosofisch bedrijf, van Hendrik Stevin, Heer van Alphen, van Schrevelsrecht, etc. begrepen in veertien boeken. Tot Leijden, Gedruct bij Philips de Cro-Y, in 't Jaer 1667. XII Boec. Vant uijterst menschen constig vermogen. tot gebruijc en verhering des waters te lande. 1e Voorstel pag. 3—7. 11e Voorstel. pag. 20—21, van het Slecrat.

J. Leupold und I. M. Beyer. Theatrum machinarum. Leipzig 1724—1735. 5 Bde. Bd. III. Theatrum machinarum hydraulicarum, oder Schau-platz der Wasser-Künste. 1724—25. 2o Theil. Tab. 1.

Wiskundige uitrekening en onderrigting enz. van de watermachine, geinventeerd door Antoni de Jonge 1744.

Korte schets van het Schep-, Hef- of Waterrad, in de watermolens te veranderen en te verbeteren, opdat hetzelfde of wel meerder water bijna eens zoo hoog, als met het gewoonlijke en wel bekende scheprad wordt opgeheven enz., door Conradus Zumbag de Koesfelt. M. D. 1770. Leiden. Willem Boot.

Beschrijving en afbeelding van eene geoctroyeerde schepschijf voor allerhande watermolens, waardoor het water hooger dan door de gewoone schepraden wordt uitgemaalen; in den Jaare 1757 geinventeert, en sedert in de Diemermeersche en andere Molens geplaatst, door Mr. Jan Jacob Hartsinck, Heemraad van dezelfde Meer. Amsterdam, Gerrit Tielenburg, 1771.

Verhandelingen van het Bataafsch Genootschap te Rotterdam. Eerste deel 1774. Bladz. XXXVI. Vraag: Is er eenig middel om onze landen, die door regen- of opperwater overstroomd zijn, en het water uit zich zelven niet loozen kunnen, op eene spoediger wijze, en met geen meerder kosten, dan tot hiertoe door Wind- en Molenwerk geschied is, van hetzelve te ontlasten? Zoo ja, welk? Uitgeschreven 14 Juni 1770. Bladz. 523. Andwoord door Cornelis Vaandrager, Mr. timmerman en moolenmaker te Ouderkerk aan den IJssel.

Het hellend scheprad.

Wiskundige beschouwing van een Hellend Water-scheprad, nieuwlings door den Heere A. G. Eckhardt in 's Haage uitgevonden, door H. Aeneae. A. L. M. phil. Doctor. Te Amsterdam bij Gerrit Warnars, 1774, met 7 pl.

Wis- en Waterbeweegkundige Aanmerkingen over de wiskundige beschouwingen van het hellend Waterscheprad. Luzac en van Damme. 1774.

Wiskundige beschouwing van een hellend scheprad, enz. Tweede stukje, behelzende tevens eenige bedenkingen op een tegenschrift tegen het eerste stukje uitgekomen. Te Amsterdam bij Gerrit Warnars, 1775, met pl. 8 tot 13.

Beschouwende vergelijking tusschen de watermolens met hellende en met staande schepraders, zoo als deselve in deese landen gebruikt worden tot het drooghouden en droogmaken van polders, waarin deze twee werktuigen getoetst worden aan de weezenlijke vereischten waaraan alle waterwerktuigen behooren te voldoen. In 's Gravenhage, bij J. Munnikhuizen, 1778.

Verhandeling over de proportiën tusschen de vermogens der gewoone watermolens werkende met een staand scheprad en der nieuwlings door de Heeren gebroeders Eckhardt uitgevondene Hellende-Schepradmolens, opgemaakt uit de daadelyke effecten welke deeze beide soorten van molens, in eene reeks van proefnemingen, in de jaaren 1775 en 1776 op ordre van hun Edele Mogende, de Heeren commissarissen over de zaak der droogmaakerye van Bleiswijk en Hillegersberg gedaan, voortgebragt hebben. Door Bernardus Johannes Douwes, Mathematicus in dienst van het Edel-Mogende Collegie ter Admiraliteit te Amsterdam. 's Gravenhage 1779.

Beschouwende vergelijking tusschen de Watermolens met Hellende en met Staande Schepraders zoo als deselve in deze landen gebruikt worden tot het drooghouden en droogmaken van polders, waarin deze twee werktuigen getoetst worden aan de wezenlijke vereischten, waaraan alle water-werktuigen behooren te voldoen. Tweede druk, vermeerderd met verscheidene belangrijke stukken en bijlagen. In 's Gravenhage, bij Joh. Allart, 1816, met 3 pl.

Verhandeling over de droogmaking van de Haarlemmermeer, door F. G. Baron van Lijnden van Hemmen 's Gravenhage. De Gebr. van Cleef 1821. bladz. 110—181.

Verzameling van stukken betrekkelijk de Staand- en Hellend-schepradmolens, behelzende, de met dezelve, op hoog gezag, op onderscheidene tijden en plaatsen gehouden proefmalingen; en eenige autentike rapporten en attesten omtrent het effect der bestaande Hellend-schepradmolens. Ter drukkerij van J. G. Bentinck te Amsterdam 1822.

Het Hellend scheprad door eene stoommachine gedreven, medegedeeld door G. Moll, A. L. M. Ph. Doct., hoogleeraar te Utrecht, Algemeene Konst- en Letterbode voor het jaar 1828, IIe deel. Te Haarlem bij de Wed. A. Loosjes Pz. N°.33, 15 Augustus bladz. 98 en N°. 34, 22 Augustus, bladz. 116, vervolg en slot. (*)

Bouwkundige leercursus ten gebruike der Kon. Mil. Akad. Handleiding tot de kennis der waterbouwkunde voor de kadetten van den waterstaat en der genie door D. J. Storm Buysing, Ingenieur 1e klasse van 's Rijks waterstaat. Breda. Broese en C°. 1844—1845. Zesde hoofdstuk, droogmakerijen. Bladz. 433. Molens met hellende schepraderen. Plaat XXXVIII.

(*) Zie in dit werk bladz. 99—102.

Het Vereenvoudigd Stelsel.

Wisconstich filosofisch bedrijf van Hendrik Stevin, Heer van Alphen, van Schrevelsrecht, etc. begrepen in veertien boeken. Tot Leyden, Gedruct by Philips de Cro-Y, in 't Jaer 1667. XII Boec. 9e Voorstel. Van het scheprad naer ons wyse, bladz. 18 regel 8 v. o.

Nota over de inrigting om de beweegkracht eener stoommachine op de schepradmolens toe te passen, door J. Blanken Jz. 1824.

Beschrijving van de wijze hoe door vermindering en wijziging in het zamenstel van de raden der schepradmolens, te bewerken zij dat iedere molen, met minder kracht van wind meerder zal uitwerken dan hij tegenwoordig doet, door J. Blanken Jz. Amsterdam 1825.

Nieuwe verhandelingen van het Bataafsch Genootschap te Rotterdam. Zesde Deel. Tweede stuk 1826, bladz. 176. Beschrijving, kort en zakelijk verklarende de wijze, hoe eenvoudig en onkostbaar, door vermindering en wijziging in het zamenstel van de raden of gaande werken, der thans bestaande schepradmolens, te bewerken zij, dat iedere molen, zoogenaamd, een hoog opmalende, met minder kracht van wind [1 el 25 à 1 el 57, tot 2 el 51 à 3 el 84 (4 à 5 tot 8 à 10 voet)] meerder zal uitwerken, dan hij tegenwoordig doet; alsmede dat dezelfde Molen, zoogenaamd, twee hoog, [2 el 51 à 3 el 14 (8 à 10 voet)] kan opmalen en, des begeerende, bij stilte, door het stoomvermogen, met gelijken spoed en ontlasting, bestendig werkende kan blijven. Door J. Blanken Jansz., Staatsraad, Inspecteur-Generaal van den Waterstaat des Rijks enz.

Memorie over de proefmalingen, welke, gedurende dezen winter, zijn gedaan met de Culemburgsche wind-wipmolens N°. 5 en N°. 7, aan de Horn, bij Leerdam in de Linge uitmalende: de uitwerkselen en de daaruit afgeleide gevolgtrekkingen, door den Staatsraad Inspecteur-Generaal van den Waterstaat J. Blanken Jansz. Met platen. Te Utrecht, bij O. J. van Paddenburg. 1827.

Verhandeling over het bekende ontwerp, ter vereenvoudiging van de rader- en gaande werken der gewone windwatermolens, welke hierdoor volkomen ingerigt en voorbereid zijn, om ook door het stoomvermogen, bij gebrek van wind of in andere omstandigheden met dezelfde schepraden water te kunnen malen; alsmede berigt van herhaalde proefnemingen, met 2 zoodanig vereenvoudigde, tegen de grootste soort van zeer wel gestelde oude schepradmolens door J. Blanken Jansz. (1828) (Overgedrukt uit de Vriend des Vaderlands. Jaargang II N°. II).

Bouwkundige leercursus ten gebruike der Kon. Mil. Akad. Handleiding tot de kennis der Waterbouwkunde voor de kadetten van den Waterstaat en der Genie door D. J. Storm Buysing, Ingenieur 1e klasse van 's Rijks Waterstaat. Breda. Broese en C°. 1844—1845. Zesde Hoofdstuk. Droogmakerijen. Bladz. 426. Vereenvoudigde schepradmolens, Plaat XXXV. Bladz. 427. Molens met meer dan één scheprad. Plaat XXXVII.

Het Scheprad.

Wisconstich filosofisch bedrijf, van Hendrik Stevin, Heer van Alphen, van Schrevelsrecht, etc. begrepen in veertien boeken. Tot Leijden. Gedruct bij Philips de Cro-Y, in 't Jaer 1667.

X Boec, van den handel der Watermolens onses Vaders Simon Stevin. (*)

XII Boec vant uijterst menschen constig vermogen tot gebruijc en verhering des waters te lande. Bladz. 5, 2e voorstel, Van enig misverstandig overleg omtrent de saec des van outsher gebruycten scheprats. Bladz. 15, 9e voorstel, Van het scheprat naer ons wijse.

Verhandelingen, uitgegeven door de Hollandsche Maatschappije der Weetenschappen te Haarlem XXIX Deel. 1793.

Eerste antwoord op de vraage, voorgesteld door de Hollandsche Maatschappije der Weetenschappen, te Haarlem, Wegens de geschikste middelen, om de voornaamste gebreken in de ordinaire Scheprad-Molens te verbeteren, door J. Blanken, Jansz. Luitenant bij 't Corsp Artillerie, ten dienste deezer Landen en opzichter van 's Lands Fortificatiën te Brielle, op aangeeven van deszelfs Vader J. T. Blanken, Eabricq en Dijkmeester van de Krimpener Waard enz.

Tweede antwoord op de vraage, voorgesteld door de Hollandsche Maatschappije der Weetenschappen te Haarlem, gehouden den 21 Mey 1790. Wegens de geschikste middelen, om de voornaamste gebreken van de Wind-Scheprad-Water-Molens te verbeteren, door J. D. Huichelbos van Liender, te Rotterdam.

Derde antwoord op de vraage voorgesteld door de Hollandsche Maatschappije der Weetenschappen te Haarlem, gehouden den 21 Mey 1790. Wegens de geschikste middelen, om de voornaamste gebreken van de Wind-Scheprad-Water-Molens te verbeteren, door Markus Verkuijl te Zaandijk.

Handbuch der Mechanik fester Körper und der Hydraulik. Mit besonderer Rücksicht auf ihre Anwendung in der Architectur. Aufgesetzt von J. A. Eytelwein. Director der Königl. Bau-Akademie, der Königl. Akademie der Künste und mechanischen Wissenschaften etc. Berlin bei F. T. Lagarde. 1801. XXII Kap. Von den Schöpf- und Wurfräder. Seite 442—§ 271. Wurfräder.

Nieuwe verhandelingen van het Bataafsch Genootschap te Rotterdam. Tweede Deel 1802, bladz. 1. Proeve eener nieuwe theorie nopens de uitwerking der staande schepradmolens, door C. L. Brunings Student.

Nieuwe verhandelingen van het Bataafsch genootschap te Rotterdam. Derde deel 1808, bladz. 133. Bijvoegsel tot de proeve eener nieuwe theorie nopens de staande schepradmolens, door C. L. Brunings.

Verhandelingen der Eerste klasse van het Ned. Inst. v. Wetenschappen. 1e Reeks 4e deel 1818. A. Blanken Jz. Korte opgaaf van een nieuw middel tot verbetering der watermolens, tot de maling der polderlanden.

(*) Hierbij te raadplegen: Simon Stevin, „vande Spiegeling der Singkonst" et „vande Molens". Deux traités inédits. Reimpression par Dr. D. Bierens de Haan. L. L. D. Amsterdam. 1884.

Handbuch der Mechanik von Franz Joseph Ritter von Gerstner, Director des technischen Institutes zu Prag. Vermehrt und herausgegeben von Frans Anton Ritter von Gerstner. Dritter Band. Wien 1834. Seite 192. Kupfertafelen. N°. 88. fig. 8, Verticales Wasserwurfrad.

Portefeuille industriel du Conservatoire des arts et métiers ou atlas et description des machines, appareils, instrumens et outils employés en agriculture et dans les différens genres d'industrie, publié par Pouillet et Le Blanc. Paris 1834 1. Tome. avec Atlas. 2° partie pl. 7 et 8. Roue hydraulique à palettes pour élever l'eau. Etablie au port Saint-Ouen, près Paris et construite par M. M. Hick et Rothwell, à Bolton en Angleterre.

Beschrijving van een verbeterden scheprad-watermolen, benevens ontwikkeling van een plan voor molens met ijzeren raderwerken, door J. A. Scholten. Rotterdam, Van der Meer en Verbruggen. 1839.

Wiskundige leercursus ten gebruike der Koninklijke Militaire Akademie. Beginselen der Werktuigkunde, voor de kadetten der Artillerie, Genie en van den Waterstaat, door J. P. Delprat, Majoor-Ingenieur. Breda. Broese en C°. 1842. Derde afdeeling, bladz. 158, de schepraderen.

Bouwkundige leercursus ten gebruike der Koninklijke Militaire Akademie. Handleiding tot de kennis der Waterbouwkunde voor de kadetten van den Waterstaat en der Genie, door D. J. Storm Buijsing, Ingenieur 1e klasse van 's Rijks Waterstaat. Breda. Broese en C°. 1844—1845. Zesde Hoofdstuk. Droogmakerijen. Bladz. 419. Staand-scheprad-molens. Platen XXXIV en XXXVI.

Nieuwe verhandelingen van het Bataafsch Genootschap te Rotterdam. Tweede Deel 1850. Statistieke opgave en beschrijving van het Hoogheemraadschap van Schieland, door Jhr. Mr. W. T. Gevers Deynoot, Hoofdstuk IV bladz. 50—60.

Tijdschrift voor de wis- en natuurkundige wetenschappen, uitgegeven door de 1e kl. van het Kon. Ned. Inst. v. Wet. Lett. en Sch. K. 1850. III Deel afl. 4. bladz. 276. Eenige opmerkingen aangaande de schepraderen, door D. J. Storm Buijsing. Met pl.

Koninklijk Instituut van Ingenieurs. Verhandelingen 1851-1852. Geschied- en waterbouwkundige beschrijving der droogmaking van den Zuidplaspolder in Schieland door den Ingenieur van den Waterstaat J. A. Beijerinck, bladz. 22—24.

Bouwkundige bijdragen der Maatschappij tot bevordering der Bouwkunst. 9e Deel 1856 bladz. 165. Beantwoording der vraag nopens een middel hetwelk van toepassing zou kunnen zijn om met de bestaande windschepradmolens met slappe winden met vrucht water te kunnen malen, door J. Mouthaan.

Koninklijk Instituut van Ingenieurs.

Notulen der Vergadering van 11 Februari 1868, bladz. 76 en Bijlage 16, bladz. 149. Over de werking van het stoom(scheprad)gemaal te Steenenhoek door dr. J. P. Delprat.

Notulen der vergadering van 10 November 1868, bladz. 72 en bijlage 20 bladz. 122, plaat 2. Over schepraderen met gebogen schoepen.

Tijdschrift. 1869—1870. Derde aflevering. Verhandelingen, bladz. 240. Schepraderen met gebogen schoepen, door het lid P. A. Korevaar. Plaat 20. Bladz. 245. Aanteekening van het honorair lid dr. J. P. Delprat.

Tijdschrift. 1870—1871. Tweede aflevering. Verhandelingen, bladz. 114. Nadere mededeelingen over de wateropvoeringswerktuigen, door het lid P. A. Korevaar, bladz. 116. Aanteekening van het honorair lid dr. J. P. Delprat.

Notulen der vergadering van 13 Febr. 1872, bladz. 88. Bijlage 17. Iets over het nuttig vermogen van sommige waterwerktuigen, door P. A. Korevaar, L. K. Inst. I.

Notulen der vergadering van 11 April 1876, bladz. 103, Plaat IV, figuren 4 en 5.

Notulen der vergadering van 14 November 1876, bladz. 28 en bijlage 13, bladz. 47. Vervolg der mededeeling aangaande een verbeterd scheprad of stuwrad. Platen 7 en 8.

Tijdschrift. 1877—1878. Eerste aflevering, tweede gedeelte. Verscheidenheden, bladz. 44. Nog iets over constructie van schepraderen, door het lid P. A. Korevaar. Plaat 1, figuren 1 en 2.

Tijdschrift 1878—1879. Eerste aflevering, tweede gedeelte. Verhandelingen, bladz. 11. Uitkomst van gedane proefwerkingen met verschillende wateropvoeringswerktuigen en eenige daarmede in verband staande opmerkingen, door het lid P. A. Korevaar.

Tijdschrift 1882—1883. Derde aflevering, tweede gedeelte. Verhandelingen, bladz. 91. Welke zijn de doelmatigste wateropvoeringswerktuigen voor polderbemaling? door P. A. Korevaar. L. K. Inst. I.

Tijdschrift 1882—1883. Vijfde aflevering, tweede gedeelte. Verhandelingen, bladz. 211. Nota op de verhandeling van het lid P. A. Korevaar, over de vraag: welke zijn de doelmatigste wateropvoeringswerktuigen voor polderbemaling? door het lid L. Exalto.

Tijdschrift 1883—1884. Vierde aflevering, tweede gedeelte. Verhandelingen, bladz. 217. Opmerkingen naar aanleiding van de nota, omtrent de werking der waterwerktuigen in den Zuidplaspolder, door het lid L. Exalto, en van de daaruit afgeleide conclusie, door het lid P. A. Korevaar.

Tijdschrift 1884—1885. Eerste aflevering. Tweede. gedeelte. Vertalingen, bladz. 15. Over de praktische uitkomsten van verschillende in Nederland toegepaste wateropvoeringswerktuigen. Beschouwingen van den ingenieur Giovanni Cuppari. L. K. Inst. I. (Vertaald door G. G. G. Canter Cremers, L. K. Inst. I.) Platen 2 en 3.

Het pomprad.

Wisconstich filosofisch bedrijf, van Hendrik Stevin, Heer van Alphen, van Schrevelsrecht, etc., begrepen in veertien boeken. Tot Leyden, gedruct by Philips de Cro-Y, in 't jaar 1667. XII Boec. 9e Voorstel van het scheprat naer ons wyse. (Beschrijving van een scheprad, met zeshoekigen gesloten trommel, lagen opleider, en zes schoepen, opvoerende tot aan de bovenzijde van den trommel.)

Koninklijk Instltuut van Ingenieurs. Notulen der Vergadering van 13 April 1869. Bijlage 34, bladz. 215. Plaat 5, figuren 1 en 2. Het pomprad of nieuwe scheprad, door H. Overmars Jr.

Het pomprad, een verbeterd scheprad. Eenvoudig toegelicht door J. B. H. van Roijen. Met twee uitslaande platen. Utrecht. Kemink en Zoon. 1869.

Het waterwerktuig, genaamd pomprad, door H. Overmars Jr. Civiel-Ingenieur te Rotterdam, te 's Gravenhage bij Gebr. J. en H. van Langenhuysen 1871.

Chizzolini. Studi sulla ruota pompo. Milano 1871.

Zeitschrift für Bauwesen redigirt van G. Erbkam. Berlin 1872. Verslag von Ernst und Korn. Jahrgang XXII. S. 251. Das Pumprad, eine neue Wasserhebungsmachine. Von A. Wiebe.

Koninklijk Instituut van Ingenieurs. Notulen der Vergaderiug van 18 Februarij 1872. Bijlage 17. bladz. 89. Iets over het nuttig vermogen van sommige water-werktuigen, door P. A. Korevaar.

Koninklijk Instituut van Ingenieurs. Tijdschrift 1874—1875. Derde aflevering, tweede gedeelte, bladz. 213. Beschrijving van de proefmaling met de pompraderen van Rijnland's stoomgemaal te Gouda, 14 October 1873, door het lid J. B. H. van Royen. Plaat 16.

Open brief aan Dijkgraaf en Hoogheemraden van Rijnland enz., gevolgd door eene vergelijkende beschouwing van centrifugaalpompen en pompraderen toegepast op de bemaling van den polder Mastenbroek door J. B. H. van Royen. Utrecht J. van Boekhoven. 1874.

Is Rijnland in gevaar? Beschouwingen enz. door T. J. Stieltjes. Rotterdam, H. A. Kramers en zoon. 1874.

Tweede en derde open brief aan Dijkgraaf en Hoogheemraden van Rijnland enz. door J. B. H. van Royen. Utrecht J. van Boekhoven. 1874.

Sulle Ruote Idrofore a pale e specialmente sulla ruota di recente invenzione olandese denominata, Ruota pompa. Memoria letta alla Regia Accademia di scienze, lettere et arti in Padova, dall' ingegnere Jacopo Benetti. Professore di Mecanica applicata ecc. et di Macchine idrauliche ecc., nella Scuola d'Applicazione per gli Iugegneri in Padova. Padova Tipografia G. B. Randi. 1876. (Met 8 platen).

Bibl. der Pol. School. Waterbouwkunde, wegen en bruggen. G. 68. Bestekken van Stoomgemalen.

(Tweede) Stoomgemaal voor den polder Mastenbroek. Bestek en voorwaarden wegens het maken, vervoeren, opstellen en in goede werking opleveren van een volledig stoomwerktuig met drie ketels, drie ijzeren gewijzigde pompraderen of wel drie ijzeren schepraderen en verder toebehooren ten behoeve van het 4e dijksdistrict in Overijssel. Met twee teekeningen.

Tweede stoomgemaal voor den polder Mastenbroek. Bestek en voorwaarden wegens het maken der gebouwen en het uitvoeren van eenige bijbehoorende kunst- en aardewerken, voor het tweede stoomgemaal ten behoeve van het 4e dijksdistrict in Overijssel. Met 4 teekeningen. Besteding op Donderdag 9 Augustus 1877.

Koninklijk Instituut van Ingenieurs. Tijdschrift 1877—1878. Eerste aflevering. Tweede gedeelte. Verscheidenheden, bladz. 44. Nog iets over constructie van schepraderen, door het lid P. A. Korevaar. Plaat 1 figuren 1 en 2.

Voorwaarden voor het leveren en het stellen van een stoomwerktuig met ketels en pompraderen voor een te stichten stoomgemaal ten behoeve van de polders Van der Eijgen en Empel en Meerwijk nabij 's Hertogenbosch. Snelpersdruk van J. J. Arkesteijn en Zoon te 's Hertogenbosch.

Bestek stoomgemaal, polders Van der Eijgen en Empel en Meerwijk. 1880. Stoomsnelpersdruk. C. N. Teerlings, 's Hertogenbosch.

Sui Risultati pratici di varie macchine Idrofore applicate in Olanda. Appunti dell ingegnere Giovanni Cappari. Tornio 1883. bladz. 24—27, 31—35.

Zeitschrift des Architecten und Ingenieur-Vereins zu Hannover. 1884. Heft 4 Seite 20. Holländische Dampfschöpfanlagen. Dampfschöpfwerk der drei Polders Van der Eijgen, Empel und Meerwijk in der Nahe von 's Hertogenbosch mit 6 Overmars'schen Pumprädern.

Opgave van stoom-schepradgemalen ontworpen en uitgevoerd door P. A. Korevaar.

	Opvoerhoogte.	Opbrengst per minuut.	Oppervlakte.
	M.	M³.	HA.
Zuidplaspolder (Twee)	3.6 / 3.4	120 / 120	4 300
Oost–IJsselmonde	2.6	50	550
Berkel (Twee) . , ...	2.5 / 2.5	80 / 80	2 200
Bergambacht	"	100	2 500
Nieuw-Helvoet.	2.4	60	240
Zouteveen	2.25	90	1 800
Pijnacker	2.2	50	950
Schieland	2.	200	4 000
Eemnes	"	180	3 000
Koedoodboezem (Pernis) . . .	"	100	3 000
Zuid-Delfgraauw	"	40	1 400
Laag-Abtswoude	"	60	760
Noord-Kethel	"	50	500
Rhenoy	"	40	600
Hendrik Ido Ambagt	"	40	600
Heycop (Oude Rijn)	1.5	180	3 300
Laag–Nieuwkoop	"	80	1 000

	Opvoerhoogte.	Opbrengst per minuut.	Oppervlakte.
	M.	M².	HA.
Oud–Kralingen	1.5	90	800
Koorndijk (Goudswaard) . . .	"	40	800
Papekop (Woerden)	"	50	800
Barendrecht (Binnenland) . . .	"	60	600
Oost–IJsselmonde	"	50	550
Spijkenisse	"	40	400
Hoog–Abtswoude	"	30	200
Stad Hoorn	"	40	waterverversching.
Maartendijk	1.	150	3 300
Stolwijk	"	150	3 000
Bijleveld (Harmelen)	"	120	2 200
Linschoten	"	70	1 200
Veenpolder (Voorburg)	"	120	1 000
Groot en Klein Vuylkop . . .	"	80	1 000
Noordpolder (Rijswijk)	"	100	700
Nieuwe Gote (Brielle)	"	45	700
Plaspoel (Rijswijk)	"	120	600
Raven bij Utrecht	"	30	300
Hoog en Neer Maten	"	25	200

Stoomgemaal nabij Adria, provincie Rovigo, Italie,
voor het „Consorzio di Bresega," oppervlakte. . . . . . 4 764 H.A.
lozende door het kanaal Bianco, oude zijtak van de Po.

Ketels, elk met 2 vuurgangen en 6 Gallowaybuizen, aantal 4
"   verwarmingsoppervlak, elk . . . . 42 M².
"   stoomdruk, overdruk . . . . 3 Atm.

Horizontale machine van G. Strudthoff, Triest.
Vermogen, nom. 180 P.K., met twee schepraderen. . . 366 P.K.
Cylinders, aantal 2, middellijn 0.75 M., slaglengte . . 1.5 M.
Aantal omwentelingen per minuut 33
Schepraderen, aantal 2, middellijn . . . . 12 M.
"   breedte schoepen . . . . 2 "
"   tasting, grootste . . . . 2 "
"   omtreksnelheid . . . . 1.3 "
"   opbrengst van 2 raderen per secunde. . 8.33 M². — 10 M².
"   opvoerhoogte . . . . 1.2 M. — 3 M.
"   verhouding, P.K. opgev. water tot ind. P.K. 0.72.
Kolenverbruik per ind. P.K. . . . . 1.2 K.G. — 1.7 K.G.
Aanlegkosten, ketels, machine en raderen . . . . . . *f* 105.000

STOOMBEMALING MET VIJZELS.

PLATEN XI EN XII.

De open vijzel, wel te onderscheiden van den tonmolen, is even als het scheprad eene hollandsche uitvinding, die waarschijnlijk dagteekent uit de zeventiende eeuw, toen verschillende pogingen werden gedaan om door nieuwe werktuigen te voorzien in de behoefte aan hooger opvoer, dan met het scheprad bereikbaar was. De naam van den uitvinder is niet bekend; men weet alleen, dat in 1666 de Wassenaarsche polder met vijf vijzelmolens is drooggemalen (*), doch dit waren vermoedelijk tonmolens.

Voorts zijn er gedrukte stukken, waarin over vijzelmolens hier te lande gehandeld wordt, namelijk een verslag van 1756 van LULOFS over den vijzelmolen van F. OBDAM en een verslag van eene vergelijkende proefmaling van een schepradmolen met een verbeterden vijzelmolen van F. OBDAM in het jaar 1763 gedaan op last van Dijkgraaf en Hoogheemraden van Rijnland, door JAN NOPPEN en D. JOHANNES ENGELMAN. Deze molen was voorzien met drie tonmolens van verschillende middellijnen die, naarmate van de windkracht, in grooter of kleiner aantal in het werk konden worden gesteld; de einduitkomst der proefmaling was, dat de opbrengst van den vijzelmolen tot die van den schepradmolen stond als 10 tot 7½, terwijl ook bleek dat de vijzelmolen met slappen wind nog water kon opvoeren, terwijl de schepradmolen dan niets opbracht.

De eerste teekening van een eigenlijken vijzel-molen vindt men in het molenboek van NATRUS, POLLY en VAN VUUREN van 1734, onder den naam van „Water- of Slangmolen, welke

---

(*) Verhandeling over de droogmaking van de Haarlemmermeer, door F. G. Baron van Lijnden van Hemmen. 's-Gravenhage. De Gebr. van Cleef. 1821. bladz. 100.

het water opvoert 12 voet hoog", dat is dus het drievoud van de hoogte welke met het gewone scheprad kon worden bereikt. Deze vijzel had nog een houten kuip en eerst in het bekende werk over de waterbouwkunde van D. J. STORM BUYSING van 1845 en in het molenboek van G. KROOK van 1850 vindt men afbeeldingen met beschrijving van vijzelmolens met steenen opleider. In het laatstgenoemde werk worden tevens uitvoerige aanwijzingen gegeven voor de constructie en het maken der vereischte uitslagen.

In 1834 is door JAN DE LANGE in een der vijzelmolens van de Nieuwkoopsche droogmakerij in het benedeneind van den opleider, een klep aangebracht, waardoor men een gedeelte van het water kon laten terugvloeien en waarvan de stelling kon geregeld worden naar de windkracht, hetgeen de molen in staat stelde om ook met slappe winden te malen. Voorts heeft men op twee tegenovergestelde wijzen getracht de uitwerking van den vijzel te verbeteren (*). Aangezien door het lekken langs den opleider de hoeveelheid water in de hooger gelegen vakken van den vijzel kleiner wordt dan in het benedeneind, zoo maakten sommigen de middellijn van den vijzel van boven kleiner dan van onderen, zoodat de afzonderlijke vakken tot nagenoeg gelijke hoogte gevuld waren, waardoor het spoedig en gemak-kelijk lossen van het water bevorderd en de zoogenaamde "trek" van den molen vermeerderd werd.

Anderen, en daarvan zal straks eene toepassing uit lateren tijd vermeld worden, meenden juist de boven-middellijn te moeten vergrooten, waardoor het water in de bovenste vakken van den vijzel minder hoog stond en dus te hooge opvoer en overstorting voorkomen en de arbeidsverliezen verminderd werden. Bij behoud van gelijke boven- en beneden-middellijnen had dit ook door een veranderlijken spoed verkregen kunnen worden, maar toepassingen daarvan zijn niet bekend.

(*) Verhandeling over de droogmakerij van den Haarlemmermeer, door F. G. Baron van Lijnden van Hemmen. 's-Gravenhage De Gebr. van Cleef. 1821, bladz. 102.

Zoolang enkel windmolens in gebruik waren, was de vijzel een
bij uitnemendheid geschikt werktuig, vooral bij hooge opbrengst
en bij weinig veranderlijke hoogte van het buitenwater. De oppervlakte in den platten grond vereischt is even als bij het scheprad
zeer beperkt, de overbrenging van beweging levert geen zwarig-
heden op en het werktuig kan van hout worden gemaakt, hetgeen
in den tijd der eerste toepassing eene zaak van overwegende
beteekenis was, die de invoering vergemakkelijkte.

Groote bezwaren zijn echter altijd aan het gebruik van
den vijzel verbonden geweest. Ten eerste, de ongeschiktheid bij
verandering in den stand van het bovenwater, die bij de gewone afmetingen der vijzels niet meer dan 0.5 M mag bedragen.
Bij te hoogen stand van het bovenwater keert de vijzel het water
niet meer, bij te lagen stand wordt het water over den bovenrand
van den opleider gestort en dus onnoodig hoog opgevoerd, hetgeen
arbeidsverlies tengevolge heeft.

Zoo lang nu hout het eenige beschikbare constructie-materiaal
voor den vijzel was, kon dit alleen verholpen worden door
een beweegbaar bovendeel van den opleider, dat door J. A.
BEYERINCK ontworpen is; doch zoodra men ijzer gebruikte, had
men den vijzel voor meer veranderlijke hoogte van het bovenwater geschikt kunnen maken door, in plaats van een spil van
beperkte middellijn, een plaatijzeren trommel van grooter middellijn te kiezen en het schroefblad daaraan te bevestigen. De
trommelvijzel, die men aldus verkrijgt, kan ook, aangezien de
trommel aan de uiteinden gesloten is, in horizontale stelling
worden gebruikt en het werktuig wordt dan door den lagen
opleider geschikt voor toepassing bij militaire inundatiën, omdat
het, in tegengestelden zin bewogen, het ingelaten water weder
kan terugvoeren. (*)

Een tweede bezwaar van den vijzel is het vereischte steunpunt

--- ---

(*) Een gewone vijzel met horizontale as, in een halve kuip, met middellijn
van 3.35 M. aan de voor- en van 2.36 M. aan de achterzijde is, bij een hoogte
van opvoer van 0.1 à 0.2 M., toegepast in een der twaalf molens van Raaxma's
boezem bij Alkmaar.

17

aan het ondereinde, dat het toevloeien van het benedenwater belemmert. Hierin is verbetering gebracht door eene wijziging van de vroeger gebruikelijke constructie, ingevoerd door P. VAN DER STERR, waarbij de pot voor het ondereinde der as door een verticalen balk wordt gedragen, die aan twee horizontale balken wordt opgehangen. Bij den trommelvijzel zoude ook daarin, door de meerdere beschikbare ruimte, beter kunnen worden voorzien.

Het derde bezwaar is de weinige sterkte van het schroefblad, als dit van hout wordt gemaakt (Plaat XII), aangezien er zeer gemakkelijk een of meer duigen uitslaan, wanneer eenig vreemd lichaam met het water wordt meegevoerd; en indien tot versterking de duigen allen onderling verbonden worden, dan sleept het breken van eene duig dikwijls nog een aantal anderen mede. In dit gebrek kan worden voorzien, door het gebruik van een schroefblad van plaatijzer, dat met een hoekijzer rondom de spil kan worden bevestigd en thans bij het gebruik van vijzels veelal wordt toegepast. (Plaat XII.)

Dat het gewone schroefvlak een onontwikkelbaar oppervlak is, levert bij de constructie in plaatijzer geen bezwaar op. De stukken plaatijzer worden als cirkel-sectoren uitgeslagen en daarna met den hamer gedreven, zoodat zij allen op denzelfden mal passen. Bij het uitslaan dezer sectoren maakt men gebruik van den kromtestraal der schroeflijn, die door het midden van de breedte van het blad loopt, voor de bepaling van welke eene zeer eenvoudige afleiding gegeven is door den heer CATALAN (*). Ter weerszijden van een cirkelomtrek, met dezen straal beschreven, wordt dan de halve breedte van het schroefblad uitgezet om den vereischten sector te bepalen.

De toepassing van het ontwikkelbaar schroefvlak is meermalen voorgeslagen en door den heer W. AIRY werkelijk gemaakt. Dit schroefvlak wordt gevormd door eene beschrijvende lijn die de as kruist, in tegenstelling van het gewone schroefvlak, dat gevormd wordt door eene lijn die de as

(*) Traité de Géométrie descriptive par C. F. A. Leroy. Quatrième édition, revue et annotée, par M. E. Martelet. 1855. Tome premier. Texte, pag. 209.

snijdt. Het gewone schroefvlak geeft daarom, met een plat vlak dat door de as gaat tot doorsnede eene rechte lijn, waarvan de helling bepaald kan worden onafhankelijk van den spoed der schroef. Bij den gewonen vijzel staat deze lijn haaks op de as, waardoor een behoorlijk afschot voor het water verzekerd en eene goede constructie mogelijk is.

Bij het ontwikkelbaar schroefvlak verkrijgt men voor de genoemde doorsnede twee kromme lijnen, waarvan slechts eene voor toepassing geschikt is. Om bij deze kromme lijn een behoorlijk afschot voor het water te verkrijgen, moet de helling van de beschrijvende lijn behoorlijk gekozen worden, maar daardoor wordt dan tevens de spoed bepaald van de schroeflijn, waarlangs de beschrijvende lijn als raaklijn glijdt. De spoed van de schroef bepaalt echter bij eene gegeven snelheid van opvoer langs den opleider het aantal omwentelingen en dit aantal staat dus ten slotte in verband met de voorwaarde voor een behoorlijk afschot langs het blad, hetgeen voor de bepaling van de gewenschte verhoudingen belemmerend is. Voorts wordt door den spoed, in verband met de wijdte van het aantal vakken waarin het water verdeeld mag worden, het aantal bladen bepaald en ook dit aantal wordt dus ten slotte afhankelijk van het vereischte afschot van het blad.

Bij het gewone schroefvlak bestaat deze afhankelijkheid niet en behoudt men dus de noodige vrijheid om den spoed, het getal bladen en het aantal omwentelingen zoo te regelen, als met de overige omstandigheden van het vraagstuk het best overeenkomt. Een en ander is reden genoeg, waarom het ontwikkelbaar schroefvlak, dat voor ijzeren bladen aanbevelenswaardig zou schijnen, niet gebruikt wordt; bij houten schroefbladen zoude het gebruik daarvan overwegende bezwaren in de constructie opleveren. Ook is het gewone schroefvlak reeds van zeer ouden tijd af bekend en in gebruik, terwijl het ontwikkelbare eerst bekend is geworden door de beschrijvende meetkunde, die aan MONGE te danken is.

Het laatste en grootste bezwaar tegen het gebruik van den vijzel, vooral bij hoogen opvoer, is de onvermijdelijkheid van een zeer lange as, waarvan als voorbeelden kunnen dienen drie vijzels van den Zevenhovenschen plas die, bij eene opvoerhoogte van 8½ Rijnl. vt., assen hadden ter lengte van 37½ vt. (*) en de vijzel in het Nootdorpsche bovengemaal (Plaat XI) voor de directe opmaling over de geheele hoogte, die eene lengte van 14 M. heeft. De as van den vijzel is door het eigen gewicht en dat der schroefbladen op doorbuiging belast, terwijl door de inkepingen voor de duigen al de buitenste vezels worden door-gesneden; om merkelijke doorbuiging te voorkomen is eene groote middellijn noodig en daardoor wordt het gewicht, dat de boven-hals en de benedentap op hare steunpunten overbrengen, zeer aanzienlijk. Spoedige uitslijting, vooral aan de benedentap, die onder water ligt, is daarvan het gevolg en wanneer hierin niet door voortdurend opwiggen voorzien wordt, ontstaat er sleping van den vijzel in den opleider en dus wrijving langs den omtrek, die bij groote middellijn belangrijken tegenstand veroorzaakt, tenzij daarin door eene ruime speling wordt tegemoet gekomen, die echter lekken ten gevolge heeft.

Ook de taats, die het eindvlak van de benedentap steunt, is aan groote slijting onderhevig, waardoor het juiste ingrijpen der tanden van de kamwielen aan het boveneinde in gevaar komt. Men zou in dit bezwaar kunnen voorzien door de bovenhals te doen loopen in een zoogenaamd kraagblok, zooals voor de schroef-assen op stoomschepen en bij sommige turbines gebruikt wordt, waardoor de druk van de benedentaats naar het bovenkussenblok wordt overgebracht; doch hoe vreemd het ook schijnen moge, van deze nuttige verbetering is in ons land nog geen toepassing gemaakt. Past men dit kraagblok toe en maakt men daarbij gebruik van den trommelvijzel, dan kan men de afmetingen zoo bepalen, dat de drukking van het op te voeren water tegen het schroefblad eene werking in het leven roept tegengesteld aan die, welke door het eigen gewicht van den vijzel wordt veroor-zaakt. Slepen in den opleider wordt dan geheel voorkomen en een van de voornaamste nadeelen van den vijzel zou dan zijn weggenomen.

(*) Verhandeling over de droogmaking van de Haarlemmermeer door F. G. Baron van Lynden van Hemmen. 1821, bladz. 101.

De voordeelen die de trommelvijzel aanbiedt, gaan echter met een nadeel gepaard. Door de grootere middellijn van den trommelvijzel verkrijgt men, bij eene gegeven snelheid van opvoer langs den opleider, grooter omtreksnelheid en vermeerdert men alzoo een der nadeelen van den vijzel, dat somtijds over het hoofd wordt gezien, maar duidelijk in het oog valt als men een vijzel in werking ziet. Het water wordt in de richting der omdraaiing van den vijzel in beweging gebracht, hetgeen nutteloos is en in al de vakken heeft er opstuwing plaats aan een der buitenzijden, waardoor terugloop van een deel van het water wordt veroorzaakt. Deze arbeidsverliezen nemen toe met het aantal vakken en aangezien dit aantal evenredig is met de opvoerhoogte, wordt daardoor verklaard, dat het nuttig effect van den vijzel niet verbetert met toenemende opvoerhoogte, gelijk uit nader te vermelden opgaven kan blijken.

Men mag daarom, in tegenstelling met de gewone bewering, op goede gronden zeggen, dat de vijzel nuttig kan worden toegepast als de opvoerhoogte gering is, omdat dan de bovengenoemde nadeelen meest allen verdwijnen, terwijl bij gebruik van den trommelvijzel ook in eenigszins grootere mate veranderlijkheid in de hoogte van den bovenwaterspiegel kan worden toegelaten. Ongetwijfeld is aan den vijzel het eigenaardig voordeel verbonden, dat het aantal omwentelingen vrij wel overeenkomt met dat van de thans gebruikelijke stoommachines, zoodat voor de overbrenging van beweging kegelvormige kamwielen van gelijke grootte kunnen worden gebruikt. Daarbij komt, dat voor grootere hoeveelheden van opbrengst een aantal vijzels naast elkander kunnen worden geplaatst, die allen hare beweging van eene doorloopende as ontvangen, welke door de machine in beweging wordt gebracht. Onder omstandigheden zooals die, waarin zich de boezemgemalen van Rijnland ten opzichte van het Noordzee-kanaal bevinden, alwaar groote hoeveelheden water moeten worden opgevoerd over kleine hoogten en tegen de weinig afwisselende bovenwaterstanden in het Noordzeekanaal, zouden vijzels goede diensten kunnen bewijzen; want het mindere gewicht van deze werktuigen in vergelijking met de thans gebruikelijke groote en zware schepraderen, wijst het voordeel van de eerstgenoemde genoegzaam aan.

Tot besluit van deze beschouwingen, is het wellicht nuttig te herinneren, dat de opgenoemde gebreken van den vijzel meerendeels hun oorzaak vinden in de omstandigheid, dat hij behoort tot eene klasse van waterwerktuigen, die uit hunnen aard onvolkomen zijn. In elk waterwerktuig, hoe ook ingericht, kan men, zooals reeds in het vorig hoofdstuk werd opgemerkt, steeds twee hoofddeelen onderscheiden, namelijk den voortstuwer en den opleider, welke laatste altijd moet reiken van het beneden- tot het bovenwater. Bij den vijzel bepaalt de hoogte van opvoer, niet enkel de lengte van den opleider, maar ook die van den voortstuwer en dit nadeel treedt des te meer op den voorgrond, naarmate de hoogte van opvoer grooter wordt. Dat niettegenstaande dit onvermijdelijke nadeel de vijzel zulke groote diensten bewezen heeft bij polderbemaling, heeft hierin zijn grond, dat er vroeger geen ander werktuig bestond voor groote opvoerhoogten, waarbij het scheprad onvoldoende was. Door het gebruik van vijzels werden in elken gang molens een of twee gespaard, en het aantal windmolens te kunnen verminderen was een zoo belangrijk voordeel, dat andere nadeelen daardoor op den achtergrond kwamen.

Thans zijn door den vooruitgang in de werktuigbouwkunde goede pompen te verkrijgen, geschikt niet enkel voor elke hoogte van opvoer, maar ook voor zeer veranderlijken stand van het bovenwater; er is dus geen enkele reden om aan een minder volkomen waterwerktuig de voorkeur te blijven geven en men kan op goede gronden beweren, dat de vijzel voor hoogen opvoer niet meer vereischt wordt, terwijl hij bij kleine opvoerhoogte ter vervanging van de zware schepraderen, nog goede diensten kan verleenen.

De toepassing van den vijzel komt intusschen nog talrijke malen voor en terwijl in Zuid-Holland het scheprad meer algemeen in gebruik is, wordt vooral in Noord-Holland de vijzel veelvuldig aangewend; in het meergenoemde werk van den heer CUPPARI wordt vermeld, dat op 139 stoomgemalen van 1875—1881 in ons land gebouwd, 30 vijzelgemalen voorkwamen. In een der vorige hoofdstukken is reeds melding gemaakt van de bemaling met vijzels van den Zuidplas, als een der eerste toepassingen van stoom op de beweging van rondgaande waterwerktuigen en ten vervolge hierop zullen thans enkele van de latere toepassingen worden vermeld.

In de eerste plaats verdient vermelding de toepassing van vijzels bij de droogmaking der plassen van Nootdorp, die korten tijd na de droogmaking van den Zuidplas ondernomen is onder leiding van A. GREVE, die met SIMONS de bekende verhandeling over stoombemaling van polders en droogmakerijen geschreven heeft. Bij deze bemaling in het jaar 1843 begonnen, werd, even als bij den Zuidplas, hoewel in mindere mate, op de hulp van windmolens gerekend en zij was ook in twee opvoerhoogten verdeeld; maar het bovengemaal was ingericht om twee vijzels te drijven, waarvan de eene als bovengemaal dienst deed, terwijl de andere tot directe opmaling uit den polder kon gebruikt worden. De inrichting der gebouwen met de opleiders en de vijzels vindt men voorgesteld op Plaat XI, doch de oorspronkelijke stoomwerktuigen komen daarop niet voor, aangezien deze in 1863 en 1864 onder leiding van den heer KOREVAAR door nieuwe werktuigen vervangen zijn. De oorspronkelijke werktuigen waren balansmachines uit de fabriek van VERVEER te Amsterdam, die niet meer bestaat. De inzage van de plaat wijst duidelijk aan, dat de vroegere stoomwerktuigen veel plaats besloegen, aangezien de tegenwoordige directwerkende horizontale machines nauwelijks de helft van de oppervlakte der gebouwen innemen. Deze omstandigheid heeft zelfs gelegenheid gegeven om voor den tweeden vijzel in het bovengemaal een afzonderlijk stoomwerktuig te plaatsen, dat door de firma BACKER en RUEB te Breda is geleverd.

De tegenwoordige inrichting kan tot aanwijzing dienen van de wijzigingen, die sedert 1843 in den bouw van stoommachines gebracht zijn. Gebruik van hoogdruk stoom met toepassing van expansie geregeld door stoomschuiven en aanwending van een grooter aantal omwentelingen in de minuut, waardoor het volumen der machine verkleind wordt, ziedaar de hoofdzaken, die door den heer KOREVAAR bij deze en bij talrijke andere bemalingen zijn ingevoerd en waaraan hij zijne uitgebreide praktijk op dit gebied te danken heeft, die wel buitengewoon mag worden genoemd, daar het aantal stoomgemalen door hem gesticht, meer dan zeventig bedraagt. Houdt men in het oog, dat hij oorspronkelijk molenmaker van beroep was en zelf enkele windmolens heeft gebouwd, dan heeft het groot aantal stoomgemalen door hem gesticht de beteekenis, dat het pleit tusschen wind- en stoom, ook voor kleinere bemalingen dan die van den Haarlemmermeerpolder, voor goed beslecht mag heeten. De moeiten en zorgen, die de eerste voorstanders van stoombemaling zich getroost hebben, dragen thans rijke vruchten, al geldt het ook hier, dat het een ander is die zaait en een ander die maait.

Wat den genoemden arbeid ook nog uit een ander oogpunt belangrijk maakt is, dat van de uitkomsten daarbij verkregen, herhaaldelijk verslag is gegeven, waardoor zij in ruimeren kring bekend zijn geworden. Aan die mededeelingen zijn de volgende opgaven omtrent vijzelgemalen door hem ingericht ontleend:

	Hoogte van opvoer. M.	Opbrengst per minuut. M³.	Bemalen oppervlakte. H.A.
Beneden gemaal Nootdorp . .	2.6	55.9	
Boven // // . .	1.7	56.2	1000
Tedinger Broekpolder	5	32	300
Gothensee Usedom, Denemarken .	3	100	700

Bij de twee eerstgenoemden voor Nootdorp gold het enkel bestaande gemalen van nieuwe stoomwerktuigen te voorzien; de beide anderen zijn nieuw gesticht; het laatste wijst aan, dat de arbeid van den heer KOREVAAR niet tot de grenzen van ons land beperkt is gebleven. De uitkomsten, met drie der genoemde vijzelgemalen verkregen, zijn de volgende:

	Hoogte van opvoer. M.	Vermogen in opgevoerd water. PK.	Kolenverbruik per PK. K.G.
Beneden gemaal Nootdorp .	2.6 (*)	29.3	3.2
Boven // // .	1.7	25.9	3
Tedinger Broekpolder . . .	3.07	21.83	3

(*) Thans 2 85 M., door verlaging van het polderpeil.

Deze opgaven geven aanleiding tot drie opmerkingen.

In de eerste plaats, dat het kolenverbruik lager is dan dat van 4 KG. per paardekracht, aangenomen in de vroeger besproken nota van SIMONS van 1838, waaruit blijkt dat de onderstellingen, toen tot grondslag gelegd voor het pleidooi ten gunste van stoombemaling, niet te gunstig waren.

In de tweede plaats dat, niettegenstaande de opvoerhoogte voor drie verschillende werktuigen niet gelijk was, het kolenverbruik weinig uiteenloopt, waaruit men het gevolg mag trekken dat bij den vijzel, zoo als hierboven werd opgemerkt, de schadelijke of nevenweerstanden grooter invloed uitoefenen dan eene vermeerdering in opvoerhoogte kan goedmaken.

Ten derde, dat het kolenverbruik per paardekracht opgevoerd water hooger is dan bij toepassing van zuig- en perspompen, waarvoor door den heer KOREVAAR in 1869 gevonden is, 2.68 K.G. terwijl in 1879 werd medegedeeld, dat het tot 2.48 KG. was verlaagd. De slotsom hieruit te trekken ligt voor de hand en verklaart volkomen, waarom door hem aan de toepassing van pompen de voorkeur wordt gegeven; vergelijkt men het viertal vijzelgemalen met het in een vorig hoofdstuk vermelde twintigtal toepassingen van horizontale zuig- en perspompen, dan trekt de onderlinge verhouding onmiddellijk de aandacht. Daardoor wordt tevens eene bevestiging gegeven van de juistheid van het vermoeden van HOOGENDIJK omtrent de geschiktheid van pompen voor polderbemaling. Reeds in 1789 werd door het Bataafsch Genootschap eene prijsvraag uitgeschreven omtrent de toepassing van pompen in windmolens, maar de wind levert eene te onregelmatige beweegkracht voor pompen, de machine fabricage was in de vorige eeuw nog in haar allereerste ontwikkeling en niet in staat om goede pompen van groote afmeting te leveren en het heeft bijna honderd jaar geduurd, eer dit vraagstuk, door toepassing van stoomwerktuigen ook voor polders kleiner dan de Haarlemmermeerpolder eene goede oplossing heeft gevonden.

Een van de latere en meer bekende toepassingen van den vijzel bij stoombemalingen is gemaakt bij de droogmaking van den Prins-Alexanderpolder (Plaat XII). Reeds vroeger werd vermeld, dat deze droogmaking is geschied onder leiding van J. A. BEYERINCK, die reeds bij de droogmaking van den Zuidplas werkzaam was en altijd een groot voorstander van het gebruik van vijzels is geweest. In zijne verhandeling over de droogmaking van den Zuidplas heeft hij verbeteringen van dit werktuig voorgesteld, voornamelijk bestaande in het geven van grooter boven- dan beneden middellijn, in de toevoeging van een beweegbaar gedeelte aan het boveneinde van den opleider, en in het toepassen van ijzeren assen.

De eerste verbetering schijnt volgens de berichten goed te hebben voldaan, maar met de laatste is men niet zoo gelukkig geweest. Men had terecht afgezien van gegoten ijzer, aangezien het gewicht van de as dan te groot zou geworden zijn; van een volle gesmeed-ijzeren as kon evenmin sprake wezen en er bleef dus niet anders over dan eene constructie van plaatijzer die, voor de twee vijzels van een der drie beneden-stoomgemalen van den genoemden polder, ondershands werd uitbesteed aan de firma STERKMAN te 's-Gravenhage en waarvan de levering op tijd geschied is. Na een paar jaar werking werd ontdekt, dat de vijzels sleepten en bleek het dat de plaatijzer-constructie van de as niet tegen voortdurende werking bestand was geweest; zij werden toen door anderen, geheel van hout vervaardigd, vervangen.

Deze loop van zaken is zeer geschikt om aan te wijzen, hoezeer bij elke nieuwe toepassing moeielijkheden ondervonden werden, die niet voorzien waren. Oppervlakkig gesproken ware hier vooraf volkomen zekerheid te verkrijgen geweest, door de toepassing der gewone formulen, voor weerstand van bouwstoffen. En de omstandigheid, dat plaatijzer-constructie reeds langen tijd was gebruikt voor ijzeren masten, rechtvaardigde de toepassing op de lange kokervormige assen voor vijzels vereischt. Maar een vijzelas heeft niet enkel doorbuiging maar ook wringing te ondergaan en bij de omwenteling verandert de doorbuiging voortdurend van richting. Tegen den gezamenlijken invloed van beiden bleek de constructie, van plaatijzer door klinkwerk verbonden, op den duur niet voldoende en die uitkomst, op zichzelf niet bevredigend, stelde helder in het licht, dat het ingenieurs-vak wanneer het niet de herhaling van bekende zaken geldt, in het wezen der zaak op proefneming berust.

Is echter eenmaal door ervaring de vereischte kennis verkregen, dan heeft men een zekeren grondslag voor verdere toepassing en daarom mag het wel eenigszins vreemd worden gevonden, dat bij de bemaling van den Prins-Alexanderpolder zoo weinig rekening is gehouden met de ervaring bij de droogmaking van het Haarlemmermeer verkregen, aan de uitvoering van welke J. A. BEYERINCK zulk een belangrijk en roemvol deel heeft gehad. De hoofdzaken in die bemaling waren, opmaling in eens tot de volle hoogte, door het gebruik van zuigpompen, gedreven door hoogdruk stoom met expansie in een zoo klein mogelijk aantal werktuigen.

Bij den Prins-Alexanderpolder is de bemaling ingericht in twee hoogten evenals bij den Zuidplas. De diepte der gronden verschilde van 3,6 M. tot 5,9 M.—AP.; het zomerpeil van den polder werd bepaald op 6.3 M. — AP. en het polderwater wordt opgevoerd in een tusschen-boezem, welks peil gelegen is op 1.8 M.—AP., zoodat de eerste opvoerhoogte 4.5 M. bedraagt. Voor dezen opvoer zijn drie gemalen aangelegd, waaronder het bovengenoemde gemaal met twee vijzels, terwijl de beide anderen elk van twee centrifugaalpompen zijn voorzien. Van uit den tusschen-boezem wordt het water, door een afvoerkanaal lang 1925 M. onder den Rijnspoorweg doorloopende, geleid naar het bovengemaal aan het Kralingsche-veer dat twee stoommachines heeft, die door horizontale zuig- en perspompen het water opvoeren in de Nieuwe Maas over eene hoogte van 3.3 M.

De totale hoogte van opvoer bedraagt dus 7.8 M. en aangezien deze polder eene oppervlakte van 2927 H.A. beslaat, nagenoeg ¼ van den Haarlemmermeerpolder, zoo ziet men gemakkelijk in, dat een enkel werktuig volgens het stelsel der Haarlemmermeermachines den arbeid zou hebben kunnen verrichten, die thans over vier gemalen met vijf stoomwerktuigen is verdeeld. De ligging van den plas achter den Rijnspoorweg leverde echter tegen opvoer in één hoogte met onmiddellijke loozing op de Maas bezwaren op, die tot de stichting van een afzonderlijk bovengemaal leidden.

De vraag blijft echter over, waarom voor de drie benedengemalen niet een enkel pompwerktuig gekozen is, waartoe de opvoerhoogte van 4,5 M. zeker zeer geschikt was? Het bericht over de inrichting van deze droogmaking (*) geeft geen antwoord op deze vraag, maar men mag wel als zeker aannemen, dat men heeft opgezien tegen eene nieuwe toepassing van enkel heen- en weergaande stoomwerktuigen zooals die in den Haarlemmermeer, op de bezwaren van welke reeds elders in dit werk is gewezen. Wanneer nu het gebruik van ronddraaiende werktuigen was vastgesteld, dan was er bij de destijds gebruikelijke waterwerktuigen weinig keus, want voor schepraderen was de hoogte van opvoer in eens te groot en er bleef dus niet anders over dan vijzels of zuig- en perspompen, omdat de perspompen van den heer FIJNJE hier hetzelfde bezwaar zouden hebben gegeven, waarop voor den Haarlemmermeer door SIMONS is gewezen.

Het is niet duidelijk, waarom voor de benedengemalen niet evenals voor het bovengemaal zuig- en perspompen zijn gekozen; alleen laat zich vermoeden, dat de grootere bebouwde oppervlakte voor horizontale pompen en dus de meerdere kosten der gebouwen den doorslag bij de beslissing hebben gegeven, maar of die hooger zouden geweest zijn dan voor de drie benedengemalen te zamen, dit laat zich op goede gronden betwijfelen. Moeielijk tegen te spreken is het, dat de tegenwoordige bemaling met drie stoomgemalen en vijf afzonderlijke stoomwerktuigen voor een polder van 2927 H. A. omslachtig schijnt, vergeleken vooral met die van den Haarlemmermeerpolder, waar voor de bemaling van elke 6000 H. A. slechts eene machine is; men mag de ingelanden van dezen laatsten polder geluk wenschen met de eenvoudige inrichting, die aldaar is tot stand gekomen.

In eene zeer belangrijke opgave van den heer KOREVAAR van 1883, loopende over de bemaling van een aantal verschillende polders, vindt men dat het laagste hem bekende jaarlijksche kolenverbruik per H. A. één meter hoog is voorgekomen in den polder Laag

---

(*) Verslag aan den Koning over de Openbare werken. 1865, Bladz. 124: Plassen in Schieland ten Oosten van Rotterdam onder Hillegersberg.

Abstwoude en 0.9 H. L. bedroeg, terwijl in twaalf andere polders dit verbruik hooger is geweest. Volgens opgaven betreffende den Haarlemmermeerpolder door den heer CUPPARI medegedeeld, bedroeg het kolenverbruik aldaar over de jaren 1862—1877 gemiddeld slechts 0.66 H. L. Voor den Alexanderpolder is geen opgave van dien aard bekend gemaakt, maar er zijn redenen om te gelooven, dat die minder gunstig zouden zijn. Want het kolenverbruik per paardekracht opgevoerd water wordt opgegeven voor de pompwerktuigen van het bovengemaal 2.95 K.G. en voor de centrifugaal gemalen 2.9 K.G. te zijn geweest, welke beide cijfers hooger zijn, dan die door den heer KOREVAAR bij door hem gestichte pompwerktuigen verkregen. Van het kolenverbruik bij het vijzelgemaal in den Prins-Alexanderpolder wordt geen melding gemaakt en men mag uit dien hoofde wel aannemen, dat het niet buitengewoon gunstig en niet lager is geweest dan de 3.1 K.G. door den heer KOREVAAR voor vijzelgemalen gevonden.

De opmerking mag daarbij niet achterwege blijven, dat de keus der stoommachines, waardoor die vijzels gedreven worden niet gelukkig is geweest Een van de weinige voordeelen van den vijzel is dat het aantal omwentelingen, voor eene behoorlijke snelheid van opvoer langs den opleider vereischt, overeenkomt met dat van eene goed ingerichte stoommachine. Het vijzelgemaal in den Alexanderpolder heeft men echter zoo ingericht, dat de stoommachine minder omwentelingen maakt dan de vijzel, waarin door overbrenging met kamwielen van verschillende middellijn voorzien is. Van het bovengenoemde voordeel van den vijzel werd alzoo geen partij getrokken en indien het kolenverbruik van deze werktuigen in den Prins-Alexanderpolder ongunstig is geweest, dan is dit voor een deel aan deze inrichting te danken en zoude daaruit nog geen algemeen besluit ten nadeele van het gebruik van vijzels te trekken zijn.

Doch als men in aanmerking neemt, dat horizontale zuig- en perspompen, blijkens de vergelijkende uitkomsten door den heer KOREVAAR verkregen, voordeeliger werken dan vijzels, geschikt zijn voor hooge opmaling en bruikbaar bij veranderlijke hoogte van opvoer, en als men daarbij in het oog houdt de vele bezwaren die aan vijzels eigen zijn, dan is de slotsom niet twijfelachtig dat, hoe geschikt ook de vijzel was voor windbemaling, hij vooral bij hoogen opvoer meer en meer voor de pompen zal moeten wijken, naarmate de toepassing van stoom op bemaling wordt uitgebreid.

AANTEEKENINGEN.

Geschriften betreffende ton- en vijzelmolens. (*)

Wisconstich filosofisch bedrijf, van Hendrik Stevin, Heer van Alphen, van Schrevelsrecht, etc. begrepen in veertien boeken. Tot Leyden gedrnct bij Philips de Cro-Y, in 't jaer 1667. XII Boec. Vant uyterst Menschen constig vermogen tot gebruijc en verhering des waters te lande, bladz. 19. Vant wentelrad naar ons wijse, (Beschrijving van een tonmolen met een trommel tot spil).

Theatri Machinarum Hydraulicarum. Tomus I oder Schauplatz der Wasser-Künste. Erster Theil Leipzig 1724. Das IV Capitel. Von der Wasser-Schnecke oder Schrauben. Tab. XV—XVII.

Groot volkomen Moolenboek door Leendert van Natrus, Moolenmaakers baas van de Ed. Oost-Indische Compagnie te Amsterdam, Jacob Polly, Moolenmaaker te Saardam, en Cornelis van Vuuren en zeer naauwkeurig in het kooper gebragt door Jan Punt. Twee deelen. Te Amsterdam bij Johannes Covens en Cornelis Mortier. 1784.

Plaat 26. Water-Vijsel of Slang-Moolen, welke het water opmaalt 12 voet hoog.

L. Euler, de cochlea Archimedis. Comment. Nov. Petrop. T. V. p. 295.

D. Bernouilli. Hydrodynanica sive de viribus et motibus fluidorum commentarii Argentor. 1738. pag. 183.

Pitot. Théorie de la vis d'Archimède, avec le calcul de l'effet de cette machine. Mémoires de l'académie des sciences, année 1736. pag. 238 etc. à Amsterdam. 1740.

Deductie uit naam der Edele Groot Achtbare Heeren Burgermeesteren van Leijden, overgegeven aan de Wel Edele Heeren Dijkgraaf en Hoogheemraden van Rijnland, ter zake van den Vijzel-molen van Obdam. 1756. (Door Prof. J. Lulofs.)

(*) De tonmolen, en het vroeger vermelde trommelrad werden reeds door Vitruvuis beschreven; zie o. a. :

The Architecture of Marcus Vitruvuis Pollio in ten books, translated from the Latin by Joseph Gwilt, F. S. A. F. R. A. S. Author of an Encyclopedia of architecture and other works. A new edition carefully revised by the translator and with additional plates. London. John Weale 1860.

Chapt. IX. Of Engines for raising water; and first of the tympanum.

Chapt. XI. Of the water screw.

Rapport van Observatiën en Proefbevindingen over de werkingen en vermogens van een ordinaire Scheprad-molen, met een verbeterde Vijsel-molen van F. Obdam, c. s., beide staande aan de Westvaart onder Haserswoude; gedaan op order van de Wel Edele Heeren Dijkgraaf en Hooge Heemraden van Rhijnland door derselver Toezienders van Dijken en Sluijzen, Jan Noppen en D. Johannes Engelman, met den ordinaris Landmeeter Melchior Bolstra, en den Landmeeter Dirk Klinkenberg; waarbij geadsisteert hebben de Bode Jan Brascamp en de Mr. Timmerman B. Corts, in het jaar 1763.

Dissertation sur la vis d'Archimède, qui a remporté le prix de mathématique adjugé par l'académie royale des sciences et belles-lettres de Prusse, en 1776 par M. I. F. Hennert, à Berlin 1767.

Karsten, Lehrbegriff der gesammten Mathematik. 5 Th. Greifswalde 1770; 6ter Theil, 26 uud 27ster Abschnitt. S. 60.

Lehrbuch der Hydraulik mit beständiger Rücksicht auf die Erfahrung von Karl Christian Langsdorf, Königlich Preussischer Rath. Mit 51 Kupfertafeln. Altenburg, in der Richterschen Buchhandlung 1794. Acht und zwanzigste Kapitel. Von der Archimedischen Wasserschnecke oder Wasserschraube. Seite 557—580.

Beyträge zur Hydraulischen Architectur. Aufgesetzt von Reinhard Woltmann, Göttingen bei J. C. Dieterich. 1799. Vierter Band S. 214—220.

Handbuch der Mechanik fester Körper und der Hydraulik. Mit vorzüglicher Rücksicht auf ihre Anwendung in der Architectur. Aufgesetzt von J. A. Eytelwein. Berlin, F. T. Lagarde 1801. Ein und zwanzigstes Kapitel. Von der archimedischen Wasserschnecke und der Wasserschraube. Seite 404—441.

Unterricht über die Bewässerung der Wiesen u Felder nach Lombardischer Weise von Anton von Wittmann Wien 1811. S. 201.

Traité élémentaire des Machines par M. Hachette, Seconde edition. Paris 1819. pag. 137. De la vis d'Archimède, pl. 8 et 9.

Verhandeling over de droogmaking van de Haarlemmermeer, door F. G. Baron van Lynden van Hemmen. 's Gravenhage de gebr. van Cleef 1821. bladz. 100—103.

Handbuch der Mechanik von Frans Joseph Ritter von Gerstner vermehrt herausgegeben von Franz Anton Ritter von Gerstner. Wien 1834. VII Kap. Archimedische Wasserschnecke S. 221—238. Die Wasserschraube S. 239—242.

J. T. Munnich. Specimen inang. de cochlea hydraulica. Traj. ad N. 1839.

Wiskundige Leercursus ten gebruike der Koninklijke Militaire Akademie. Beginselen der Werktuigkunde voor de kadetten der Artillerie, Genie en van den Waterstaat door J. P. Delprat Majoor-Ingenieur. Breda Broese en Comp. 1842. Bladz. 161 Vijzelmolens.

Crelle's Journal für die Baukunst. Bd. 16. 1842. (Beschrijving van bemalingswerktuigen in Nederland door den „Wasserbau Director" Reinhold).
Annales des ponts et chaussées No. 77 1843. 2 Serie, 2 Semestre pag. 1—18. (Toepassing van den vijzel tot het voeden van het kannal tusschen Sambre en Oise.)

Nieuwe verhandelingen van het Bataafsch Genootschap te Rotterdam, Negende deel, eerste stuk 1844. Verhandeling over de stoombemaling van polders en droog-makerijen door G. Simons en A. Greve.

Eerste gedeelte. Hoofdstuk II. Over het vermogen der windvijzelmolens, blz. 27, 85—92.

Tweede gedeelte. Hoofdstuk I. Vervolg op de geschiedenis der stoombemaling hier te lande.

Bladz. 131. Stoomtuig te Marienwaard in de gemeente Beest.

Bladz. 142. Stoomtuigen op den Zuidplas in Schieland.

Bladz. 149. Stoomtuigen voor de droogmaking der Nootdorpsche plassen in Delfland.

Bladz. 152. Stoomtuig bij de Broekvest te Schiedam.

(Al deze stoomgemalen waren ingericht met vijzels.)

Nieuwe verhandelingen der eerste klasse van het Koninklijk Nederlandsche Instituut van Wetenschappen Letterkunde en Schoone kunsten. Tiende deel. Amsterdam, C. G. Sulphe 1844. Over de wateropbrengst van de Archimedische schroef of vijzel door J. P. Delprat blz. 54.

Bouwkundige leercursus ten gebruike der Kon. Mil. Akad. Handleiding tot de kennis der waterbouwkunde voor de kadetten van den Waterstaat en der Genie door D. J. Storm Buysing, Ingenieur 1e klasse van 's Rijks waterstaat. Breda. Broese en Co. 1844—45. Zesde Hoofdstuk. Droogmakerijen. Bladz. 388. Vijzelmolens. Plaat XXXIII. Bladz. 436. Horizontale vijzel, staande vijzel en persvijzel.

Theoretisch en practisch Molenboek voor Ingenieurs, Aannemers, molenmakers en verdere bouwkundigen door G. Krook, mr. timmerman en molenmaker te 's Gravenhage. 's Gravenhage bij de Erven Doorman. 1850. Eerste aflevering be-staande in eenen achtkanten vijzelwatermolen. Pl. I—IV.

Bouwkundige bijdragen, uitgegeven door de Maatschappij tot bevordering der Bouwkunst.

Zesde deel. 1851. Bladz. 13. Korte beschrijving van de droogmaking van den Assendelver Veenpolder, gelegen in de provincie Noord-Holland. Medegedeeld door P. H. Leijer, opzichter van den Waterstaat.

Zevende Deel. 1852. Bladz. 11. Nieuwe konstruktie van een achtergestoelte voor vijzels in watermolens, medegedeeld door P. van der Sterr, te Nieuwer-Amstel.

Idem. Bladz. 97. Bedijking van den Prins Hendrik-polder te Texel. Met drie platen N⁰. 6, 7 en 8. Medegedeeld door P. van der Sterr, Opzigter te Nieuwer-Amstel.

Koninklijk Instituut van Ingenieurs. Verhandelingen 1851—1852. Geschied- en Waterbouwkundige beschrijving der droogmaking van den Zuidplaspolder in Schieland, door den Ingenieur van den Waterstaat, J. A. Beijerinck Pl. VII—IX. Vijzel-molens, bladz. 24—28. De stoomvijzelmolens, bladz. 28—29.

Polytechnishes Journal. Herausgegeben von Dr. Emil Maximilian Dingler. 147ster Band. Jahrgang 1858. S. 327. Wasserschöpfmachine, van Legros in Reims. (Aus Armengaud's Génie industriel, Novembre 1857. pag. 280.) Mit Abbildungen und Tab. VI. (Tonmolen gedreven door eene locomobiele.)

Bibl. der Pol. School. Waterbouwkunde, wegen en bruggen. G. N°. 70.

Bestek en Voorwaarden, waarnaar de Commissie tot droogmaking der plassen in den Zuidpolder van Delfgaauw, onder de gemeenten Pijnacker en Vrijenban, voornemens is publiek aan te besteden: Het maken en in complete orde opleveren van een Achtkanten Wind-Vijzel-Water-Molen, ter plaatse waar dezelve zal zijn afgebakend, en zulks met de leverancie van alle de daartoe benoodigde materialen. 1860.

Bestek en Voorwaarden, waarnaar Dijkgraaf en Heemraden van den polder Nootdorp voornemens zijn, op den 15en April 1863, des morgens om 11 ure, in het Huis ter Lucht, even buiten Delft, in het openbaar aantebesteden: Het uitbreken der fonderingsmuren der bestaande machine in den boven-stoommolen van dien polder, met het maken der fondamenten en verbindingen voor de nieuwe machine, enz.

Droogmaking der plassen in Schieland beoosten Rotterdam. Gewijzigd bestek en voorwaarden, wegens het maken van de Vijzelopleiders en het gebouw voor het beneden-stoomgemaal met vijzels en verder bijbehoorende werken in den Ringdijk, langs den Zuidoostelijken oever der plassen, even beoosten de Oost-kade, in de gemeente Capelle aan den IJssel, der provincie Zuid-Holland. Twee teekeningen. Herbesteding 19 December 1867.

Bestek van het maken der Gebouwen voor het te stichten stoomgemaal, N°. 2 aan de korte kade in den Tedingerbroek Polder. Delft. J. Waltman Jr.

Bestek van het stoomwerktuig N°. 2 voor den Tedingerbroek polder nabij Voorburg. Delft. J. Waltman Jr.

Koninklijk Instituut van Ingenieurs.

Notulen der Vergadering van 10 Junij 1869, bladz. 244. Overlegging van afbeeldingen van een Vijzel-stoomgemaal voor de Wester-Kogge, met hooge druk, verstelbare expansie en condensatie. Twee platen.

Tijdschrift 1869—70. Derde aflevering. Verhandelingen. Schepraderen met gebogen schoepen, door het lid P. A. Korevaar. Bladz. 242. N. 3. Beneden-vijzelgemaal Nootdorp, gesticht in 1863, opmaling peil op peil 2.6 M. N°. 4. Bovenvijzelgemaal, polder Nootdorp, gesticht in 1864, opmaling peil op peil 1.7 M. (*) Bladz. 245. Aanteekening van het honorair lid dr. J. P. Delprat.

Tijdschrift 1871—1872. Vijfde aflevering. Mededeelingen. bladz. 387. De schroef van Archimedes tot het opvoeren van water (door W. Airy).

Tijdschrift 1878—1879. Eerste aflevering, tweede gedeelte. Verhandelingen. bladz. 11. Uitkomst van gedane proefwerkingen met verschillende water-opvoeringswerktuigen en eenige daarmede in verband staande opmerkingen, door het lid P. A. Korevaar.

(*) De peilen vermeld op plaat XI zijn die, welke bij het oorspronkelijke ont-werp van 1843 waren aangenomen.

STOOMBEMALING
MET CENTRIFUGAALPOMPEN.

PLATEN XIX en XX.

De oud-hollandsche waterwerktuigen hebben twee onbetwistbare
voordeelen : zij hebben geen kleppen en vereischen geen heen-
en weergaande beweging. Kan men nu een waterwerktuig krijgen,
dat deze voordeelen aanbiedt en niet de gebreken heeft van
scheprad en vijzel, dan zal dit ongetwijfeld de voorkeur verdienen.
Onder de werktuigen die aan deze eischen voldoen behooren
ook de centrifugaalpompen, niet te verwarren met de zoogenaamde roteerende pompen, waarvan de werking op geheel verschillende beginselen berust.

De centrifugaalpomp, uitgevonden door DENIS PAPIN, is eene
toepassing van de leer der middelpuntvliedende kracht ontdekt
door CHRISTIAAN HUYGENS, die met GALILEI de wegbereider is
geweest voor den arbeid van NEWTON op het gebied der „mécanique
céleste". HUYGENS kon zich niet vereenigen met de onderstellingen, die NEWTON gebruikte tot verklaring van den loop der
hemellichamen, en heeft in andere richting eene poging tot verklaring gedaan; tot toelichting van zijne meening had hij een toestel
gemaakt bestaande uit eene gesloten cylindervormige doos geheel met
water gevuld, die om eene verticale as in snelle draaiing kon
worden gebracht. (*) Het doel waarvoor dit toestel bestemd was

---

(*) De bekendheid met dit toestel dankt schrijver aan zijn voormaligen leer-
meester Dr. F. J. STAMKART; het is, behalve in de werken van Huygens, beschreven in: Das Räthsel von der Schwerkraft von Dr. Isenkrähe. Braunschweig
F. Vieweg und Sohn. 1879, bladz. 91.

kan hier niet verder ter sprake komen, maar het wordt hier vermeld, omdat de proefnemingen in deze richting, hoewel eerst in 1690 bekend gemaakt (*), het uitgangspunt kunnen geweest zijn voor de uitvinding der centrifugaalpomp door PAPIN, die, ook in aansluiting met eene door HUYGENS uitgevonden buskruitmachine, het eerste model gegeven heeft van een stoomcylinder met zuiger, als middel tot vorming van een luchtledig, dat later in de machine van NEWCOMEN is toegepast.

HUYGENS in 1629 geboren, had te Angers in Frankrijk gestudeerd en was dank aan zijne ontdekkingen, op voorstel van COLBERT, in 1666 benoemd als een van de zestien leden der Académie des Sciences, in wier laboratorium PAPIN in 1671 werd aangesteld en tot 1675 is gebleven. PAPIN, die daar met HUYGENS eene reeks proefnemingen van verschillenden aard had gedaan, is van 1675—1687 bij afwisseling werkzaam geweest voor de Royal Society in Londen, werd in 1687 als hoogleeraar in de wiskunde te Marburg aangesteld door den Landgraaf van Hessen-Kassel en in 1695 door dezen belast met het toezicht op verschillende ingenieurswerken. In 1689 maakte hij onder den naam van „Hessisches Saug- und Druckwerk", de door hem uitgevonden centrifugaalpomp bekend, die in 1724 werd afgebeeld in het bekende werk van LEUPOLD. De inrichting bestaat uit eene cylindervormige doos met eene horizontale as, die twee armen draagt welker ronddraaiing het water, dat door eene buis rondom de as toevloeit, aan den buitenomtrek door eene pijp doet uitstroomen.

In 1778 werd hier te lande door Dr. CORNELIS PEEREBOOM octrooi verkregen voor een „leggend waterrad" waarvan in 1808 eene beschrijving met teekeningen door hem werd uitgegeven, in de voorrede van welke met een enkel woord de „Hessische pomp" wordt vermeld. Dit liggend waterrad, ook tolmolen genoemd, bestond uit eene verticale as, waarop twee evenwijdige houten schijven waren bevestigd, tusschen welke zich een aantal

---

(*) Discours sur la cause de la pesanteur, Leyden 1690.

schoepen in navolging van het gewone scheprad bevonden. In de onderste der beide horizontale schijven was in het midden eene ronde opening, wier middellijn de helft bedroeg van den buitenomtrek van het rad. Het benedenwater werd in deze opening gevoerd door een platte houten koker onder het rad geplaatst en de aansluiting van de bovenzijde van dezen koker, met de onderste schijf van het rad, geschiedde door twee koperen ringen rondom welke een opstaande lederen rand was gemaakt. Het rad zelf bevond zich in eene met houten wanden omgeven ruimte, waaruit het water door één afvoerkanaal wegvloeide naar den boven-waterloop. Bij snelle omdraaiing van het rad door middel van een wind- of paardenmolen, dreef de middelpuntvliedende kracht het water uit den omtrek van het rad, terwijl, door den verminderden druk in het midden, het water uit den benedenwaterloop geregeld toevloeide.

Dit liggend waterrad schijnt toen niet te zijn toegepast, maar in 1840 werd door H. VERDONK molenmaker te Zaandam en in 1841 door VAN DER MEULEN uit Hallum in Friesland een waterwerktuig bekend gemaakt, dat evenzeer op de werking der middelpuntvliedende kracht berustte, doch meer overeenkomst had met de oorspronkelijke inrichting van PAPIN. Het bestond uit eene verticale as, waaraan horizontale armen of schoepen waren bevestigd, die in een vasten houten trommel ronddraaiden, waarin het water door eene opening in het midden rondom de as werd toegevoerd, terwijl het aan den omtrek door een koker werd geloosd.

Het werktuig van VERDONK met één afvoerbuis aan den omtrek is toegepast op 30 molens van 4.5 tot 26 M. vlucht, bij een hoogte van opvoer van 0.5—0.3 M.; voorts in een molen van 7.5 M. vlucht in den Assendelfter-Vlietpolder, groot 110 HA., met eene opvoerhoogte van 0.4—0.5 M., waarbij het vleugelrad 0.6 M. middellijn en vier armen ter hoogte van 0.3 M. had, terwijl de afvoer door twee buizen geschiedde; eindelijk in een grooten molen bij Broekerhaven nabij Enkhuizen met eene hoogte van opvoer van 2—2.6 M., en twee drijfraderen ter middellijn van 1.5 M. met schoepen ter hoogte van 0.3 M., die zeven omwentelingen maakten tegen één van de molenas Aan toepassingen der centrifugaalkracht in onze windmolens heeft het alzoo niet ontbroken en het liggend waterrad kan men nog in tal van kleine molens in den omtrek van Zaandam aan het werk zien. Het nuttig effect van deze werktuigen kan echter niet groot zijn geweest, want de schoepen van het rad waren geheel recht en er waren geen leischoepen om het water in behoorlijke richting naar het rad te voeren.

Het liggend waterrad is, tijdens de regeering van Koning Willem II, door G. KROOK toegepast in een klein stoomgemaal te Valkenburg onder Loosduinen, bestemd om water uit het duin naar 's-Gravenhage te voeren tot verversching van den Vijver Het scheprad had 24 schoepen en werd gedreven door een hoog-druk stoommachine, in 1851 onder leiding van F. W. CONRAD, C. OUTSHOORN en H. J. TASKIN vervangen door een middelbaar-druk machine met condensatie, terwijl het liggend scheprad plaats heeft gemaakt voor horizontale centrifugaalpompen afkomstig van de internationale tentoonstelling van 1851 te Londen. Bij de tegenwoordige inrichting drijft eene stoommachine van 25 PK. met 80 slagen per minuut, door middel van twee conische kamwielen en rondsels in verhouding van 5 : 1, de verticale assen van twee horizontale centrifugaalpompen, die het water 2.2 M. opvoeren en 2 000 M³. per uur opbrengen.

In verbeterden vorm is het liggend waterrad hier te lande in 1871 weder ingevoerd door de firma EASTON AMOS & SONS te Londen, die de werktuigen geleverd heeft voor het stoomgemaal te Schellingwoude (Plaat XIX). De schoepraderen in dit gemaal, die van metaal zijn gemaakt, liggen geheel onder water, ontvangen toevoer aan onder- en bovenzijde, waardoor zij wat den waterdruk aangaat in evenwicht zijn en hebben schoepen, die sterk gekromd zijn volgens de methode door APPOLD voor centrifugaalpompen aangegeven. Aangezien deze werktuigen niet zelf waterkeerend zijn, loozen zij in ruimten, die door wachtdeuren met het buitenwater in gemeenschap staan. Door het meestal geringe verschil in waterhoogte tusschen het Noordzeekanaal en de Zuiderzee is het nuttig effect, wanneer de arbeid voor het mededeelen der snelheid buiten rekening wordt gelaten, laag en het kolenverbruik zeer aanzienlijk. Verdere navolgingen van dit stelsel zijn dan ook hier te lande niet voorgekomen.

Behoudens het verschil in den vorm der schoepen zijn de werk- tuigen te Schellingwoude, door het gemis van leischoepen, even onvolkomen als het liggend waterrad van PEEREBOOM en hebben daarmede ook dit gebrek gemeen, dat de waterwerktuigen onder water liggen en dus bij voorkomende herstelling alleen door afdamming toegankelijk zijn. De opmerking mag niet achterwege blijven, dat het liggend waterrad van PEEREBOOM van 1778, hoewel van hout, in een opzicht reeds even goed geconstrueerd was als de werktuigen te Schellingwoude van 1871. De schoepen aldaar, zijn bevestigd tusschen twee kransen, die met opstaande randen aansluiten aan de toe- en afvoerbuizen, waardoor met behoud der vrije beweging lekken voorkomen wordt. Ook in het rad van PEEREBOOM waren de schoepen bevestigd tusschen twee schijven, die met de as mêedraaiden, terwijl de aansluiting van het toe- voerkanaal met de onderste dezer schijven door metalen ringen verzekerd was. Deze inrichting wordt thans gevolgd in alle centrifugaalpompen, die wat de hoofdzaken aangaat, met het liggend waterrad van PEEREBOOM eene zeer groote overeenkomst hebben.

Even als bij andere waterwerktuigen het geval is kan men ook aan die, welke door centrifugaalkracht werken, zulk eene in- richting geven, dat de voortstuwer en de opleider een geheel uitmaken dat dan om eene verticale as draait. Tot deze klasse behooren: een werktuig in 1732 door LE DEMOUR in Frankrijk ontworpen en in 1850 hier te lande weder op den voorgrond gebracht door Jhr. T. H. SNOEK; dat van L. EULER van 1752, dat van C. L. DUCREST van 1777, en de waterbraker van P. FADDEGON Pz. van 1846. De vereeniging van opleider en voortstuwer, die deze werktuigen gemeen hebben met de noria, de schepschijf en de tonmolen maakt, dat zij voor toepassing op groote schaal ongeschikt zijn.

In eene andere klasse is de opleider vast, maar is de inrichting

zóó, dat de hoogte van opvoer de lengte van den voortstuwer bepaalt, die dus bij eenigszins groote opvoerhoogte aanzienlijke
afmetingen en gewicht zoude verkrijgen. Tot deze soort behoort
de staande vijzel, die in Noord-Holland herhaaldelijk is toegepast
en nog voor korten tijd in dienst was; · het aanzienlijk verschil
in boven- en beneden middellijn van deze werktuigen maakt, dat
zij moeten gerangschikt worden onder die waarin de centrifugaalkracht eene hoofdrol vervult. De polder de Wijde Wormer, groot
1 500 HA., met een zomerpeil van 4.25 M. — AP. had drie
gangen elk van 4 molens en elf dezer molens waren voorzien van
staande vijzels, met eene middellijn van 0.99 M. aan de onder-
en 3.4 M. aan de bovenzijde, die ter diepte van 0.43 M. in het
benedenwater reikten. De polder onder Wormer, Jisp en Nek bij
Purmerend, ter grootte van 2 800 HA. had vier molens met
staande vijzels, van gelijke afmetingen als die van de Wijde
Wormer voor eene opvoerhoogte van 1.1 M. De omstandigheid,
dat bij deze werktuigen de lengte van den voortstuwer door de
hoogte van opvoer bepaald wordt, maakt de toepassing voor
groote opvoerhoogten omslachtig, zooals uit de toepassing bij de
Wijde Wormer blijkt, waar voor eene opvoerhoogte van 4.25 M.
gangen van vier molens waren geplaatst. De windmolens in dezen
polder zijn eenigen tijd geleden afgebroken en hebben met de
staande vijzels, die op den duur niet voldeden, plaats gemaakt
voor een stoomgemaal met gewone centrifugaalpompen.

Het is echter zeer wel uitvoerbaar werktuigen met verticale as
te construeeren, die op de werking der middelpuntvliedende kracht
berusten en vrij zijn van de gebreken eigen aan die, welke tot
hiertoe besproken werden. In hoofdzaak moet de inrichting dan
zoo gemaakt worden, dat zij werkt als eene turbine van Fourneyron die niet door het water in beweging wordt gebracht maar
die aan het water beweging mededeelt. De voortstuwer kan dan
in het benedenwater geplaatst zijn waarvoor eene inrichting,
met leischoepen tot toevoer van het water, is aangegeven door
R. C. Parsons in 1875 die een zeer voldoend nuttig effect heeft
opgeleverd; door C. Fink is in 1878 eene andere inrichting met
leischoepen tot afvoer in het bovenwater ontworpen. De altijd

lastige plaatsing onder water kan voorts vermeden worden door
het werktuig te laten opzuigen in plaats van persen; daarvan
werd in 1858 een voorbeeld gegeven door P. RITTINGER
en is in 1868 eene toepassing op groote schaal gemaakt aan
de Flader-See in Jutland door de firma NAGEL & KÄMP te
Hamburg.

Doch elke inrichting met verticale as noodzaakt, bij het
gebruik van stoommachines, tot overbrenging der beweging met
conische kamwielen of, indien men de beweging onmiddelijk aan
de stoommachine ontleenen wil, tot eene inrichting van deze,
waarbij de drijfstang in een horizontaal vlak werkt, hetgeen om
constructieve redenen doorgaans vermeden wordt. Bovendien neemt
het werktuig, bij de plaatsing der as in verticale richting, grootere
ruimte in den platten grond in en een en ander is voldoende
reden, waarom bij de toepassingen van centrifugaalpompen hier te
lande algemeen de inrichting gebruikt wordt met horizontale as,
die door PAPIN was aangegeven. Ter wille der volledigheid moest
echter in het kort ook van andere vormen der werktuigen, die
op de toepassing der centrifugaalkracht berusten, melding worden
gemaakt.

In de oorspronkelijke inrichting door PAPIN ontworpen was
eene horizontale as, die slechts twee rechte armen droeg; het
water werd aan eene zijde rondom de as toegevoerd en uit den
buitenomtrek door eene buis afgevoerd. De bedoeling was de
pomp onder water te leggen, maar PAPIN rekende haar ook geschikt voor opzuiging en in de afbeelding is zij met eene zuigpijp
voorgesteld. In 1732 werd door LE DEMOUR in Frankrijk een
gewijzigde vorm van dit werktuig beschreven, waarbij de as met
zes rechte schoepen was voorzien; ook dit werktuig werd
voorgesteld boven den waterspiegel en was dus bestemd om het
water op te zuigen. Het schoeprad van een centrifugaalpomp
in de lucht ronddraaiende vormt echter geen luchtledig; wanneer dus dit werktuig niet zoo laag geplaatst is, dat het vanzelf
volloopt, moet het op de een of andere wijze gevuld worden, om
in beweging gesteld zijnde water te kunnen geven en in dit op-

zicht staat de centrifugaalpomp achter bij alle andere waterwerktuigen. In de beschrijving van het „leggend waterrad" had PEERE-
BOOM mede eene toepassing daarvan met horizontale as voorgesteld,
maar zeer terecht ook dit werktuig onder den waterspiegel geplaatst; bij de eerste toepassingen van de centrifugaalpomp is aan
de lage plaatsing steeds vastgehouden en werd zij enkel gebruikt
als pers- maar niet als zuigpomp.

Ongeveer 160 jaar zijn evenwel verloopen, voordat de uitvinding
van PAPIN in algemeene toepassing is gekomen; eerst in 1848
werd de centrifugaalpomp van APPOLD bekend gemaakt; met nog
twee andere typen van GWIJNNE en van BESSEMER kwam zij voor
op de internationale tentoonstelling van 1851 te Londen en
van dat tijdstip dagteekent de invoering van deze werktuigen.
De vijfde klasse van de jury dezer tentoonstelling nam proeven
met deze pompen en vond voor het nuttig effect daarvan de
volgende cijfers:

APPOLD met gebogen schoepen 0.68
        „   met vlakke schoepen, onder een hoek
            van 45° met den straal 0.43
       „   vlakke radiale schoepen 0.24
GWIJNNE met vlakke radiale schoepen . . . 0.19
BESSEMER met radiale schoepen naar buiten ver-
        breedende 0.22

De verreweg gunstiger uitkomst van de pomp van APPOLD was
in hoofdzaak te danken aan twee zaken namelijk de, in terugwaartschen zin der beweging, sterk gekromde schoepen en de spiraalvormige ruimte rondom het schoeprad, waardoor het water langs
den geheelen omtrek daarvan met gelijkmatige snelheid naar de
afvoerpijp kon stroomen. Deze ruimte was bij de pomp van GWIJNNE
concentrisch met het rad, welke inrichting geruimen tijd is behouden en nog voorkwam bij een model in 1857 door D. J.
STORM BUYSING vertoond in het Koninklijke Instituut van Ingenieurs. Dr. W. L. OVERDUYN wees op de onvolkomenheid dezer
inrichting en op nog eene andere fout, namelijk dat het water in
plaats van in één enkele richting in twee verschillende richtingen

naar de afvoerpijp kon stroomen. Dit laatste gebrek komt ook voor in de centrifugaalpomp van W. I. M. RANKINE, waarin de schoepen aan het uiteinde radiaal zijn en naar het midden eene kromming in teruggaanden zin hebben. De voordeelen van den schoepvorm van APPOLD boven dien van RANKINE zijn duidelijk gebleken door de proeven van R. C. PARSONS in 1875, die beide schoepvormen aan beproeving onderwierp, eerst in eene concentrische en daarna in eene spiraalvormige ruimte. Bij de latere toepassingen van de centrifugaalpomp zijn de hoofdtrekken der pomp van APPOLD dan ook algemeen in gebruik gekomen.

De veel minder volkomen inrichting van GWIJNNE heeft echter aanvankelijk zeer veel opgang gemaakt, waarschijnlijk omdat daarbij de uitwendige afmetingen nog kleiner uitvielen dan bij die van APPOLD. Want de geringe omvang van dit nieuwe waterwerktuig, in vergelijking met alle vroeger bestaande, is de hoofdreden geweest, waarom het zoo spoedig algemeene toepassing gevonden heeft. Daarop werd onder anderen gewezen in de straks genoemde mededeeling in het Koninklijk Instituut van Ingenieurs, waarin dit werktuig aanbevolen werd voor bemaling ook bij hoogen opvoer en als voorbeeld werden aangevoerd de centrifugaalpompen voor de waterleiding aan het Nieuwe Diep, die het water 12—16 M. opvoeren en waarvan het schoeprad ter middellijn van 0.7 M., 632 omwentelingen in de minuut maakt. Deze groote snelheid van omwenteling kon niet zonder overbrenging van beweging worden verkregen en in de eerste toepassingen der centrifugaalpompen hier te lande werden zij dan ook altijd gedreven door tusschenkomst van kamraderen, zooals bij eene pomp voor het Lutke-Meer of met riemen, zooals bij de centrifugaalpompen van den Prins Alexanderpolder (Plaat XIX).

In den laatstgenoemden polder zijn, zooals reeds in een vorig hoofdstuk werd vermeld, in 1867 twee gemalen elk met twee centrifugaalpompen gesteld, die het water uit den polder over eene hoogte van 4.5 M. opvoeren in een tusschenboezem, waaruit het door het bovengemaal bij het Kralingsche-veer in de Maas wordt geloosd. De berichten over deze droogmaking, in de verslagen over de openbare werken, vermelden niet op welke gronden tot de keus van centrifugaalpompen is overgegaan; alleen wordt medegedeeld, dat de levering van de werktuigen voor de beide gemalen onderhands is opgedragen aan de firma HARMENS en PENNING te Harlingen.

Deze pompen zijn volgens het stelsel van APPOLD, hetgeen ongetwijfeld eene goede keus is geweest; een teekening daarvan is in 1880 gegeven door den civ.-ing. J. A. ROEST VAN LIMBURG in eene studie, waarin ook de daarmede verkregen uitkomsten vergeleken worden met hetgeen volgens de berekening daarvan te verwachten was. Bij eene opvoerhoogte van 4.5 M. gaf elke pomp 27 M³. bij 417 omwentelingen in de minuut, hetgeen volgens berekening met 350 omwentelingen in de minuut had bereikt moeten worden. Soortgelijk verschil was reeds in 1858 door P. RITTINGER gevonden bij proefnemingen met eene centrifugaalpomp, die voor de normale wateropbrengst berekend was op 207 omwentelingen per minuut en in werkelijkheid een aantal van 255 vereischte.

De werking van de centrifugaalpompen in den Alexanderpolder is echter niet ongunstig, want de geleverde arbeid in opgevoerd water bedraagt 0.64 van den arbeid op de pomp overgebracht, hetgeen zeer wel sluit met de cijfers hierboven omtrent het nuttig effect der APPOLD-pomp medegedeeld. Voor de drooghouding van den polder bewijzen zij goede diensten en in de laagste afmaling wordt steeds door de centrifugaalpompen voorzien, want bij het dalen van den waterstand door de uitmaling wordt de werking van het in een vorig hoofdstuk besproken vijzelgemaal (Plaat XII) ongunstig, omdat het niet diep genoeg is aangelegd om dan volle tasting te behouden. Het kolenverbruik dat reeds in een vorig hoofdstuk vermeld werd 2.9 KG. per paardekracht opgevoerd water te hebben bedragen, mag matig worden genoemd en de toepassing der centrifugaalpompen in den Prins-Alexanderpolder, een der eerste hier te lande, als welgeslaagd worden beschouwd.

In deze beide gemalen, onder toezicht van J. A. BEIJERINCK gebouwd door den civ.ing. Jhr. W. J. BACKER, oud-leerling der Delftsche Academie, verdient voorts bijzondere opmerking de beton-fundeering op palen, die ook bij het vijzelgemaal van dezen polder is toegepast en de lage plaatsing der pomp in de onmiddellijke nabijheid van het benedenwater, die samenhangt met de toenmaals bestaande meeningen omtrent de meerdere geschiktheid van de centrifugaalpomp tot opvoer door persing dan door zuiging. Die lage stelling kon aanvankelijk niet bereikt worden; men heeft dus begonnen de pomp tijdelijk hooger te plaatsen en toen de plas genoegzaam was afgemalen werd haar de blijvende plaats beneden in het gemaal gegeven. De afvoer van het water heeft plaats in een stortbak, die ook aanvankelijk hooger geplaatst was en daaruit vloeit het naar den bovenwaterloop, die door wachtdeuren van den boezem is afgescheiden, waardoor waterkeering verzekerd wordt. De inrichting was ongetwijfeld omslachtig vergeleken met de tegenwoordige toepassingen der centrifugaalpompen, maar is belangrijk, omdat zij een inzicht geeft in de destijds gangbare meeningen.

In de hierboven genoemde mededeeling van D. J. Storm Buysing in 1857 was echter eene veel eenvoudiger inrichting voorgesteld, waarbij de pomp niet nabij het beneden- maar nabij het bovenwater gesteld werd en het water door eene vrij lange zuigpijp moest opvoeren. Dit was, wel is waar, enkel een ontwerp, maar het had tot uitgangspunt kunnen dienen voor een onderzoek naar de mogelijkheid om de centrifugaalpomp door opzuiging te laten werken. De tijdelijke opstelling van eene pomp op de vereischte hoogte en hare beproeving zouden eenige kosten hebben veroorzaakt; deze zouden echter ruim vergoed zijn geworden door de verreweg eenvoudiger inrichting van het gebouw, welke met eene plaatsing van de pomp op hooger niveau had kunnen worden bereikt en door de zekerheid, dat de waterwerktuigen ten allen tijde dienst zullen kunnen doen.

Het moet toch bij de inzage van de teekening (Plaat XIX) dadelijk in het oog vallen, dat de centrifugaalgemalen van den Prins-Alexanderpolder een zeer belangrijk gebrek hebben. Bij hoogen waterstand in den polder, die door een samenloop van ongunstige omstandigheden zou kunnen voorkomen, raken de waterwerktuigen onder water, kunnen de riemen waardoor zij gedreven worden niet werken en zullen dus de beide centrifugaal·

gemalen geen dienst doen, juist wanneer hare hulp het meest zal verlangd worden. Dit bezwaar is, bij elke opmaling in verdeelde opvoerhoogte, eigen aan de lager gelegen gemalen in geval van overstrooming, maar het doet zich hier door de lage plaatsing van het waterwerktuig in nog sterker mate voor en het is niet recht duidelijk, hoe men tot de toepassing heeft kunnen besluiten van waterwerktuigen, waaraan zulk een wezenlijk bezwaar verbonden was.

Uit hetgeen destijds bekend is geworden, moet men opmaken dat tot deze toepassing van centrifugaalpompen in 1865 is besloten op last van den minster van binnenlandsche zaken, tot wiens departement ook het beheer van de openbare werken behoorde en die daardoor getoond heeft, dat bij hem dezelfde belangstelling aanwezig was voor zaken van droogmaking, die twee en een halve eeuw vroeger JOHAN VAN OLDENBARNEVELT had gekenmerkt (*). De droogmaking van den Prins-Alexanderpolder is door de invoering van deze nieuwe waterwerktuigen in zekeren zin een tegenhanger van de droogmaking van het Haarlemmermeer, waarbij door koninklijk besluit het vraagstuk van wind- of stoombemaling werd beslist, maar een waardige tegenhanger kan zij niet worden genoemd, omdat het hoofdpunt, namelijk de geschiktheid der centrifugaalpomp voor groote zuighoogten, geheel buiten beschouwing is gebleven. Het is ongetwijfeld eene fout geweest van den minister, die de toepassing dezer nieuwe waterwerktuigen heeft gelast of goedgekeurd, dat hij niet vooraf het vereischte onderzoek verordende voor de meest geschikte inrichting, die daarbij kon verkregen worden en verdere toepassingen van diepliggende centrifugaalpompen, in navolging van die van den Alexanderpolder, zijn dan ook in ons vaderland niet voorgekomen.

(*) *Nederlandsche Spectator*, 20 September 1884. Berichten en mededeelingen. Koninklijke Akademie van Wetenschappen. Vergadering van 8 September 1884. „De heer G. de Vries spreekt over bedijkingen in Noord-Holland en wel meer bijzonder van het Diepsmeer en het Tjarlingermeer, waaruit blijkt dat de nieuwe verbeterde wijs van bedijking, welke men meende in 1596 in de Zijpe voor het eerst aan te treffen, reeds een jaar vroeger bij de hier besproken bedijkingen was aangewend en wel door den grooten Staatsman Johan van Oldenbarnevelt."

Het gebrek der centrifugaalpomp, dat zij ledig zijnde geen water kan opvoeren, werd aanvankelijk overwonnen door de pomp te vullen en om dit te kunnen doen, was dan een voetklep in de zuigpijp noodig, die gedurende de werking overbodig is. Later is hierin op andere wijze voorzien. De firma GWIJNNE heeft bij hare centrifugaalpompen eene pijp met afsluitkraan aangebracht, die de pomp met den condensor der stoommachine verbindt (Plaat XX); men laat de stoommachine eerst werken om luchtledig in den condensor te krijgen en zoodra dit bereikt is, stelt men de pomp in verbinding met den condensor, waardoor het water in de zuigpijp omhoog stijgt. Op het oogenblik, dat het water in het bewegende schoeprad komt, neemt de last voor de stoommachine aanzienlijk toe en deze zou dus plotseling tot stilstand komen, wanneer niet de machinist door grooteren stoomtoevoer in den vermeerderden weerstand voorziet. De pomp daardoor in snellen gang gebracht voert nu niet alleen op tot de volle hoogte, maar ook bijna onmiddellijk met de volle snelheid van afvoer en daarna kan het aantal omwentelingen zooveel verminderd worden, als noodig is om die snelheid van afvoer te verkrijgen welke de voordeeligste werking oplevert. Wordt echter het aantal omwentelingen te veel verminderd dan neemt de afvoer niet evenredig af, maar houdt plotseling op en onbekendheid met deze bijzonderheid is oorzaak geweest, dat het in gang zetten van centrifugaalpompen dikwijls allerlei verrassingen heeft opgeleverd. Deze eigenaardigheid van de centrifugaalpomp werd het eerst in geschrifte aangewezen door Prof. R. ESCHER en is door Prof. W. C. UNWIN in eene zeer belangrijke studie over centrifugaalpompen op zeer duidelijke wijze toegelicht.

Een ander middel om de pomp te vullen bij het begin der werking leveren de zoogenaamde straal-apparaten, die allen op het beginsel door VENTURI ontdekt berusten en waarvan de zoogenaamde GIFFARD-injectors voor de voeding van stoomketels het meest bekend zijn; onder den naam van MORTON's-ejectors worden zij in plaats van condensors gebruikt bij enkele bootmachines en zij doen ook dienst bij de vacuum-remtoestellen voor spoortreinen volgens de stelsels van SMITH, EAMES en SANDERS; bij de centrifugaalpompen zijn zij toegepast door de firma A. NAGEL & KÄMP te Hamburg en door de firma W. H. ALLAN & Co. te Londen. Het eenvoudigste middel zoude ongetwijfeld zijn, door stoom van niet te hooge spanning de lucht uit de pomp te verdrijven, waarna door afkoeling het verlangde luchtledig evenals in de machines van SAVERY en NEWCOMEN van zelf zoude ontstaan.

De werking der centrifugaalpomp door opzuiging levert dus, wat het aanzetten betreft, geen bezwaar meer op; de plaatsing op belangrijke hoogte boven den benedenwaterspiegel is thans algemeen in gebruik gekomen en het voornaamste bezwaar tegen het gebruik dezer werktuigen voor polderbemaling is daardoor geheel weggeruimd. Eene hooge plaatsing van de pomp zou nu het nadeel kunnen opleveren, dat het water onnoodig hoog werd opgevoerd, zoo als ook inderdaad een enkele maal heeft plaats gehad, bijv. bij de vroegere bemaling van de Lutke-Meer. Dit bezwaar wordt voorkomen door de afvoerpijp omlaag te buigen, zoodat zij onder den bovenwaterspiegel uitkomt en den vorm van een hevel aanneemt, waarvan dan ook de naam van „hevel-centrifugalen" is afgeleid.

De meest ingrijpende wijziging der centrifugaalpomp in de laatste jaren is zonder twijfel de directe verbinding van de as der stoommachine met die van de pomp, zoodat beiden een doorloopend geheel vormen; daardoor vervalt de overbrenging van beweging met riemen, die veel plaats vereischt en die door kamwielen, waarbij stooten in meerdere of mindere mate kunnen voorkomen. Door deze nieuwe inrichting wordt ook in een ander opzicht minder ruimte vereischt omdat eene stoommachine, welke direct op een centrifugaalpomp werkt, een groot aantal omwentelingen in de minuut moet maken en dus voor een gegeven vermogen zeer klein uitvalt. De inrichting van het gebouw voor zulk een direct-werkend hevel-centrifugaalgemaal vereischt is zeer eenvoudig, want nu men die zonder bezwaar als zuig- en als perspomp kan gebruiken, heeft men de vrijheid de pomp op die hoogte te stellen welke met de plaatselijke omstandigheden het best overeenkomt.

De algemeene aanleg van deze hevel-centrifugaalgemalen kan in enkele bijzonderheden nog uiteenloopen, zooals door eenige voorbeelden zal worden aangewezen (Plaat XX). De zuigpijp wordt bijna zonder uitzondering zoo kort mogelijk gemaakt en daartoe wordt het op te voeren water door de benedenruimte van het gebouw onder de pomp toegelaten. De perspijp wordt in enkele gevallen door den waterkeerenden dijk gelegd, zooals in het gemaal van de Stadil-fiord, maar de aansluiting van den grond rondom eene ijzeren pijp levert onzekerheid op; deze inrichting wordt dus niet dan bij uitzondering gevolgd en alleen daar, waar de omstandigheden dit noodzakelijk maken. waarvan een centrifugaalgemaal voor het oostelijk deel van den stadspolder bij Dordrecht een voorbeeld is.

Eene andere inrichting voor lage en veranderlijke opvoerhoogte aanbevolen door M. G. COHEN STUART, oud-leerling der Polytechnische school en in de aangewezen plaat als *ontwerp* voorgesteld, levert zeker de meest beknopte inrichting op; de pomp is laag gesteld en loost aan hare onderzijde met een afvoerpijp, die dóór den gebouwmuur loopt en uitkomt beneden de laagste standen van het buitenwater. Eene hevelvormige verlenging van de afvoerpijp wordt alzoo vermeden, maar de pomp staat beneden de hoogste waterstanden; de gebouwmuren moeten dus waterkeerend en waterdicht zijn, welke bezwaren door hoogere plaatsing der pomp en eene hevelvormige afvoerpijp voorkomen worden.

De meest gebruikelijke inrichting is die van de overige figuren op de genoemde plaat, welke twee gemalen voorstellen door den heer J. A. VAN DER KLOES, thans leeraar aan de Polytechnische school, in 1875 en 1881 gebouwd, het eene aan de Mijl voor de waterverversching van Dordrecht en het andere voor de bemaling van een polder dezer gemeente. De zeer uiteenloopende buitenwaterstanden waarbij deze gemalen moeten werken, doen zeer duidelijk het eigenaardig voordeel dezer hevel-centrifugalen uitkomen, namelijk het waterwerktuig zoo hoog te kunnen stellen, dat het geheel watervrij is, terwijl te hooge opvoer door de werking van den hevel voorkomen wordt. Eene beschrijving dezer gemalen vindt men in een der geschriften in de aanteekeningen vermeld, waarnaar dus voor nadere bijzonderheden mag verwezen worden. Behoudens de noodige wijzigingen in verband met meerdere of mindere hoogte van opvoer, grootere of kleinere hoeveelheid van opbrengst en meerdere of mindere afwisseling in binnen- en buitenwaterstanden, is de inrichting der hevel-centrifugaalgemalen, wat de hoofdzaken aangaat, steeds de hier voorgestelde.

Om een denkbeeld te geven van de hoofdafmetingen, die in verschillende gevallen voorkomen, is in de aanteekening eene opgave medegedeeld van een aantal centrifugaalgemalen, waarvoor de werktuigen geleverd zijn door den heer Corn. Bok te 's-Graven-hage, agent van de firma Gwynne & Co. te Londen. Ook andere fabrikanten in Engeland hebben hier te lande hunne agenten, zooals de firma John & Henry Gwynne vertegenwoordigd door de firma W. C. en K. de Witt te Amsterdam en de firma W. H. Allan & Co. vertegenwoordigd door den heer H. P. N. Halbertsma te Rotterdam. Laat hierbij vermeld worden, dat de nederlandsche maatschappij „de Prins van Oranje″ te 's-Graven-hage sedert eenige jaren voor verschillende bemalingen centrifu-gaalpompen met de bijbehoorende machines met goed gevolg heeft ontworpen en uitgevoerd.

Een niet gering voordeel van deze nieuwe werktuigen is, dat zij door de fabrikanten geleverd worden, met waarborg van de vereischte wateropbrengst tot de vereischte hoogte en zelfs van het maximum van brandstofverbruik. De civiel-ingenieur of architect, die zulk een gemaal wil bouwen, heeft dus niet anders te doen dan deze hoofdzaken op te geven en ontvangt daarna van den fabrikant prijsopgaaf met teekening van de ruimte, waarop hij bij het ontwerpen van zijn gebouw moet rekenen. Dit is zonder twijfel een groot gemak, want door de talrijke leveringen kan de fabrikant groote zekerheid bezitten omtrent hetgeen zijne werktuigen kunnen doen en de civiel-ingenieur of architect heeft zonder zich in werktuigkundige vragen te verdiepen, den waarborg, dat de werktuigen van zijn stoomgemaal aan de gestelde eischen vol-komen zullen voldoen. Al deze omstandigheden te zamen maken het zeer verklaarbaar, dat het aantal toepassingen der centrifugaal-pomp bij polderbemaling hier te lande thans reeds zeer groot is en nog steeds toeneemt. De oud-hollandsche waterwerktuigen, het schoprad en de vijzel zullen zeer moeielijk den wedstrijd met

19

deze nieuwe werktuigen kunnen volhouden, want de centrifugaalpomp kan werken bij grooter opvoerhoogten dan het scheprad
en is door de hevelvormige afvoerbuis bruikbaar bij veranderlijke
opvoerhoogten, die de vijzel niet toelaat.

In de goedkeuring, thans algemeen aan de centrifugaalpompen
geschonken, wordt echter niet gedeeld door den heer KOREVAAR
die, bij het groot aantal gemalen door hem gesticht, nog geen
enkele maal centrifugaalpompen gebruikt heeft. De grond, waarop
zijne afkeuring, berust is het naar zijn oordeel geringe nuttig effect
van deze werktuigen en het hooge kolenverbruik, dat daarmede
samengaat. Tot staving dezer meening heeft hij aan het Koninklijk
Instituut van Ingenieurs in eene verhandeling *over de doelmatigste
wateropvoeringswerktuigen voor polderbemaling*, de volgende vergelijkende cijfers overgelegd omtrent de nuttige uitwerking van
verschillende waterwerktuigen in verhouding tot het vermogen
door de stoommachine volgens den indicateur geleverd:

Zuig-perspompen	Schepraderen	Centrifugaalpompen
0.7	0.67	0.45

Voorts heeft hij voor verschillende polders het kolenverbruik
in een zelfde seizoen nagegaan en dit ter vergelijking herleid,
tot hetgeen in die verschillende polders vereischt wordt voor de
bemaling van 1 H.A. bij 1 M. opvoerhoogte. Deze cijfers zijn,
voor het seizoen 1880—1881 van September tot Mei, de volgende:

Zuig-perspompen	Schepraderen	Centrifugaalpompen
1 05 H.L.	1.06 H.L.	1.77 H.L.

De eerste dezer opgaven is weersproken door den heer L. EXALTO,
die van meening is, dat de ervaring in den Zuidplaspolder,
thans bemalen door twee scheprad- en twee centrifugaal-gemalen,
ten gunste spreekt van de laatsten boven de eersten; doch de
heer KOREVAAR heeft deze meening wederlegd en aangewezen,
dat de schepraderen niet bij de centrifugaalpompen achterstaan ten
opzichte van het brandstofverbruik.

De tweede opgave heeft den heer CUPPARI aanleiding gegeven
tot de opmerking, dat het steenkolenverbruik, berekend per

H.A. 1 M. hoog, te zeer afhankelijk is van nevenomstandigheden zooals de grootte van den polder, de kwel enz., om als maatstaf van vergelijking te kunnen dienen. Als voorbeeld werd daarbij vermeld, dat het gemiddelde verbruik over de jaren 1862—1867 in den Haarlemmermeerpolder slechts 0.66 H.L. over het geheele jaar bedraagt en dus nog veel lager is dan het gunstigste cijfer, door den heer KOREVAAR gevonden. De hulde door deze mededeeling van een buitenlandsch ingenieur aan de bemaling van den Haarlemmermeerpolder gebracht, nadat zij veertig jaren dienst heeft gedaan, is zeker zeer opmerkelijk.

Maar daarnevens zijn door den heer CUPPARI cijfers medegedeeld, die hier te lande onbekend waren gebleven en in onmiddellijk verband staan met het onderwerp dat in dit hoofdstuk behandeld wordt. Bij de bemaling van den Bullewijkerpolder, in 1881 door den heer A. ELINK STERK ingericht met eene centrifugaalpomp van J. en H. GWYNNE, is een kolenverbruik bereikt van 2.37 KG. per paardekracht opgevoerd water, terwijl dit vermogen 0.583—0.587 bedroeg van het vermogen volgens den indicateur. Deze verhouding is gunstiger dan die door den heer KOREVAAR voor andere centrifugaalpompen gevonden en de ingelanden kunnen met deze bemaling wat het brandstofverbruik aangaat tevreden zijn. Maar voor de beoordeeling van de centrifugaalpomp als waterwerktuig vergete men niet, dat de genoemde cijfers verkregen zijn bij eene groote opvoerhoogte van 4.42 M. en bij onveranderlijken buitenwaterstand, beide omstandigheden die voor het verkrijgen van gunstige uitkomsten zeer bevorderlijk zijn. Wanneer in zulk een geval geen lager cijfer verkregen werd dan 2.37 KG. terwijl het volkomen zeker is, dat onder minder gunstige omstandigheden een hooger kolenverbruik moet verwacht worden, zoo is daarmede een betrouwbare maatstaf voor de beoordeeling van de centrifugaalpomp aangegeven.

Blijkens de opgaven in vorige hoofdstukken medegedeeld, is door den heer KOREVAAR een brandstofverbruik bereikt van 3 KG. met vijzels, van 2.47 KG. met schepraderen en van 2.48 KG. met zuig-perspompen, maar dit zijn gemiddelden, terwijl het straks vermelde cijfer van 2.37 KG. voor de centrifugaalpomp alleen in één bijzonder geval bij hoogen opvoer verkregen is.

Het brandstofverbruik van de centrifugaalpompen in den Prins-Alexanderpolder bedraagt 2.9 K.G.; dat van het stoomgemaal aan de Mijl, den 11den Maart 1876 beproefd bedroeg, voor een der pompen 3.1 KG. en voor twee andere 3.41 KG.; de centrifugaalgemalen van den Legmeer, den Zuidplas, de Beemster, de Purmer en Duiveland gebruiken, blijkens de opgaven door den heer CUPPARI verzameld, allen 3 KG. of meer per paardekracht opgevoerd water en de slotsom, die hieruit te trekken valt, is vrij duidelijk.

De centrifugaalpomp biedt dezelfde voordeelen aan als de oud-hollandsche waterwerktuigen, het scheprad en de vijzel, namelijk ronddraaiende beweging en afwezigheid van kleppen; zij heeft boven deze werktuigen voor, bruikbaar te zijn onder alle omstandigheden zoowel van groote en kleine als veranderlijke opvoerhoogte; zij is daardoor zeer geschikt om de oud-hollandsche waterwerktuigen te vervangen, maar heeft deze in matig kolenverbruik niet overtroffen en staat in dit opzicht niet hooger dan de zuig-perspomp, die even als zij bruikbaar is bij zeer uiteenloopende en veranderlijke opvoerhoogten.

De vraag blijft echter nog te beantwoorden, of de centrifugaalpomp die in ons land wordt gebruikt, wellicht voor verbetering vatbaar is en of daardoor een zooveel lager kolenverbruik kan worden bereikt, dat zij in de toekomst blijken zal het meest geschikte waterwerktuig te zijn; daarnevens doet zich eene andere vraag op namelijk, of de centrifugaalpomp bij lage en bij veranderlijke opvoerhoogte met voordeel te gebruiken is? Aan de beantwoording dezer vragen is het laatste deel van dit hoofdstuk gewijd.

De hoogte waartoe eene centrifugaalpomp het water kan opvoeren hangt, bij gegeven middellijn van het scheprad af, van het aantal omwentelingen per tijdseenheid, dat daaraan gegeven wordt; door dit aantal te vergrooten kan zij, zooals ook PAPIN beweerde, voor willekeurig groote hoogten van opvoer dienen. In werkelijkheid bereikt men echter spoedig eene grens, waarbij het vereischte aantal omwentelingen zoo groot wordt, dat het in technischen zin onbereikbaar is. Bij de hierboven vermelde centri-

fugaalpompen voor de waterleiding aan het Nieuwe-Diep en voor
den Prins-Alexander-polder is het aantal omwentelingen reeds zoo
aanzienlijk, dat eene directe verbinding met de stoommachine daarbij
niet voorkwam.

In de laatste jaren zijn verschillende typen van zeer snel loopende
stoommachines in het leven geroepen, voornamelijk tot het bewegen van de werktuigen ten dienste der electrische verlichting
en thans zijn stoomwerktuigen te krijgen, volgens de stelsels van
BROTHERHOOD, WESTINGHOUSE, CHANDLER en anderen, die 300
tot 1200 omwentelingen per minuut maken. Ook zijn er kleine
stoommachines volgens de gewone inrichting, die gebruikt worden
voor het drijven van de ventilators in torpedo-booten en 900
omwentelingen per minuut maken, terwijl een aantal van 1700
per minuut met een klein werktuig van deze soort bereikt is (*).
Al deze typen dagteekenen echter van de allerlaatste jaren en de
stoommachines, welke directwerkende centrifugaalpompen drijven,
maken over het algemeen geen grooter aantal omwentelingen
per minuut dan 100—150, zooals men zien kan uit de opgaaf
in de aanteekeningen bij dit hoofdstuk.

Dit aantal omwentelingen is niet grooter dan reeds langen tijd
bij de locomotieven was toegepast en zoude dus ook bij centrifugaalpompen, indien hoogdruk-stoomwerktuigen zonder condensatie
daarvoor voldoende waren, geene andere bezwaren opleveren dan
de eisch van goed toezicht en wellicht eenig meerder verbruik
van smeermiddelen. Bij directwerkende centrifugaal-pompen worden
echter zeer terecht stoomwerktuigen met condensatie gebruikt,
zoowel met het oog op lager kolenverbruik als om het vullen
der pomp bij het begin der werking mogelijk te maken. De
luchtpomp, die ter vereenvoudiging direct door den stoomzuiger
gedreven wordt, moet alzoo een even groot aantal slagen per
minuut maken en dat dit thans met goed gevolg geschiedt, is
eensdeels aan de invoering van de india-rubberkleppen, maar in
hoofdzaak te danken aan de wijzigingen in de inrichting van

(*) Engineering series. Recent practice in Marine Engineering by William H.
Maw; partially reprinted from „Engineering". London, Offices of Engineering, pag 4,
Fan Engine for Messrs. J. Thornycroft and Co first class torpedo boats

condensors en luchtpompen, het eerst toegepast bij eene machine ingezonden door ALLAN op de wereld-tentoonstelling te Parijs in 1867.

De geheele inrichting der direct-werkende hevel-centrifugalen is een kunstwerk op het gebied der werktuigbouwkunde, dat in vele opzichten den hoogsten lof verdient, want door den snellen gang der machine werkt, bij groote uitzetting van den stoom, de invloed der heen- en weergaande massa's ten gunste der regelmatigheid van gang en deze wordt nog verhoogd, omdat het met water gevulde schoeprad de rol van jachtwiel vervult.

De beperking van het aantal omwentelingen tot 100 of 150 per minuut, heeft echter aanzienlijke wijziging in de inrichting en de afmetingen van het werktuig ten gevolge gehad. Om bij dit aantal omwentelingen, door de werking der middelpuntvliedende kracht, een genoegzamen druk te ontwikkelen was men verplicht de middellijn van het schoeprad te vergrooten en in sommige gevallen is men daarmede zeer ver gegaan, zoo als in eene pomp door J. THOMSON ontworpen en op het eiland Barbados geplaatst, waarin het schoeprad eene middellijn van 16 Eng. vt. heeft. Hoewel dit nu tot de uitzonderingen behoort, is toch een bezoek aan een van de centrifugaalgemalen uit den laatsten tijd voldoende om zich te overtuigen dat het kleine volumen, vroeger als het voornaamste voordeel der centrifugalen beschouwd, thans veel minder op den voorgrond treedt.

Niettegenstaande deze vergrooting van afmetingen bedraagt de snelheid van het water in de toe- en afvoerbuizen somtijds 3 M., zelden minder dan 2 M. en zoo goed als nimmer 1 M. per secunde. Het is duidelijk dat, wanneer andere werktuigen werden ingericht met zulke snelheden in de toe- en afvoerkanalen, ook daarbij de afmetingen kleiner dan thans het geval is zouden uitvallen. Bij verreweg de meeste waterwerktuigen — de zoogenaamde roteerende pompen wellicht uitgezonderd, die voor de groote hoeveelheden van opbrengst bij bemalingen vereischt, niet geschikt zijn — kan men zulke snelheden in de toe- en afvoerkanalen echter niet goed bereiken. In dit opzicht neemt dus de centrifugaalpomp eene geheel eigenaardige plaats in en wanneer groote hoeveelheden in zeer korten tijd moeten worden afgevoerd, bijv. bij het ontledigen van droge dokken (*), is die groote snelheid van afvoer een bepaald voordeel, omdat met toe- en afvoerbuizen van betrekkelijk kleine middellijn het doel kan worden bereikt. In deze gevallen is ook de gemiddelde hoogte van opvoer vrij groot en dus de arbeid, noodig voor het mededeelen der groote snelheid van afvoer, klein in vergelijking van den arbeid, die voor den opvoer vereischt wordt.

Bij de toepassing van centrifugaalpompen op boezembemaling zouden de omstandigheden omgekeerd zijn. Aanzienlijke hoeveelheden water moeten dan dikwijls dagen achtereen worden geloosd bij afwisselende, maar somtijds geringe opvoerhoogten en wanneer aan die groote massa groote snelheid wordt medegedeeld, gaat daarbij eene aanzienlijke hoeveelheid arbeid verloren. Dit is met groote duidelijkheid uiteengezet door dr. J. P. DELPRAT in eene hoogst belangrijke studie over de werking van het stoom-schepradgemaal te Steenenhoek, (†) waarvan de voornaamste uitkomsten in afgeronde cijfers hier volgen:

Hoogte van opvoer.	Arbeid voor den opvoer.	Arbeid voor mededeeling van snelheid.	Totale arbeid
M.	PK.	PK.	PK.
0.1	3	69	72
0.2	7.5	70	77.5
0.3	11.5	72	83.5
0.4	13	42	55
0.6	23	68	91
0.8	17	39	56
0.10	38	69	107
0.15	54	64	118
0.20	78	70	148
0.40	92	41	133
0.53	130	20	150

(*) Zie o. a.: Engineering 4 Julij 1884, pag. 12, Centrifugal pumping engine at the international Health-Exhibition constructed by Messrs. Simpson & Co. Engineers, London.

(†) Koninklijk Instituut van Ingenieurs. Notulen der vergadering van 11 Februari 1868. Bijlage 16. Bladz. 149—158.

Men ziet met een oogopslag, dat bij geringe hoogte van opvoer een naar verhouding zeer groot arbeidsvermogen verbruikt wordt om aan het water de afvoersnelheid mede te deelen, die hier gemiddeld niet meer dan 2 M. per secunde bedroeg en men begrijpt gemakkelijk, dat dit arbeidsvermogen voordeeliger kan gebruikt worden door het opgevoerde water met geringere snelheid te loozen. Met hetzelfde arbeidsvermogen zoude in denzelfden tijd een grooter aantal kubiek meters weggevoerd en dus het boezempeil des te spoediger verlaagd kunnen zijn, wat toch de hoofdzaak is, waarop het bij de bemaling aankomt.

Voor boezembemaling bij geringe hoogte van opvoer zouden centrifugaalpompen werkende met eene afvoersnelheid van 2 M. of meer, zeker onvoordeelig zijn en het schijnt wel, dat dit hier te lande ook zoo begrepen wordt. Voor het boezemgemaal te Katwijk waren in de „Nadere Adviezen van 1871" centrifugaalpompen voorgesteld; in 1876 werden centrifugaalpompen geplaatst in den Zuidplaspolder, welks bestuur leden telde, die ook stem hadden in het beheer van Rijnland; en in 1879 werd voor het gemaal te Katwijk de keus gevestigd op schepraderen. De direct-werkende hevelcentrifugalen zouden ongetwijfeid enkele voordeelen gehad hebben boven schepraderen, maar de groote snelheid van afvoer daarbij gebruikelijk zoude de werking onvoordeelig ge-maakt hebben bij de lage opvoerhoogten, die hier voorkomen omdat het gemaal bestemd was om ook gedurende de eb te werken.

Door de bijzondere omstandigheden van het gemaal te Katwijk zouden centrifugaalpompen, indien die gekozen waren, ook bij zeer veranderlijke waterstanden hebben moeten werken en een van de belangrijkste vragen ten opzichte dier werktuigen is wel deze, of zij bij veranderlijke opvoerhoogten bruikbaar en voordeelig zijn?

Omtrent het eerste punt kan geen twijfel bestaan; door ver-grooting van het aantal omwentelingen kan niet alleen bij ge-geven opvoerhoogte de hoeveelheid van afvoer worden vergroot maar ook eene bepaalde hoeveelheid tot grooter hoogte worden opgevoerd. Deze eigenschap is de hoofdgrond geweest van aanbeveling dezer werktffigen voor polderbemaling, na hare eerste verschijning op de wereldtentoonstelling van 1851. Bij nadere overweging is echter ingezien, dat deze eigenschap alleen dan waarde had, als het nuttig effect van de pomp onder die verschillende omstandigheden ongeveer gelijk bleef, of althans niet te laag werd.

Door verschillende schrijvers zijn de voorwaarden gezocht, die vervuld moeten worden om aan dezen eisch te voldoen; de reeds genoemde studie van Prof. W. C. UNWIN in de aanteekeningen nader vermeld, geeft omtrent dit punt alle gewenschte inlichtingen en daarnaar mag dus worden verwezen. Dit onderzoek nu heeft geleerd dat men, door de schoepen in terugwaartschen zin der beweging zoo om te buigen dat de richting van hare uiteinden zeer weinig afwijkt van die van den omtrek van het schoeprad, eene inrichting kan verkrijgen, waardoor de pomp geschikt wordt om te werken bij veranderlijke hoogte van opvoer met behoud van een behoorlijk nuttig effect en waarbij tevens de hoeveelheid van afvoer betrekkelijk weinig behoeft uiteen te loopen. Door deze zeer gekromde schoepen wordt echter de grootte der uitstroomingsopeningen aan den omtrek van het rad verkleind en om hierin te voorzien, moet voor eene gegeven hoeveelheid van opbrengst de middellijn of de breedte van het schoeprad worden vergroot. Dit is waarschijnlijk de reden, waarom de schoepvorm, die voor de genoemde voorwaarden vereischt wordt, hier te lande meestal niet wordt aangetroffen.

De schoepen in de pompen der firma's GWYNNE zijn meerendeels voor het binnengedeelte recht en alleen aan de uiteinden omgebogen, hetgeen belangrijk verschilt met den vorm, welke door genoemde schrijvers wordt aanbevolen. Hoewel men dit nergens vindt aangewezen, kan het echter zijn dat de schoepen, wier binneneinde voor een gedeelte recht is, het in gang zetten der pomp bij het begin der werking vergemakkelijken en haar ook meer geschikt maken om niet enkel voor veranderlijke hoogte van opvoer maar ook voor veranderlijke hoeveelheid van opbrengst te dienen; aan deze beide voordeelen wordt dan het verkrijgen van het maximum van nuttig effect eenigermate opgeofferd.

Wat in ieder geval vaststaat is, dat een maximum van nuttig effect, bij gegeven hoogte van opvoer en hoeveelheid van op-brengst, een bepaalden schoepvorm eischt en dat, bij verandering in een dezer beiden, het nuttig effect met een bepaalden schoep-vorm niet hetzelfde en dus ook geen maximum kan blijven. Deze bijzonderheid vermindert de bruikbaarheid van de centri-fugaalpomp voor afwisselende omstandigheden; zij ontneemt haar een van de voordeelen op grond waarvan zij, voor het boven-gemaal van den Zuidplaspolder dat op den IJsel loost, was aanbevolen en rechtvaardigt tevens dat van hare toepassing bij het gemaal van Katwijk is afgezien.

Er bestaat echter een middel om aan de centrifugaalpomp, ook bij gebruik van veel minder sterk gekromde schoepen dan waar-van boven sprake was, eene voordeelige werking te verzekeren. Dit middel is een gewijzigde toepassing van hetgeen vroeger onder den naam van *"Boyden's diffuser"* (*) bij turbines was toegepast. Onder den naam van *"whirlpool-chamber"* is de toepassing van eene in beginsel gelijksoortige inrichting op centrifugaalpompen voorgesteld en uitgevoerd, door J. Thomson in Engeland, ter-wijl zij ook in 1877 door den ing. Decoeur in Frankrijk ont-worpen en beschreven werd. Men laat het schoeprad, dat bij deze inrichting zelfs rechte radiale schoepen hebben kan, loozen in eene ruimte gevormd door twee vlakke evenwijdige ringvormige schijven, die rondom het schoeprad worden aangebracht. Het water, dat het schoeprad met groote snelheid verlaat, stroomt van den binnenomtrek dezer ringvormige ruimte naar den zooveel grooteren buitenomtrek, verliest daardoor een deel van zijne snelheid, die als meerdere drukhoogte teruggekregen wordt en komt daarna in de spiraalvormige ruimte, die de *"whirlpool-chamber"* omgeeft en naar de afvoerbuis leidt. De voordeelen dezer inrichting zijn uitvoerig aangewezen door Prof. W. C. Unwin, die eene toepassing daarvan vermeldt in de vroeger reeds genoemde centrifugaalpomp van

---

(*) Lehrbuch der Ingenieur- und Maschinen-Mechanik, von Julius Weisbach. Zweiter Theil. Dritte Auflage. Braunschweig, F. Vieweg u. Sohn. 1857. S. 601, fig. 486.

J. Thomson te Barbados, waarvan het schoeprad eene middellijn had van 16 Eng. voet, terwijl de buitenmiddellijn van de "whirlpool-chamber" 32 Eng. voet is. Men ziet gemakkelijk in, dat langs dezen weg de centrifugaalpomp, die aanvankelijk om hare beperkte afmetingen werd aanbevolen eene grootte verkrijgt, welke die van groote schepraderen nabij komt. De toepassing van deze inrichting zoude echter het rechte middel zijn om de centrifugaalpomp geschikt te maken voor het gebruik bij lage en ook bij veranderlijke opvoerhoogten, doch zij komt hier te lande niet voor.

Op grond van het medegedeelde kan nu veilig worden beweerd, dat het gebruik van de gewone centrifugaalpomp, zooals die hier te lande voorkomt, met het oog op matig brandstofverbruik niet mag aanbevolen worden in gevallen van geringe en van veranderlijke opvoerhoogten. Tot besluit van dit hoofdstuk moeten nu nog in het kort worden vermeld de middelen die kunnen dienen om, bij groote en nagenoeg standvastige opvoerhoogte, aan de centrifugaalpomp een zoo groot mogelijk nuttig effect te verzekeren.

Ter geleiding van het water dat in het schoeprad stroomt, kan men vaste leischoepen aanbrengen, evenals dit bij de turbines geschiedt; men vindt daarvan een voorbeeld in eene pomp ontworpen door den ing. A. Harant in Frankrijk, doch die toepassing komt zelden voor. Ook kan men leischoepen aanbrengen rondom het schoeprad, tot leiding van het water dat het rad verlaat en daarvan is eene toepassing gemaakt in de reeds genoemde pomp van J. Thomson, alwaar de leischoepen verstelbaar waren om te voorzien in de verschillende omstandigheden, waaronder de pomp moest werken. Deze verstelbaarheid maakt de inrichting natuurlijk eenigszins omslachtiger en laat men die weg, dan werken leischoepen hetzij binnen of buiten aangebracht nadeelig, wanneer de pomp door verandering in opvoerhoogte of hoeveelheid van opbrengst met gewijzigde snelheid moet werken; vandaar dat vaste leischoepen in den regel niet voorkomen en ook niet dienen kunnen om de centrifugaalpomp meer geschikt te maken voor veranderlijke opvoerhoogte.

Eene verbetering reeds in 1858 aangegeven door P. Rittinger bestaat in de regelmatige verwijding der afvoerbuizen van de pomp af naar het uiteinde, waardoor het water, bij groote snelheid in de pomp, met geringe snelheid in het afvoerkanaal wordt geloosd, terwijl de vermindering in snelheid eene overeenkomstige winst in drukhoogte geeft. Deze regelmatige verwijding der afvoer- buizen is hier te lande, doch in zeer beperkte mate, toegepast, onder anderen bij de centrifugaalpompen van den Zuidplaspolder. Dit middel is bruikbaar niet alleen bij centrifugaalpompen maar bij alle waterwerktuigen, die het water door een rondom gesloten opleider, dat is dus door buizen opvoeren; eene toepassing daar- van bij dubbelwerkende zuig-perspompen, zal in het volgende hoofdstuk worden vermeld. Bij waterwerktuigen die, zooals het scheprad en de vijzel, het water door eene aan de bovenzijde open ruimte opvoeren, kan daarvan geen gebruik worden gemaakt; de snelheid waarmede deze het water opvoeren is ook die van afvoer en wanneer de snelheid van het waterwerktuig groot is, dan is ook de verbruikte arbeid aanzienlijk, zoo als door het voorbeeld van het gemaal te Steenenhoek duidelijk blijkt.

Het meest afdoende middel om de nuttige werking van de centrifugaalpomp te verhoogen is beperking van de omtreksnelheid van het schoeprad; aangezien deze door de opvoerhoogte wordt bepaald, kan, wanneer deze gegeven is, door opmaling in ver- deelde en dus kleinere opvoerhoogte het doel schijnbaar worden be- reikt. Van deze inrichting vindt men hier te lande een voorbeeld in den Zuidplaspolder, waar in 1876 de toen aldaar nog bestaande wind- molens vervangen werden door twee centrifugaalgemalen, een van welke het water opvoert uit den polder in een tusschenboezem, terwijl het andere als bovengemaal het water uit dien boezem in den IJsel loost. Het is echter duidelijk, dat men daarbij het nadeel heeft twee stoomgemalen met het vereischte personeel te moeten onder- houden, hetgeen natuurlijk de kosten verhoogt, dat men langs dien weg terugkomt in het gebrek van onze vroegere watermolens, die ook in verdeelde opvoerhoogten werkten en dat het voordeel van opvoer in eens over de volle hoogte verloren gaat.

Om nu bij groote en toch onverdeelde opvoerhoogte het voor- deel van eene matige omtreksnelheid te behouden, zijn door Périgault in Frankrijk gekoppelde centrifugaalpompen voorgesteld., die in 1868 door den ing. DURAND-CLAYE te Parijs zijn toegepast en in 1873 door hem werden beschreven. Deze bestaan uit twee centrifugaalpompen naast elkander geplaatst en zoo ingericht, dat de afvoerbuis van de eene toevoerbuis voor de andere is; een zelfde as draagt voor beide pompen de schoepraderen die rechte schoepen hebben. Met deze inrichting zijn proeven genomen ter vergelijking met de gewone centrifugaalpomp, waarvan de uitkomsten hier volgen:

	Gewone centr. pomp volgens berekening.	Gekoppelde centr. pomp volgens berekening.	Gekoppelde centr. pomp volgens waarneming.
Opvoerhoogte	15 M.	15 M.	15.31 M.
Omtreksnelheid schoeprad	17.154 M.	12.138 M.	12.239 M.
Nuttig effect	0.507	0.676	0.63

Deze cijfers wijzen zonder twijfel op de vermindering in arbeidsverliezen door kleiner omtreksnelheid te verkrijgen, maar de aanwinst is niet zeer groot en daartegenover staat de meer samengestelde inrichting, die zeker wel de hoofdoorzaak is dat daarvan hier te lande geen gebruik wordt gemaakt. Eene andere inrichting van gekoppelde centrifugaalpompen, voorgesteld door GWYNNE en een latere wijziging daarvan, ontworpen door GIRARD in Frankrijk, zijn beschreven in het bekende werk van A. MORIN. In beiden komen een aantal schoepraderen voor, allen boven elkander op eene verticale as bevestigd en bevat in één gezamenlijke pompkamer, die door horizontale tusschenwanden verdeeld is in afzonderlijke ruimten, welke door centrale openingen onderling in gemeenschap staan. De proefneming met de inrichting van GIRARD wees echter een zeer gering nuttig effect aan, zoodat in deze richting geen verbetering te verkrijgen is.

De algemeene uitkomst van de beschouwingen in dit hoofdstuk vervat is, dit moet worden erkend, niet gunstig voor centrifugaalpompen, doch daarvoor zijn zeer gegronde redenen. Het is toch een vertrouwbare regel in de werktuigkunde, dat de minste arbeidsverliezen worden ondervonden wanneer de overbrenging

der beweging op de meest eenvoudige wijze geschiedt en dit
heeft wel in schijn, maar niet in werkelijkheid plaats bij de
centrifugaalpomp. De toepassing van de middelpuntvliedende kracht,
waarop dit werktuig berust, vereischt voor het schoeprad groote
omtreksnelheid, die menigmaal 10 M. of meer per seconde bedraagt Om nu het water met eene matige snelheid uit het
schoeprad te voeren, worden de schoepen in teruggaanden zin
der beweging gekromd; daardoor moet het water in tegengestelden
zin van de omdraaiing het schoeprad doorloopen en ook dit geschiedt met groote snelheid. Langs dezen weg verkrijgt men,
met een genoegzamen druk om de opvoerhoogte te overwinnen,
eene matige snelheid van afvoer, die echter bij centrifugaalpompen
meestal nog twee meter per seconde bedraagt. Het is blijkbaar
dat hier een omweg gemaakt wordt en dit is bij de oplossing
van een werktuigkundig vraagstuk een nadeel, dat men zich
alleen dan getroosten moet, wanneer daarvoor bepaalde redenen
aanwezig zijn

Als lenspomp op stoomschepen (*) is de centrifugaalpomp on-
waardeerbaar; zelfs bij een aanzienlijk lek kan het schip gered
worden, wanneer men over een of meer centrifugaalpompen beschikt, waarvoor de ketels der stoommachine in ruime mate den
vereischten stoom kunnen leveren. Zuinig kolenverbruik komt
dan niet ter sprake, redding van het vaartuig is de hoofdzaak
en het meevoeren van een voldoend aantal dezer werktuigen, die
eene betrekkelijk geringe plaats innemen, behoorde voor elk groot
stoomschip tot een onvermijdelijke plicht te worden gemaakt.

Voor polderbemaling zijn de omstandigheden geheel anders.
Het bebouwen van land, gelegen eenige meters beneden den
waterspiegel, is in ons land een noodzakelijk kwaad en de hoofdzaak
moet wezen om dit kwaad met de minste kosten op te heffen.
Besparing in het kolenverbruik, dat jaarlijks terugkomt, is daarbij
de hoofdeisch waarop gelet moet worden en de wedstrijd op dit
gebied, die door de stichting der Haarlemmermeer-machines geopend

---

(*) Zie o. a.: Engineering 14 November 1884, pag. 443. Centrifugal pumping
engines for the S. S „Umbria". Constructed by Messrs. W. H Allen & en Co.,
Engineers, London.

werd, is nog niet gesloten. De beteekenis van dezen wedstrijd komt minder op den voorgrond, zoolang nog alleen het vervangen van windbemaling door toepassing van stoom aan de orde is, want zelfs eene minder volkomen stoombemaling is, door de zekerheid van waterafvoer die zij in alle omstandigheden verschaft, verre boven de hulp van windmolens te verkiezen.

Ook de wedstrijd tusschen de centrifugaalpomp en de oud-hollandsche waterwerktuigen, het scheprad en den vijzel, is hier niet de hoofdzaak, want om tal van redenen is het op zich zelf duidelijk genoeg en de ervaring bevestigt het ook, dat pompen in het algemeen voordeelen aanbieden die, bij behoorlijke inrichting, een lager brandstofverbruik moeten verzekeren. Geeft men den naam van pompen aan alle toestellen, waarin het water door een rondom gesloten opleider wordt opgevoerd, dan kan men het voordeel van deze klasse van werktuigen in weinig woorden uitdrukken door de uitspraak van SIMON STEVIN: *Het water niet hooger te trecken dant noodich is, dit doen pompen best.* (*).

Eerst dan verkrijgt dit vraagstuk zijne volle beteekenis, wanneer men de verschillende soorten van pompen onderling gaat vergelijken en hetgeen in dit hoofdstuk is medegedeeld zal wellicht medewerken om de overtuiging te vestigen, dat de voorrang doorgaans aan centrifugaalpompen toegekend volstrekt niet onbetwistbaar is. Als dit is vastgesteld wordt het de vraag, of onder de talrijke vormen, die men aan pompen kan geven, er geene te vinden zijn die, wat de nuttige uitwerking aangaat, de centrifugaalpomp overtreffen en dus als verkieselijk moeten worden beschouwd. Aan de beantwoording van deze vraag zijn de twee volgende hoofdstukken gewijd.

(*) Wisconstich filosofisch bedrijf, van Hendrik Stevin, Heer van Alphen, van Schrevelsrecht, etc. Begrepen in veertien boeken. Tot Leijden. Gedrukt bij Philips de Cro-Y, in 't Jaer 1667. X Boec, van den handel der watermolens onses Vaders Simon Stevin Bladz. 84.

„'t Is onnodich het water eerst te brengen recht op in een buyse, en daer na weerom te doen dalen, gelyc gedaen wort, want dat is meerder cost sonder voordeel."

„Het water niet hooger te trecken dant noodich is, dit doen Pompen best."

AANTEEKENINGEN.

Opgaven betreffende stoomgemalen met direct-werkende hevel-centrifugaalpompen van Gwynne en Co. te Londen.

	Opvoer-hoogte. M.	Midd. schoeprad. M.	Aantal omwent. per min.	Opbrengst per min. (*) M³.	Midd. toevoer-openingen.	Aantal pompen.
Mijdrecht	6.5	1.93	125	50	0.84	1
Beemster	5.	2.2	100	70	0.915	4
Wassenaar	5.	1.98	102	30	0.56	2
Bethune	4.5	—	110	65	0.915	2
Zaidplaspolder . . .	4.	1.88	100	72	0.915	4
Nieuwlandenheerbroek	4.	—	100	65	0.915	2
Alphen	4.	—	100	45	0.915	1
Lekkerkerk	3.6	2.	85	76	0.915	1
Stolwijk	3.	1.93	85	85	1.02	2
Munnikenland . . .	3.	—	130	40	0.61	1
Zuilichem	3.	1.22	150	30	0.51	1
Velperbroek	3.	1.22	150	30	0.51	1
Stein	2.15	1.43	95	40	0.68	1
Schipluiden	2.1	1.43	100	45	0.68	1
Dordrecht	2.	1.88	110	40	0.61	1
┃	2.	1.38	110	28	0.51	1
┃	2.	1.22	110	15	0.38	1
Stormpolder . . .	2.	0.6	200	15	0.3	1
Oude en Nieuwe Broek-						
polder	1.40	—	85	80	0.99	1
Emmen	1.25	0.75	140	25	0.38	1

Geschriften betreffende de centrifugaalpomp en aanverwante werktuigen.

Rotatilis Sector & Pressor Hassiacus (Das Hessische Saug- und Druck-Werck). Acta Eruditorum Lipsiae 1689.

Recueil des Diverses Pièces touchant quelques nouvelles Machines, par D. Papin. Cassel 1695 8°. (Hessische Pumpe.)

J. Leupold und J. M. Beijer. Theatrum machinarum. Leipzig 1724 –1735. 5 Bde Band III. Theatrum machinarum Hydraulicarum. oder Schauplatz der Wasser-Künste. 1724—1725 Tomus I S. 126—130. § 336. Tab. XLVIII fig. I—VII.

Recueil des machines approuvées par l'Académie des Sciences de Paris, depuis 1666 jusqu'en 1734. 7 vol. Tome Sixième, depuis 1733 jusqu'en 1734, Paris 1735. pag. 11 et 13. Le Demour . Machine pour élever de l'eau par une force centrifuge.

Memorien der Berliner Akademie der Wissenschaften für 1752. L. Euler.

Uitvoerige en nauwkeurige verhandeling van de verbeterde geoctrooyeerde Tregter-molen door Jacob Groenewegen. 's Gravenhage 1763. (Dit werktuig was een wij-ziging van een soortgelijke inrigting van 's Gravesande, beproefd bij Oudshoorn en Woubrugge en oorspronkelijk uitgevonden door Fahrenheit)

Lehrbuch der Hydraulik mit beständiger Rücksicht auf die Erfahrung. Von Karl Christian Langsdorf. Altenburg. 1794. S. 352. Taf. XVII, fig. 105. Neue Saug-Schwungmaschine.

Werktuig- en Wiskundige verhandelingen, uitgegeven door de Bataafsche Maat-schappij der wetenschappen te Haarlem. Te Amsterdam, bij Johannes Allart. 1802. Bladz. 28. Pl. II. Theorie en Beschrijving van een nieuw uitgevonden scheprad-watermolen, met een liggend scheprad, door Reinhard Woltman, Directeur der Waterwerken te Cuxhaven, uit het Hoogduitsch vertaald door C. Brunings Junior. (Verticale turbine zonder leischoepen.)

Het leggend waterrad door Dr. Cornelis Peereboom met plaaten voor reekening van den Auteur en te bekomen bij Age Volkerse, Boekverkooper te Monnickendam. 1808.

Traité élémentaire des Machines par M. Hachette. Seconde édition. Paris 1819. pag. 136. pl. 4, fig. 5. Machine à force centrifuge de Girard.

Polytechnisches Journal herausgegeben von Dr. J. G. Dingler und Dr. E. M. Dingler. Bd. 81. Jahrgang 1841. Ueber die zweckmässige Construction und einige nützliche Anwendungen der Ventilatoren oder Windflügel; von Hrn. Alexander v. Sabloukoff. mit Abb. auf Taf. I. Anwendung der Ventilatoren zum Heben von Flüssigkeiten. (Bearbeitet nach dem „Mémoire concernant quelques applications et la con-struction des machines généralement connues sous le nom de ventilateurs ou tarares et l'application nouvelle du principe pour le déplacement des corps liquides, par Alexandre de Sabloukoff, lieutenant général du corps des ingénieurs des mines en Russie etc. Paris 1841, und nach der Abhandlung des Hrn. Verfassers im Annuaire du Journal des Mines de Russie, Jahrgang 1836, S. 162.)

Bouwkundige leercursus ten gebruike der Kon. Mil. Akad. Handleiding tot de kennis der waterbouwkunde voor de kadetten van den Waterstaat en der Genie door D. J. Storm Buysing, Ingenieur 1e klasse van 's Rijks Waterstaat. Breda Broese & Co. 1844—1845. Bladz. 435—487. Het leggend waterrad van H. Verdonk (*), van Van der Meulen (†) en de staande vijzel (§).

Beschrijving van het water-opvoeringswerktuig, genaamd perpendiculaire trechter-vijzel of waterbraker door Pieter Faddegon Pz., werktuigkundige te Amersfoort

(*) Algemeene Konst- en Letterbode 1841 N°. 7 en 10; 1845 N°. 17.

(†) Idem 1841 N°. 21.

(§) Een staande vijzel van geheel nieuwe inrigting met gelijke boven- en beneden middellijn werd niet langen tijd geleden hier te lande uitgevonden door C. Alberts, timmerman (Amsterdam, Sarphatistraat N°. 133). In 1883 werd de schrijver daarmede bekend gemaakt, doch het gemis eener octrooiwet verhindert daaromtrent nadere mededeelingen te doen.

met bijgevoegde acte van proefmaling en eene uitslaande plaat. Amsterdam. G. M.
P. Londonck 1846. Bladz. 35, de kuipmolen; bladz. 38, de staande vijzel; bladz.
39, het horizontale scheprad in een trommel besloten.

Polytechnisches Centralblatt. Sechzehnter Jahrgang für das Jahr 1850. Neue Folge
vierter Jahrgang. S. 526. Taf. 9. Fig. 5—8 Ueber die Leistung von (Appold's)
Centrifugalpumpen. (The Practical Mechanic's Journal. January 1850. pag. 280).

Polytechnisches Centralblatt 1851 S. 1156. Taf. 19. Fig. 9—10. Gwynne's
Centrifugalpumpe. (The Pract. Mechanic's Journal, July 1851. p. 87.)

Idem 1851 S. 1160. Die Appold'sche Centrifugalpumpe (The Architect. 1851.
pag. 326).

The practical Mechanic's Journal. Vol. IV. 1851—1852. Pag. 124 etc. A historical
review of the centrifugalpump.

Polytechnisches Centralblatt 1852. S. 1118. Versuche über die Leistung der in
der vorjährigen Londoner Industrie Ausstellung befindlich gewesenen Centrifugalpumpen. (Mech. Magaz. July 1852. p. 95.)

Polytechnisches Centralblatt 1852 S. 340. Gwynne's combinirte Centrifugalpumpe
zur Wasserhaltung in Schächten. (The Pract. Mech. Journal 1851. Oct. pag. 147.)

Beschrijving van het wateropvoeringswerktuig, genaamd de Waterbraker. Amsterdam.
G. P. M. Londonck 1852. met pl.

Dingler's Polytechnisches Journal. 1853. Bd. 128. S. 176. Taf. III fig. 10—11
Gwynne's Hochdruck Centrifugalpumpe für Bergwerke, Giessereien, Dampfmaschinen
etc. (Aus Armengaud's Génie Industriel März 1853. S. 113).

Dingler's Polyt. Journal 1853 Bd. 130. S. 334. Ueber zwei Pumpen der Londener
Industrie-Ausstellung von Professor Dr. Rühlmann. II Appold's Centrifugalpumpe.

Dingler's Polytechnisches Journal. 1853. Bd. 130. S. 335. Taf. 5. fig. 12—14.
Verbesserungen in der Construction der Centrifugalpumpen, welche sich Charles
Edward Amos in Southwark, am 3 Januar 1853 patentiren liess. (Aus dem London
Journal of arts, Sept. 1853. S. 171).

Dinglers Polyt. Journal. 1855. Bd. 130. S. 252. Taf. IV fig. 7—11. Die Centri-
fugalpumpe von Appold in London. (Aus Armengaud's Génie Industriel, Juillet 1855.
S. 37) S. 255. fig. 12—14. A. Gwynne's verbesserte Centrifugalpumpe. (Aus dem
Practical Mechanic's Journal, September 1855. S. 131).

Zeitschrift für Bauwesen Redigirt von C. Erbkam. Jahrgang V Berlin 1855.
S. 107. Blatt. 27. Roeder. Wasserhebungsmaschine (Kreiselpumpe von L. Schwarzkopff
in Berlin) zu den Grund-Bauten für die Regulirung der Schwarzen Elster. (Overgenomen in: Polyt. Centralblatt. Jahrgang 21. 1855. S. 591. Taf. 10. Fig. 7—9.)

Koninklijk Instituut van Ingenieurs. Notulen der vergadering van 10 November
1857. bladz. 63, plaat 5 fig. 5 —10. Mededeeling van D. J. Storm Buysing over de
centrifugaalpomp van Gwynne.

Centrifugal-ventilatoren und Centrifugalpumpen von P. Rittinger. Mit 5 Figuren-
tafelen. Wien Verlag von Carl Gerold's Sohn 1858. S. 253—262 u. 297—280. Taf. V.

Polytechnisches Centralblatt. 1859. S. 159. Taf. 5. Ueber verschiedene jetzt gebräuchliche Maschinen zur Entwässerung von Ländereien, mit besonderer Berücksichtigung der Centrifugalpumpe. Von M. W. Schäffer.

Deutsche Gewerbezeitung 1859 S. 335. Thompson's centrifugalpumpe.

Cours de Mécanique appliquée professé à l'école impériale des ponts et chaussées par M. Bresse. Trois parties. Paris. Mallet Bachelier. 1860. Seconde partie. Hydraulique pag. 445. Turbines élévatoires, pompes centrifuges.

Wieck's Deutsche illustrirte Gewerbezeitung. 1862. S. 220. Centrifugalpumpen von Appold u. Gwynne.

Verhandlungen des Vereins zür Beförderung des Gewerbefleisses in Preussen. Jahrgang 1863. S. 258. Taf. XXXI—XXXVII. Die Pumpen und Wasserhebungsmaschinen der Londoner Austellung von 1862. Von Herrn Ingenieur A. v. Gizycki. S. 281. Die Centrifugalpumpen.

Des Machines et Appareils destinés à l'élévation des eaux par Arthur Morin. Paris L. Hachette et C°. 1863. pag. 131. Machines élèvatoires à force centrifuge. Pag. 133, Le Demour; pag. 134, Ducrest, Piatti; pag. 137, Appold; pag. 153. Gwynne; pag. 158 pompe à disques multiples de Gwynne; pag 159 idem de Girard.

Bibl. der Pol. School. Waterbouwkunde wegen en bruggen. G. 70. Bestekken van stoomgemalen:

Droogmaking der plassen in Schieland, beoosten Rotterdam. Bestek en Voorwaarden wegens het maken van de pompkelders en der gebouwen voor de beneden stoomgemalen met centrifugaalpompen en verder bijbehoorende werken in den Ringdijk, langs den zuidelijken en zuidoostelijken oever der plassen in de gemeenten Kralingen en Nieuwerkerk aan den IJssel, der provincie Zuid-Holland. Drie teekeningen, besteding 19 December 1867.

A manual of applied mechanics By William John Macquorn Rankine. Fourth edition revised. London Charles Griffin & C°. 1868. pag. 597, fig. 258.

Zeitschrift des Vereins Deutscher Ingenieure 1868. Band XII Januar-Heft. S. 1. Taf. I. Theorie und Construction der Centrifugalpumpen von C. Fink. Professor an der Königlichen Gewerbe-Akademie in Berlin.

Idem. Band XII Juni-Heft S. 385. Leistung von Centrifugalpumpen von C. Blum.

Idem. Band XII October-Heft. S. 641. Ueber Leistung von Centrifugalpumpen, von Gwynne & C°.

Verhandlungen des Vereins zur Beförderung des Gewerbefleisses in Preussen. Jahrgang 47. 1868. S. 91. Taf. VIII. Theorie der Centrifugalpumpen van O. Meinicke, Ingenieur in Klausthal.

Beschrijving van de centrifugaalwatermolens welke door ronddraaijende buizen het water opvoeren, geschikt voor groote en kleine droogmakerijen, het aanvoeren van water voor irrigatiën, op rijstvelden, stellen van inundatiën, enz., met eene plaat. Geoctrooijeerd bij Z. M. besluit van 1 October 1868. N°. 11. Ontworpen door Jhr. T. H. Snoek, gepensioneerd luitenant-kolonel der Artillerie. H. C. A. Thieme, Nijmegen.

Vervolg op de beschrijving van de centrifugaal-watermolens, welke door rond-draaijende beweging het water opvoeren, met eene plaat. H. C. A. Thieme. 1869.

Zeitschrift des Vereins deutscher Ingenieure. Bd XIII. 1869. S 1, 299 u. 365. Theorie der Turbinen, Kreiselpumpen und Ventilatoren von Prof. R. R. Werner. (Auch als Separatdruck bei R. Gaërtner in Berlin erschienen.)

Mittheilungen des Gewerbevereins für Hannover. Neue Folge. Jahrgang 1869. S. 130. Taf. IV. Die Konstruction der Centrifugal- oder Kreiselpumpen von Herrn Grove, Professor des Maschinenbaues am Polytecknikum in Hannover.

Polytechnisches Centralblatt 1869. S. 1281. Taf. 36. Die Construction der Centrifugal- oder Kreiselpumpen von Hrn. Prof. Grove in Hannover.

La Propagation industrielle 1869. pag. 241. Revue des machines et pompes rotatives ou centrifuges: Davies, Coignard, Schiele, Ducrot et Coudere, de Ville, Lubcke & C°., Knapp, Hubert, Périgault, Farcot, Neut et Dumont, Lego, Behrens, Dart, Duclos, Boomann, Gwynne, Cooke, Caméré, Thomson, Mac Kean, Scheutz, Jeannin, Hall.

The Engineer. Vol. XXVIII, 20 August 1869, pag. 118. Centrifugalpump at Keyham Dockyard. Designed and erected by Messrs. J. and G. Rennie, Engineers, Blackfriars London. (Centrifugaalpomp met verticale as zonder leischoepen).

The Engineer. Vol. XXVIII. 19 November 1869. pag. 331. Brakell's improved centrifugalpump.

Zeitschrift des Vereins deutscher Ingenieure. Band XIV. 1870. pag. 161. Ueber die Construction der Centrifugalpumpen, Ventilatoren und Exhaustoren von C. Fink, Professor in Berlin.

The Engineer Vol. XXX, 22 July 1870. pag. 57. Engine and centrifugalpump shown at Oxford by Messr. John and Henry Gwynne, Engineers, Hammersmith.

Engineering Vol. X. 19 August 1870. pag. 129. Pumping machinery for the Nissum-Fiord Company, Denmark, constructed by Messrs Gwynne & Co. Engineers Essex-street works. London.

The Mechanic's Magazine. Vol. XXIV New Series. 30 September 1870, pag. 243. Machinery used in the reclamation of the Stadil Fiord, by Messrs. Gwynne en Co.

Idem 21 Oct. 1870. pag. 294. Pumping machinery at the Mauritius dry dock by Messrs. Gwynne & Co.

Zeitschrift des Vereins deutscher Ingenieure. Bd. XIV. 1870. S. 6 und 97. Beitrag zur Theorie der Centrifugalpumpen. Von A. Linnenbrügge, Ingenieur in Hamburg. (Leischoepen aan de binnen- en buitenzijde).

Zeitschrift des Vereins deutscher Ingenieure. Bd. XIV. 1870. S. 390. R. R. Werner. Construction kreisförmiger Radschaufeln bei Centrifugalpumpen u. Turbinen.

Annales industrielles. 1870. pag. 375 et 427. Pichault. Pompes centrifuges, essai d'un complément de théorie.

Propagation industrielle. 1870. pag. 169. Andrews. Pompe centrifuge.

Publication industrielle des Machines, outils, appareils etc. par Armengaud Ainé. Tome 19. 1871. pag. 297. Pompes à force centrifuge de divers systèmes employées dans l'industrie, les irrigations et les travaux publics pour élever les eaux. Types de MM. Appold Gwynne, Bernay, Fink, Coignard et Neut et Dumont. Pl. 23 et 24

Der Civil-Ingenieur, redigirt von Bornemann. Bd. 17. 1871. S. 359. Taf. 24—25. Beschreibung der hauptsächlichsten Constructionen von Centrifugalpumpen (Nach Armengaud, Publication industrielle. Tom. 19.)

Nadere Adviezen, uitgebragt aan Dijkgraaf en Hoogheemraden van Rijnland door de Ingenieurs J. F. W. Conrad, L. A. Reuvens en T. J. Stieltjes, in commisse vereenigd met den Ingenieur, Hoofd-opzigter van Rijnland. 1871—1872. bladz. 34. Hoofdtrekken van werken, te Katwijk te stichten, tot vermeerdering van den water-afvoer uit Rijnland, dd. Junij 1872.

Zeitschrift für Bauwesen. Redigirt von G. Erbkam. Jahrg. XXII. 1872 S. 383—423. Der Nordsee—Canal bei Amsterdam und die dazu gehörige Anlagen von A. Wiebe. Mit Zeichnungen auf Blatt 54 bis 57 im Atlas und auf Blatt O, P, und Q im Text. S. 112. Die Zuiderzee-Schleusen. S. 417. Das Schöpfwerk (Schellingwoude.)

Koninklijk Instituut van Ingenieurs. Tijdschrift 1871—1872. Mededeelingen, bladz. 388. De centrifugaalpompen.

Idem. Tijdschrift 1872—1873. Verscheidenheden, bladz. 144. De werktuigen ge-bruikt tot de droogmaking van de Stadil-Fiord, door Gwynne en Co. Pl. 11, fig. 15.

Annales des Ponts et Chaussées. Mémoires et Documents. Paris Dunod, 5e serie Tome V. 1873. 1° sémestre. pag. 291. Les pompes centrifuges simples et accou-plées. Etude par M. Alfred Durand-Claye, ingénieur des ponts et chaussées.

De verbetering der bemalingsmiddelen van het Waterschap de Beemster. Rapport uitgebracht door J. F. W, Conrad, J. C. de Leeuw, H. Linse en L. A. Reuvens. Naar aanleiding van het besluit van Hoofd—Ingelanden van genoemd Waterschap van 30 Maart 1871. Haarlem, Erven F. Bohn. 1873.

Zeitschrift des Vereins deutscher Ingenieure. Band XVII. 1873. S. 449. Ueber den Einfluss der Förderhöhe auf die Construction der Centrifugalpumpen von Prof. C. Fink. Professor in Berlin.

Engineering. Vol. XV. 27 Juni 1873, pag. 456. Bernay's centrifugalpump, at the Vienna exhibition.

Open brief aan Dijkgraaf en Hoogheemraden van Rijnland over de door de heeren J. F. W. Conrad, L. A. Reuvens en T. J. Stieltjes in commissie vereenigd met den heer P. Maas Geesteranus voorgestelde stoombemaling met centrifugaal-pompen te Katwijk aan Zee gevolgd door eene vergelijkende beschouwing van centrifugaalpompen en pompraderen, toegepast op de bemaling van den polder Mastenbroek, door J. B. H. van Roijen. Utrecht, J. van Boekhoven, 1874.

Is Rijnland in gevaar? Beschouwingen over den open brief van 2 April 1874 van den heer J. B. H. van Roijen aan Dijkgraaf en Hoogheemraden van Rijnland door T. J. Stieltjes. Rotterdam, H. A. Kramers en Zoon, 1874.

Tweede en derde open brief aan Dijkgraaf en Hoogheemraden van Rijnland enz. door J. B. H. van Roijen. Utrecht, J. van Boekhoven, 1874.

Beitrag zur Theorie der Centrifugalpumpen von Eb. Gieseler, Docent an der Landwirthschaftlichen Akademie in Poppelsdorf bei Bonn. Inaugural Dissertation zur Erlangung der philosophischen Doctorwürde. Berlin, 1875. Gedruckt bei A. W. Schade. Berlin.

Algemeine Maschinenlehre, von Dr. Moritz Rühlmann. Vierter Band. Braunschweig, C. A. Schwetschke und Sohn. 1875.

S. 575, fig. 402, Le Demour; S. 576, fig. 403, Le Demour; S. 576, fig. 404; L. Euler; S. 605, fig. 438 u. 439, Appold; S. 610, fig. 450 u. 451, Gwijnne; S, 420, fig. 461 u. 462, Grove; S. 495, fig. 504 u. 505, Nagel u. Kämp; S. 696, fig. 506, Nagel u. Kämp (Centrifugaalpomp met vertikale As).

Cours d'hydraulique et d'hydrostatique professé à l'école centrale par M. Philips, Membre de l'Institut. La redaction est de M. Al. Gouilly, agrégé des lycées. Paris, J. Dejey & C°. 1875, pag. 243.

Théorie des Aubes courbes et de leurs effets par A. Harant, chef de section des chemins de fer du Nord. Suivie d'applications à la Turbine Fourneyron, aux pompes centrifuges et aux ventilateurs. (Extrait des Annales industrielles de 1875). Paris, Ducher & C°. 1876.

Der Civil-Ingenieur. Herausgegeben von Dr. E. Hartig. Jahrgang 1876. Der neue Folge, Bd. XXII. S. 633. Zur Theorie der Centrifugalpumpen von Prof. R. Escher in Zürich.

Engineering. Vol. XXI. 7 Januari 1876. Pag. 9. Pumping machinery at the Ferrara marshes, northern Italy. Constructed by Messrs John & Henry Gwynne, Engineers, Hammersmith.

Koninklijk Instituut van Ingenieurs. Tijdschrift 1876—1877. Verscheidenheden, bladz. 210. Droogmaking der moerassen van Ferrara.

Minutes of proceedings of the Institution of Civil-Enginneers. with other selected and abstracted papers. Vol. XLVII. Session 1876—1877. Part. 1. Edited by James Forrest, Assoc. Inst. C. E. Secretary. London 25. Great George Street, Westminster S. W. 1877. Part 1, pag. 267. The theory of centrifugal pumps, as supported by experiments. By the Hon. R. C. Parsons. 1 plate and two woodcuts.

Annales des Ponts et Chaussées. Mémoires et Documents. Paris, Dunod. 5e Série. Tome XIII. 1877. 1° semestre. pag. 401, N°. 29. Mémoire sur de nouveaux types de turbines et de pompes centrifuges par M. Decoeur, ingénieur des ponts et chaussées. Pl. 6, fig. 15—24.

The Centrifugal pump. By William Cawthorne Unwin, B. Sc. M. Inst. C. E. Bij permission of the Council, Excerpt minutes of Proceedings of the Institute of Civil-Engineers. Vol. LIII. Session 1877—1878. Part III. Edited by James Forrest, Secretary. London. Printed by William Clowes and Sons, Stamfordstreet and Charing Cross. 1878.

Theorie und Construction der Brunnen-Anlagen, Kolben und Cenrifugalpumpen, der Turbinen, Ventilatoren und Exhaustoren von C. Fink, Professor und ordentl. Lehrer an der Königlichen Gewerbe-Akademie zu Berlin. Zweite sehr vermehrte und verbesserte Auflage. Berlin, Rudolf Gaertner. 1878.

Maatschappij tot bevordering der Bouwkunst. Bouwkundige bijdragen. Vier en twintigste deel. Amsterdam L. van Bakkenes en Zoon. 1878. Bladz. 1. Pl. I—V. De gemeentewerken te Dordrecht, door den heer J. A. van der Kloes, directeur der gemeentewerken aldaar. I. De Waterverversching.

De centrifugaalpomp, een werktuig tot het opvoeren van water, door J. Roest van Limburg, civiel-ingenieur. Met 4 platen. 's Gravenhage bij Gebr. J. en H. van Langenhuysen. 1880. Bldz. 45, pl. II centrifugaalpompen van den polder Prins Alexander; blz. 49, pl. II en III centrifugaalpompen te Schellingwoude; bldz. 54, pl. IV centrifugaalpompen van den Zuidplaspolder.

Hydraulics. An elementary treatise on the discharge of fluids from orifices, on the motion of fluids in pipes, canals, and rivers; and on hydraulic machinery, by William Cawthorne Unwin. B. Sc. M. I. C. E. Professor of Hydraulics and Mechanical Engineering at the Royal Indian Engineering College. Reprinted from the Article, Hydromechanics in the „Encyclopedia Brittannica." Edinburgh. Adam and Charles Black 1881. pag. 584: The centrifugalpump. (Fig. 203 centrifugaalpomp van J. Thomson).

De Omroeper. Maandlijst van aangeboden en gevraagde Machineriën, gereed-schappen en materialen. Redacteur J. A. van der Kloes, te Dordrecht. Uitgever D. Braat aldaar. 7° Jaargang. N°. 72. February 1882, N°. 2. Het stoomgemaal in den Stadspolder (Westelijk deel) nabij Dordrecht. Fig. 1—8.

Sui Risultati pratici di Varie Machine Idrofore applicate in Olanda. Appunti dell' ingegnere Giovanni Cuppari. Torino 1883. (Bladz. 39, 46—51 centrifugaalpompen Zuidplaspolder; bladz. 52—54 idem Bullewijker polder; bladz. 54—59 idem Schellingwoude.

Koninklijk Instituut van Ingenieurs.

Tijdschrift 1882—1883, Derde aflevering, tweede gedeelte. Verhandelingen, bladz. 91. Welke zijn de doelmatigste wateropvoeringwerktuigen voor polder-bemalingen? door P. A. Korevaar.

Idem. Vijfde aflevering, tweede gedeelte. Verhandelingen. Bladz. 211. Nota op de verhandeling van het lid P. A. Korevaar, over de vraag: Welke zijn zijn de doelmatigste wateropvoeringswerktuigen voor polderbemaling? door het lid L. Exalto.

Tijdschrift 1883—1884. Vierde aflevering, tweede gedeelte. Verhandelingen, bladz. 217. Opmerkingen naar aanleiding van de nota, omtrent de werking der waterwerktuigen in den Zuidplaspolder, door het lid L. Exalto en van de daaruit afgeleide conclusie, door het lid P. A. Korevaar.

Tijdschrift 1884—1885. Eerste aflevering, tweede gedeelte. Vertalingen, bladz. 15. Over de practische uitkomsten van verschillende in Nederland toe-gepaste wateropvoerings werktuigen. Beschouwingen van den ingenieur Giovanni Cuppari. (Vertaald door G. G. G. Canter Cremers.)

Idem. Tweede aflevering, tweede gedeelte. Vertalingen, bladz. 69. Ver-volg en slot.

Zeitschrift des Architecten und Ingenieur-Vereins zu Hannover. 1884. Heft 4, Blatt 20. Holländische Dampfschöpfanlagen. Dampfschöpfwerk des Polders de Wyde Wormer bei Purmerend.

STOOMBEMALING MET DUBBELWERKENDE HEVEL-POMPEN.

PLAAT XXI.

De reden, waarom de centrifugaalpomp bij uitstek geschikt schijnt voor bemaling van polders of boezems, ligt in het wezen der zaak hierin, dat zij tot die meer volmaakte klasse van water- werktuigen behoort, waarin het water wordt opgevoerd in een rondom gesloten opleider, die boven- en benedenwater verbindt en waarin op eene willekeurige plaats de voortstuwer kan worden ingevoegd, want daarbij worden verschillende voordeelen bereikt.

Ten eerste kan die opleider den hevelvorm aannemen en kan men dientengevolge, binnen zekere grenzen, de eigenlijke pomp op willekeurige hoogte plaatsen ten opzichte van de waterspiegels van boven- of benedenwater. Ten tweede vermijdt men onnoodig hoogen opvoer, omdat de doorloopende opleider onder water uit- loost. En ten derde kan men, door de verwijding van den opleider naar de afvoerzijde, zelfs met betrekkelijk groote snelheid van den voortstuwer toch eene kleine snelheid van afvoer verkrijgen, waar- door arbeidverlies voorkomen wordt. Indien men nu kan aanwijzen, dat deze drie voordeelen ook te bereiken zijn, bij het gebruik van dubbelwerkende zuig-perspompen, dan komt de vraag ter sprake, of deze laatste wellicht boven de centrifugaalpompen ver- kozen moeten worden?

Om het antwoord op die vraag te vinden, moet men natuurlijk beginnen eene inrichting van zuig-perspompen te zoeken, waarbij de arbeidsverliezen door wrijving en andere oorzaken zoo gering mogelijk worden. Dit maximum van nuttig effect wordt bereikt door de stoom- en pompzuigers direct aan elkander te verbinden, evenals dit geschiedt bij de pompwerktuigen voor hoogdruk-waterleidingen. Bij deze inrichting worden kruk en werkas alleen belast met het verschil der drukkingen op de stoom- en pompzuigers; de wrijving op de krukpen en de hals der werkas wordt daardoor gering, terwijl men toch het voordeel heeft een jachtwiel te kunnen gebruiken, waardoor groote regelmatigheid van beweging verzekerd wordt.

Tegen deze inrichting bestaan echter twee bezwaren; eerstens is men dan verplicht eene horizontale machine te gebruiken, die te zamen met de pomp eene groote lengte heeft, dus eene lange machinekamer vereischt en de aanlegkosten van het gebouw hooger maakt. Ten tweede is men voor den stoomzuiger gebonden aan de geringe zuigersnelheden voor pompzuigers gebruikelijk, waardoor de cylinder en de overige deelen der machine grooter afmetingen verkrijgen, dan bij meerder zuigersnelheid voldoende zoude wezen. De mogelijkheid van toepassing van dit stelsel hangt dus geheel hiervan af, of het mogelijk is aan pompzuigers grooter snelheid te geven, dan tot hiertoe gebruikelijk was, want indien dit uitvoerbaar is vervallen de bovengenoemde bezwaren voor het grooter deel.

Laat nu allereerst herinnerd worden, dat de perspomp te Dreumel, volgens het stelsel van den heer FIJNJE, eene behoorlijke werking heeft opgeleverd met eene snelheid van 0.8 M. per secunde, welke die van 0.43 M. der pompzuigers in het Ooster-stoomgemaal te Rotterdam verre overtreft, en ook grooter is dan die van 0.6 M, in het stoompompgemaal van den polder Abbenbroek. Daarbij kan nog vermeld worden, dat de heer KOREVAAR reeds eene snelheid van 0.8 M. per secunde heeft aangenomen voor de pompzuigers in een stoomgemaal te Hardinxveld, dat onlangs aldaar gebouwd is ter vervanging van een wind-pompmolen, in 1867 voor den Bovenpolder ingericht door den heer H. OVERMARS JR., volgens een stelsel in de aanteekeningen bij dit hoofdstuk vermeld.

Voor pompen van kleine middellijn heeft men de vroeger

gebruikelijke zuigersnelheid van 0.5 M —0.6 M. per secunde
reeds sedert lang overschreden en er zijn voorbeelden aan te
wijzen van zuig-perspompen voor hoogdruk-waterleidingen, die met
1.8 M. per secunde werken (*). Bij deze laatsten wordt de goede
werking verkregen door de toepassing van plunjers in plaats
van zuigers, door behoorlijke afmetingen der zoogenaamd schadelijke ruimte, door het gebruik van zeer ruime toe- en afvoerbuizen en van kleppen, welker lichthoogte door gewichten of
veeren beperkt wordt.

Grootere afmetingen en tevens zeer aanzienlijke zuigersnelheid
vindt men in de zoogenaamde circulatie-pompen van de surface-
condensors op stoombooten, welker zuigers meestal onmiddellijk
worden gekoppeld aan de stoomzuigers, waarmede zij dus gelijke
snelheid hebben. Deze pompen werken in den regel met india-
rubber-kleppen, die in den laatsten tijd ook met goed gevolg door
dunne metaalbladen vervangen zijn, en zij hebben in vele gevallen
plunjers in plaats van zuigers, waardoor de gietstukken waaruit zij
bestaan eenvoudiger worden. Bovendien hebben zij dit eigenaardige,
dat zij het water beneden den waterspiegel loozen en alzoo geheel
in dezelfde omstandigheden verkeeren als de dubbelwerkende hevel-
pompen, die in dit hoofdstuk behandeld worden. Nu is het waar,
dat in sommige bootmachines centrifugaalpompen gebruikt worden
in plaats van deze heen- en weergaande circulatiepompen; maar
dit geschiedt, omdat de aanvoer van koud water, die het ledig
in den condensor moet onderhouden, dan kan blijven doorgaan
als de eigenlijke machine tijdelijk stilstaat en dus om redenen,
die niet in de werking der pompen zelf gelegen zijn.

Genoeg om aan te wijzen, dat de vergelijkende studie van de
werktuigbouwkunde, die natuurlijk de meest vruchtbare is, tal
van aanwijzingen geeft, die men slechts heeft op te volgen om
snelwerkende zuig-perspompen voor stoomgemalen interichten die
behoorlijk dienst kunnen doen. Het eenige onderscheid hier van

---

(*) Les machines à vapeur actuelles, par J. Buchetti, Ingénieur civil. Librairie
scientifique et industrielle, E. Bernard et Co. Paris 1881. Texte, pag. 159. Machine
élévatoire de J. Farcot. Atlas pl. 59.

beteekenis is, dat pompen voor bemalings-inrichtingen wegens de
groote waterhoeveelheden veel grooter afmetingen vereischen dan
die voor hoogdruk-waterleidingen, maar daar tegenover staat, dat
de opvoerhoogte veel kleiner is en dus de moeielijkheid om heftige
slagen der kleppen te vermijden veel geringer wordt.

Er is dan ook geen twijfel aan, dat, wanneer men van de
ervaring op verschillend gebied partij wil trekken, er zeer wel
horizontale zuig-perspompen voor bemalings-inrichtingen te construeeren zijn met genoegzame zuigersnelheid om direct aan een
stoomzuiger te worden verbonden, zonder in het bezwaar van al
te geringe zuigersnelheid voor de stoommachine te vervallen.
Daarom behoeft echter de afvoersnelheid van het water niet gelijk
te zijn aan die van de pompzuigers, want door wijd uitloopende
afvoerbuizen kan die snelheid worden verminderd tot op die van
het afvoerkanaal, zoodat ook daar arbeidverlies voorkomen wordt.

Ook is er geen bezwaar om de afvoerbuis onder water te doen
loozen, want aangezien de pomp dubbelwerkend is, zoo vloeit
het water in een even regelmatigen en onafgebroken stroom als
bij de centrifugaalpompen. Wil men die regelmatigheid van uit-
vloeiing nog verhoogen, dan kan men luchtketels aanbrengen,
even als bij de bovengenoemde circulatie-pompen en pompen voor
hoogdrukwaterleidingen, terwijl bovendien de inrichting kan gemaakt worden, dat de afvoerbuizen van twee zuigerperspompen
gezamenlijk door één enkele buis loozen. De dubbelwerkende
hevelpomp wordt dan een werktuig, dat zoowel voor boezembemaling met zeer afwisselende standen van het buitenwater, als
voor polderbemaling bij hoogen opvoer geschikt is en wanneer
na eenige voorafgaande proefnemingen, die ook hier onvermijdelijk
zullen zijn, het beste type gevonden is, zal dit werktuig evenzeer algemeen ingang kunnen vinden als thans de centrifugaalpomp.

De belangrijkheid van dit onderwerp heeft er toe geleid, de hier
voorgedragen denkbeelden niet enkel in woorden mede te deelen,
maar ook in een bepaald ontwerp neer te leggen, dat zeker voor
verdere verbetering vatbaar zal wezen, maar in hoofdtrekken aan·
wijst hoe de inrichting zoude kunnen zijn. (Plaat XXI). Men ziet

daaruit, dat in hoofdzaak de inrichting van de pomp van den heer FIJNJE (plaat IX) behouden is, namelijk vlakke kleppen, aangebracht in de wanden der pompkamer, maar in dit ontwerp dragende op randen van india-rubber, die zich in de bedding bevinden. Voorts is de doorsnede der kleppen zoo groot gemaakt als de afmeting van de pomp toeliet en zij zijn zeer smal, maar vrij groot in aantal, omdat dan de uitstroomingsruimte rondom de kleppen, de hoofdzaak waar het op aankomt, groot uitvalt, terwijl de lichthoogte zoo klein mogelijk en de slag bij het dichtvallen gering wordt.

In plaats van zuigers zijn, in navolging van de circulatie-pompen, plunjers aangebracht en om de botsing met het water zoo gering mogelijk te maken, is daaraan de aangewezen vorm gegeven, waardoor de eigen weerstand van den voortstuwer zooveel mogelijk verminderd wordt Voorts zijn de boven-, beneden- en zijwanden van de pomp door ruggen versterkt, zoodat zij volkomen stijf en in staat zijn om, bij verandering van druk, zonder vormverandering weerstand te bieden. De onderlinge verbinding van de verschillende gietstukken is zoo ontworpen, dat elk van dezen een zoo eenvoudig mogelijken vorm verkrijgt, waardoor de aanlegkosten niet hoog worden en de plaatsing gemakkelijk is.

De toe- en afvoerruimten zijn zoo gevormd, dat het water nagenoeg steeds gelijke snelheid behoudt; de kleppen zijn allen zoo gesteld, dat de richting van beweging van het water steeds dezelfde blijft en heen en weder bewegingen in de toe- en afvoerbuizen voorkomen worden. Eindelijk is op elk van dezen een luchtketel geplaatst en de afvoerbuis is hevelvormig omlaag gebogen en naar het uiteinde behoorlijk verwijd. Deze inrichting maakt het mogelijk de pomp boven het benedenwater te plaatsen, zoodat men er ten allen tijde gemakkelijk bij kan komen.

Aangezien de pompdeksels een zoodanigen vorm hebben, dat de schadelijke ruimte klein uitvalt, zoo kan de hoogte van opzuiging groot zijn zonder bezwaar op te leveren voor het in gang zetten van de pomp; het vroeger vermelde bezwaar van de centrifugaalpompen, kunstmatige vulling te eischen, wordt

daardoor vermeden. Door de kleppen is de pomp zelf waterkeerend en kan zij in het bovenpand loozen zonder de gebruikelijke inrichting met wachtdeuren, terwijl nog tot overmaat
van zekerheid aan den mond van de afvoerpijp eene klep is
aangebracht.

De geheele inrichting bevat zeer weinig wat wezenlijk nieuw
is — het denkbeeld van hevelpompen is reeds in 1861 door den
machine-fabrikant WALTJEN voorgesteld (*) — maar is eene samenvatting van op verschillend gebied reeds ingevoerde verbeteringen,
toegepast op de bijzondere omstandigheden, waaronder eene pomp
voor bemaling van polders of boezems moet werken. De vraag
doet zich echter op, of het niet mogelijk zou zijn om eene pomp
van deze of soortgelijke inrichting te drijven door eene direct-
werkende machine zonder krukas en jachtwiel en dus de inrichting nog meer te vereenvoudigen?

Wanneer men daarvoor terug moest keeren tot de enkel heen-
en weergaande stoommachines, met eene slaglengte gewaarborgd
door stootbalken en met eene stoomverdeeling geregeld door
cataracten, dan zoude dit zeker geene aanbeveling verdienen;
maar in den lateren tijd zijn enkel heen- en weergaande
machines uitgevonden en in een groot aantal verschillende typen
uitgevoerd, waarbij de stoomregeling door de zuigerbeweging
geschiedt en die men beschreven vindt in het hieronder vermelde werk (†). Daaronder zijn er twee, die bijzonder geschikt
schijnen (§), omdat daarbij een cataract is toegepast van geheel
bijzondere inrichting, dat als regulateur dezelfde diensten verzekert
als de centrifugaal-regulateur bij machines met ronddraaiende be-

---

(*) Zie bladz. 192.

(†) The practical steam engineer's guide in the design, construction and
management of American stationary, portable and steam-fire-engines, steam pumps,
etc. by Emory Edwards. Philadelphia, Henry Carey Baird & Co. 1882. Chapt. VI,
Standard american steam pumps.

(§) Idem. Chapt. VI, pag. 201. Fig. 54 & 55. The isochronal pumping engine.
Les machines à vapeur actuelles, par J. Buchetti. Paris 1881. Texte pag. 148.
Fig. 122. Pompe directe de Hayward à cataracte; pag. 149. Fig. 123. Pompe directe
de Dawey à cataracte.

weging. Het moet echter erkend worden, dat al deze typen één hoofdgebrek hebben namelijk, dat zij geene werking met expansie toelaten en die is voor spaarzaam stoomverbruik een eerste vereischte. Men kan daaraan echter tegemoet komen door stoommachines volgens het Woolfsche stelsel toe te passen (*) en dan zijn werkelijk deze soort van stoommachines met directe werking op de pompen het meest eenvoudige wat men wenschen kan. Van deze inrichting, die in Amerika wordt toegepast is hier te lande voor bemaling nog geen gebruik gemaakt.

Doch, ook bij het gebruik van ronddraaiende machines, kan de boven beschreven inrichting met directe verbinding der stoom- en pompzuigers eene zeer voordeelige werking opleveren, omdat op de krukas alleen het verschil der gelijktijdige drukkingen van de stoom- en pompzuigers wordt overgebracht en dus de wrijving in de halzen van de werkas en van de kruktappen tot het minimum wordt herleid. Deze omstandigheid laat toe de verbinding van de machine met de krukas door een zoogenaamd sleuf-juk interichten, waardoor de plaats voor eene lange drijfstang vereischt bespaard en veel ruimte in den platten grond uitgewonnen wordt. Wanneer deze inrichting goed wordt geconstrueerd, heeft men recht om het gezamenlijk nuttig effect van stoommachine en pomp te stellen op 0.8 van het vermogen volgens den indicateur; dit cijfer is hooger dan tot nog toe bereikt werd met schepraderen of vijzels en overtreft de uitkomst van de beste centrifugaalpompen.

Het vermoedelijk kolenverbruik van dit pompwerktuig laat zich aldus opmaken. Het verbruik per paardekracht volgens den indicateur behoeft, aangezien het een compound-machine geldt, niet hooger te zijn dan 1 KG. per paardekracht volgens den indicateur. Bij een nuttig effect van 0.8 voor de stoommachine en van 0.825 voor de pomp wordt het gezamenlijke nuttig effect 0.66 en dus het kolenverbruik per paardekracht opgevoerd water

---

(*) Engineering. Vol. XXXVIII. 15 November 1884, pag. 450. The Worthington steam pump, constructed at the Henry R. Worthington Hydraulic works, New York; pag. 452, the Worthington compound steam pump.

1.5 KG. Het nuttig effect van eene direct aan de pomp gekoppelde
stoommachine is echter blijkens genomen proeven (*) hooger dan
0.8 en dat van de pomp zal ook hooger dan 0.82 uitvallen, omdat
dank aan de verwijding der afvoerbuizen het water met geringe
snelheid geloosd wordt. Bij een gezamenlijk nuttig effect voor
beiden van 0.8, zoude het kolenverbruik per paardekracht opgevoerd water zijn 1.25 KG. en het werkelijk kolenverbruik kan
met groote zekerheid gezegd worden tusschen 1.25 KG. en 1.5 KG.
gelegen te zijn.

Deze verwachtingen zijn geenszins overdreven. Met de machine
te Dreumel is een verbruik van slechts 1.65 KG. bereikt en de
inrichting hier voorgesteld is voordeeliger door de toepassing van
het compound-stelsel, door den eenvoud in de overbrenging der
beweging en door de bijzondere inrichting der pomp. Een kolenverbruik van 1.75 KG. is reeds gewaarborgd door de firma J. D. VAN
DER MADE te Amsterdam voor de door haar ontworpen inrichting
der perspomp van den heer FIJNJE (Plaat IX ter rechterzijde)
en aangezien daarin geen compound-machine voorkomt, zoo moet
het duidelijk zijn dat bij eene inrichting, waarin de compound-
machine met de onmiddellijke overbrenging op de pompen is vereenigd, het kolenverbruik gunstiger moet uitvallen en bezwaarlijk
hooger dan 1.5 KG. wezen kan.

De inrichting voorgesteld op plaat XXI levert boven de genoemde van plaat IX nog het voordeel op twee pompen te hebben
en dus, bij gelijke middellijn van pompen, geschikt te zijn voor
grootere hoeveelheden water; voorts is daarin vermeden de lage
plaatsing der pomp, zoodat de noodzakelijkheid van eene zeer
diepe fundeering vervalt en het waterwerktuig ten allen tijde
gemakkelijk toegankelijk is.

Met deze gewijzigde toepassing van de perspomp, oorspronkelijk
ingevoerd door den heer FIJNJE VAN SALVERDA, kan men veilig
den wedstrijd ondernemen met de thans zoo algemeen in gebruik

(*) Die Untersuchungen an Dampfmaschinen und Dampfkesseln und an einigen
Rheinischen und Westfälischen Kolensorten. auf der Gewerbe-Ausstellung in
Dusseldorf 1880. Aachen 1881. Verlag von J. A. Mayer. Seite 11. Tabelle I.
No. 480, 467, 455. Spalt 38.

zijnde centrifugaalpompen. De opstelling der werktuigen is even eenvoudig, de ruimte in den platten grond mag voor de machine iets grooter uitvallen, maar zal daarentegen voor de ketels kleiner wezen door het geringer kolenverbruik. De aanlegkosten van de gebouwen zullen dus gelijk, voor de machine wellicht iets hooger en voor de ketels minder zijn dan bij centrifugaalpompen. Maar men wint de zekerheid van lager brandstofverbruik dan met centrifugaalpompen te verkrijgen is, terwijl door den minder snellen gang het toezicht gemakkelijker en het verbruik van smeermiddelen minder wordt.

Indien een der nederlandsche machine-fabrikanten de vervaardiging van goede zuig-perspompen voor polderbemaling tot een "specialiteit" wilde maken, op gelijke wijze als buitenlandsche fabrikanten dit gedaan hebben voor de centrifugaalpomp, dan is er geen twijfel aan dat zij eene krachtige concurrentie zouden kunnen voeren met de werktuigen, die thans in groot aantal uit den vreemde worden aangevoerd. De statistiek toch wijst aan, dat van de 664 stoomketels, op 1 Januari 1883 bij onze polderbemaling in gebruik, 210 door buitenlandsche fabrikanten geleverd zijn en hoewel die verhouding voor de 471 stoomwerktuigen niet wordt opgegeven, kan men zeker zijn, dat ook daarvan een evenredig groot gedeelte van vreemden oorsprong is. Op dit gebied ligt dus een ruim arbeidsveld voor de machinefabricage hier te lande, dat met voordeel zal kunnen worden ontgonnen.

AANTEEKENINGEN.

Opgaven betreffende het ontwerp voor dubbelwerkende hevelpompen (Plaat XXI).

Stoomgemaal voor veranderlijke opvoerhoogte met compound-machine.

Nominaal vermogen . . . . 50 P.K.
Stoomdruk in ketel, overdruk . . . . 5 Atm.
Hoogdruk cylinder, middellijn . . . . 0.4 M.
Laagdruk ″ ″ . . . . 0.7 ″
Verhouding inhouden der beide cylinders . . . . 1 : 3.

Slaglengte der beide cylinders . . . . 0.5 M.

Zuigersnelheid　　　„　　　　　„　. . . . . 1. „

H. D. C. aanvangs–stoomdruk . . . . 4.5 Atm.

　„　　„　　stoomtoelating 0.33—0.5, gemiddeld 0.375

L. D. C.　　　　„　　0.2—0.375　　„　. . . . . . . „ 0.33

H. D. C. nuttige aanvangsdruk . . . . 3.7 Atm.

L. D. C.　　„　　　　　„　. . . . . 1.57 „

H. D. C. gemiddelde druk . . . . 2 „

L. D. C.　　„　　　　　„　. . . . . 0.4 „

Condensordruk . . . . 0.14 „

Totale uitzetting in beide cylinders . . . . 8.-voudig.

Jagtwiel middellijn . . . . 2. M.

　„　velling breed 0.2 M., dik 0.1 M., gewigt . . . . . 2000 K.G.

　„　aantal omwentelingen per minuut . . . . 60.

　„　arbeidsvermogen van beweging, bij 60 omw. per min. (a) 15600 Km.

Arbeid van de stoommachine per halve omwenteling (b) . . . . 1875 „

Verhouding a : b . . . . 8 : 1.

Pompen dubbelwerkend, aantal . . . . 2.

　„　middellijn plunjer . . . . 1. M.

　„　doorsnede　　„　. . . . . 0.7854 M².

　„　slaglengte　　„　. . . . . 0,5 M.

　„　zuigersnelheid, maximum . . . . 1. „

　„　spilling (aangenomen) . . . . 0.07.

　„　opbrengst elke pomp　　per minuut . . . . 43.82 M³.

　„　　　„　　twee pompen　　„　　„　. . . . . . 87.6 „

　„　zuig- en perskleppen, aan elke zijde plunjer, elk aantal. . 8.

　„　　„　„　　„　　lang . . in den dag . . . . . 0.55 M.

　„　　„　„　　„　　breed . . „　„　„　. . . . 0.14 „

　„　　„　„　　„　　oppervlakte „　„　„　. . . , 0.077 M².

　„　verhouding oppervl. 8 kleppen tot doorsnede plunjer . . 0.8.

　„　afvoerbuis, bij de pomp, ... breed 1.3 M. hoog 0.6 M.

　„　　„　　„　„　„　doorsnede . . . . 0.78 M².

　„　　„　　aan het uiteinde . . : . . breed 2.2 M. hoog 1　M.

　„　　„　　„　„　„　doorsnede . . . . 2.2 M².

　„　afvoersnelheid . . . . 0.3 M.

　„　opvoerhoogte . . . . 1.5—2.5 M.

Vermogen in opgevoerd water bij opvoerhoogte 1.5 M. . . . . 30 PK.

　„　　„　　„　„　„　„　2　„　. . . . 40 „

　„　　„　　„　„　„　„　2.5 „　. . . . 50 „

Verhouding PK. opgevoerd water tot ind. PK. (geraamd) 0.75

Kolenverbruik per ind. PK. per uur (geraamd) . . . . 1. K.G.

　„　　„　PK. per uur opgevoerd water (geraamd) . . . 1.33 „

Opgaven betreffende het ontwerp voor een stoomgemaal met dubbelwerkende perspomp. (Plaat IX ter regterzijde; bladz. 195—197.)

Zomerpeil polder . . . . 2.2 M. + A.P.

Hoogste waterstand in polder . . . . 8.2 , , ,

Hoogste buitenwaterstand . . . . 5.5 , , ,

Opbrengst per uur, bij binnenwaterstand 8.2 M. + A.P. en
buitenwaterstand 5.5 M. + A.P. . . . . 10800 M³.

Opbrengst per uur bij binnenwaterstand 2.2 M. + A.P. en
buitenwaterstand 5.5 M. + A.P. . . . . 5400 M³.

Aantal omwentelingen per minuut . . . . maximum 18, minimum 12.

Gemiddelde snelheid pompzuiger per minuut . . . . . . 45 M.

Pomp, middellijn . . . . 2.4 M.

  ,,   slaglengte . . . . , . . 1.15 ,

Stoomcylinder, middellijn . . . . 0.785 M.

  ,,   slaglengte . . . . , . 2.2 ,

Stoomverdeeling door kleppen met dubbele beddingen bewogen
door verstelbare kammen, op eene aan de werkas evenwijdige hulpas.

Stoomketels aantal 2, middellijn . . . . 2 M.

  ,,   lengte . . . . 7.5 ,

  ,,   elk twee vuurgangen (ieder met 6 galloway buizen) wijd 0.85 ,

Kolenverbruik bij opvoerhoogte van 2.1 M. en meer en bij eene opbrengst van 7530 à 11770 M³. per uur, door de koninklijke fabriek van stoomwerktuigen te Amsterdam gewaarborgd, op hoogstens 1.75 KG. goede Roer-steenkolen per uur en per paardekracht, van 4500 Km. per minuut, opgevoerd water.

Opgaven betreffende zuig-perspompen voor hoogdruk waterleidingen gedreven door Woolfsche stoommachines.

(Engineering Vol. XXXVIII. 5 December 1884. pag. 521. Pumping Engine at the Eastbourne waterworks.)

	N°. 1.		N°. 2.	N°. 3.
Vermogen in Ind. PK.	90		124 te zamen.	
Vermogen in PK. opgevoerd water,	77.97		52,8	54
Verhouding PK. opgev. water tot	0.86		0.861	
Ind. PK.	Eng. pd.	K G.	Eng. pd.	K.G.
Kolenverbruik, met inbegrip van de asch, per ind. PK.	1.53	0.69	1.8	0.81
Idem per PK. opgevoerd water . .	1.78	0.79	2.097	0.94
Opgevoerd water in Eng. voet-ponden per 112 Eng. ponden steenkool. . .	124 600.000		105 800 000	
Idem in Km. per 1 KG. steenkool.	338 180		287.276 (*)	

(*) 1 K.G. steenkool per PK. in het uur komt overeen met 1 KG. per 270.000 Km.

STOOMBEMALING MET ZUIGPOMPEN.

PLATEN XXII, XXIII EN XXIV.

De eenvoudigste oplossing van het vraagstuk, groote hoeveelheden water optevoeren tot hoogten minder dan 10 M., is nog altijd het gebruik van zuigpompen, reeds door HOOGENDIJK voorgesteld en in 1776 beproefd, maar toen door onvoldoende uitvoering mislukt. Om dit in een helder licht te stellen, werd in deze studie over stoombemaling van polders en boezems de geschiedkundige wijze van behandeling gekozen, waardoor alle verschillende stelsels achtereenvolgens onder de aandacht moesten komen en een volledig overzicht kon worden verkregen.

De zuigpomp behoort, even als de centrifugaalpomp en de zuig-perspomp, tot die klasse van water-werktuigen waarin het water in een rondom gesloten opleider wordt opgevoerd, maar heeft boven de beide genoemde werktuigen het groote voordeel, dat de opleider de kleinst mogelijke lengte verkrijgt. Daarmede zijn echter eenige schijnbare nadeelen verbonden, die waarschijnlijk veroorzaakt hebben dat van dit zoo doelmatige werktuig, sedert de toepassing op groote schaal bij de droogmaking van den Haarlemmermeerpolder, bijna geen gebruik is gemaakt. Aan de bespreking van deze beweerde nadeelen is dit hoofdstuk gewijd.

Uit den aard der zaak is de zuigpomp een enkelwerkend werktuig en zij eischt dus voor eene gegeven hoeveelheid op te brengen water een dubbel volumen in vergelijking met eene dubbelwerkende zuig-perspomp, die met gelijke zuigersnelheid werkt. Daar staat tegenover, dat de zuigpomp in verticalen stand gebruikt wordt, daardoor zeer weinig ruimte in den platten grond inneemt en tevens zeer eenvoudige gietstukken vereischt in vergelijking met centrifugaal- en met dubbelwerkende pompen.

Uit het oogpunt van de aanlegkosten zoowel voor het waterwerktuig als voor het vereischte gebouw behoeft dus de vergelijking niet ten ongunste van zuigpompen uit te vallen.

Een ander nadeel is, dat het gebruik van eene hevelvormige afvoerbuis, hoewel bij zuigpompen niet onmogelijk, toch in de toepassing veel omslag en bezwaar geeft; daarom wordt de zuigpomp niet geschikt geacht voor die gevallen, wanneer binnen- en buiten-waterstand weinig verschillen of dit verschil zeer veranderlijk is. Deze bewering is in hoofdzaak juist, maar de gevallen, waarin de hoogte van opmaling groot genoeg is om zonder gebruik van den hevel te kunnen werken, zijn zóó talrijk, dat deze gevallen alleen ruimschoots gelegenheid geven zuigpompen toetepassen. Voor boezemgemalen met zeer veranderlijke buiten-waterstanden zal daarom de dubbelwerkende hevelpomp op hare plaats zijn; voor poldergemalen met hoogeren opvoer is daarentegen de zuigpomp het aangewezen werktuig.

Bij de zuigpomp bevinden zich kleppen in den zuiger en dus in een van de bewegende deelen van het werktuig; indien die kleppen aanleiding tot schokken geven, worden die schokken overgebracht op de overige bewegende deelen der machine en zullen zij dus, dit wordt beweerd, veel nadeeliger zijn dan bij zuig-perspompen, waar de slag door de vaste deelen van het waterwerktuig wordt ontvangen. Deze meening is niet geheel juist. De schok wordt niet veroorzaakt door de kleppen, maar door de in beweging zijnde waterkolom, die de kleppen toeslaat en ook den zuiger medeneemt, onverschillig of er zich kleppen in bevinden of niet. Schokken mogen nooit worden toegelaten, omdat zij op den duur vernielend werken; zoowel de zuigpompen als de zuig-perspompen moeten zoo ingericht zijn, dat er geen schokken van eenige beteekenis voorkomen, en als dit geschiedt is er uit dit oogpunt tusschen beiden geen verschil.

Om zuigpompen zonder schok te laten werken, moet men met het oog op de groote afmeting der kleppen, tevreden zijn met eene matige zuigersnelheid van hoogstens 0.5 of 0.6 per secunde, terwijl bij dubbelwerkende zuig-perspompen hooger snelheden bereikbaar zijn. Deze bewering is juist, althans voor zoover de

tegenwoordige kennis reikt. Maar daartegenover staat dat de
grootere middellijn die, bij eene bepaalde hoeveelheid van opbrengst,
voor zuigpompen noodig is wegens de beperkte zuigersnelheid,
volstrekt geen bezwaar oplevert, omdat dank aan den verticalen
stand van de pomp altijd eene beperkte oppervlakte in den platten
grond wordt vereischt in vergelijking met de horizontale zuig-perspompen. Deze geringe zuigersnelheid is integendeel een voordeel,
want zij is het meest afdoende middel om schadelijke weerstanden tot
een minimum te herleiden. Houdt men daarbij in het oog, dat bij
de zuigpomp de opleider de kortst mogelijke lengte verkrijgt en
dat bij goede inrichting de kleppen van deze werktuigen ruime
doorstroomingsopeningen aanbieden, die niet zooals bij zuig-
perspompen in een groot aantal kleine openingen worden verdeeld,
dan is er niet veel meer noodig om te doen inzien, dat van alle
waterwerktuigen, mits bij goede constructie, de zuigpomp de voordeeligste werking kan opleveren.

De heer H. F. FIJNJE, die zich zoo veel heeft bewogen op het
gebied der polderbemaling, heeft ook de toepassing van zuigpompen niet uit het oog verloren. In het kaartenarchief van het
Departement van Waterstaat, Handel en Nijverheid bevindt zich
een ontwerp van zijne hand, waarin verticale zuigpompen twee
aan twee worden bewogen door eene driearmige balans, waarvan de
loodrechte arm in beweging wordt gebracht door den zuiger van
een horizontalen stoomcylinder. De kleppen, die in deze pompen
voorkomen zijn de zoogenaamde evenwichtskleppen, welke ook
in 1778 door RHYNSE LIEVE BROUWER waren voorgesteld in zijn
antwoord op eene, door het Bataafsch genootschap ten dienste
der Rotterdamsche vuurmachine, uitgeschreven prijsvraag. Men
zal zich echter herinneren, dat in de oudere toepassingen van
zuigpompen, te Rotterdam, in den polder Blijdorp, bij de
machine te Mijdrecht en bij die in den Krimpener-waard juist
de kleppen groote moeielijkheden hebben veroorzaakt.

De vraag was dus of er geen betere constructie voor de kleppen
te vinden is. Het is de groote verdienste van LIPKENS dit vraagstuk te hebben opgelost voor de pompen van den Haarlemmermeer
en het mag terecht verwondering baren, dat die uitstekende

vinding bijna in het geheel geen verdere toepassing gevonden heeft. Een der redenen hiervan is waarschijnlijk, dat de pompen van LIPKENS dikwijls worden beschouwd onafscheidelijk te behooren bij de bijzondere inrichting der Haarlemmermeer-machines, waar door tusschenkomst van een zwaar gewicht wordt gepompt. De inrichting van deze werktuigen is slechts eenmaal op kleine schaal nagevolgd, namelijk bij eene machine voor den polder Zuilichem in den Bommelerwaard boven den Meidijk, alwaar in 1857 door de firma KEISER en SWERTZ een stoomwerktuig met ééne zuigpomp is ingericht, waarin bij iederen slag door middel van eene balans een gewicht wordt opgetild, dat bij den terugslag den pompzuiger doet omhoog rijzen. Eene korte beschrijving is daarvan gegeven door den ing. J. VAN DER TOORN in zijne bekende verhandeling over den Bommelerwaard boven den Meidijk; de hoofdafmetingen vindt men in de aanteekeningen bij dit hoofdstuk.

Door den ing. H. OVERMARS Jr. is, vóór dat hij het pomprad invoerde, eene poging gedaan om de pompen van LIPKENS in windmolens toetepassen, waardoor dus opnieuw het vraagstuk aan de orde kwam, tot oplossing waarvan het Bataafsch genootschap in 1794 eene prijsvraag had uitgeschreven. Enkele toepassingen zijn door hem gemaakt van eene inrichting, waaraan hij den naam gaf van waterhijschmolens, doch de onregelmatigheid in de beweging van windmolens heeft verhinderd die toepassing algemeen te doen worden en althans een van de door hem ingerichte molens, die bij Hardinxveld, is, zooals in het vorige hoofdstuk vermeld werd, later weder weggeruimd. Voor zoover bekend is, bepaalt zich de toepassing van zuigpompen buiten den Haarlemmermeerpolder tot het bovenstaande en dit is blijkbaar zeer weinig.

De hoofdzaken in de bemaling van den Haarlemmermeerpolder zijn: opvoer van het water in eens over de volle hoogte, door middel van zuigpompen, gedreven door hoogdruk stoom met groote uitzetting en toepassing van het Woolfsche stelsel. Het behoeft wel niet gezegd te werden, dat geen van deze zaken verouderd zijn en dat zij dus nog steeds met voordeel kunnen worden toegepast, indien zij in verband worden gebracht met het gebruik van ronddraaiende stoommachines, over de voordeelen van welke in de voorgaande hoofdstukken herhaaldelijk is gesproken.

In 1877 werd in het Koninklijk Instituut van Ingenieurs een ontwerp (Plaat XXII) medegedeeld, waarin eene oplossing van dit vraagstuk was voorgesteld. (*) In dit ontwerp is gebruik gemaakt van de zuigers van LIPKENS, die door hun eigen gewicht dalen en dus bij den neergaanden slag geen druk van de machine behoeven te ontvangen om de wrijving te overwinnen en de kleppen te openen. Daarbij is dus het bezwaar ontgaan, waarop door den heer FIJNJE werd gewezen bij de bespreking van de door hem voorgestelde „aaneengeschakelde pompen". Om het dalen van den zuiger te vergemakkelijken is in het bovengenoemde ontwerp het stelsel van meervoudige kleppen toegepast, dat op eene afzonderlijke teekening (Plaat XXIII) duidelijk wordt gemaakt.

De opwaartsche beweging van deze zuigers, die bij het dalen geen neerwaartschen druk vereischen is verzekerd, door een Gallschen ketting verbonden aan eene kettingschijf, welke door een drijfstang hare heen- en weergaande beweging van eene ronddraaiende kruk ontvangt. Door eene tweede kruk, in haakschen stand met de eerste geplaatst, wordt verkregen dat de as, die deze twee krukken draagt, voortdurend wederstand ondervindt, op dezelfde wijze als in een vorig hoofdstuk bij de bespreking van dubbelwerkende zuig-pers-pompen werd uiteengezet. Deze as ontvangt, door middel van een groot kamwiel, hare beweging van een rondsel op de werkas der stoommachine, die twee cylinders heeft en van zulke grootte is, dat zij een dubbel stel van vier pompen en dus in het geheel acht pompen kan drijven.

Het is duidelijk dat, in plaats van de hier voorgestelde stoommachine, eene compound machine kan worden gebruikt en dat dan in deze inrichting de hoofdtrekken der Haarlemmermeer-machines vereenigd zijn met het gebruik van ronddraaiende stoommachines. De afmetingen van dit ontwerp waren bepaald met het oog op de bijzondere omstandigheden, welke zouden voorkomen bij een

---

(*) De bovenbouw is ontworpen door den heer G. J. Morre, leeraar in de burgerlijke bouwkunde aan de Polytechnische school.

beneden-gemaal tot opvoer van het water, uit de diepste gedeelten van Haarlemmermeer. in een aanteleggen kilvaart of tusschenboezem, waaruit het water door de bestaande Haarlemmermeermachines tot de hoogte van Rijnlands boezem zou worden opgevoerd. Het voorstel tot aanleg van zulk een tusschenboezem met benedengemaal is aan Mr. J. P. AMERSFOORDT te danken en uiteengezet in een geschrift (*. waarin de voordeelen van een dergelijken tusschenboezem met het oog op de behoeften aan drooglegging der lage landen en aan bevochtiging der hoogere landerijen uitvoerig worden behandeld. Het ontwerp werd op verzoek van het Bestuur van den Haarlemmermeerpolder den 30 April 1876 overgelegd (†) doch van de uitvoering is niet gekomen, aangezien langs anderen weg door maatregelen tot boezemvergrooting verbetering van den bestaanden toestand is gezocht.

De hoofdafmetingen van dit ontwerp vindt men in de aanteekeningen en voor de meer uitvoerige beschrijving der inrichting mag naar de bovengenoemde mededeeling in het Instituut worden verwezen. In die mededeeling is de meening uitgesproken, dat bij de voorgestelde inrichting een nuttig effect in opgevoerd water verkregen zou kunnen worden van 0.8 van het vermogen der stoommachine volgens den indicateur, maar dit cijfer vereischt nog bevestiging door de ervaring, aangezien het stelsel tot nog toe niet is toegepast. In latere mededeelingen door andere leden van het Instituut is twijfel geopperd, of bij de voorgestelde inrichting het kolenverbruik per PK. opgevoerd water tot 1.5 K.G. zou kunnen dalen, doch door eene eenvoudige berekening kan men aantoonen, dat dit zeer wel mogelijk is.

Bij toepassing van compound machines behoeft het kolenverbruik niet hooger te zijn dan 1 K.G. per paardekracht volgens den in-

(*) De kilbemaling van den Haarlemmermeer-polder, door Mr. J. P. Amersfoordt, Heemraad van den Polder, Burgemeester van de gemeente Haarlemmermeer. Amsterdam J. H. en G. van Heteren. 1869.

(†) Verslag van 7 September 1876 eener commissie, bij besluit der vergadering van Hoofdingelanden van 23 September 1875 benoemd, tot het uitbrengen van preadvies zoo omtrent de klagten van sommige Ingelanden over den waterstand, als omtrent de geschikste middelen en de beste maatregelen tot verbetering van den waterstand in den Haarlemmermeerpolder. (Niet in den handel) bladz. 6 en 7.

dicateur ; rekent men dat van dit vermogen slechts 0.8 op de werkas wordt overgebracht, dat hiervan, door verlies aan wrijving bij de overbrenging der beweging, slechts 0.92 aan de pomp wordt afgeleverd en dat de zuigpomp op zich zelf beschouwd een rendement heeft van 0.9, dan wordt het nuttig effect van het geheele samenstel $0.8 \times 0.92 \times 0.9$ dat is 0.66, hetgeen bij een kolenverbruik van 1 K.G. per ind. PK. geeft 1.5 K.G. per PK. opgevoerd water. Dit rendement van 0,9 mag voor zuigpompen worden gesteld, omdat te hooge opvoer volkomen wordt vermeden, de snelheid van beweging gering wordt genomen, de klepopeningen ruim zijn en bij het gebruik van de zuigers van LIPKENS wrijvings-weerstand enkel bij den opgaanden slag wordt ondervonden. Een kolenverbruik van 1.5 K.G. per paardekracht opgevoerd water staat nog altijd achter bij hetgeen de Haarlemmermeermachines bij de proefmaling hebben opgeleverd, toen het kolenverbruik 1.17 K.G. bedragen heeft.

Het dagelijksch kolenverbruik van deze machines is echter hooger en de redenen waarom dit zoo is zijn zeer goed te vinden; de aanwijzing daarvan geeft tevens de gelegenheid in bijzonderheden toe te lichten, hoe samengesteld het vraagstuk was, waarvan de oplossing door SIMONS en LIPKENS was ondernomen.

Bij de stichting dezer werktuigen was de bedoeling, gedurende de droogmaking met het volle aantal pompen en bij de droog-houding, wanneer de grootste opvoerhoogte bereikt was, met een kleiner aantal te werken. In werkelijkheid wordt echter bij de Lijnden en de Crucquius met zeven van de acht en bij de Leegh-water met negen van de elf aanwezige pompen gewerkt en daar bovendien het peil langzamerhand gebracht is tot 5.2 M. — A.P., werken de machines met een zeer groot vermogen; daardoor moet de stoomtoelating over een grooter deel van den slag plaats hebben en worden alzoo de voordeelen van de expansie minder en het kolenverbruik hooger.

Door de groote afmeting van de stoom-cylinders en het kleine aantal slagen heeft er, bij elke cylindervulling daling plaats van de stoomspanning in de ketels, die vooral vroeger, toen er minder stoomketels waren, zeer merkbaar was. De indicateur-diagrammen wezen duidelijk aan, dat de spanning van den stoom, dadelijk na het begin van de toelating daalde en dat dus de uitzetting plaats had in den cylinder en in de ketels, hetgeen eene nadeelige werking moest opleveren. Door vergrooting van het aantal ketels is hierin verbetering gebracht, maar de ongunstige verhouding van den cylinder-inhoud tot de stoomruimte in de ketels is bij eene machine met zoo gering aantal slagen nooit geheel weg te nemen.

De hoogdruk-cylinder is omringd door den laagdruk cylinder, waarvan het benedendeel steeds en het bovendeel afwisselend met den condensor in gemeenschap staat, terwijl de hoogdruk cylinder boven den zuiger ook afwisselend met den condensor in gemeenschap komt, hetgeen een noodzakelijk gevolg is van het stelsel van Sims. De hierdoor onvermijdelijke afkoeling van den hoogdrukcylinder moet nadeelig op het stoomverbruik werken en is een van de hoofdredenen, die in het oog moeten worden gehouden ter verklaring, waarom het kolenverbruik per paardekracht volgens den indicateur hoog is.

Aangezien in deze machines het water wordt opgevoerd door tusschenkomst van een zwaar gewicht, moet de grootte daarvan voortdurend geregeld worden naar de hoogte van opvoer, die telkens verandert door rijzing en daling van het polderpeil en van het boezempeil van Rijnland. In werkelijkheid is dit niet volledig uitvoerbaar en meestal is dus het gewicht grooter dan onvermijdelijk noodig is, hetgeen natuurlijk arbeidsverlies veroorzaakt.

Daar bovendien de pompzuigers door kettingen zijn opgehangen, zal bij snelle rijzing van den stoomzuiger het gewicht der pompzuigers tijdelijk niet kunnen strekken tot verlichting van den gewichtsbak en wordt dus een grooter deel van dezen door den stoom gedragen, hetgeen alweer aanleiding tot arbeidsverlies kan geven (*).

Door de aanwending van een ringvormigen cylinder hebben de twee stoomzuigers drie verpakkingen, hetgeen noodwendig veel wrijving veroorzaakt die nog vergroot wordt, doordien men zich het gebruik van vijf zuigerstangen moest getroosten ter verbinding

_____

(*) Op deze omstandigheid werd schrijver gewezen door den chef-machinist A. Uren.

van beide zuigers met den gewichtsbak. Daarbij komen nog de verpakkingen van de plunjers der zoogenaamde hydraulieken, die sluiting moeten verzekeren tegen een waterdruk van eenige tientallen atmospheeren en dus ook aanzienlijken wrijvingsweerstand opleveren.

Ook de pompen verkeeren in de Haarlemmermeer-machines in ongunstige omstandigheden, omdat alle zuigers tegelijk omhoog gaan; daardoor wordt bij elken slag een grooten watertoevoer vereischt en dit veroorzaakt een zichtbaren neerslag, die zelfs met de vorming van eene zeer waarneembare golfbeweging gepaard gaat.

Door de groote slaglengte der pompen, in verband met de oogenblikken van rust tusschen de op- en neergaande slagen is, niettegenstaande het kleine aantal slagen per minuut, de snelheid der pompzuigers zeer aanmerkelijk. Het gevolg daarvan is dat de kleppen gedurende den slag geheel open blijven; zij beginnen eerst te sluiten aan het einde van elken slag en dat dit eerst dan plaats heeft blijkt door de dreuning, welke het sluiten der kleppen van de pompharten onder den druk der hooge waterkolom vergezelt. Daarmede gaat verlies van reeds opgevoerd water gepaard en deze omstandigheid werkt ongunstig op het kolenverbruik per paardekracht opgevoerd water.

Al deze omstandigheden te zamen genomen is het dus geenszins te verwonderen dat het brandstofverbruik, hetwelk bij de dagelijksche werking ongeveer 3 K.G. bedraagt, hooger is dan bij de proefneming werd gevonden. Maar niettegenstaande dat kunnen de Haarlemmermeer-machines toch nog altijd de vergelijking met de meesten der bestaande polderbemalingen volkomen doorstaan. Ook is het zoo goed als zeker, dat enkelen dezer nadeelen door de ontwerpers zeer wel zijn voorzien, maar dat zij zich die getroost hebben, omdat, in den toenmaligen stand van zaken en in de gegeven omstandigheden, die bezwaren onvermijdelijk waren.

Maar met des te meer zekerheid blijkt daaruit, dat wanneer door den vooruitgang op technisch gebied die bezwaren kunnen worden vermeden, bij eene gewijzigde inrichting met behoud van de hoofdtrekken der Haarlemmermeer-machines, eene zeer gunstige uitkomst verkregen zal worden. Die hoofdtrekken zijn opvoer in eens tot de volle hoogte, door middel van zuigpompen met

groote klepopeningen, gedreven door hoogdruk stoom met achtereenvolgende uitzetting in twee cylinders en deze hoofdtrekken
zijn opgenomen in het ontwerp voor een stoomgemaal met zuigpompen (Plaat XXIV) waarover thans zal worden gehandeld.

Ook dit ontwerp dankt zijn ontstaan aan de belangstelling van
een der Heemraden van den Haarlemmermeerpolder Mr. J. P.
Ameersfoordt, op wiens voorstel het den 15 April 1882 aan het
Bestuur van dien polder werd overgelegd, met het bepaalde doel
om wanneer een van de bestaande machines, die thans reeds 40
jaar dienst hebben gedaan, geheele vernieuwing mocht behoeven,
daarvoor in plaats te kunnen worden gesteld. Uit de teekening
ziet men, dat het in de bedoeling van het ontwerp ligt de thans
bestaande machine van de Lynden geheel weg te ruimen met uitzondering van den cylinder, die volgens een denkbeeld van
Mr. Ameersfoordt in de fundeering van de nieuwe machine zou
kunnen worden ingemetseld.

De bestaande pompen zouden ook buiten gebruik komen, maar
om kosten te vermijden op hare plaats gelaten en van boven afgesloten worden. In de plaats van dezen zouden acht nieuwe pompen
volgens het stelsel van Lipkens, elk van 2 M. middellijn in twee
rijen worden opgesteld aan de polderzijde der bestaande machine en
bewogen worden op gelijke wijze als in het ontwerp (Plaat XXII)
dat hierboven besproken werd. De opbrengst dezer acht pompen
zoude gelijk zijn aan die van de acht thans in de machine Lynden
bestaande, waardoor dus het vermogen der machine zou vergroot
worden, aangezien thans slechts zeven pompen in het werk worden
gehouden. Tevens zou het peil worden verlaagd van 5.2 M. tot
5.5 M. — A. P., waardoor de hoogte van opvoer zou vermeerderen.

Een en ander samen genomen maakt, dat de nieuwe stoommachine een vermogen zou hebben van 530 PK. in opgevoerd
water. Zij is ontworpen op een vermogen van 8.00 P.K. volgens
den indicateur, hetgeen overeenkomt met een rendement van 0.66.
Om de afmetingen der machine in verband te brengen met de
beschikbare ruimte, is zij berekend op een aantal van zestig omwentelingen in de minuut hetgeen, om de vereischte zuigersnelheid
van 0.6 M. der pompzuigers te verkrijgen, tot eene tweevoudige

overbrenging van beweging noodzaakte, die ook in het gemaal van 600 P.K. te Katwijk met goed gevolg is toegepast. Ter vereenvoudiging van de vereischte modellen voor de tandraderen, werd de overbrenging van beweging zoo geregeld, dat al de kamraderen en ook de rondsels onderling gelijk zijn.

De machine zelve is een gewone compound-machine met twee cylinders en krukken die haaks op elkander zijn gesteld volgens het type, dat thans algemeen op de stoombooten wordt gebruikt en zulke goede uitkomsten geeft. Zij is bestemd te werken met achtvoudige expansie en is van een surface-condensor voorzien, waardoor de ketels tegen aanzetting beveiligd zijn en ongestoord kunnen gestookt worden. De bestaande ketels zijn in het ontwerp behouden, doch wanneer deze vernieuwing zullen behoeven, zoude het raadzaam zijn die te vervangen door pijpketels, welke het groote voordeel opleveren van in veel kleinere ruimte het vereischte verwarmingsoppervlak te kunnen bevatten. De ruimte, die de zes middelste stoomketels (Plaat VII) beslaan, is voldoende om het vereischte aantal pijpketels te bevatten, terwijl de overige ruimte ter weerszijden voor kolenbergplaats zoude kunnen worden ingericht.

Om zekerheid te hebben dat in het ontwerp, voor de gegeven omstandigheden, de best mogelijke verhoudingen werden verkregen, zijn eerst schets-ontwerpen opgemaakt voor verschillende middellijnen en slaglengten van pompen en eerst daarna is het eind-ontwerp opgesteld. Door de noodige diagrammen en berekeningen is de waarborg verkregen, dat niet alleen de gemiddelde zuiger-snelheid der pompen de vereischte grootte heeft, maar dat ook de veranderingen in de snelheid niet te groot zijn. Daardoor wordt bereikt, dat de pompkleppen haren op- en nedergang voltooien gedurende elken slag en alzoo gesloten zijn bij het einde van den slag, vóór dat de terugslag begonnen wordt. Door meerdere of mindere belasting der kleppen heeft men altijd het middel in de hand om deze werking met nauwkeurigheid te regelen, hetgeen natuurlijk bij de eerste beproeving geschieden moet.

Het zal ongetwijfeld in het oog vallen, welk eene geringe ruimte door deze toepassing der compoundmachine gevorderd wordt; maar bij eenig nadenken kan dit niet verwonderen, want de type van stoommachine hier gebruikt is die, welke algemeen in stoombooten voorkomt, waar besparing van ruimte uit den aard der zaak op den voorgrond staat. Deze keus maakt het mogelijk in dezelfde ruimte van de bestaande machine een werktuig te stellen, dat een grooter vermogen kan uitoefenen, in staat is acht pompen van grooter middellijn aan den gang te houden en het water tot een lager peil weg te pompen.

Om in dit opzicht teleurstelling te voorkomen, is het ontwerp geheel uitgewerkt in een twintigtal teekeningen, welke belangrijke arbeid in 1882—83 onder leiding van den schrijver is uitgevoerd door den wertk. ing. H. J. HERBIG Jr., tijdens zijne studiën aan de Polytechnische school. De voorafgaande schetsontwerpen hierboven vermeld, waren in 1881 bewerkt door CH. STORK den 13 April 1882, op den jeugdigen leeftijd van 22 jaar overleden. Andere ontwerpen in dit werk vermeld zijn op gelijke wijze ontstaan. Het ontwerp van het stuwrad (Plaat XVI) werd bewerkt in 1870 door H. C. SPRENGER reeds in 1871 overleden; een ontwerp, nagenoeg gelijk aan dat van Plaat XXII, in 1875 door Th. A. BERTRAND, dat van Plaat XXIII ter rechterzijde in 1883 door A. B. HESSELINK en dat van Plaat XXI in 1884 door L. BIENFAIT.

Voor den schrijver van dit werk, sedert 1864 belast met het onderwijs in de werktuigbouwkunde aan de Polytechnische School, is het eene aangename taak deze namen te vermelden, omdat hij daardoor eene rechtmatige hulde kan brengen aan de belangstelling van hen, die onder zijne leiding hebben medegewerkt om aan de werktuigbouwkunde eene plaats in het technisch onderwijs te verzekeren, eenigszins gelijkstaande met die, welke dit vak aan buitenlandsche polytechnische scholen reeds veel vroeger heeft ingenomen. De werktuigbouwkunde kwam niet voor in het programma der voormalige Delftsche Academie, zij werd slechts ter elfder ure opgenomen in de tegenwoordige wet op het middelbaar onderwijs (*)

(*) De Delftsche Akademie en de Polytechnische School. Verspreide schetsen en studiën, Purmerende, J. Muusses en Co. 1880. bladz. 67, de noot.

en het ontwerpen van werktuigen is niet vermeld onder de eischen van het eind-examen voor werktuigkundig ingenieur (*). De eischen door de genoemde wet voor het diploma van werktuigkundig ingenieur gesteld, waren dus zeer bescheiden en alleen door krachtige samenwerking kon hieraan worden tegemoet gekomen.

AANTEEKENINGEN.

Opgaven betreffende het stoomgemaal met zuigpomp van den polder Zuilichem.

Ontworpen en uitgevoerd door de firma Keiser en Swertz . . . 1857.
Stoomketel middellijn. . . . . 2 M.
       "   2 binnen overgangen, elk middellijn . . . . 0.67 M.
       "   stoomdruk, overdruk 52 Eng. pd. . . . . $3\frac{1}{2}$ Atm.
Enkelwerkende stoommachine, welke door middel eener balans, een tegenwigt omhoog brengt, dat bij de daling het water opvoert.
Opbrengst bij elken slag. . . . . 1 M³.
       "   per minuut . . . . 80 "
Hoogte van opvoer . . . . - . . . . 2 M.
Aanlegkosten met inbegrip van de kolenloods en de verandering van het achtkant van den voormaligen windmolen, waarop de machine gesteld is . . . . *f* 20.000
De machine werkt als voormolen doch brengt meestal het polderwater in eens op den voorboezem.

Opgaven betreffende het ontwerp voor een stoomgemaal met zuigpompen.
(Plaat XXII.)

Ontworpen als benedengemaal voor de machine Leeghwater . . 1876.
Aangenomen toekomstig zomerpeil van den Haarlemmermeerpolder 5.5 M. — AP.
Bodem hoofdvaart . . . . 6 " — "
Aangenomen peil van den tusschenboezem . . . . 4 " — "
Opvoerhoogte benedengemaal . . . . 1.5 " (†)
Zuigpompen, aantal. . . . . 8.
       "   middellijn . . . . 1.5 M.
       "   slaglengte . . . . 1.75 "
       "   aantal dubbele slagen per minuut . . . . . . 10.
       "   zuigersnelheid, gemiddeld . . . . 0.58 M.
       "   opbrengst per slag, elke pomp . . . . 3.06 M³.

(*) De Delftsche Akademie en de Polytechnische School, bladz. 148.

(†) De overblijvende opvoerhoogte voor de machine Leeghwater zoude, bij boezemstand Rijnland = 0.4 — AP., bedragen 3.6 M.; zij is thans 4.6 M. bij gelijken boezemstand en bij een peil van 5 M. — AP. in den Haarlemmermeerpolder.

Zuigpompen, opbrengst per minuut met acht pompen . . . . 244 „ (*)

„   benedenvloer, bovenkant . . . . 7.6 M. — AP.

„   toevoeropeningen, bovenkant . . . . 7.1 „ — „

„   stortvloer, bovenkant. . . . . 4.8 „ — „

„   vermogen in opgevoerd water . . . . 80 PK.

„   hoek der beide pompkrukken . . . . 90°.

Verhouding rondsels en kamwielen . . . . 1 : 5.

Aantal omwentelingen stoommachine per minuut . . . . . . 50.

Vermogen der stoommachine . . . . 120 ind. PK.

Kolenverbruik per ind. PK. bij gebruik van compound-machine   1 KG.

Verhouding PK. opgevoerd water tot ind. PK., minimum . . 0.66.

Kolenverbruik per PK. opgevoerd water . . . . 1.5 KG.

Oppervlakte platte grond zonder de vleugelmuren . . . . . 296.5 M².

„   „   „   per M². opbrengst in de minuut . . 1.2 M².

Opbrengst der machine Lynden, met 6,6 slagen in de minuut
en 7 pompen, per minuut . . . . 300 M².

Oppervlakte platte grond machine Lynden, ketelhuis, toren en
omloop, zonder de vleugelmuren en buitenwaterloopen . . . . . 1180 M².

Oppervlakte machine Lynden per M². opbrengst in de minuut . 3.7 M².

Geschriften betreffende stoombemaling met zuigpompen.

Natuurkundige Verhandelingen van de Hollandsche Maatschappij van wetenschappen te Haarlem. Tweede verzameling. 3e Deel 1e stuk. 1884. Verhandeling van F. H. Fijnje, Ingenieur der 1e klasse van 's Rijks Waterstaat. Blz. 59. Vierde afdeeling, over de pompen. Bladz. 67 evenwigtskleppen; bladz. 77 aaneengeschakelde pompen, bewogen door scharnierkettingen.

Nieuwe Verhandelingen van het Bataafsch Genootschap te Rotterdam. Tweede reeks. Eerste Deel, Eerste stuk. 1867. Statistieke opgave en beschrijving van den Bommelerwaard boven den Meidijk, door J. van der Toorn, Ingenieur van den Waterstaat, bladz. 23. Stoomgemaal met zuigpomp van den polder Zuilichem.

Catalogus van het kaarten-archief der afdeeling Waterstaat van het Departement van Binnenlandsche zaken; bewerkt door P. L. Putters, adjunct-commies. 1868. blz. 66, No. 2327. Ontwerp tot vereenvoudiging van de opmaling van het kwel- en regenwater uit polders met stoomgemaal, door den Ingenieur H. F. Fijnje, met twee schetsteekeningen van de nadere toepassing van het stoomgemaal daarvoor.

Koninklijk Instituut van Ingenieurs.

Tijdschrift 1877—1878. Tweede aflevering. Eerste gedeelte. Notulen der vergadering van 13 November 1877. Bladz. 38. Bijlage 7. Platen II—V. Over de meest voordeelige stoombemaling bij de droogmaking der Zuiderzee. — Beschrijving van een nieuw stelsel van boezem- en polderbemaling in zijne toepassing op een ontworpen benedengemaal voor de machine Leeghwater, door het lid A. Huët.

(*) Opbrengst der machine Leeghwater met 8 pompen en 5 slagen per minuut 240 M².

Idem. Vierde aflevering. Eerste gedeelte. Notulen der vergadering van 9 April 1878, bladz. 134. Bijlage 25. Bemerkingen ten aanzien van de voordracht van den heer A. Huet, over de meest voordeelige stoombemaling bij de droogmaking der Zuiderzee, door het lid H. F. Fijnje van Salverda.

Idem. Idem. Bladz. 138. Bijlage 26. Bemerkingen ten aanzien van de voordracht van den heer A. Huet, over de meest voordeelige stoombemaling bij de droogmaking der Zuiderzee, door het lid H. C. Bosscha.

Tijdschrift 1878—1879. Eerste aflevering. Tweede gedeelte. Verhandelingen, bladz. 11. Uitkomst van gedane proefwerkingen met verschillende wateropvoerings-werktuigen en eenige daarmede in verband staande opmerkingen, door het lid P. A. Korevaar.

Geschriften betreffende de beweging van zuigpompen door windmolens.

J. Leupold und J. M. Beijer. Theatrum machinarum. Leipzig. 1724—1735. 5 Bde. Band III. Theatrum machinarum Hydraulicarum, oder Schauplatz der Wasser-Künste. 1724—1725. Tomus I. Taf. XXXIII.

Groot volkomen Moolenboek door Leendert van Natrus, Moolenmakers Baas van de Ed. Oost-Indische Compagnie te Amsterdam, Jacob Polly, Moolenmaker te Saardam, en Cornelis van Vuuren en zeer naauwkeurig in het kooper gebragt door Jan Punt. Twee deelen. Te Amsterdam bij Johannes Covens en Cornelis Mortier. 1734. IIe deel. Plaat 14 en 15. Grond en opstand van een Water—Pomp-Moolen.

Theatrum Machinarum Universale of algemeen Groot Moolen-boek, door Johannes van Zijl, Moolenmaker van Lexmondt en in 't koper gebragt door Jan Schenk. Twee deelen. Te Amsterdam bij W. Holtrop en N. T. Gravius. 1761. IIe Deel, plaat 54. Van een Wind-Pomp-moolen.

Architecture Hydraulique ou l'art de conduire, d'élever et de ménager les eaux pour les différents besoins de la vie. Tome Second par M. Belidor. Paris 1782. Chap II. pl. 1.

Verhandelingen van het Bataafsch Genootschap te Rotterdam. Elfde deel. 1798. Programma voor het jaar 1794, bladz. XXXIII.

Ervaaren Werktuigkundige en bekwaame onbevooroordeelde Moolenmakers zijn van gedagten, dat Pompen aan Wind-Watermolens gevoegd, met meer voordeel zouden kunnen gebruikt worden dan Schepraderen, Trommel, Vijzelwerken of dergelijke tot nu toe gebezigde hulpmiddelen, tot het drooghouden voornamelijk van Polders, alwaar men uit hoofde van bijzondere omstandigheden geen Stoom-Werktuigen konde bezigen. De reden van dit meerder voordeel blijkt daaruit. 1. Dat het water in de Pompen een rechte en dus de kortste weg aflegt. 2. Dat groote welgemaakte Pompen geen verlies van Water ondergaan, het gene bij alle andere genoemde Water-Werktuigen zeer aanmerkelijk is en het onmooglijk maakt derzelver uitwerking te bereekenen. 3. Dat voor zooveel het grond-werk betreft de toestel voor Pompen veel eenvoudiger en minder kostbaar is dan die voor Raderen enz. 4. Dat men met Pompen in eens het Water uit de diepste Droogmakerijen tot in den boezem kan opheffen, waar door iedere Molen vrij en op zigzelven kan werken, zonder dat immer de toevallen aan een beneden of boven-molen het geheele werk behoeven te doen stilstaan. 5. Dat men

22

door in het stel Pompen een grooter of kleiner getal aan den gang te zetten het vermogen des Molens met de windkracht zou kunnen evenredigen, waar door men hier steeds van slappe en harde winden beter voordeel kan trekken, dan bij het gebruik der gewoone middelen.

De overweging hiervan heeft het Genootschap doen besluiten, den gouden Eereprijs uittelooven aan den genen, die de best voldoende wijze zal hebben opgegeeven „om een gewoonen Wind–Watermolen zoodanig met een stel groote Pompen in de plaats van andere Water–Werktuigen te voorzien, dat daar mede naar alle graaden van Windkracht eene daar aan geëvenredigde hoeveelheid Waters worde opgebragt." Daarbij voegende „een behoorlijke begrooting der daar toe noodige onkosten en een vergelijking daar van met die van een gewoonen toestel voor Schepraden, Vijzels, Trommels, enz. van een gelijk vermogen.

Nieuwe Verhandelingen van het Bataafsch Genootschap te Rotterdam. Tweede Deel. 1801.

> Verhandeling over de pomp–molens, zijnde het eerste antwoord op de vraag nopens dat onderwerp, door Willem Beyen, Mr. Timmerman en Molen–maaker te Rotterdam. pag. 83.
>
> Tweede antwoord op die vraag door J. J. Duister, Stads Brandspuit en Balancenmaaker te Rotterdam. bladz. 101.
>
> Aanmerkingen op het tweede antwoord door A. F. Goudriaan. pag. 107.

H. Overmars Jr. Windwatermolens. Het verkrijgen van wateropbrengst bij slappen wind en meer opbrengst bij alle winden, door H. Overmars Jr. Sectie-Ingenieur bij de Staatsspoorwegen. (Octrooi 1866.) Roermond J. J. Romer 1866. Ged. voor rek. v. d. Schrijver; niet in den handel.

J. B. H. van Roijen. De Waterhijschmolens, eenvoudig toegelicht. Gorinchem, J. Noorduyn & Zn. 1868.

Koninklijk Instituut van Ingenieurs. Notulen der Vergadering van 10 Junij 1869. Bladz. 244 en 283. bijlage 53. De pompmolen op den West-Merwedepolder door H. Linse.

Geschriften betreffende den Waterstaatstoestand van Nederland.

Nederland als Polderland. Beschrijving van den eigenaardigen toestand der belangrijkste helft van ons land, tevens bevattende de topografie van dat gedeelte met de voornaamste details, toegelicht door kaarten en teekeningen, door A. A. Beekman, oud-genie-officier, leeraar aan het gymnasium te Zutfen. Zutfen, W. J. Thieme & Co. 1884.

In de inleiding van dit belangrijke werk zijn de voornaamste geschriften over dit onderwerp vermeld; voor het meer bijzondere onderwerp der bemaling zijn daaraan nog toe te voegen:

Eenige waarnemingen en opmerkingen over het opmaijen van water, door J. R. T. Ortt. Amsterdam, C. G. van der Post. 1872.

Over de wijze van berekening van het waterbezwaar in polders, door T. J. Stieltjes. Amsterdam, C. G. van der Post. 1872.

BESLUIT.

PLAAT XXV.

Het opmaken van een ontwerp, voor bemalingswerktuigen tot drooghouding van polders, vereischt in de eerste plaats de vaststelling van het vermogen, dat men wil aanwenden. De weg tot bepaling daarvan is het eerst gewezen door G. SIMONS in zijne Nota van 1838 over de stoombemaling van den Haarlemmermeerpolder en daarna door hem en A. GREVE, in de bekende verhandeling (*) waaraan de volgende cijfers zijn ontleend:

	Windbemaling.	Stoombemaling.
	Aantal H. A., 1 M. hoog	
	per windmolen.	per Pk. opgevoerd water.
Polderbemaling op vrijen boezem	650—700 (†)	130 (§)
Polderbemaling op besloten boezem	550—600 (†)	110 (§)

De windmolens hier bedoeld zijn van 25—26 M. vlucht (**); zulke molens kunnen 55 M³. (††) 1 M. hoog per minuut opbrengen; maar de gemiddelde opbrengst in 24 uur mag slechts worden gerekend op 27 135 M³., 1 M. hoog (§§) en de geheele opbrengst in één jaar op niet meer dan 5.000.000 M³., 1 M. hoog (§§). Voor zulk een molen mag op 60 maaldagen 's jaars (***) worden gerekend, terwijl 25.5 (†) —30 (***) maaldagen noodig geacht moeten worden voor de drooghouding van een polder.

Door vergelijking met de cijfers voor stoombemaling ziet men, dat het vermogen van een grooten windmolen gemiddeld gelijk

---

(*) Nieuwe verhandelingen van het Bataafsch Genootschap te Rotterdam. Negende Deel. Eerste stuk. 1844. Verhandeling over de stoombemaling van polders en droogmakerijen, door G. Simons en A. Greve.

(†) Idem bladz. 46. (§) 53. (**) 45. (††) 33. (§§) 39. (***) 40.

wordt gesteld met 5—6 PK. in opgevoerd water, hoewel hij met een goeden molenwind 10—25 PK. kan uitoefenen (*). Het geringe gemiddelde vermogen, dat voor windmolens mag gerekend worden, is een noodzakelijk gevolg van de onzekerheid, of de beweegkracht werkelijk beschikbaar zal zijn op de tijdstippen waarop zij noodig is. Zekerheid van drooghouding is dan ook het voordeel van stoombemaling, waarop altijd door de voorstanders daarvan gewezen is.

Een vermogen van 1 P.K. in opgevoerd water, per 130 H.A., 1 M. hoog, komt overeen met den afvoer in ééne maand van 0.15 M. waterhoogte over de genoemde oppervlakte. Bedraagt de toevoer, door regen en kwel na aftrek der verdamping, die in de verschillende tijden van het jaar zeer veranderlijk is, meer dan 0.15 M. in ééne maand, dan vereischt de bemaling, met het genoemde vermogen, meer dan den geraamden tijd; dit zal ook het geval zijn, indien door ongelijkmatige verdeeling de toevoer voor het grooter deel in het eind der maand komt.

Het vermogen der bemalingswerktuigen in den Haarlemmermeerpolder, van 1080 PK. voor 18100 H.A. bij een opvoerhoogte van ongeveer 5 M., komt overeen met 1 P.K. per 90 H.A., 1 M. hoog, waardoor een afvoer van 0.23 M. over de geheele oppervlakte per maand verzekerd is. De hulpmiddelen tot drooghouding zijn dus veel krachtiger dan in de genoemde verhandeling noodig werd gerekend. Dit is veroorzaakt doordien aanvankelijk het voornemen bestond, bij de geringere opvoerhoogte tijdens de droogmaking, met het volle aantal pompen en later, bij de volle opvoerhoogte voor de drooghouding, met een kleiner aantal pompen te werken. Eenmaal in het bezit van een genoegzaam aantal pompen heeft men echter daarvan zooveel mogelijk gebruik gemaakt en werken de Lijnden en de Crucquius met zeven van de acht en de Leeghwater meestal met negen van de elf aanwezige pompen (†).

(*) Zie in dit werk bladz. 102.

(†) Over de mogelijkheid om deze machines met het volle aantal pompen te laten werken werd in 1866 advies uitgebracht; zie: De kilbemaling van den Haarlemmermeer-polder door Mr. J. P. Amersfoordt, Amsterdam, J. H. en G. van Heteren 1869. Naschrift, bladz. 49—52.

Daardoor moeten de werktuigen, zoo als reeds in het vorig hoofdstuk werd aangewezen, een zeer groot vermogen uitoefenen, vereischen zij langer stoomtoelating dan aanvankelijk bedoeld was en is dientengevolge het kolenverbruik per paardekracht volgens den indicateur hooger geworden. Volgens in 1878 door den heer A. ELINK STERK genomen proeven, waarvan de uitkomst bekend is gemaakt door den heer CUPPARI (*), bedraagt dit kolenverbruik voor de Crucquius, bij 3 slagen in de minuut 2.47 K.G. en bij 7 slagen 2.24 K.G., terwijl de overeenkomstige cijfers per paardekracht opgevoerd water 3.54 K.G. en 3.06 K.G. zijn. Soortgelijke verhooging van het kolenverbruik door het eischen van vermeerderde hoeveelheid arbeid eener bepaalde machine, is evenzeer oorzaak geweest, dat bij velen van de vroeger zoo geroemde machines in Cornwallis, (†) de nuttige werking sedert de jaren 1830—1840 achteruit is gegaan (§).

De eischen van drooghouding spreken echter zoo sterk en het gemak om daarin met de bestaande machines te voorzien is zoo overwegend, dat men zich het hooger kolenverbruik getroost, hoewel blijkens het vorige hoofdstuk reeds voorstellen gedaan zijn om de bestaande werktuigen, door de stichting van hulp-vermogen van den overmatigen arbeid thans van haar geëischt te ontlasten, of door nieuwe werktuigen te vervangen. Voor het droogleggen der landen aan het einde van het winter-saisoen mag de afvoer in ééne maand van 0.23 M. waterhoogte voldoende worden gerekend; maar wanneer in den loop van het voorjaar of den zomer zware regenbuien vallen, verlangt men zeer

(*) Tijdschrift van het Koninklijk Instituut van Ingenieurs. 1884—1885. Tweede aflevering. Tweede gedeelte. Vertalingen. Over de practische uitkomsten van ver-schillende in Nederland toegepaste wateropvoeringswerktuigen. Beschouwingen van den ingenieur Giovanni Cuppari. L. K. Inst. bladz. 82.

(†) Historical statement of the improvements made in the duty performed by the steam engines in Cornwall from the commencement of the publication of the monthly reports. By Thomas Lean and Brother, Registrars and Reporters of the duty of steam engines. London. Simpkin, Marshall & C°. 1839.

(§) Die einfach- und directwirkenden Woolf'schen Wasserhaltungsmaschinen der Grube Altenberg bei Aachen. Beschreibung, Berechnung und Resultate derselben von Carl Kley, Stuttgart, Hofmannsche Verlag's Buchhandlung 1865. Notizen über Simsche und ähnliche Maschinen.

spoedig weder droog te komen en zoude men zelfs wenschen
eene bemaling te bezitten, die „met den regenval van de natst
„bekende week, of dien van één dag als 15 October 1872,
„van één uur of van eene enkele wolkbreuk gelijken tred houden
„en dien vóór kon blijven. (*)

De eenige moeielijkheid in dit vraagstuk is vast te stellen tot
hoever men gaan wil; door vergelijking van verschillende verslagen over de stichting van stoomgemalen (†) kan men zien, dat
tot nog toe de eischen steeds hooger zijn geworden en in den Beemster
is, blijkens eene der opgaven in de aanteekeningen bij dit hoofdstuk, gerekend op een afvoer van 0.008 M. in de 24 uur, hetgeen
overeenkomt met 0.24 M. in de maand.

Het is zeer wel mogelijk, dat in deze richting nog verder
zal worden gegaan en dat men over eenige jaren als regel zal
aannemen de stoomgemalen zóó interichten, dat zij 0.3 M. waterhoogte in ééne maand en dus 0.01 M. per dag, kunnen afvoeren
van de geheele bemalen oppervlakte. Want nu stoombemaling
eenmaal ingang gevonden heeft, ziet men meer en meer in, dat
de kosten van aanleg eerst dan volledig vergoed worden, wanneer
men door middel van het stoomgemaal den waterstand volkomen
meester is.

Door de toepassing van het ontwerp in het vorige hoofdstuk beschre-

(*) Verslag van 7 September 1876 eener Commissie, bij besluit der vergadering
van Hoofdingelanden van 22 September 1875 benoemd, tot het uitbrengen van preadvies zoo omtrent de klagten van sommige Ingelanden over den waterstand, als
omtrent de geschiktste middelen en de beste maatregelen tot verbetering van
den waterstand in den Haarlemmermeerpolder. Leden der commissie J. M. W. van
de Poll, voorzitter, Amersfoordt, Jan Blokland Jz., P. Langerhuizen Lz, en J. W.
H. Rutgers van Rozenburg, rapporteur. (Niet in den handel.) Bladz. 4.

(†) Plan voor het stichten van een stoomgemaal ter verbetering van de waterontlasting van den Holierhoekschen en Zouteveenschen polder met de daarbij behoorende rapporten. Gedrukt en aan stemgerechtigde Ingelanden ter kennisneming
toegezonden ingevolge een besluit van 18 Januarij 1868. Verslag opgemaakt door
P. A. Korevaar, November 1866. Bladz. 6.

Rapport van den 21 October 1875 aan de vergadering van Ingelanden, uitgebracht ten opzichte van eene geheele stoombemaling van den Zuidplaspolder.
Bijlage A, (get.) J. Paul, Zevenhuizen, 30 Januarij 1874, bladz. 7; Bijlage B,
(get.) J. P. van den Berg Jz. Delft, 30 Januarij 1874, bladz. 5 en Bijlage F,
(get.) L A. Reuvens en W. J. Backer, Arnhem en Rotterdam, 13 Maart 1875.

ven (Plaat XXIV) zoude deze afvoer van 0.3 M. waterhoogte per maand werkelijk voor den Haarlemmermeerpolder verkregen kunnen worden met behoud van de tegenwoordige gebouwen en stoomketels, terwijl dan tevens eene afmaling tot op 5.5 M. — A. P. verzekerd zoude zijn. Wanneer nu daarbij, zoo als zich verwachten laat, het kolenverbruik tot 1.5 K.G. per PK opgevoerd water herleid werd, zou dit eene jaarlijksche besparing geven van f 23,000, die tegen 5 % een kapitaal voorstellen van f 460.000. Deze som zoude dan beschikbaar zijn om, zonder verhooging van uitgaven, de werktuigen zóó interichten, dat waterafvoer tot lager peil en in korter tijd dan thans te verkrijgen zoude zijn.

Schijnbaar is er dan geen besparing en toch zoude er winst zijn, want door tijdelijken overlast van water of door te hoogen gemiddelden waterstand wordt, door mindere opbrengst van het land, veel grooter verlies geleden dan door besparing op uitgaven van bemaling kan worden goedgemaakt. Dit nu is het hoofdpunt, dat bij polderbemaling in het oog moet worden gehouden. Elke besparing die, in kolenverbruik of in aanlegkosten, verkregen kan worden, moet in de eerste plaats worden gebruikt om het afvoervermogen van de bemalingswerktuigen te verhoogen, want dat is de meest zekere weg om door hoogere opbrengst van het land de kosten van stoombemaling werkelijk vergoed te zien.

Dezelfde opmerking geldt ook voor de boezembemaling. Het verlies dat de landbouw in Rijnland in een enkel jaar kan lijden door te hoogen waterstand bedraagt, zoo als in een der vorige hoofdstukken werd medegedeeld, f 2.400.000; dit verlies te voorkomen, door verbeterde inrichting of door vergrooting der bemalings-werktuigen, geeft meer voordeel dan door besparing op de bemalingkosten zelf verkregen kan worden. Uit de opgaven betreffende den Haarlemmermeerpolder en Rijnland, in de aanteekeningen bij dit hoofdstuk medegedeeld, kan men zien, dat het bewonen en bebouwen van land beneden het zee-oppervlak gelegen, zeer aanmerkelijke onkosten met zich brengt, die voor de ingelanden van dezen polder en dit waterschap nog hooger zouden zijn, indien de bemalingswerktuigen, met uitzondering van dat te Katwijk, niet door het Rijk waren bekostigd.

Zelfs bij de meest volkomen inrichting der werktuigen blijven de jaarlijksche kosten altijd zeer aanmerkelijk en het eenige wat afdoende helpt om die te vergoeden, is de bemalingen zoo interichten, dat zij den waterlast, zelfs onder zeer ongunstige omstandigheden, meester blijven. De hier gekozen voorbeelden worden niet aangevoerd om op wijziging of verbouwing van de werktuigen in Haarlemmermeer of Rijnland aantedringen, want dit is eene zaak die de ingelanden aangaat, maar de groote omvang en meer algemeene bekendheid van beider bemalingen maken die tot geschikte voorbeelden om het hoofdbeginsel, dat bij stoombemaling op den voorgrond moet staan, in het licht te stellen.

De gelegenheid zal zich wellicht opdoen om de hoofddenk-beelden in dit werk neergelegd toe te passen op een droogtemaken polder die, wat grootte en diepte betreft, nabij komt aan den Haarlemmermeerpolder en, door zijne ligging aan zee, bemalings-werktuigen vereischt, welke, even als die van Rijnland, bij veranderlijke buitenwaterstanden moeten werken.

De droogmaking van het Hoornsche Hop en de Goudzee (Plaat XXV) is reeds twintig jaar geleden tot voorwerp van studie en tevens van concessie-aanvrage gemaakt door den heer H. LYNSE, (*) een van de eerste leerlingen der voormalige Delftsche Academie, en het ligt in de bedoeling om, wanneer aan dit werk begonnen kan worden, daarbij eene hernieuwde toepassing te maken van de beginselen, die bij de droogmaking van het Haarlemmermeer zoo vruchtdragend zijn gebleken.

De bijzondere ligging van dezen polder geeft gelegenheid om dien voor bevloeiing interichten (†), door verdeeling in even-wijdige strooken welke elk een verschillend peil zullen ver-krijgen. De afvoer uit de hooger gelegen poldervaarten naar de lagere geschiedt door overlaten, wier hoogte geregeld moet worden

---

(*) Tijdschrift van het Koninklijk Instituut van Ingenieurs. Notulen der Vergadering van 16 Augustus 1883, bladz. 15, en van 13 November 1883, bladz. 68—74, Plaat IV.

(§) Op de wenschelijkheid daarvan voor onze polders is, voor zoover aan schrijver bekend is, het eerst met nadruk gewezen door Mr. J. P. Amersfoordt.

naar de eischen van den landbouw, terwijl de opvoer uit de laagste poldervaart in eens over de volle hoogte zal geschieden.

Daarvoor zouden twee groote stoomgemalen worden gesticht, het eene op Marken, het andere aan de Nek bij Hoorn, beiden ingericht om bij de veranderlijke waterstanden in de Zuiderzee te werken tot 1 M. boven volzee. In een dezer beiden zoude het stelsel van plaat XXI, in het andere de inrichting van plaat XXII worden toegepast, waardoor tevens eene vergelijking van beide stelsels zoude verkregen worden. De grondbeginselen der droog-making van den Haarlemmermeerpolder, namelijk opvoer in eens over de volle hoogte, door toepassing van pompen, gedreven door hoogdruk stoom met groote uitzetting in twee achtereenvolgende cylinders, zouden hier dus eene hernieuwde toepassing vinden, terwijl de enkelwerkende pomp van LIPKENS en de dubbelwerkende van den heer FIJNJE, zij het dan ook in gewijzigden vorm, de plaats zouden innemen, die haar bij polderbemaling toekomt.

Naast elk van deze stoomgemalen zouden uitwateringsluizen komen tot afvoer van het water uit eene boezemvaart, die, geheel afge-scheiden van den droogtemaken polder, tot ontvangboezem en af-voerkanaal voor de bestaande polders dient. De beide stoomge-malen met de uitwateringsluizen zouden loozen in voorhavens ten dienste van de scheepvaart, die door eene schutsluis met de boezemvaart in gemeenschap zouden staan. De oppervlakte van den polder bedraagt 13 000 H. A., de grootste diepte is 3.5 M. — A. P., het zomerpeil in de laagste poldervaart is bepaald op 4 M. — A.P., maar de fundeeringen der stoomgemalen zouden diep genoeg worden gelegd om dit peil in het laagste deel tot 4.5 M. — A. P. te kunnen brengen. Elk der gemalen zoude een ver-mogen vereischen van 420 PK. in opgevoerd water, wanneer op een afvoer van 0.23 M. per maand en van 550 PK., wan-neer op 0.3 M. wordt gerekend.

De buitengewoon goede grond in dezen droogtemaken polder zoude toelaten, voor de indijking volledige zeedijken aanteleggen, zonder daardoor de onderneming te zeer te bezwaren; door dezen polder zoude dus een aanvang kunnen worden gemaakt met de inpolderingen in de Zuiderzee (Plaat XXV), die op den duur niet zullen uitblijven. Om echter de overige inpolderingen met vrucht te kunnen ondernemen, zoude het verkieslijk zijn, allereerst eene afsluiting tusschen Enkhuizen en Stavoren tot stand te brengen, waardoor tevens de gemeenschap van Noord-Holland en Friesland zoude worden hersteld. Tot loozing van het IJselwater en van het polderwater uit het groot aantal uitwaterende sluizen in het dan afgesloten deel der Zuiderzee moet een nieuw afvoerkanaal worden aangelegd. Eene open doorgraving van Holland op zijn Smalst is daarvoor het eenige bruikbare middel, aangezien de aftevoeren hoeveelheden water veel te groot zijn voor afvoer door sluizen.

De wijdte van dit nieuwe afvoerkanaal zal echter, vergeleken met de tegenwoordige opening tusschen Enkhuizen en Stavoren, zeer gering zijn; daardoor zal het te vormen binnenmeer, dank aan den voortdurenden toevoer van IJselwater, een zoetwatermeer worden en het vraagstuk, Noord-Holland van versch water te voorzien, zal daardoor op bevredigende wijze kunnen worden opgelost. Dit binnenmeer, dat alleen in het zuidelijk deel brakwater zal bevatten, kan dan tevens de bron zijn tot bevloeiing niet enkel van het Hoornsche Hop maar van al de polders, die gaandeweg zullen kunnen aangewonnen en wier dijken door de afsluiting tusschen Enkhuizen en Stavoren tegen hooge stormvloeden zullen verzekerd zijn.

Deze indijkingen zullen dus allen in zeer gunstige omstandigheden verkeeren, want de omdijkingen zijn zóó ontworpen, dat alle polders onmiddellijke loozing op het binnenmeer verkrijgen en dus door opvoer in eens over de volle hoogte kunnen bemalen worden. Het bestek van dit werk, dat reeds belangrijk is overschreden, laat niet toe alle bijzonderheden betreffende deze wijze van inpoldering der Zuiderzee te bespreken, doch de belangstellende lezer kan zich daarover in de hieronder opgegeven geschriften (*) de noodige inlichting verschaffen.

(*) Amsterdam een Zeestad. Eene studie over de verbinding van Amsterdam met den Boven-Rijn en de droogmaking der Zuiderzee. Rotterdam J. W. van Leenhoff en Zoon. 1880.

Amsterdam en Rotterdam. Verzameling van stukken betreffende de doorgraving van Holland op zijn Smalst en van den Hoek van Holland. Met kaarten en platen. Twee deelen met Atlas. Rotterdam. J. W. van Leenhoff en Zoon. 1881.

AANTEEKENINGEN.

Opgave betreffende het vermogen der stoombemaling voor den Beemster.

De verbetering der bemalingsmiddelen van het Waterschap de Beemster. Rapport uitgebracht door J. F. W. Conrad, J. C. de Leeuw, H. Linse en L. A. Reuvens, naar aanleiding van het besluit van Hoofd-Ingelanden van genoemd Waterschap van 30 Maart 1871. Haarlem, Erven Bohn, 1873. Bladz. 29.

§ 28. Het voor de stoomtuigen gevorderde vermogen. — Zal een polderstoomgemaal krachtig genoeg zijn, dan moet het den grootsten regenval kunnen bijhouden. De hoeveelheid van dien regenval, na aftrek der verdamping, moet gerekend worden te bedragen 8 mM. in 24 uren, overeenkomende met 55 M³. in de minuut op 1000 HA. polderland. 55 M³. op 1000 HA. is 396 M³. in de minuut, voor 7200 HA. Om deze 396 M³. op te brengen ter hoogte van 5 M. zijn benoodigd 440 theoretische of water-paardenkrachten.

Wanneer wij dit aantal van 440 paardenkrachten, door ons als benoodigd voor de Beemster, toetsen aan het voorbeeld van den Haarlemmermeerpolder, komen wij tot de uitkomst, dat de gezamenlijke werktuigen aldaar een vermogen hebben voldoende om 46 M³. per minuut van elke 1000 HA. af te malen.

De berekening voor genoemden polder is als volgt:

De Haarlemmermeerpolder is binnen de ringvaart groot 18 224 HA. en wordt bemalen door:

de Leeghwater die een vermogen heeft van	337 Pk.
de Cruquius „ „ „ „ „	350 „
de Lynden „ „ „ „ „	350 „
te zamen . . .	1037 Pk.

die het water opmalen van gemiddeld 4.80 M. onder AP. tot 0.20 M. onder A.P., dus 4.60 M. hoog.

De Leeghwater doet gem. i. h. uur 361 slagen met 9 pompen, die elk 4.9 M³. p. slag opbr.

De Cruquius „ „ „ „ 372 „ „ 7 „ „ 6.5 „ „ „

De Lynden „ „ „ „ 396 „ „ 7 „ „ 6.5 „ „ „

In het etmaal brengt dus op:		
de Leeghwater	382 080 M³.
de Cruquius	406 224 „
de Lynden	432 482 „
de drie stoomgemalen te zamen . . .	1 220 786 M³.

dat is de 3 stoomgemalen per minuut 847 M³.,

„ seconde 14 „ van 18 224 HA.,

overeenkomende met 1 M³. in de seconde van 1301 HA.

en „ 46 „ „ „ minuut „ 1000 „

Wij rekenden voor de Beemster op eene kracht voor 55 M³., en het is ook gebleken dat de bemaling van den Haarlemmermeerpolder onvoldoende is en dat men die versterken wil. De voor de Beemster berekende 440 waterpaardenkrachten, wel te onderscheiden van de benoodigde paardenkrachten in ketelvermogen die gewoonlijk $\frac{1}{4}$ hooger worden gerekend, moeten naar evenredigheid der oppervlakte van de verschillende polders verdeeld worden als volgt:

Voor den Bovenpolder	110 PK.
» » Middenpolder	215 »
» » Arenbergerpolder	115 »
	Te zamen . . . 440 PK.

Opgaven betreffende het brandstofverbruik der Haarlemmermeermachines gedurende de eerste 10 jaar na de overname van den polder.

1856	Nog onder Rijks-administratie		ƒ 52 679 39½
1857	Overgenomen van het Rijk	ƒ 22 310	
		» 49 750	
			» 72 060
1858	. . . .		ƒ 28 176
1859	. . . .		» 59 338
1860	. . . .		» 55 757
1861	. . . .		» 52 219
1862	. . . .		» 18 783
1863	. . . .		» 18 401
1864	. . . .		» 29 809
1865	. . . .		» 31 973
1866	. . . .		» 56 729
1867	. . . .		» 47 129
	Te zamen . . .		ƒ 397 813

Gemiddeld jaarlijks over 1858 —1868 . . . . ƒ 39 781

Opgaven betreffende de kosten van onderhoud en bediening der Haarlemmermeer-machines.

	Werkelijke uitgaven in 1875.	Geraamd bedrag der uitgaven	
		1876.	1877.
Bezoldiging machine-personeel . . .	ƒ 13 263	ƒ 13 050	ƒ 13 300
Brandstoffen, olie en smeer	» 47 153.60	» 46 724	» 46 784 (*)
Onderhoud werktuigen	» 8 229.26	» 15 384	» 10 855
Onderhoud gebouwen	» 2 935.74	» 3 785.75	» 4 576
Te zamen . . .	ƒ 71 581.60	ƒ 78 923.75	ƒ 75 465
Geeft over 17222.69.50 belastbare HA.	ƒ 4.15	ƒ 4.58	ƒ 4.38

Op een totaal bedrag aan jaarlijksche polderlasten van ƒ 10.— per HA.

(*) Brandstoffen ƒ 44 050. Olie en smeer ƒ 2 684.

Opgave van bijzonderheden omtrent de bemaling van Rijnland. ·

		Tijd van werken in et- malen.	Opgemalen water. Totaal in M³.	Opgemalen water per etmaal.	Verbruik steen- kolen. Totaal in tonnen v. 1000 K.G.	Aau brandstof per et- maal in tonnen.	Opge- malen water per ton brandstof in M³.
paarndam {	1880 . . .	99.2	175 189 000	1 765 000	1 238	12.48	141 500
	1881 . . .	90.54	159 000 000	1 765 000	1 170.4	12.90	135 900
lalfweg {	1880 . . .	92.9	95 485 000	1 027 800	821.9	8.85	116 200
	1881 . . .	96.27	99 718 000	1 036 000	851.1	8.84	117 200
ouda {	18S0 . . .	46.25	27 757 000	627 300	540.5	12.21	51 400
	1881 . . .	60	39 178 000	653 000	729.3	12.16	53 700
.atwijk {	1880 . . .						
	18S1 . . .	27.8	57 307 000	2 061 400	68U	24 46	84 275
Totaal {	1880 . . .	—	298 4?1 000	—	2 600.4	Gemidd. {	103 100
	18S1 . . .	..	355 203 000	—	3 430.8		97 769

Opgave van stoomgemalen in Nederland in het belang van den waterstand
1 *Januari* 1883.

PROVINCIËN.	Aantal stoom- gemalen.	Ketels.				Stoomwerktuigen.	
		Binnen- landsch fabrie- kaat.	Buiten- landsch fabrie- kaat.	Te zamen	Verwar- mings- oppervlak in M².	Aantal.	Nominaal aantal paarden- krachten.
Ioord–Brabant. . . .	17	17	10	27	1 204	17	˙719
.imburg	—	—	—	—	—	—	—
Iuid-Holland.	160	159	107	266	11 860	189	7 076
Ieeland	5	10	—	10	475	7	267
Ioord-Holland. . . .	102	144	55	199	9 350	130	5 596
Itrecht	28	32	12	44	1 827	35	1 011
ielderland	28	37	18	55	2 926	37	1 714
)verijssel	4	7	1	8	431	5	289
)rente . . . . :	7	7	—	7	187	7	125
Jroningen , ...	88	88	3	36	1 152	33	775
Iriesland	10	8	4	12	421	11	285
Iet Rijk 1 Jan. 1883	394	454	210	664	29 834	471	17 848
„ „ 1882	364	417	207	624	27 958	432	15 959
„ „ 1881	338	396	185	581	26 412	403	14 972
„ „ 1880	304	359	162	521	23 428	361	13 248
„ „ 1877	204	281	88	369	17 046	238	9 858

Prijsvragen uitgeschreven door het Bataafsch Genootschap te Rotterdam.

1797.

Verhandelingen van het Bataafsch Genootschap. Elfde deel. 1798. Programma voor het jaar 1797, bladz. XLVIII.

Nadien de Stoom-machines, zedert de laatste Jaaren, voornamelijk door den grooten Werktuigkundigen JAMES WATT zeer aanmerkelijk verbeterd, en, ten aanzien van het werkend vermogen, tot een grooten trap van volmaaktheid gebragt zijn, des dat dit vermogen, t. w. de uitzettende kracht van den stoom, thans niet slechts alleen boven den Dampzuiger, gelijk te vooren, maar beurtelings boven en onder dien Zuiger een evenmaatige op- en nederperssende kracht oefent, waardoor dit voortreffelijk Werktuig zoowel geschikt geworden is, om rond gaande bewegingen van allerleijen aart, als om op- en nedergaande voorttebrengen; zoo wordt gevraagd: of ter ontlasting van het overtollig water uit Polders en Droogmakerijen het voordeeliger zijn zoude van de rondgaande, en met éénpaarige snelheid voortgebragte beweeging dezer verbeterde Stoom-machines gebruik te maaken, met namelijk in plaats van pompen, staande of hellende schepraden of ook vijzels door dezelve te doen bewerken?

Bij deze overweeging begeert het Genootschap, dat men tevens voege eene vergelijkende beoordeeling van de uitwerkingen dezer laatstgemelde Werktuigen, wanneer dezelve door den wind, of door zulke verbeterde Stoommachines in beweeging gebragt worden.

1884.

Programma van het Bataafsch genootschap der proefondervindelijke Wijsbegeerte, gesticht door Steven Hoogendijk te Rotterdam. 1884. Wetenschappelijke prijsvragen. Bladz. 5. Vraag 112.

Nog altijd bestaat er onzekerheid en verschil van gevoelen, aan welk der bekende werktuigen tot het opbrengen van water, voor het droogmaken of drooghouden van landerijen, polders of waterschappen, de voorkeur moet worden gegeven. Men vraagt alzoo:

„Eene vergelijkende beschouwing van de tot bovengemeld doel meest geschikte werktuigen en eene aanwijzing, in welke gevallen en onder welke omstandigheden het eene werktuig boven het andere de voorkeur verdient."

„Welke zijn de afmetingen, te geven aan de voor dit onderzoek in de verschillende gevallen en omstandigheden als meest geschikt aangewezen werktuigen?"

INHOUD.

TEKST.

(*) De teekening op bladz. 48 vermeld, is sedert door nasporing in het archief van het Bataafsch Genootschap teruggevonden.

AANTEEKENINGEN.

OPGAVEN BETREFFENDE

(*) Bladz. 159 staat: Hoogte bovenkant opleider 1.2 M. — A.P., moet zijn 0.75 M. — A.P.

(†) Bladz. 159 bij te voegen: Hoogte bovenkant opleider 1.2 M. — A.P.

(*) Hieraan toe te voegen: Brief aan de ondernemers der vuurmachine te Rotterdam, door J. D. Huichelbos van Liender. 1778.

(†) Idem: Algemeene Konst- en Letterbode voor 1802. N. 13 en 32.

PRIJSVRAGEN UITGESCHREVEN DOOR:

STICHTINGSJAREN VAN:

ATLAS.

(*) Lees: 1870.

(*) Lees: 1884.

٢

9 781294 154778